Der ungesehene Barth

Fotos und Zeichnungen von Erwin und Jürgen Barth im Landesdenkmalamt Berlin

Landesdenkmalamt | be Berlin

Der ungesehene Barth

Fotos und Zeichnungen von Erwin und Jürgen Barth im Landesdenkmalamt Berlin

Beiträge zur Denkmalpflege in Berlin, Band 53
Herausgegeben vom Landesdenkmalamt Berlin

Bäßler

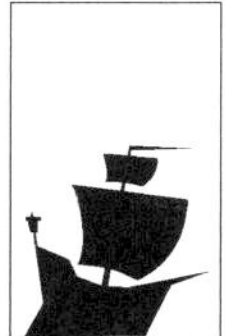

Landesdenkmalamt

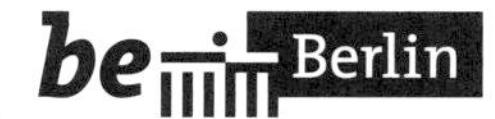

Inhalt

Editorial

2020 ist ein Jubiläumsjahr rund um Erwin Barth (1880–1933). Gefeiert wird der 140. Geburtstag des Gartenarchitekten, der ab 1912 als Gartendirektor Charlottenburgs zielstrebig die Entwicklung der öffentlichen Grünanlagen in der zunächst noch eigenständigen preußischen Stadt vorantrieb. Barth war jedoch nicht nur ein sehr organisierter und klug agierender Amtsleiter; ihm war die soziale Funktion seiner Parks und Gärten hinsichtlich Gesundheitsvorsorge, Erholung und Kinderspiel außerordentlich wichtig. Seine detailreichen Gestaltungen, die feinen Strukturen seiner funktionalen Gartenräume sowie seine innovativen Pflanzenkombinationen zeugen bis heute von seinem gestalterischen Talent, seiner Liebe zur Natur und von seinem Respekt gegenüber den Menschen, die seine Anlagen besuchen und nutzen.

Das Jahr 2020 markiert gleichzeitig 100 Jahre Groß-Berlin. Anfang des 20. Jahrhunderts hatte sich rund um die Reichshauptstadt ein Ballungsraum aus zahlreichen Städten, Ortschaften und Industriestandorten gebildet, dessen Verwaltung, Infrastruktur und Entwicklung nur schwer durch die zahlreichen Beteiligten koordiniert werden konnte. Um eine gemeinsame, zukunftsfähige Planung zu ermöglichen und um die sozialen sowie wirtschaftlichen Ungleichheiten abzumildern, erfolgte die Vereinigung der umliegenden Städte, Gemeinden und Gutsbezirke zu Berlin am 1. Oktober 1920 und die Gründung von Groß-Berlin. Die Stadtfläche wuchs auf das Dreizehnfache an und Berlin wurde schlagartig mit 3,8 Millionen Einwohnern die bevölkerungsreichste Stadt nach London und New York. In dieser aufregenden Zeit war Erwin Barth 1926–29 Stadtgartendirektor von Berlin und stellte sich den immensen Herausforderungen dieser Millionenmetropole, bis er schließlich Professor für Gartenkunst an der Landwirtschaftlichen Hochschule Berlin wurde. Bis heute prägen seine Gärten, Parks und Plätze eindrucksvoll die Stadt und tragen zum unverwechselbaren Charakter Berlins bei.

Der künstlerische Nachlass Erwin Barths wurde 1980 von seinem Sohn Jürgen Barth (1911–2001) der Technischen Universität Berlin übergeben. Neben diesen Archivalien finden sich weitere Unterlagen im Landesarchiv Berlin und im Museum Charlottenburg-Wilmersdorf in der Villa Oppenheim. Das Archiv der Gartendenkmalpflege des Landesdenkmalamts Berlin konnte zudem 2001 eine sehr persönliche Sammlung von Jürgen Barth übernehmen, der Professor für Landespflege, Landschaftsgestaltung, Landschaftspflege und Naturschutz am Institut für Landschafts- und Freiraumplanung an der Technischen Universität Berlin gewesen war. Ihm wichtige Dokumente seines Vaters hatte er sein Leben lang behütet und sie durch eigene Fotos und Unterlagen ergänzt. Aus diesem sogenannten „Familiennachlass Barth" werden für das vorliegende Buch nun erstmals bisher unveröffentlichte und somit ungesehene Fotos und Zeichnungen von Vater und Sohn Barth präsentiert. Die Besonderheit dieses Nachlasses ist seine private, familiäre Zusammenstellung. Im Vordergrund stand für Jürgen Barth wohl nicht allein der wissenschaftliche Anspruch, das Leben seines Vaters lückenlos zu dokumentieren. Vielmehr wählte der Sohn Dokumente mit persönlichem Erinnerungswert aus und setzte sie mit dem Wiederaufbau Berlins in Bezug. Es freut das Landesdenkmalamt sehr, aus diesem Schatz eine Auswahl zu zeigen, um Leben und Werk des Charlottenburger Gartendirektors und späteren Stadtgartendirektors von Groß-Berlin zu beleuchten und gleichzeitig weitere Erkenntnisse für den gartendenkmalpflegerischen Umgang mit den von Barth gestalteten Parks, Plätzen, Grünanlagen und Gärten zu erhalten. Das Archivmaterial ist dafür eine Plattform, um seine Arbeitsweise und seine Anlagen aus neuen Blickperspektiven kennenzulernen und zu betrachten. Die langjährige Reihe „Beiträge zur Denkmalpflege in Berlin" des Landesdenkmalamts Berlin möchte damit auch weiterhin Themen zum Denkmalschutz und zur Denkmalpflege der Fachwelt sowie interessierten Bürgerinnen und Bürgern zugänglich machen.

Für das Gelingen des vorliegenden Werks danken wir Dr. Leonie Glabau und Dr. Dietmar Land, deren umfangreiches Wissen diese ausgezeichnete Publikation entstehen ließ. Besonderer Dank gilt auch Leila Küker, Urenkelin von Erwin Barth und Enkelin von Jürgen Barth, die mit Informationen sowie privaten Fotos das Buch bereicherte.

Berlin, im September 2020

Dr. Christoph Rauhut
Landeskonservator und Direktor
des Landesdenkmalamts Berlin

Dr. Karin Wagner
Leiterin des Fachbereichs Gartendenkmalpflege
und Archäologie des Landesdenkmalamts Berlin

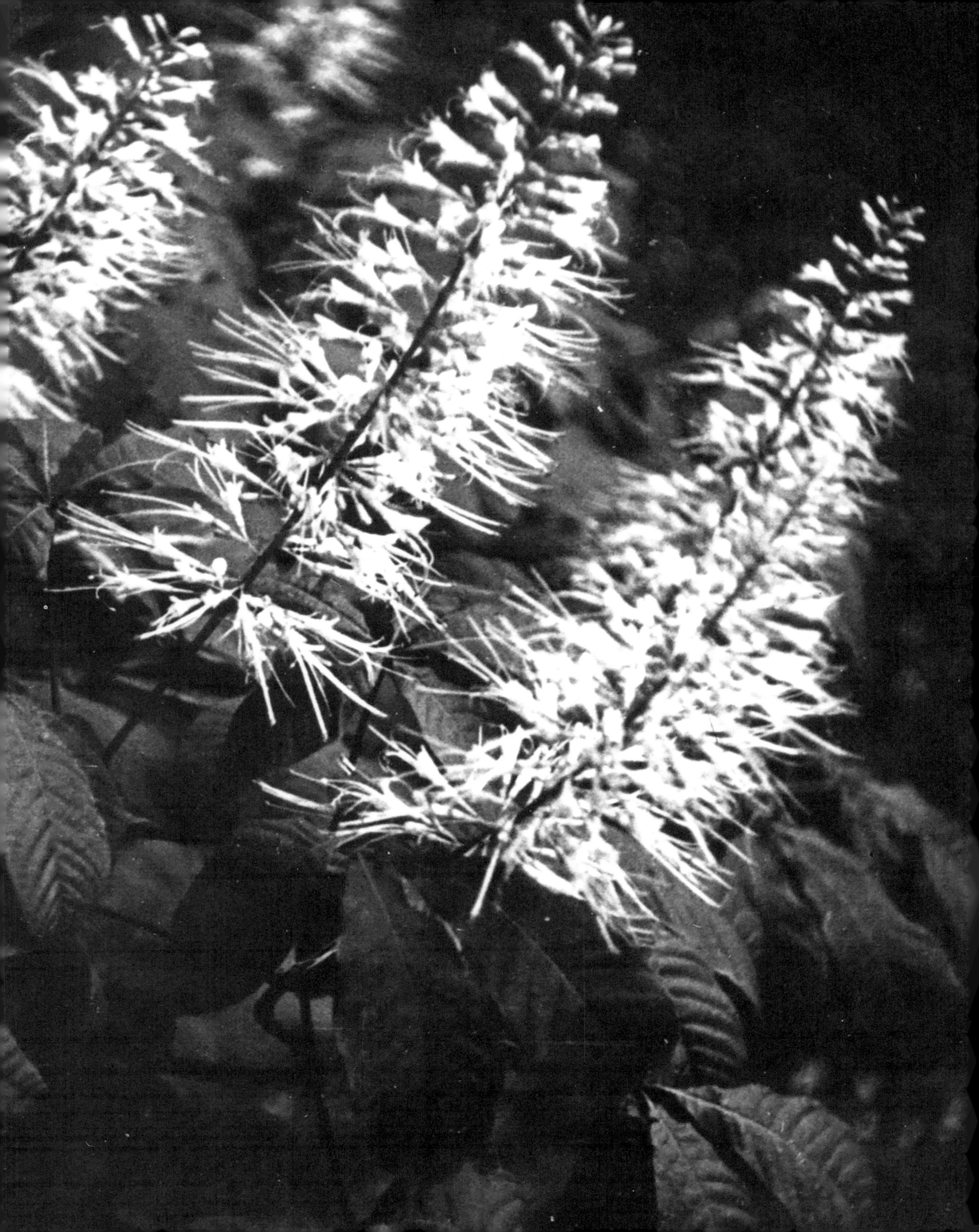

Einleitung

LEONIE GLABAU

Der Gartenarchitekt Erwin Barth (1880–1933) prägte als Gartendirektor maßgeblich die Plätze, Parks, Grünanlagen und Gärten Charlottenburgs und später ganz Berlins. Als Professor für Gartenkunst an der Landwirtschaftlichen Hochschule Berlin konnte er zudem Studierende mit seinen künstlerischen Ideen und Vorstellungen begleiten.

Barths Schaffen ist anhand von Plänen, Fotos und weiteren Unterlagen aus dem ehemaligen Gartenamt Charlottenburg im Landesarchiv Berlin sowie im Museum Charlottenburg-Wilmersdorf in der Villa Oppenheim archiviert. Zudem finden sich zahlreiche Pläne und Zeichnungen von ihm im Architekturmuseum der Technischen Universität Berlin, die sein Sohn Jürgen Barth 1980 der Hochschule übergeben hat. Ein besonderer, privater Anteil des Nachlasses von Erwin Barth aber verblieb in der Hand seines Sohnes. Jürgen Barth (1911–2001), Professor für Landespflege, Landschaftsgestaltung, Landschaftspflege und Naturschutz an der Technischen Universität Berlin, ist eine sehr persönliche Dokumentation des väterlichen Werks zu verdanken, die er zudem mit dem Wiederaufbau Berlins in Zusammenhang brachte. Diese Sammlung, die unter anderem Korrespondenz, Unterlagen zur Lehre, Skizzen, Zeichnungen, Pläne und zahlreiche Fotografien von seinem Vater und ihm umfasst, konnte das Landesdenkmalamt Berlin 2001 in seine Bestände eingliedern. Aus diesem „Familiennachlass" wird anlässlich Erwin Barths 140. Geburtstag sein Schaffen anhand vieler bisher unveröffentlichter und damit ungesehener Fotos, Skizzen und Bilder betrachtet sowie seine innovative Nutzung der Fotografie.

Die hier präsentierte Auswahl, gelegentlich ergänzt durch Abbildungen anderer Archive, zeigt die große Bandbreite im Werk Erwin Barths vom Privatgarten bis zum Volkspark, vom Pflanzendetail bis zur Parkausstattung und verdeutlicht zudem Barths Begabung, Besonderheiten in Landschaften und Gartenräumen zu sehen. Er nutzte die Fotografie im Rahmen seiner Ausbildung, für Publikationen und Vorträge, aber auch, um Sichten und Details festzuhalten, die ihn fachlich interessierten oder ästhetisch berührten und die er als Erinnerung oder Inspiration festhalten wollte. Spannend sind Erwin Barths Dokumentationen laufender Baustellen. Es ist heute im dicht bebauten Berlin nur noch schwer vorstellbar, dass einige seiner Anlagen auf Dünen, Restflächen oder Bauerwartungsland entstanden,

◁ *Die Strauch-Rosskastanie fotografierte Jürgen Barth 1957 im Botanischen Garten Berlin.*

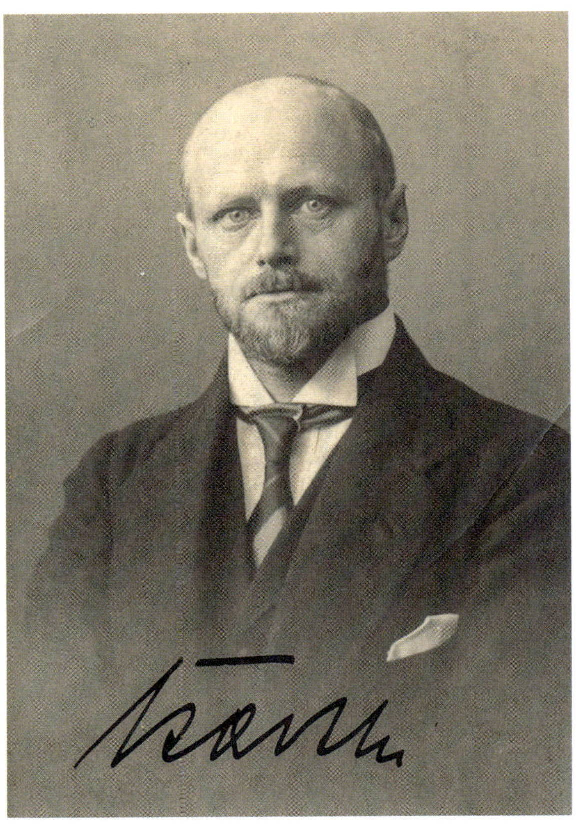

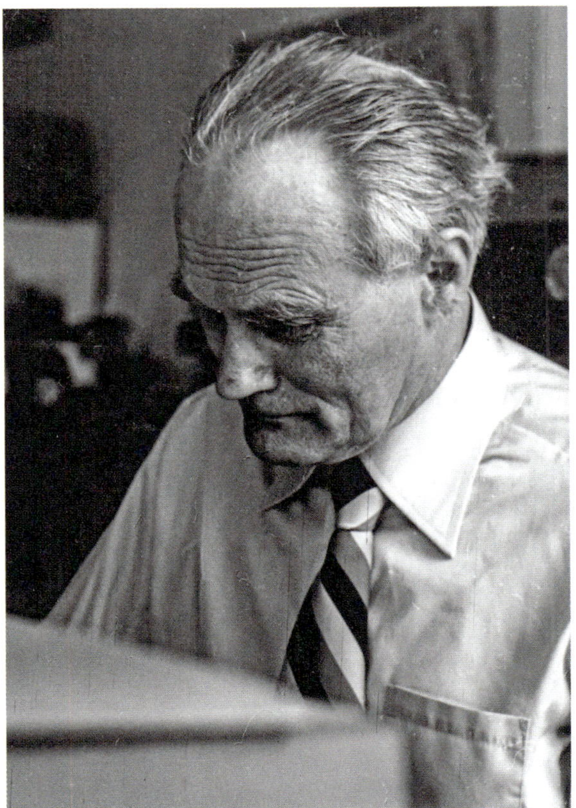

Portrait Erwin Barths, um 1926.

Jürgen Barth am Schreibtisch, vermutlich 1970er Jahre.

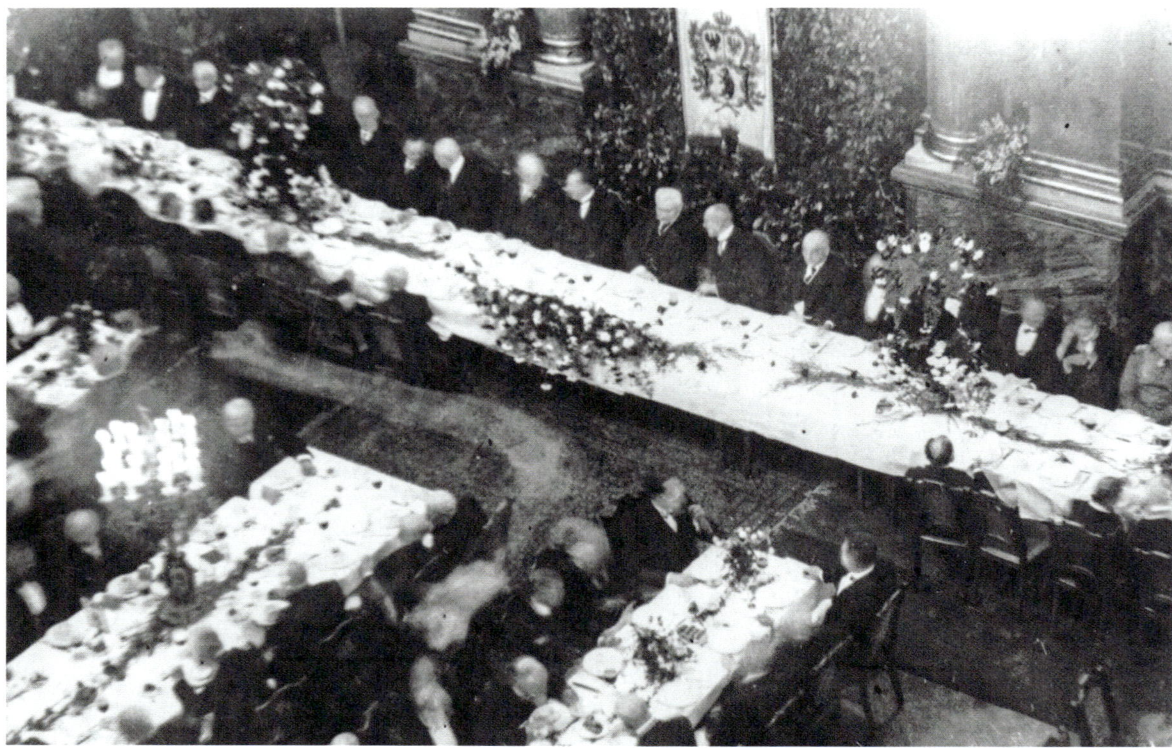

Paul von Hindenburg als Ehrengast unter dem Wappen, 1926.

so natürlich und gartenkünstlerisch ausgewogen präsentieren sie sich heute in der Stadt. Vor allem zeigen solche Aufnahmen, welche umfangreichen Arbeiten von Barth organisiert und mit klugen Argumenten finanziert werden mussten, damit aus Gestrüpp, Sand, Geröll und Schlamm schließlich Gärten, Parks und Grünanlagen entstanden, die seinen Ansprüchen an Kinderspielmöglichkeiten, Erholung und hochwertiger gärtnerischer Ausstattung genügten. Mit der vorliegenden Publikation soll ein Beitrag geleistet werden, um Erwin Barths Werk detaillierter zu erkunden und seine Arbeits- und Sehgewohnheiten zu studieren. Dies ist neben der wissenschaftlichen Forschung außerordentlich wichtig für die Gartendenkmalpflege, nicht zuletzt, um beispielsweise Sichtachsen, Blickbeziehungen oder Raumaufteilungen in Barths Anlagen zu verstehen und nachvollziehbar zu machen.

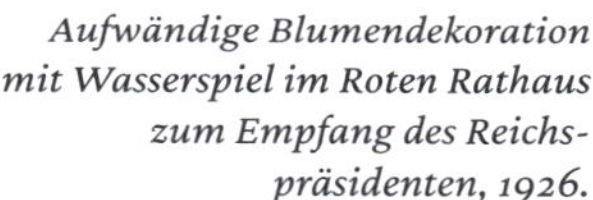

Aufwändige Blumendekoration mit Wasserspiel im Roten Rathaus zum Empfang des Reichspräsidenten, 1926.

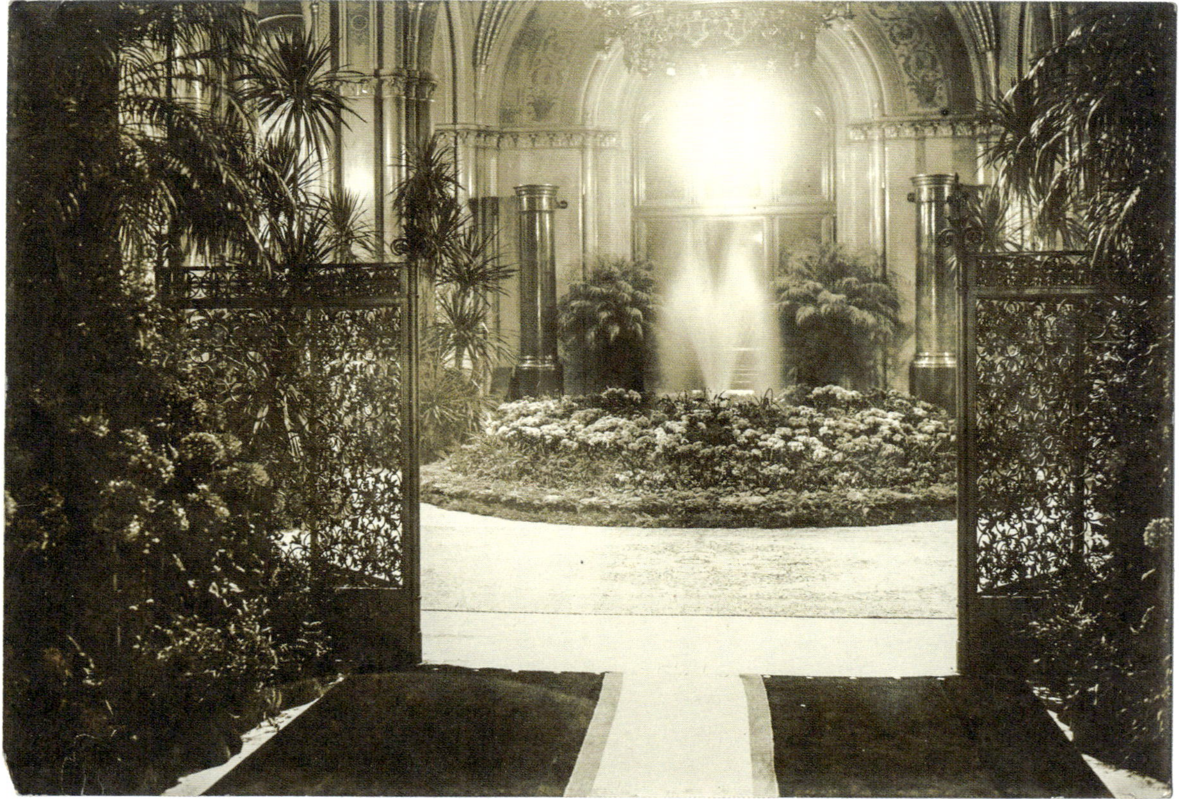

Erwin Barth hat mit Weitsicht und Können bahnbrechende Gärten und Parks geschaffen, die bis heute hinsichtlich ihrer künstlerischen und städtebaulichen Qualitäten sowie ihrer besonders nutzerzugewandten Konzeption überzeugen. Bereits zu Lebzeiten erfuhr Barth große Anerkennung. Zu den herausragenden Wertschätzungen gehörte sicherlich im Jahr 1926 eine Einladung zu einem Empfang zu Ehren des Reichspräsidenten Paul von Hindenburg im Roten Rathaus in Berlin. Zusammen mit anderen verdienten Bürgern und Amtsträgern nahm er an der mit aufwändigem Blumenschmuck dekorierten Veranstaltung mit Bankett teil. Barths Sohn Jürgen Barth führte diese Wertschätzung gewissermaßen rund 55 Jahre später fort, als er seine Sammlung mit dem künstlerischen Nachlass seines Vaters anlässlich des 100. Geburtstags Erwin Barths 1980 der Technischen Universität Berlin stiftete und damit die Ausstellung „Erwin Barth: Gärten – Parks – Friedhöfe“ im Weißen Saal des Schlosses Charlottenburg ermöglichte. Diese Ausstellung war auch gleichermaßen eine Würdigung Jürgen Barths, der über Jahrzehnte den väterlichen Nachlass behütet hatte. Durch seine Umsicht wurde eine tiefergehende wissenschaftliche Auseinandersetzung mit dem Leben und Wirken Erwin Barths ermöglicht und durch ihn erschloss sich eine für die Berliner Gartendenkmalpflege unverzichtbare historische Quelle, um Erwin Barths Anlagen auch für kommende Generationen zu bewahren.

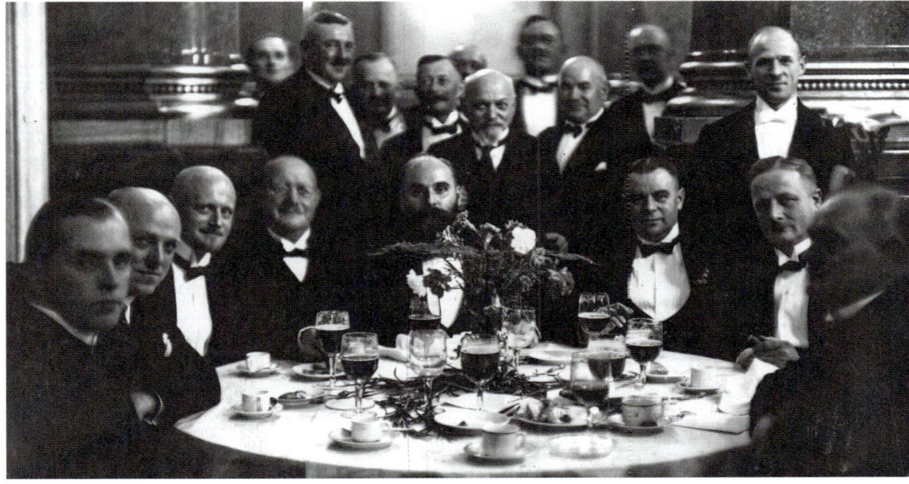

Erwin Barth (Dritter von links) war zum Empfang geladen, 1926.

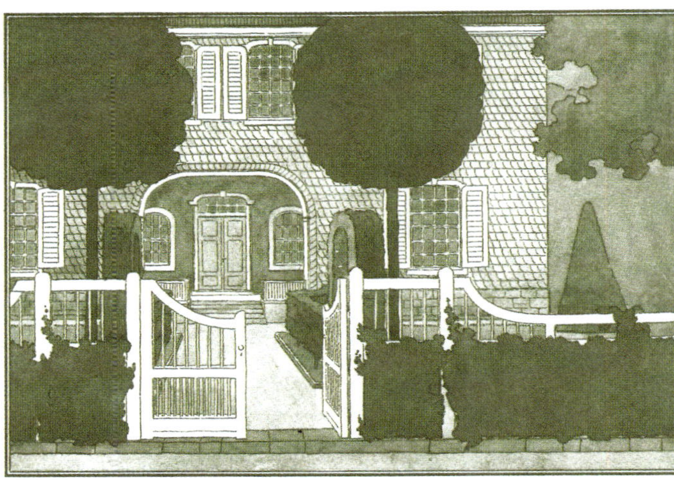

ERWIN
BARTH

1880 – 1933

DER PRÄSIDENT
DER TECHNISCHEN UNIVERSITÄT BERLIN

DIE VERWALTUNG
DER STAATLICHEN SCHLÖSSER UND GÄRTEN

laden ein

zu einer Vortragsveranstaltung zum 100. Geburtstag von

ERWIN BARTH

Gründer des ersten akademischen Instituts für Gartengestaltung in Deutschland

*

15. Dezember 1980, 14 Uhr, Schloß Charlottenburg, Schloßkapelle

*

Anläßlich dieses Datums stiftet Professor Jürgen Barth den künstlerischen Nachlaß seines Vaters der Plansammlung der Universitätsbibliothek der Technischen Universität Berlin. Die Übergabe ist verbunden mit einer Ausstellung eines Teils dieser Stiftung. Sie wird anschließend an die Vorträge eröffnet um 15.15 Uhr im Weißen Saal des Schlosses (Knobelsdorff-Flügel)

Die Ausstellung ist vom 16. Dezember 1980 bis 18. Januar 1981 täglich (außer montags) von 9 bis 16.45 geöffnet.

Einladung zur Ausstellungseröffnung am 15. Dezember 1980 anlässlich Erwin Barths 100. Geburtstag.

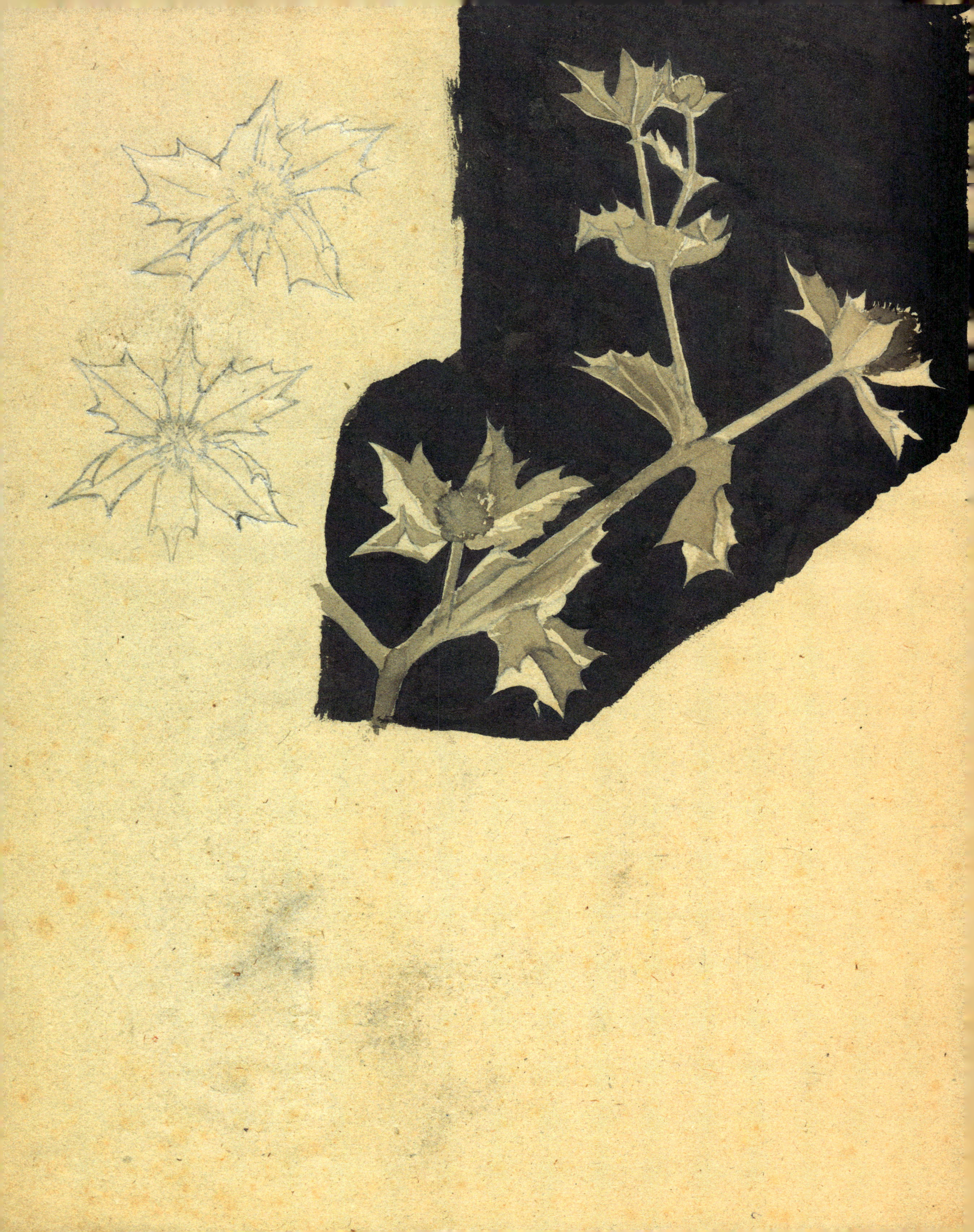

Erwin und Jürgen Barth: Zwei Lebenswege zwischen Gartenkunst und Landschaftsplanung

LEONIE GLABAU

Erwin Barth wurde am 28. November 1880 in Lübeck geboren. Sein Vater Dr. Albert Barth unterrichtete am Katharineum als Oberlehrer, seine Mutter Luise Barth, geb. Petri, kümmerte sich um Haus und Kinder. Der 1879 geborene Bruder Karl starb in Erwin Barths Geburtsjahr, die Schwester Friederike wurde 1882 geboren. Bereits 1883 war Luise Barth im Alter von nur 26 Jahren nach dem frühen Tod ihres Mannes mit den Kindern auf sich allein gestellt und sicherte mit einer Gastpension die Existenz der Familie.[1] Um möglichst früh zum Unterhalt beitragen zu können und aufgrund seiner naturwissenschaftlichen Interessen, verließ Erwin Barth das Gymnasium mit der Obersekundareife,[2] heute vergleichbar mit dem Mittleren Schulabschluss, um mit dem Berufswunsch „Kunstgärtner" von 1897 bis 1900 eine Gärtnerausbildung zu absolvieren.[3] Danach setzte er seine Ausbildung an der Königlichen Gärtner-Lehranstalt Wildpark bei Potsdam fort, die er 1902 mit Auszeichnung bestand.

Es folgten Anstellungen als Gartentechniker in der Gartenverwaltung Hannover unter Julius Trip und in Bremen unter Johann Carl Wilhelm Heins. 1903 leistete Barth seine Militärdienstzeit als „Einjährig-Freiwilliger" ab. Danach arbeitete er in Düsseldorf beim Gartenarchitekten Reinhold Hoemann sowie wieder bei Trip in Hannover, bevor er 1906 sowohl seine letzten nötigen Militärübungen erfüllte und zum Reserve-Offizier ernannt wurde als auch an der Königlichen Gärtner-Lehranstalt die Prüfung zum Obergärtner mit „sehr gut" bestand.[4] Barth arbeitete noch bis 1908 als Geschäftsführer bei der Firma Finken in Köln, dann wurde er zum Leiter der Gartenverwaltung in seiner Heimatstadt Lübeck berufen. In seiner Dienstzeit realisierte er Projekte, die sich nicht nur durch ihre gestalterischen Qualitäten auszeichneten, sondern insbesondere auch durch ihre soziale Funktion hinsichtlich Erholung und Gesundheitsfürsorge, wie beispielsweise den 1909 eröffneten Marly-Park oder die Anlagen an der Wakenitz. Im Sommer 1910 heiratete Barth die 1886 geborene Elisabeth Frenkel; im folgenden Jahr kam der Sohn Jürgen zur Welt.

1911 bewarb sich Erwin Barth auf die Gartendirektorstelle in Charlottenburg, damals noch eine eigenständige Stadt, westlich an Berlin angrenzend. Einen tatsächlichen Wechsel plante er jedoch nicht: Mit seinem möglichen Weggang wollte er vor allem Veränderungen in seinem Lübecker Amt durchsetzen, darunter Regelungen zur Besoldung, zum Budget und zur Möglichkeit von privaten Nebentätigkeiten. Besonders über seinen Amtstitel „Stadtgärtner" hatte er sich schon lange beschwert, denn diese Bezeichnung wurde in anderen deutschen Städten nur noch für untergeordnete Beamte gewählt. Barth verlangte daher, „Gartendirektor" genannt zu werden.[5] Doch der Lübecker Senat ließ sich auf keine Diskussion ein, sodass Barth am 1. Januar 1912 seine Stelle als Charlottenburger Gartendirektor antrat. Im selben Jahr wurde seine Tochter Eva geboren.

Barth ging mit Selbstbewusstsein und großem Elan an seine Aufgaben; er griff sogar in bereits

◁ *Stranddistel, kolorierte Zeichnung von Erwin Barth, undatiert.*

Perspektivübung von Erwin Barth an der Königlichen Gärtner-Lehranstalt, um 1901.

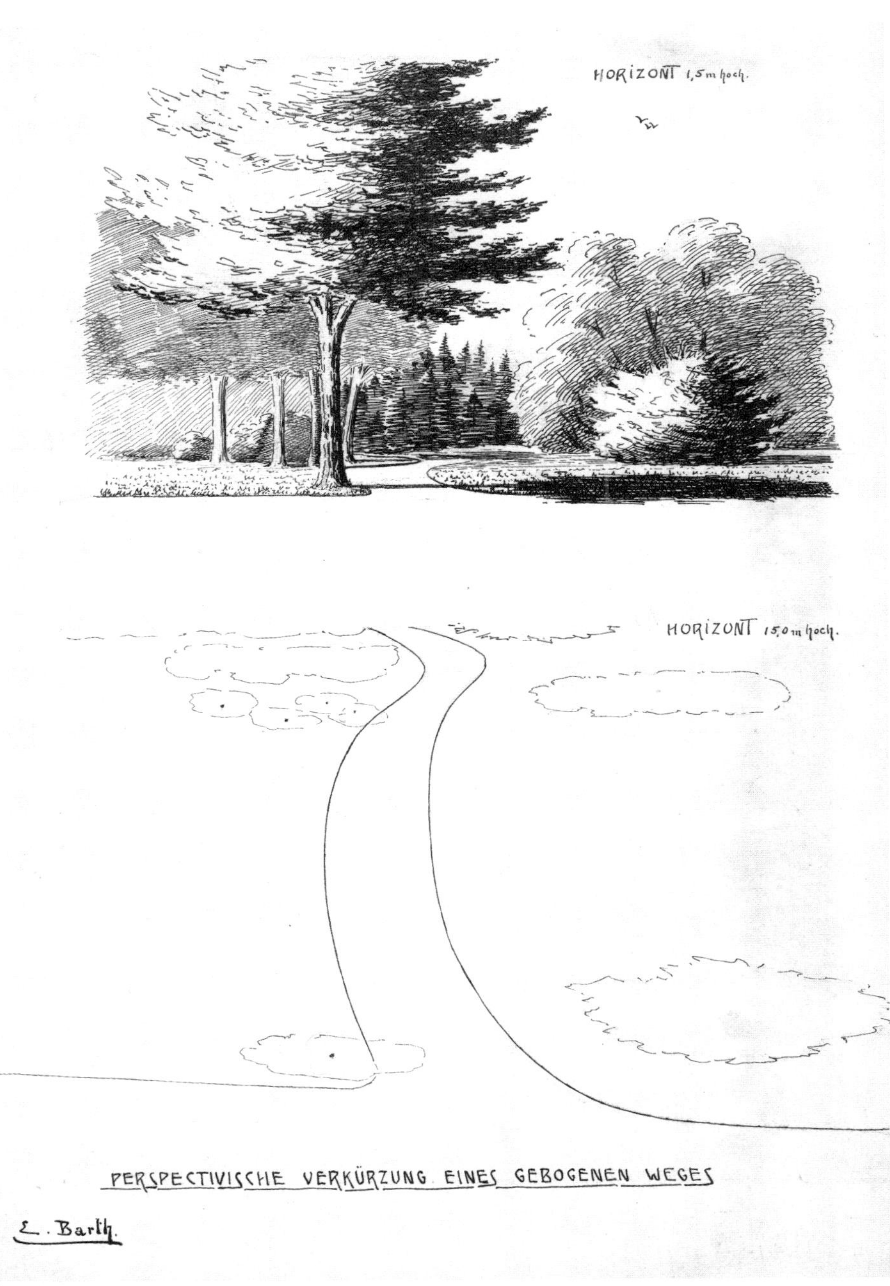

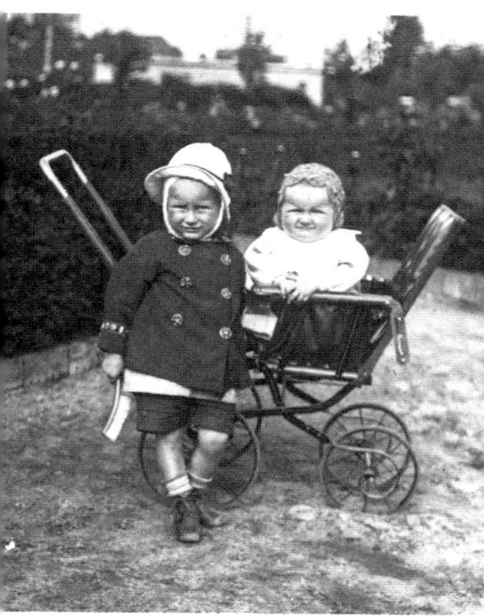

Jürgen und Eva Barth, um 1913.

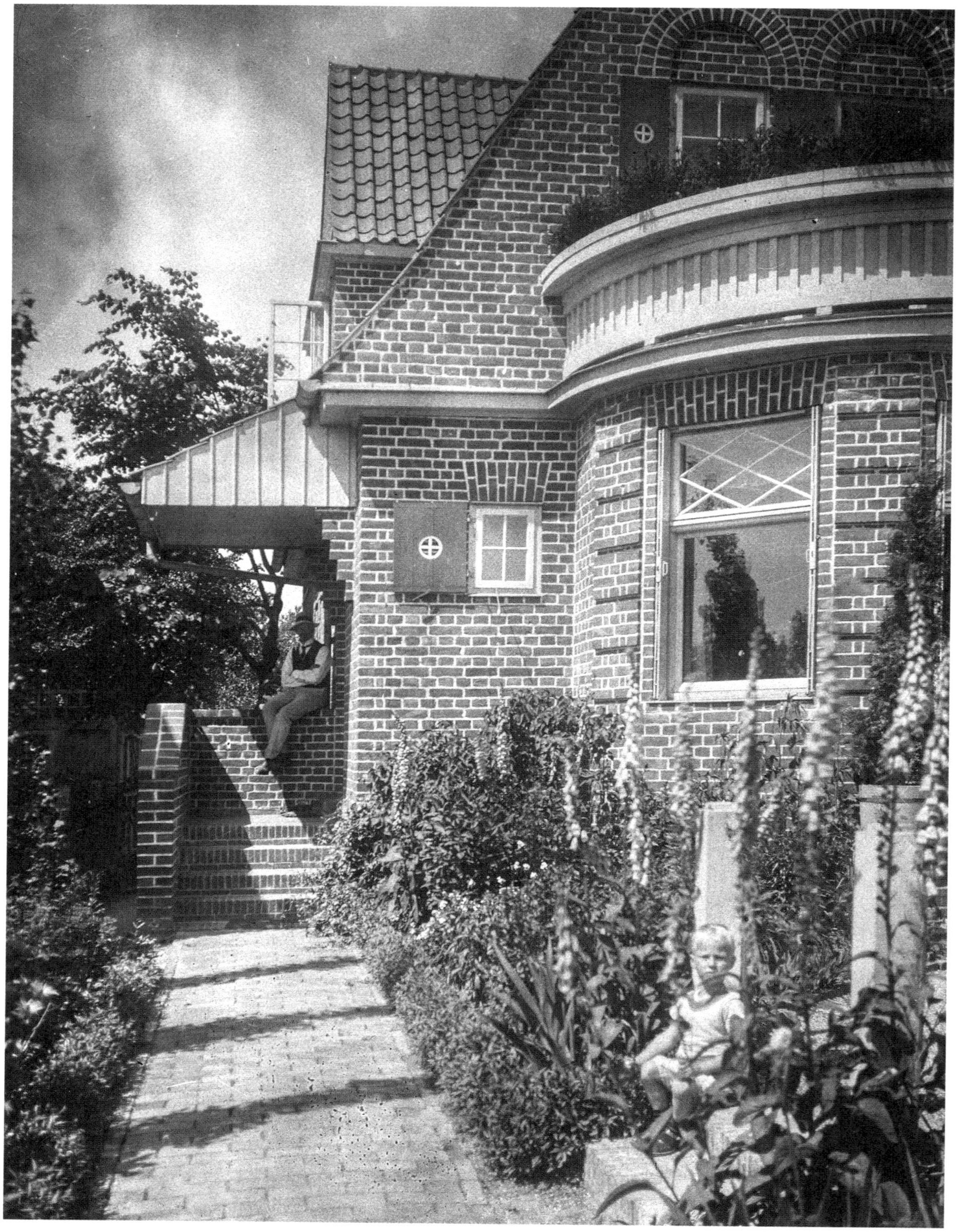

Erwin Barth mit Sohn Jürgen zu Besuch in Lübeck vor dem Haus der Großmutter, um 1914.

geplante oder in Ausführung befindliche Projekte ein, um dem noch eher repräsentativen und historisierenden Stadtgrün Charlottenburgs lebhafte Pflanzungen und vielfältig nutzbare Gartenräume in der ihm eigenen klaren und abwechslungsreichen Formensprache entgegenzusetzen. Zu seinen ersten Berliner Anlagen gehörten u. a. der Gustav-Adolf-Platz (der heutige Mierendorffplatz), der Karolinger Platz, der Wittenbergplatz und der Schustehruspark. Sein Schaffen wurde durch den Ersten Weltkrieg einschneidend unterbrochen; im August 1914 folgte Barth seiner Einberufung und erlitt schon bei seinem ersten Fronteinsatz schwere Verletzungen.[6] Seine Arbeit als Gartendirektor konnte er im Januar 1916 wieder aufnehmen; im Fokus stand der Gemüseanbau auf den städtischen Flächen, um die Versorgung der Bevölkerung zu verbessern. Parallel dazu behielt Barth Neuplanungen für die Zeit nach dem Krieg im Blick und konnte beispielsweise wertvolle Baum- und Pflanzenbestände auf zukünftigen Parkarealen vor Abholzung und Zerstörung sichern.[7]

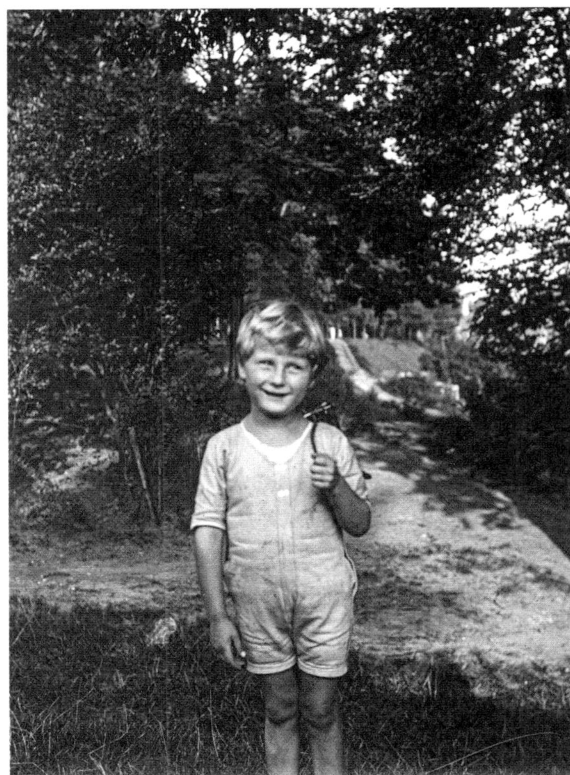

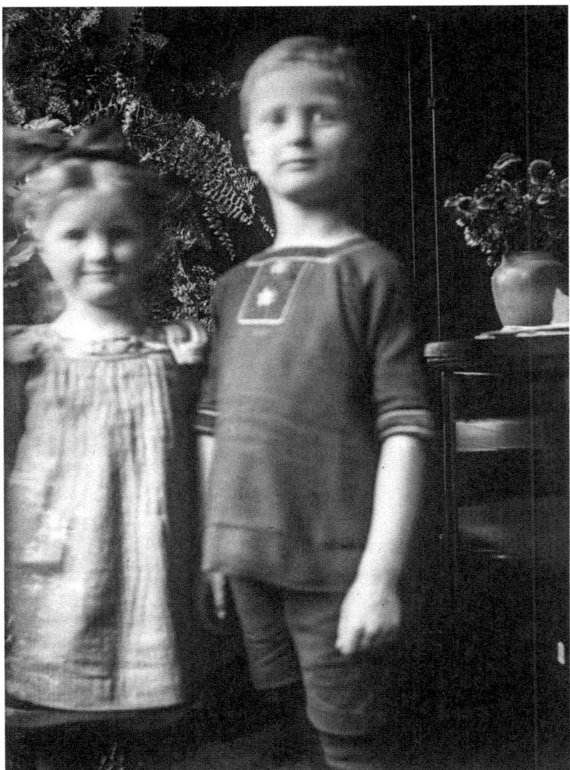

Jürgen Barth auf einem Ausflug, um 1917.

Eva und Jürgen Barth, Schnappschuss in Erwin Barths Wohnung, um 1919.

Nach Kriegsende knüpfte Barth an seine Ideen und Grundsätze an und realisierte u. a. den Sachsenplatz (der heutige Brixplatz) sowie den Lietzenseepark. Zu seinen größten und bedeutendsten Anlagen gehört der Volkspark Jungfernheide, den er ab 1920 unter klugem Einsatz von Notstandsarbeiten mit Sport- und Spielmöglichkeiten, einer Badeanstalt, einem Gartentheater und detailreichen Gartenräumen als grünplanerisch vorausschauendes und soziales Projekt ausführte. Seine Ehefrau und seine Kinder nahm er oft zu seinen Park- und Gartenanlagen mit; Jürgen Barth erinnerte sich: „Da, wo immer es möglich war, ich bis etwa zum 17. Lebensjahr gern von meinem Vater mitgenommen wurde, lernte ich früh die Gedankengänge meines Vaters kennen. Er gab mir oft die Gelegenheit, ihn bei Erläuterungen zu seinen und anderen Berliner Parkanlagen zu vertreten. (So mit 13 Jahren zu Fachführungen etwa von Biologielehrern durch den Sachsenplatz.)“[8]

Die eigenständige Mitwirkung an der Verwirklichung seiner Charlottenburger Neuanlagen war Barth so wichtig, dass er sich trotz Zuspruchs 1920 nicht zur Wahl als Zentralgartendirektor des am 1. Oktober gegründeten Groß-Berlin stellte.[9] Erst fünf Jahre später, als sich in Charlottenburg der Abschluss seiner initiierten Projekte abzeichnete, nahm er die Berufung als Stadtgartendirektor von Groß-Berlin in der Nachfolge von Albert Brodersen zum 1. März 1926 an. Dieser Entschluss fiel ihm nicht leicht, nicht zuletzt, weil ihm nun die private Entwurfsarbeit als Nebentätigkeit untersagt blieb.[10] Barth hatte sich fortan mit den bezirklichen Gartenämtern auseinanderzusetzen, zu deren Aufgaben in der Regel die Ausarbeitung neuer Entwurfsplanungen gehörte, und nicht immer verlief die Zusammenarbeit konfliktfrei. In diese Amtszeit fielen unter anderem die Realisierung des Volksparks Rehberge sowie des Luisenstädtischen Kanals. 1927 wurde Barth Honorarprofessor für Gartenkunst an der Architekturabteilung der Technischen Hochschule Berlin. 1929 erhielt er schließlich eine ordentliche Professur für Gartenkunst an der Landwirtschaftlichen Hochschule Berlin, wo erstmals in Deutschland eine akademische Ausbildung für Gartenarchitekten angeboten wurde. Er leitete fortan in Dahlem das Hochschulinstitut für Gartengestaltung und verließ sein Amt als Städtischer Gartendirektor Ber-

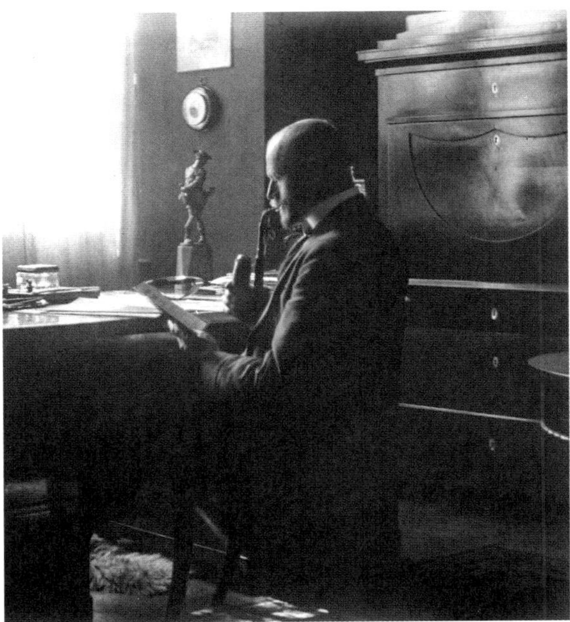

Erwin Barth am Schreibtisch in seiner Wohnung, um 1919.

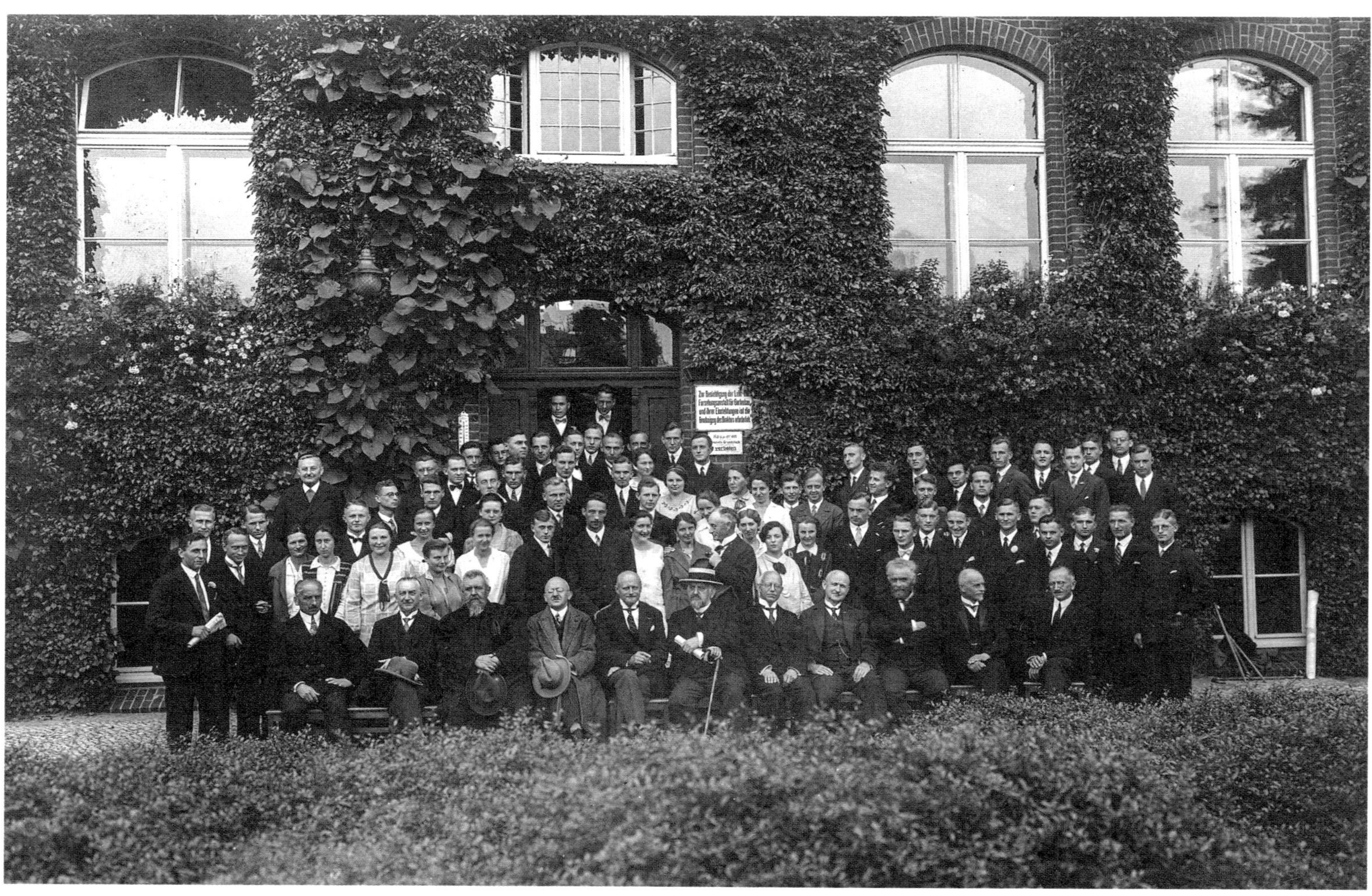

Erwin Barth (vorne in der Mitte) vor dem Hochschulinstitut im Gebäude der Gärtner-Lehranstalt in Dahlem, um 1930.

lins. In den folgenden Jahren entwarf Erwin Barth parallel zu seiner Lehrtätigkeit mehrere Anlagen für private Auftraggeber und begann ab 1932, seinen eigenen Garten für sein im Bau befindliches Haus in Berlin-Steglitz zu planen.

Jürgen Barth hatte sich nach dem Abitur entschlossen, beruflich seinem Vater zu folgen und absolvierte als Vorbereitung hierfür eine praktische Gärtnerlehre. Seine Schwester Eva hatte sich für ein Medizinstudium entschieden, als am 8. Juli 1933, wenige Wochen vor der geplanten Einweihungsfeier für das neue Haus und völlig überraschend für seine Familie und sein berufliches Umfeld, sich der 52jährige Erwin Barth in seiner Wohnung mit seiner eigenen Handfeuerwaffe einen Kopfschuss zufügte. Schwer verletzt wurde er in ein Krankenhaus eingeliefert, wo er schließlich am 10. Juli starb, ohne das Bewusstsein wiedererlangt zu haben.[11] Die Beweggründe für seinen Suizid sind bis heute im Unklaren geblieben. Erwin Barth wurde auf dem von ihm entworfenen stadteigenen Wilmersdorfer Waldfriedhof in Stahnsdorf beerdigt; sein Grab ist anlässlich seines 100. Geburtstags 1980 als Ehrengrabstätte der Stadt Berlin gewürdigt worden.

Jürgen Barth beendete seine Ausbildung 1934 mit der Gärtnergehilfenprüfung und arbeitete danach in einer Baumschule. Nachdem er den als verpflichtend eingeführten Arbeits- und Wehrdienst abgeleistet hatte, nahm er 1936 sein Studium der Gartengestaltung in Berlin bei Heinrich Friedrich Wiepking-Jürgensmann auf,[12] der seinem Vater Erwin Barth ins Professorenamt am Dahlemer Hochschulinstitut gefolgt war.[13] Auf Veranlassung Wiepkings war das Institut für Gartengestaltung in Institut für Landschafts- und Gartengestaltung umbenannt worden, um dem sich wandelnden Berufsbild Rechnung zu tragen. 1939 beendete Barth sein Studium mit dem seinerzeit üblichen Abschluss als Diplom-Gärtner.

Im Krieg wurde Jürgen Barth zur Wehrmacht einberufen.[14] Sein Einsatzort war das besetzte Polen. Dort wurde er nicht nur für militärische Aufgaben herangezogen; darüber hinaus betreute man ihn, wie viele andere seines Berufsstands, mit landschaftsgestalterischen Aufgaben bei der geplanten Umgestaltung der „eingegliederten Ostgebiete“. Nicht zuletzt wurde er in diesem Zusammenhang spätestens ab 1944 als Bauführer bei der sogenannten Organisation Todt eingesetzt, wohl auch weil er aufgrund einer 1943 erlittenen Kopfverletzung als nicht mehr vollständig „frontdienstfähig“ galt.[15] Die letzten Kriegsmonate endeten für Jürgen Barth tragisch. Noch im April 1945 wurde er aus einem Heimataufenthalt heraus ein weiteres Mal einberufen, um an der Verteidigung Berlins mitzuwirken. Am 2. Mai verlor er durch ein Explosivgeschoss ein

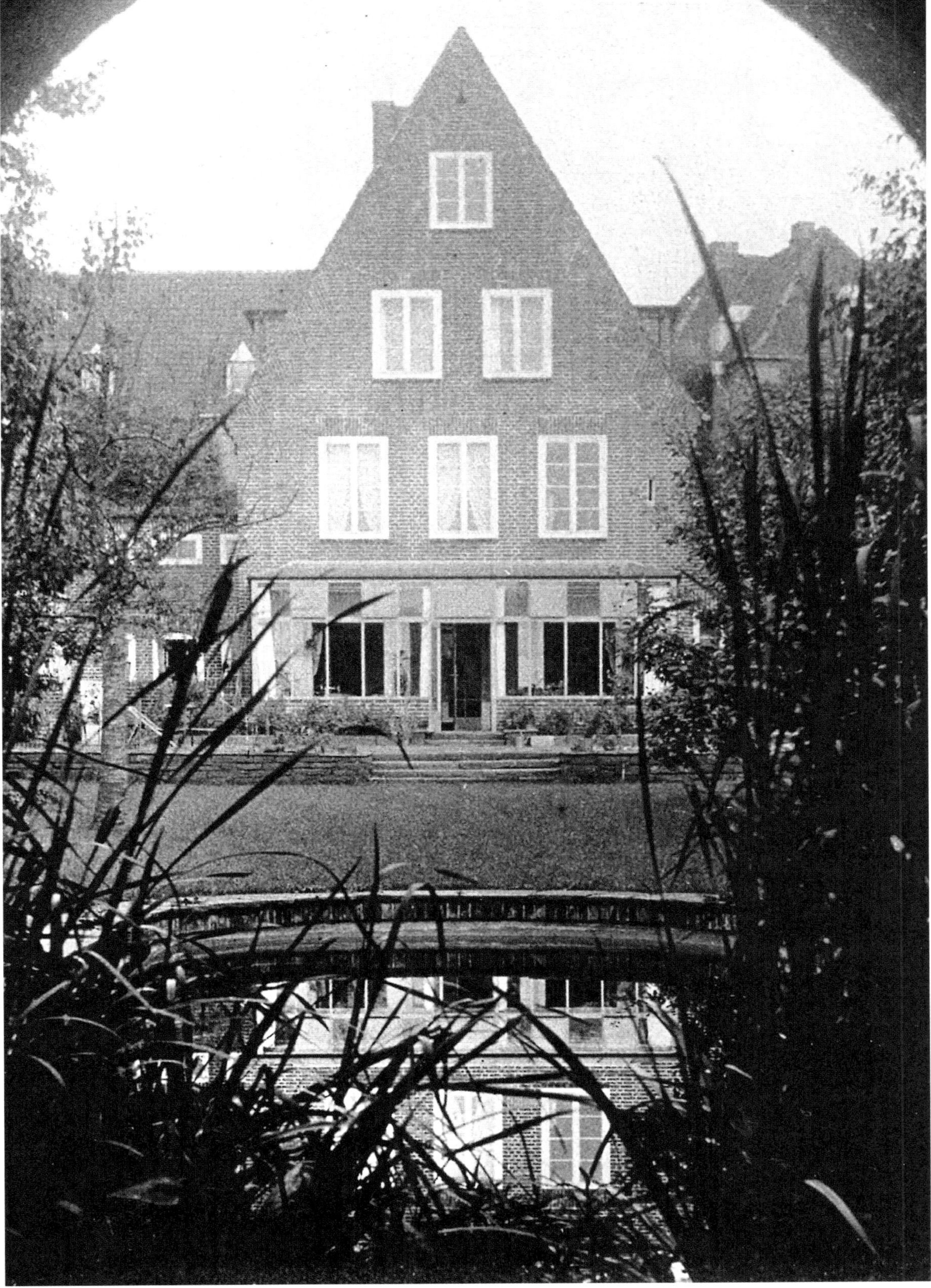

Haus der Familie Barth in Berlin-Steglitz, Gartenseite, undatiert.

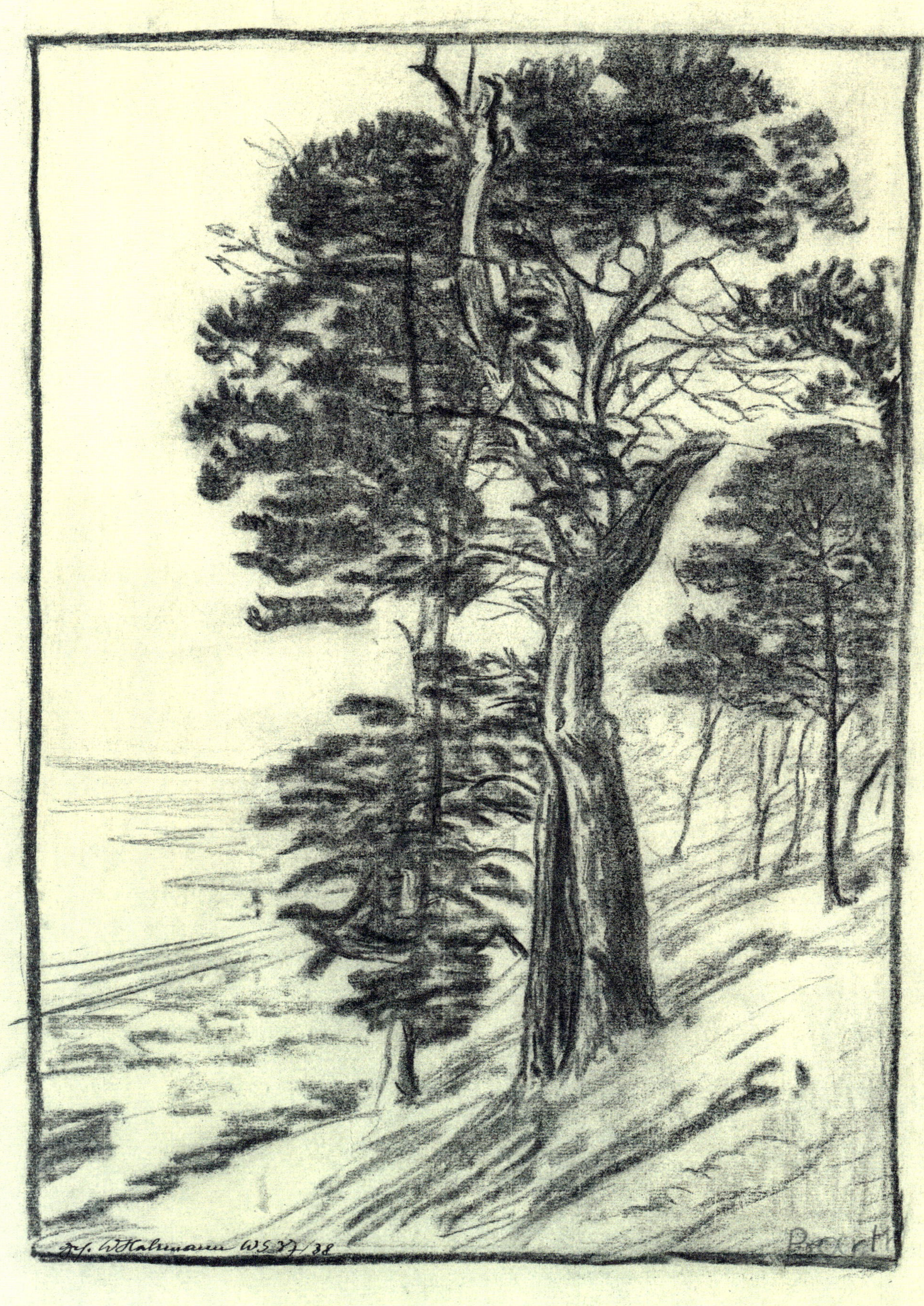

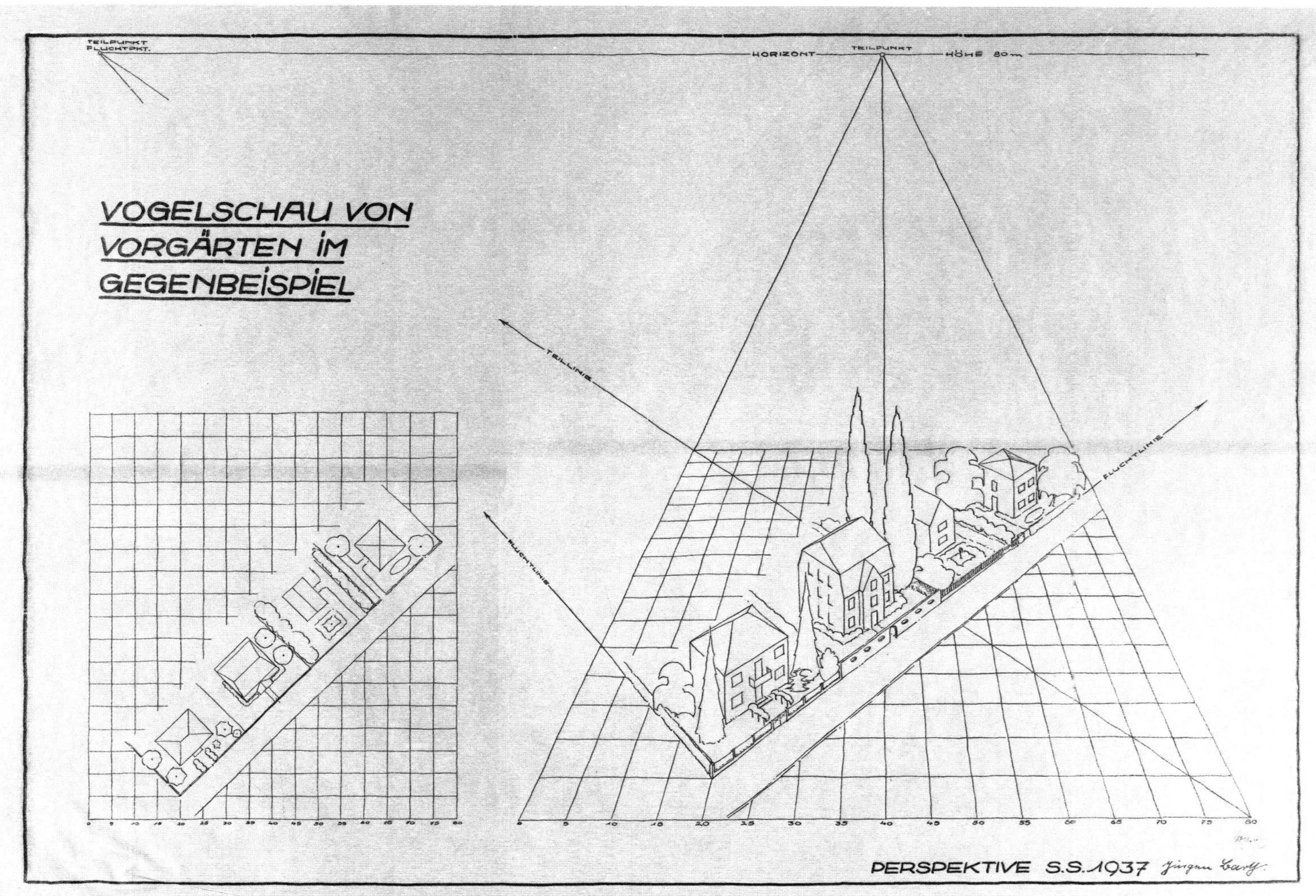

Perspektivübung von Jürgen Barth für sein Studium der Gartengestaltung, 1937.

Bein; seine Frau Sigrid von Ditfurth kam während der letzten Kriegstage ums Leben. Im Lazarett lernte er seine zweite Ehefrau Waltraud Beutler kennen. 1948 und 1949 wurden die gemeinsamen Töchter geboren.

Jürgen Barth kehrte nach Kriegsgefangenschaft an das Hochschulinstitut zurück: Georg Béla Pniower, seit 1946 hier Ordinarius, stellte ihn 1947 als Hochschulassistenten ein.[16] Die offizielle Zugehörigkeit des Dahlemer Instituts lag allerdings weiterhin bei der in Berlin-Mitte gelegenen Universität, im Verfügungsbereich der sowjetischen Militärregierung, und Pniower wechselte 1951 zusammen mit dem Institut an das dortige Stammgelände in den Ostteil der Stadt. Barth blieb wie die anderen Mitarbeiter und die meisten der Studierenden im West-Berliner Institutsgebäude und machte sich für die von der Auflösung bedrohten Einrichtung stark.[17] Tatsächlich entschied sich das West-Berliner Abgeordnetenhaus für den Erhalt und für die Eingliederung in die Technische Universität. Als neuer Hochschulprofessor wurde Gustav Allinger berufen. Unter ihm blieb Jürgen Barth bis 1961 als Hochschulassistent am Institut, danach bis 1970 bei Allingers Nachfolger Hermann Mattern. Barths Lehraufträge umfassten Gartenkunst und Landschaftsgestaltung, zudem behandelte er Fragen des Naturschutzes, der Landespflege und der Landschaftsplanung. Dabei vertrat er „einen offensiven, umfassenden, flächendeckenden Naturschutz im Sinne einer an menschlichen Ansprüchen ausgerichteten Landschaftsentwicklung und -gestaltung.“[18] Neben seiner Lehrtätigkeit übernahm Barth Aufgaben als Berater, Gutachter, Preisrichter und Sachverständiger in Kommissionen und Fachverbänden sowie bei Wettbewerben und Forschungsaufgaben. 1963 setzte er sich zusammen mit Hermann Mattern für die Initiierung des Peter-Joseph-Lenné-Preises ein, den Berlin seit 1965 an junge Nachwuchstalente in den Bereichen Garten- und Landschaftsarchitektur, Städtische Grünordnungs- und Landschaftsplanung sowie Naturschutz und Pflanzenverwendung vergibt.[19] 1971 schließlich erhielt Jürgen Barth einen eigenen Lehrstuhl: Als Professor für Landespflege, Landschaftsgestaltung, Landschaftspflege und Naturschutz am Institut für Landschafts- und Freiraumplanung an der Technischen Universität Berlin lehrte er bis zu seinem Ruhestand 1976.

Die Aufarbeitung, Aufbewahrung und Sicherung des künstlerischen Nachlasses seines Vaters beschäftigten Jürgen Barth sein ganzes Leben. Er besuchte und

◁ *Landschaftszeichnung von Jürgen Barth, um 1937.*

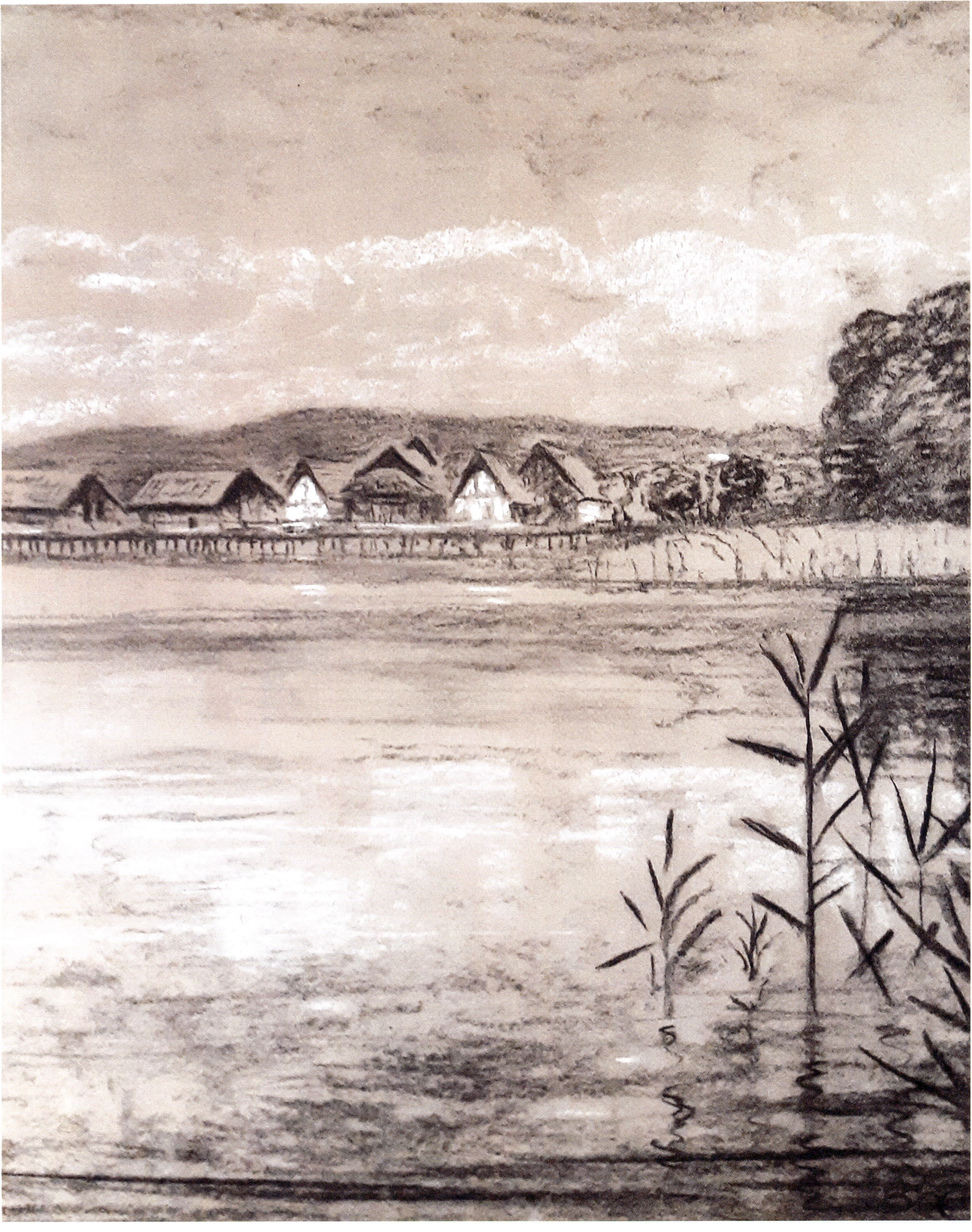

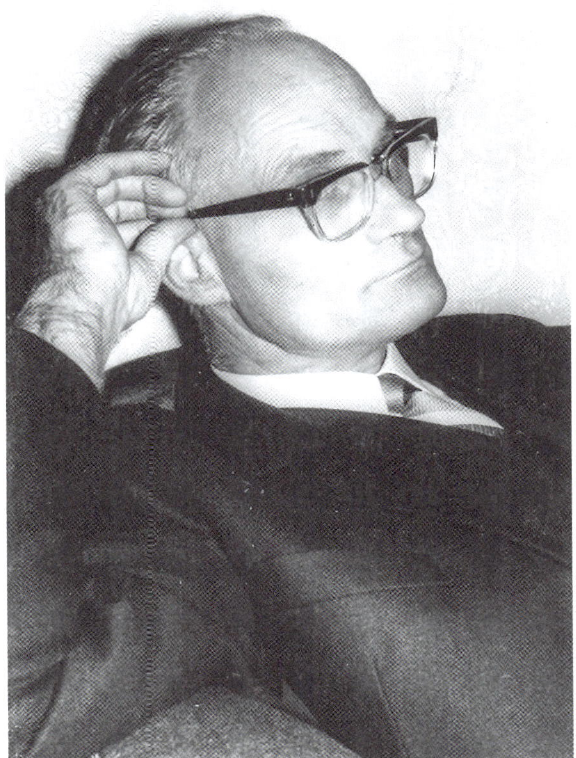

Jürgen Barth, vermutlich 1960er Jahre.

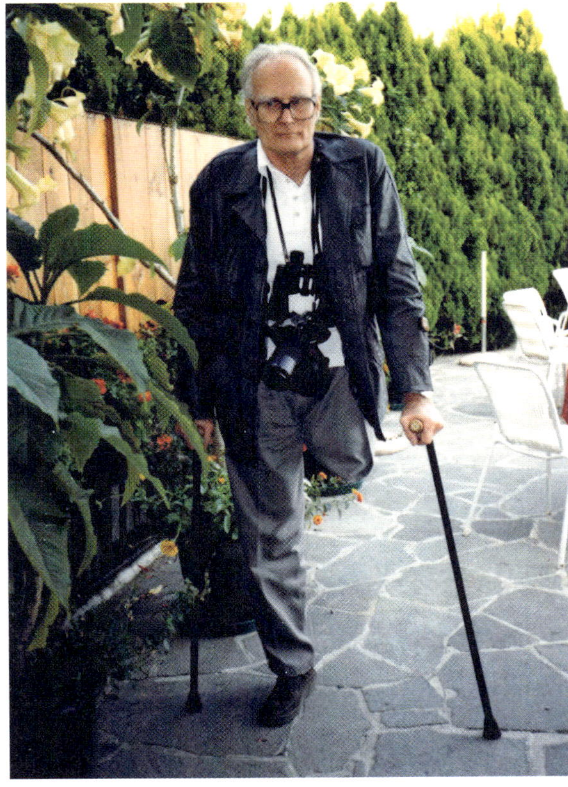

Jürgen Barth unterwegs mit Kamera und Fernglas, 1987.

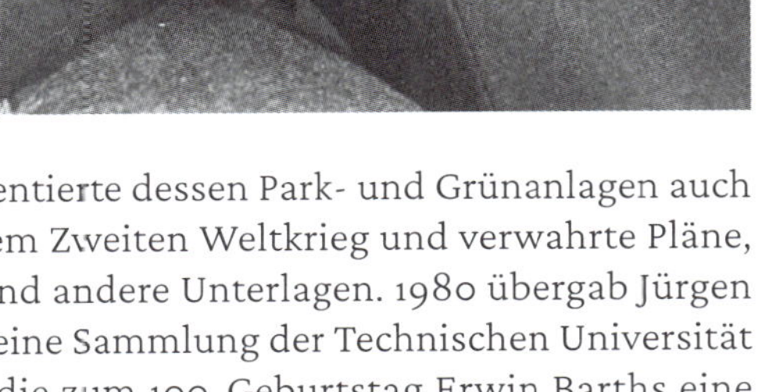

dokumentierte dessen Park- und Grünanlagen auch nach dem Zweiten Weltkrieg und verwahrte Pläne, Fotos und andere Unterlagen. 1980 übergab Jürgen Barth seine Sammlung der Technischen Universität Berlin, die zum 100. Geburtstag Erwin Barths eine Ausstellung im Weißen Saal des Schlosses Charlottenburg organisierte und dazu einen Katalog herausgab. 2001 konnte das Landesdenkmalamt Berlin den privaten Nachlass von Jürgen Barth, der einige Dokumente seines Vaters umfasst, in seine Bestände eingliedern. Im selben Jahr starb Jürgen Barth am 17. Juli in Bad Harzburg.

---

1 Vgl. Land, Detmar; Wenzel, Jürgen: Heimat, Natur und Weltstadt. Leben und Werk des Gartenarchitekten Erwin Barth. Leipzig 2005, S. 14.
2 Vgl. ebd., S. 14.
3 Vgl. ebd., S. 16.
4 Vgl. ebd., S. 498.
5 Vgl. ebd., S. 160 f.
6 Vgl. Barth, Jürgen: Erwin Barth. Ein Lebensbild. In: Universitätsbibliothek der Technischen Universität Berlin (Hg.): Erwin Barth. Gärten. Parks. Friedhöfe. Katalog zur Ausstellung. Berlin 1980, S. 10.
7 Vgl. Land/Wenzel 2005 (Anm. 1), S. 230 f.
8 Jürgen Barth in einem Brief an Vroni Heinrich vom 3. Mai 1994. In: Heinrich, Vroni: Im Schatten. Erinnerungen an Jürgen Barth. In: Schöbel Sören (Hg.): Aufhebungen – Urbane Landschaftsarchitektur als Aufgabe. Berlin 2004, S. 95.
9 Vgl. Land/Wenzel 2005 (Anm. 1), S. 312.
10 Vgl. ebd., S. 335.
11 Vgl. ebd., S. 485.
12 Zum Studiumsbeginn Jürgen Barths gibt es unterschiedliche Angaben. Nagel, G.: Professor Jürgen Barth – 65 Jahre. In: Das Gartenamt 25 (1976), H. 5, S. 332, nennt das Jahr 1935 und verweist auf eine Unterbrechung wegen des Arbeits- und Wehrdienstes. Dagegen nennt Heinrich, Vroni: Im Schatten. Erinnerungen an Jürgen Barth. In: Schöbel, Sören (Hg.): Aufhebungen – Urbane Landschaftsarchitektur als Aufgabe. Berlin 2004, S. 95, das Jahr 1936 nach vorangegangenem Pflichtdienst.
13 Die Landwirtschaftliche Hochschule Berlin wurde mitsamt dem Institut für Gartengestaltung Ende 1934 an die Friedrich-Wilhelms-Universität, heute Humboldt-Universität zu Berlin, angegliedert. Die Ausbildung fand jedoch weiterhin am Dahlemer Standort statt.
14 Vgl. Nagel 1976 (Anm. 12), S. 332.
15 Vgl. Heinrich 2004 (Anm. 9), S. 96; Nagel 1976 (Anm. 12), S. 332.
16 Vgl. Heinrich 2004 (Anm. 9), S. 95.
17 Vgl. Heinrich 2004 (Anm. 9), S. 96; Nagel 1976 (Anm. 12), S. 332 f.
18 Beck, G.; Kiemstedt, H.; Peschken, G. u. a.: Professor Jürgen Barth – 65 Jahre. In: Natur und Landschaft 51 (1976) H. 6, S. 176.
19 Vgl. Nagel 1976 (Anm. 12), S. 333.

◁ Seenlandschaft, Zeichnung von Jürgen Barth, um 1937.

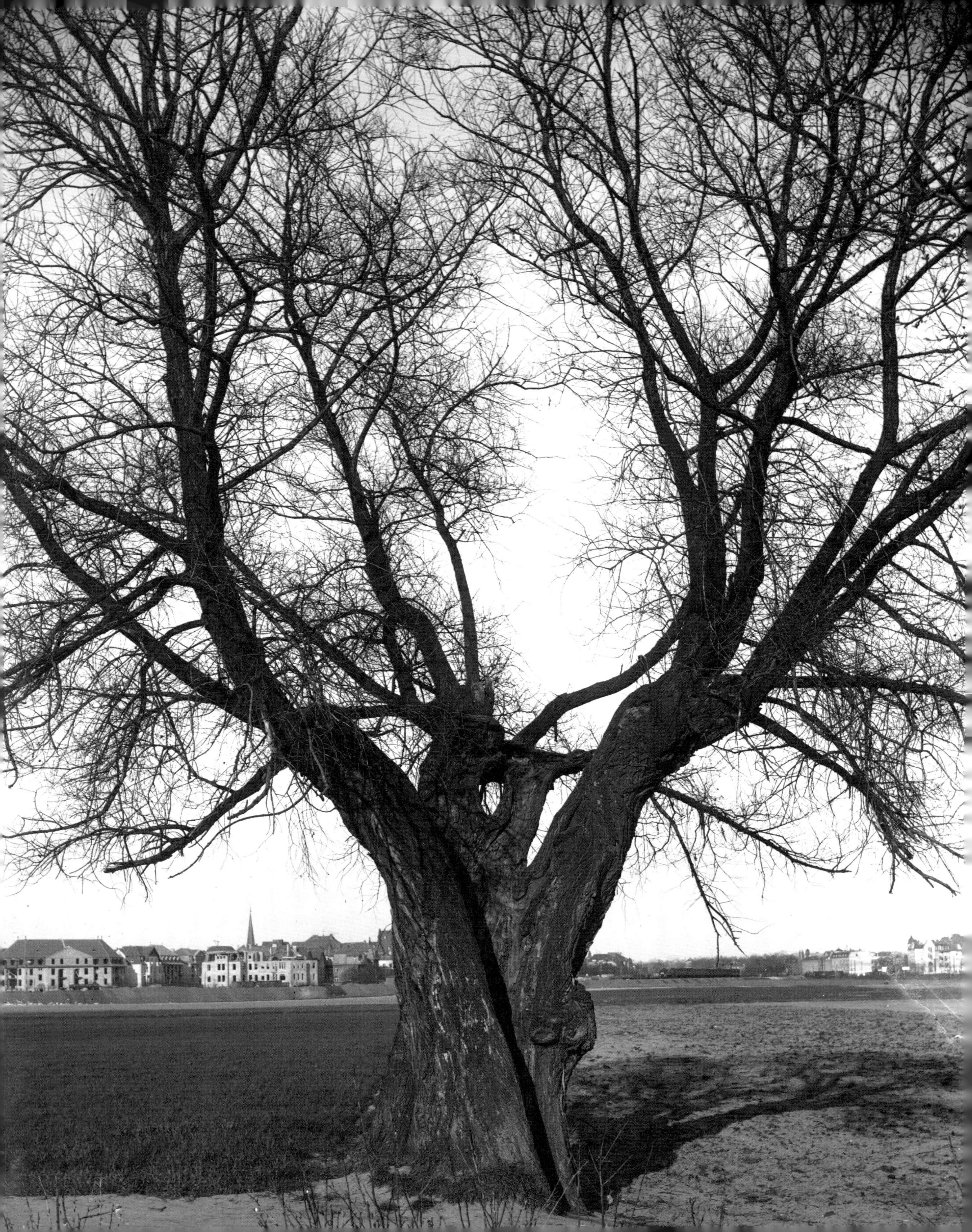

Erwin Barth und die Fotografie

DIETMAR LAND

Nachdem der Franzose Luis Daguerre 1839 publikumswirksam die Aufnahme des „Boulevard du Temple“ in Paris als die Erfindung der Fotografie präsentiert hatte, war das Interesse an den bildgebenden Reproduktionsmöglichkeiten groß. Man war fasziniert, ein Abbild der realen Welt auf einem Bildträger betrachten zu können, und die Fotografie fand rasch ihren Einzug in die Kunst, die Wissenschaft und den Buch- und Zeitungsdruck.

Im Laufe der Jahre war die Herstellung von Lichtbildern stetig vereinfacht worden. Schon vor Daguerre hatte der mit ihm bekannte Joseph Nicéphore Niépce mit der Heliografie eine ähnliche Technik der Fotografie erfunden. Nach dessen Tod war durch Daguerre die Daguerreotypie entwickelt worden, bei der eine detailscharfe Bildgebung auf einer Metallplatte als spiegelverkehrtes Unikat erfolgte.[1] Unabhängig davon hatte der Engländer Henry Fox Talbot in Großbritannien ein Negativ-Positiv-Verfahren entdeckt, durch das die unbeschränkte Vervielfältigung mittels fotografischer Papierabzüge von einem Negativ ermöglicht worden war. Einige Jahre später hatte man die empfindlichen Papiernegative durch dauerhaftere und verbesserte Glasnegative ersetzt: Bei dem sogenannten Nassplattenverfahren wurden die Glasplatten unmittelbar vor der Aufnahme mit einer lichtempfindlichen Haftflüssigkeit beschichtet. Spätestens jetzt hatte sich das Negativ-Positiv-Verfahren weltweit durchgesetzt. Ab den 1870er Jahren entfiel durch die Erfindung des Trockenplattenverfahrens das umständliche Präparieren der Platten, auch wurde die Empfindlichkeit der Beschichtung gesteigert, sodass die Belichtungszeiten deutlich reduziert werden konnten.[2] Die Fotografie war mobil geworden und eignete sich zugleich zunehmend für Momentaufnahmen. Die sogenannten Gelatine-Trockenplatten wurden, je nach verwendeter Kamera, in verschiedenen Größen angeboten; üblich waren insbesondere die 9 x 12 und 13 x 18 cm Formate, aber auch kleinere und größere wurden genutzt. Die Vervielfältigung erfolgte in Form von Kontaktabzügen, sodass die Größe des Papierfotos mit der des Negativs identisch war.[3]

In Deutschland hatte es ab den 1890er Jahren einen regelrechten Boom der gewerblich arbeitenden Fotografen gegeben; begünstigt durch die vereinfachten Verfahren hatten sich die Investitionskosten für die Einrichtung eines Fotoateliers reduziert. Neben den Aufnahmen im Atelier waren nun auch die Aufnahmen im Außenraum unproblematisch möglich und immer mehr Fotografie-Amateure benutzten tragbare Fotoausrüstungen mit kompakten Kameras.[4]

Aus seiner Kindheit kannte Erwin Barth die achtsam arrangierten Familienporträts, die in Lübecker Fotoateliers entstanden waren, angefertigt als dauerhafte Erinnerung und als schmückende Zierde für die Wohnung. Daneben waren ihm Fotografien als Bildmedium in Zeitschriften, Zeitungen und Büchern vertraut. In der Gärtner-Lehranstalt in Potsdam, die er ab dem April 1900 besuchte, lernte er dagegen den Einsatz der Fotografie in der Lehre kennen.

◁ *Baum in der Landschaft, Fotosammlung Erwin Barth, undatiert.*

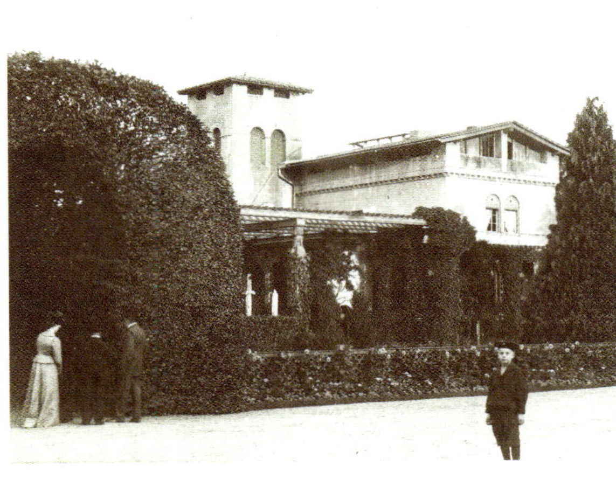

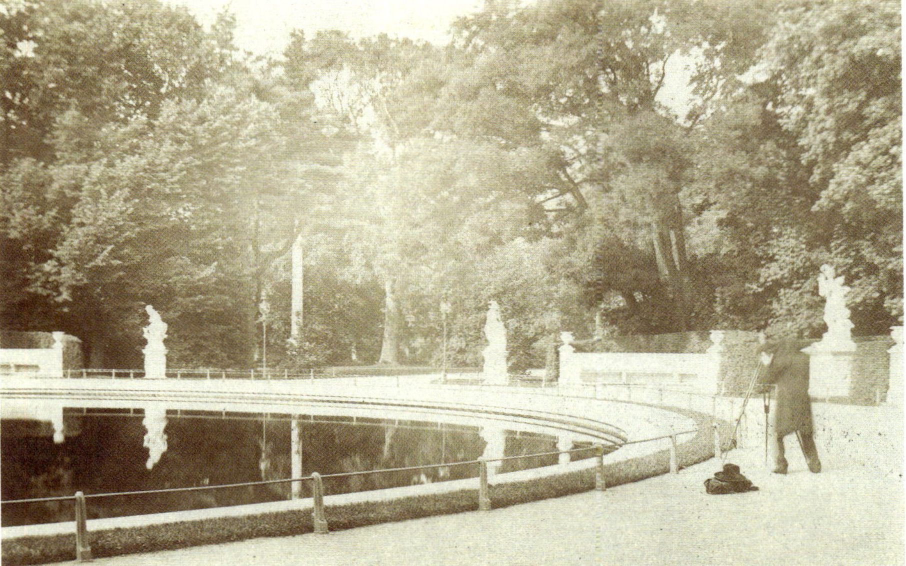

Römische Bäder im Park Sanssouci, um 1901.

Fotografische Aufnahmen am Becken der Großen Fontäne im Park Sanssouci, um 1901.

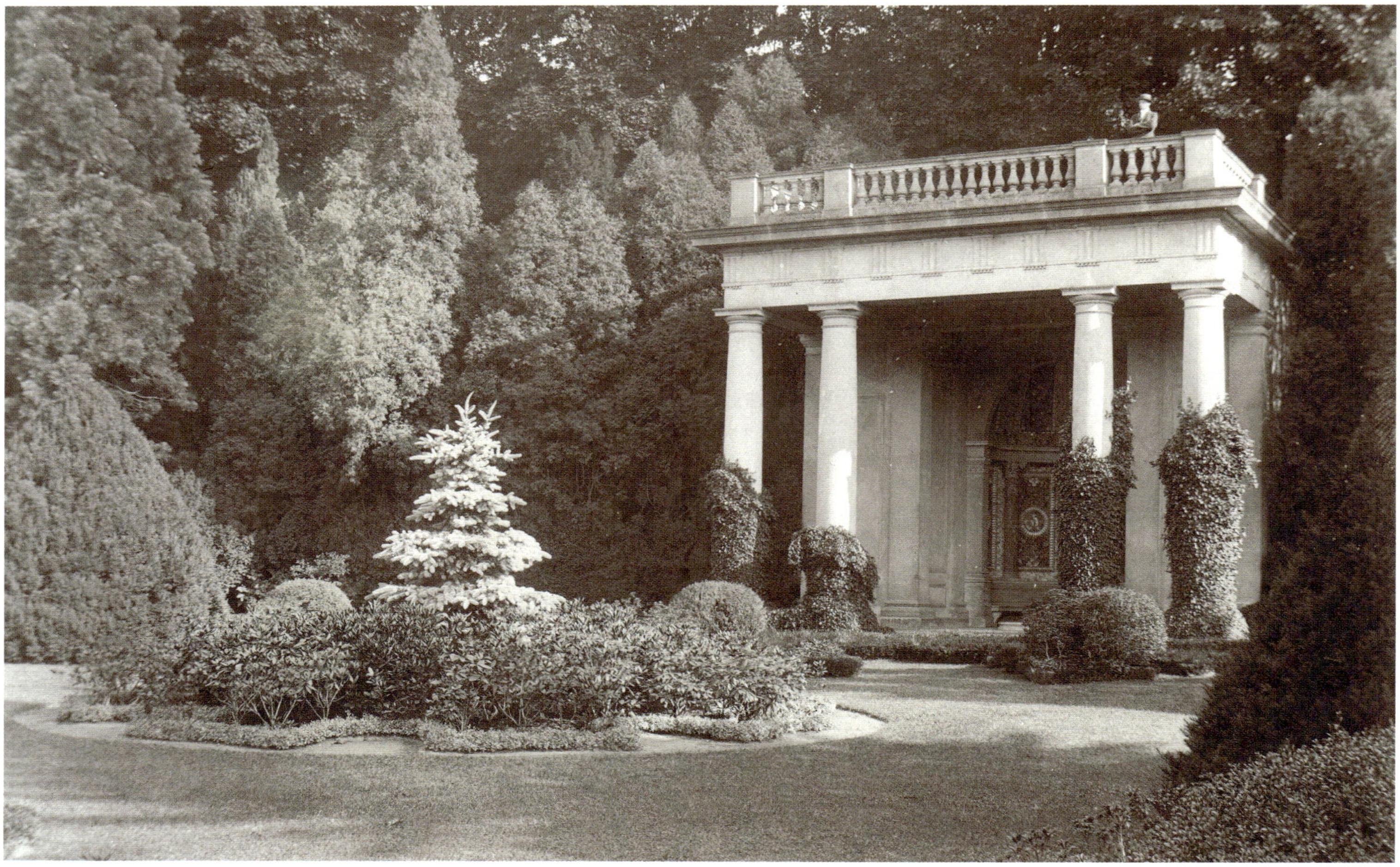

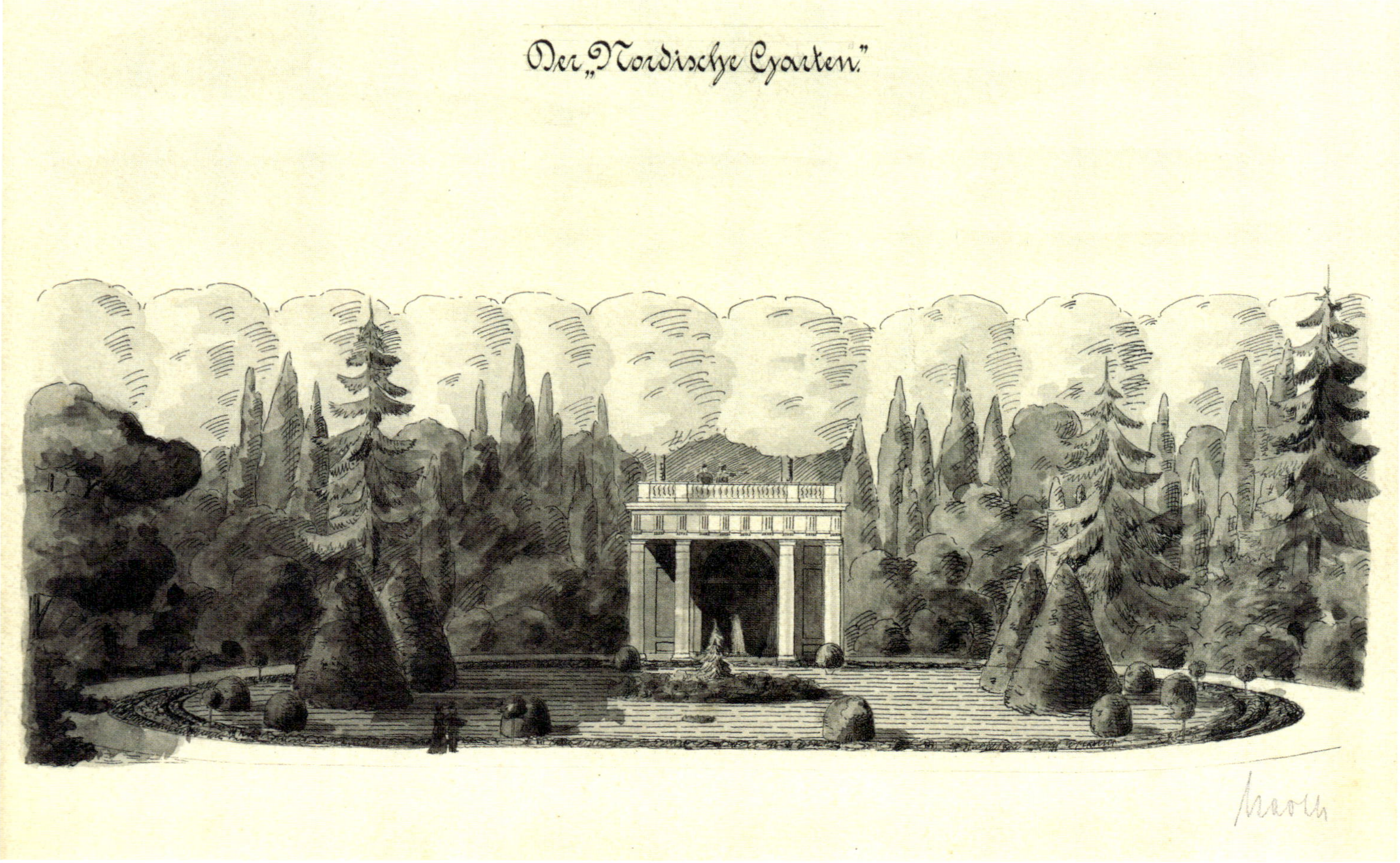

Der „Nordische Garten.“

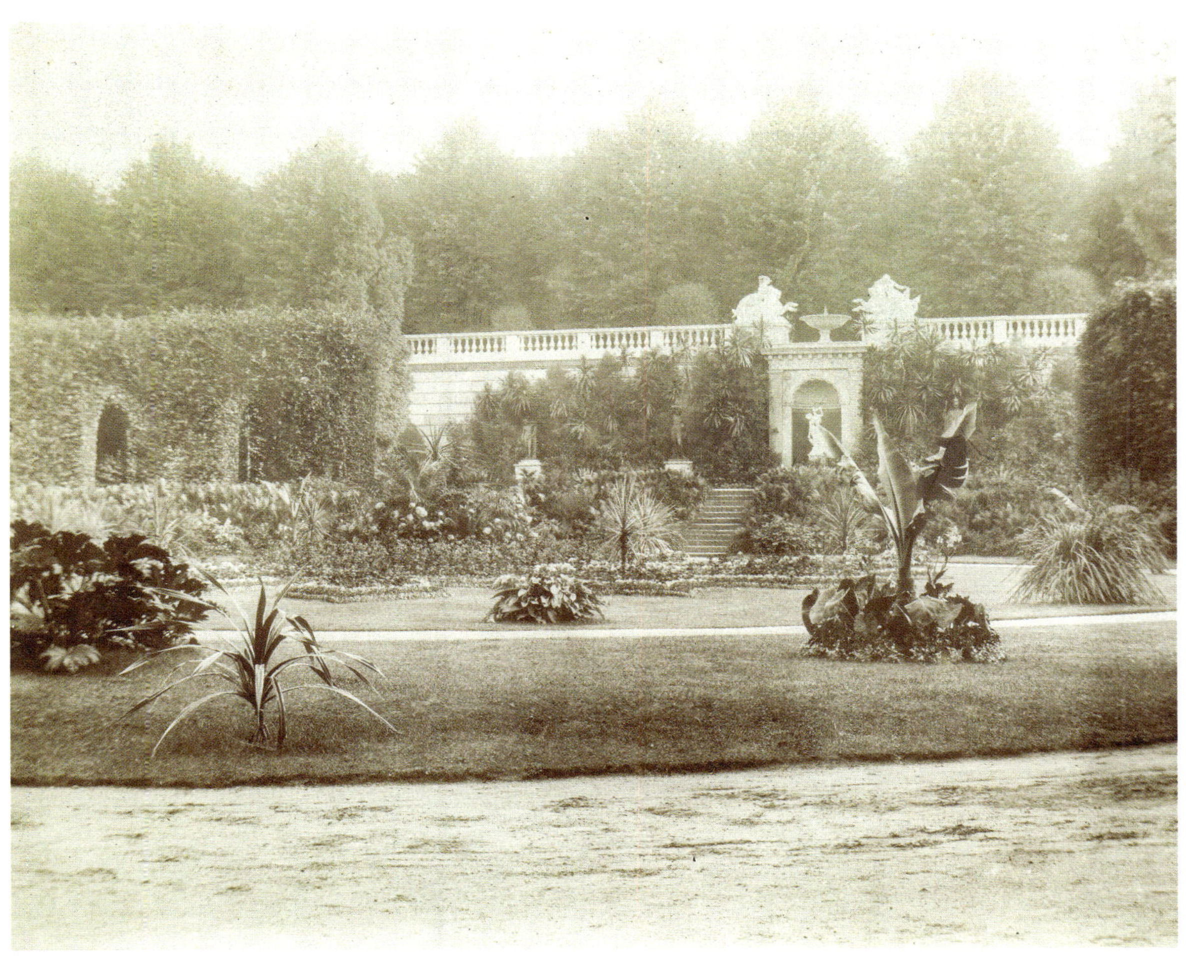

Sizilianischer Garten unterhalb der Maulbeerallee im Park Sanssouci, um 1901.

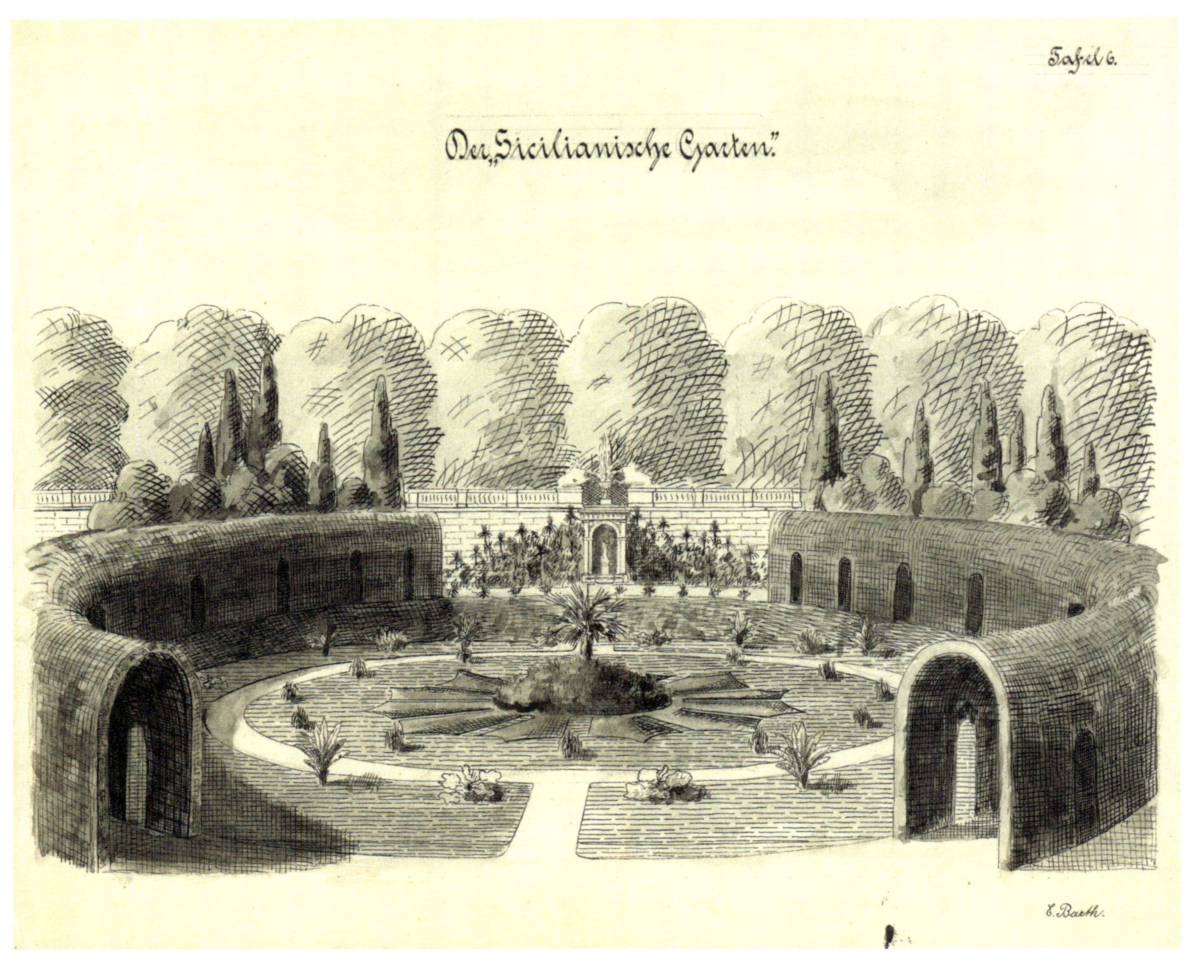

Sizilianischer Garten, Übung in Projektionslehre von Erwin Barth an der Königlichen Gärtner-Lehranstalt, um 1901.

◁
Grotte im Nordischen Garten im Park Sanssouci, um 1901.

Nordischer Garten, Übung in Projektionslehre von Erwin Barth an der Königlichen Gärtner-Lehranstalt, um 1901.

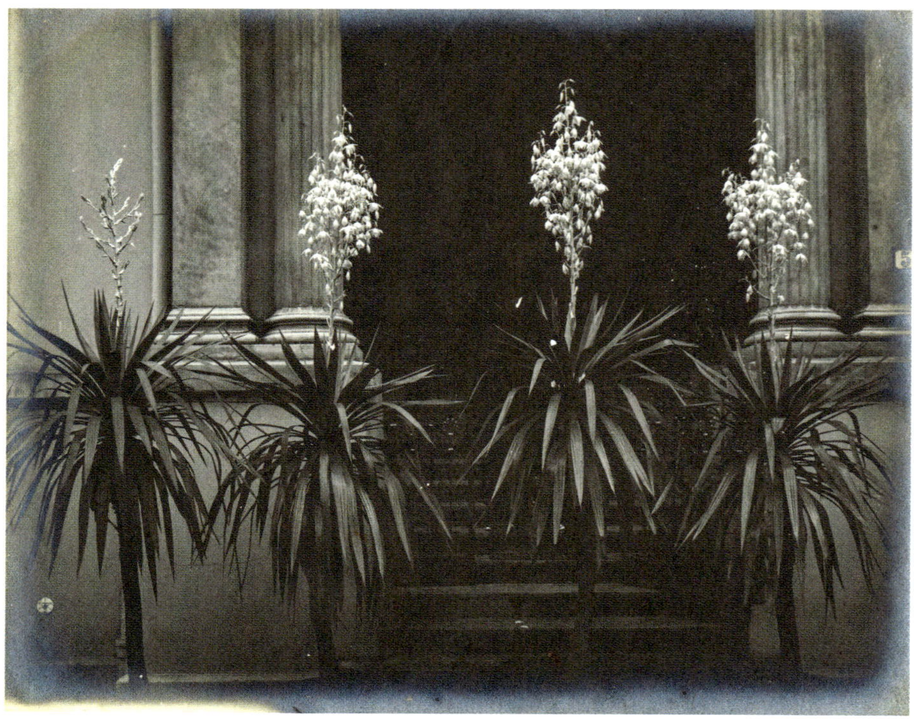

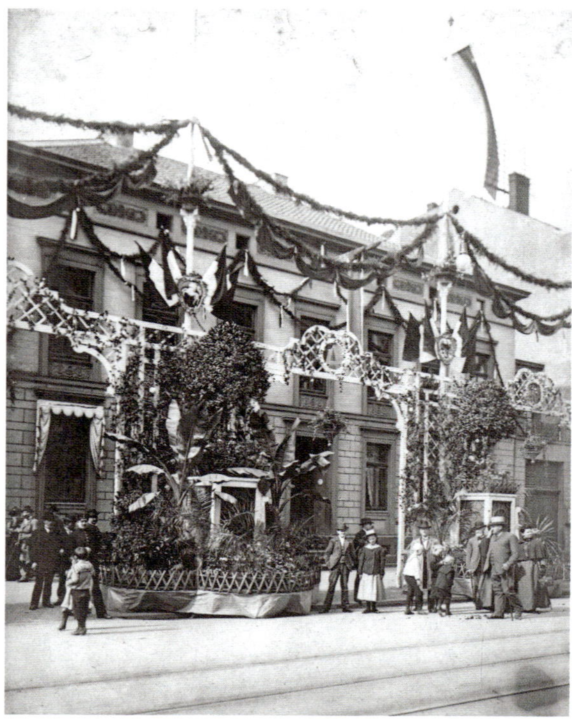

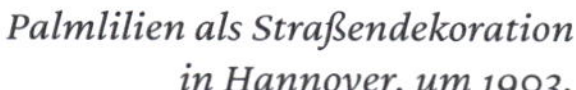

Palmlilien als Straßendekoration in Hannover, um 1903.

Straßendekoration in Hannover, um 1903.

Schon seit den 1880er Jahren wurden in Universitäten und anderen Bildungseinrichtungen im Rahmen von Vorlesungen vermehrt Lichtbilder eingesetzt, auch öffentliche Informationsveranstaltungen wurden als Lichtbildervorträge durchgeführt. Hierbei nutzte man auf Glasplatten fixierte Positivaufnahmen, die mittels Projektoren als vergrößertes Lichtbild auf eine Wand oder Leinwand projiziert wurden. Gerne verwendete man dabei Reproduktionen aus Büchern und Zeitschriften. Nicht zuletzt im Unterrichtsfach „Geschichte der Gartenkunst und Stillehre" wird auch Fritz Encke den Eleven der Lehranstalt passende Abbildungen, Fotografien von Plänen sowie Aufnahmen von Gärten und Landschaften als Lichtbilder präsentiert haben.[5] „Feldmessen und Nivellieren" und „Zeichnen und Projektionslehre" wurden ebenfalls von Encke unterrichtet. Hier erhielten die Schüler die Aufgabe, in den nahe gelegenen Parkanlagen Potsdams Aufmaßübungen durchzuführen und die Ergebnisse in Planzeichnungen zu übertragen.[6] Darüber hinaus forderte er für das Fach „Landschaftszeichnen" dazu auf, „in der schönen Jahreszeit [...] nach der Natur in den königlichen Gärten" mit dem Zeichenstift Landschafts- und Gartenmotive zu Papier zu bringen. In den kälteren Monaten dagegen solle man in der Lehranstalt die Zeichenübungen „nach Vorlagen" ausführen.[7]

Nicht zuletzt aus diesem Grund ließ die Lehranstalt offenbar fotografische Aufnahmen beispielsweise im Park Sanssouci anfertigen. Vermutlich nutzte man hierzu eine anstaltseigene Kamera, denn die Qualität der Aufnahmen spricht eher für eine amateurhafte Anwendung. Eventuell waren es auch die Schüler selbst, die die Apparatur bedienen durften. In jedem Fall erhielt der junge Erwin Barth einige Papierabzüge für seine Übungen und für den Aufbau einer ersten eigenen Sammlung von gartenkünstlerischen Motiven. Vom „Nordischen" und „Sizilianischen Garten", oberhalb und unterhalb der Maulbeerallee in Sanssouci gelegen, entstand so eine eindrucksvolle Bestandsaufnahme: Neben den Fotografien sind es die in Tusche und Aquarelltechnik angelegten Grundrisspläne und Perspektivzeichnungen, die vom darstellerischen Können des jungen Barth Zeugnis geben.

Nach dem Abschluss der Ausbildungszeit ergänzte Barth seine kleine Kollektion von Fotografien. Jeder einzelne Abzug stellte zu dieser Zeit einen Wert dar, auch in finanzieller Hinsicht. Relativ günstig war der Erwerb von Bildpostkarten; die besonderen Motive jedoch musste man mit einer eigenen Kamera aufnehmen oder bei einem Fotografen erwerben.

Die erste Anstellung führte Barth 1902 nach Hannover, wo er unter der Leitung von Julius Trip für die Gartendirektion und für dessen zusätzliche Privataufträge tätig wurde. Hier arbeitete er zunächst „als Gehilfe bei der Bepflanzung der Blumenanordnungen in den städtischen Anlagen", zudem erhielt er „Gelegenheit bei verschiedenen größeren Dekorationen u. a. zum Empfange Ihrer Majestät des Kaisers mitzuwirken", später auch bei der Ausschmückung von Straßen und Plätzen mit Ehrenbögen, Spalieren, Girlanden, Pflanzen- und Fahnenschmuck anlässlich eines Nationaltreffens aller Schützenvereine Deutschlands.[8] In Erinnerung hieran erhielt Barth, vermutlich vermittelt durch den Gartendirektor Trip, mehrere Abzüge mit Fotografien der aufwändigen Dekorationen.

Ebenfalls als Andenken und gartenkünstlerische Dokumentation zugleich entstand eine kleine Sammlung von „Photographien aus Hannover" aus dem

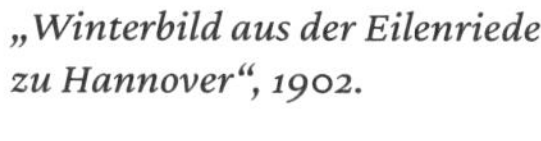

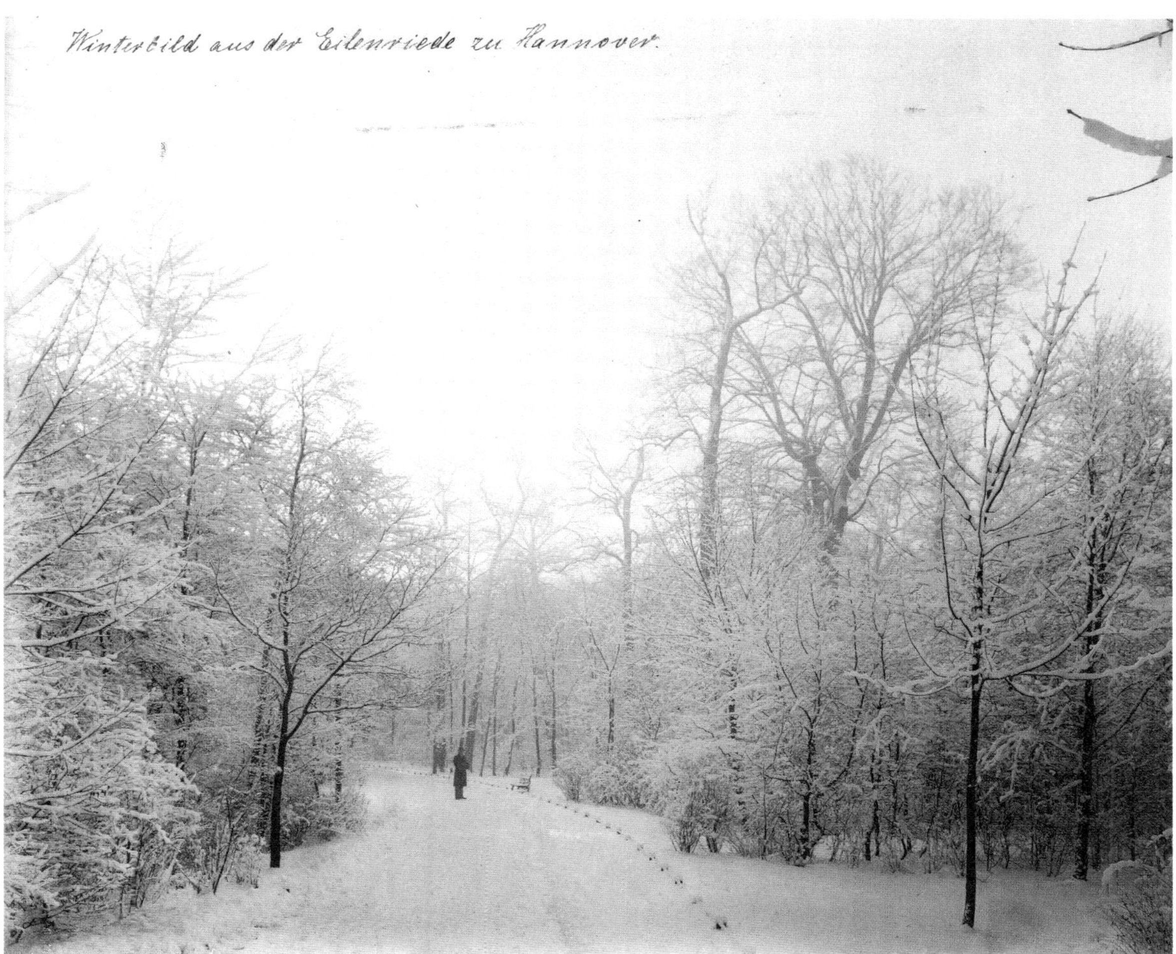

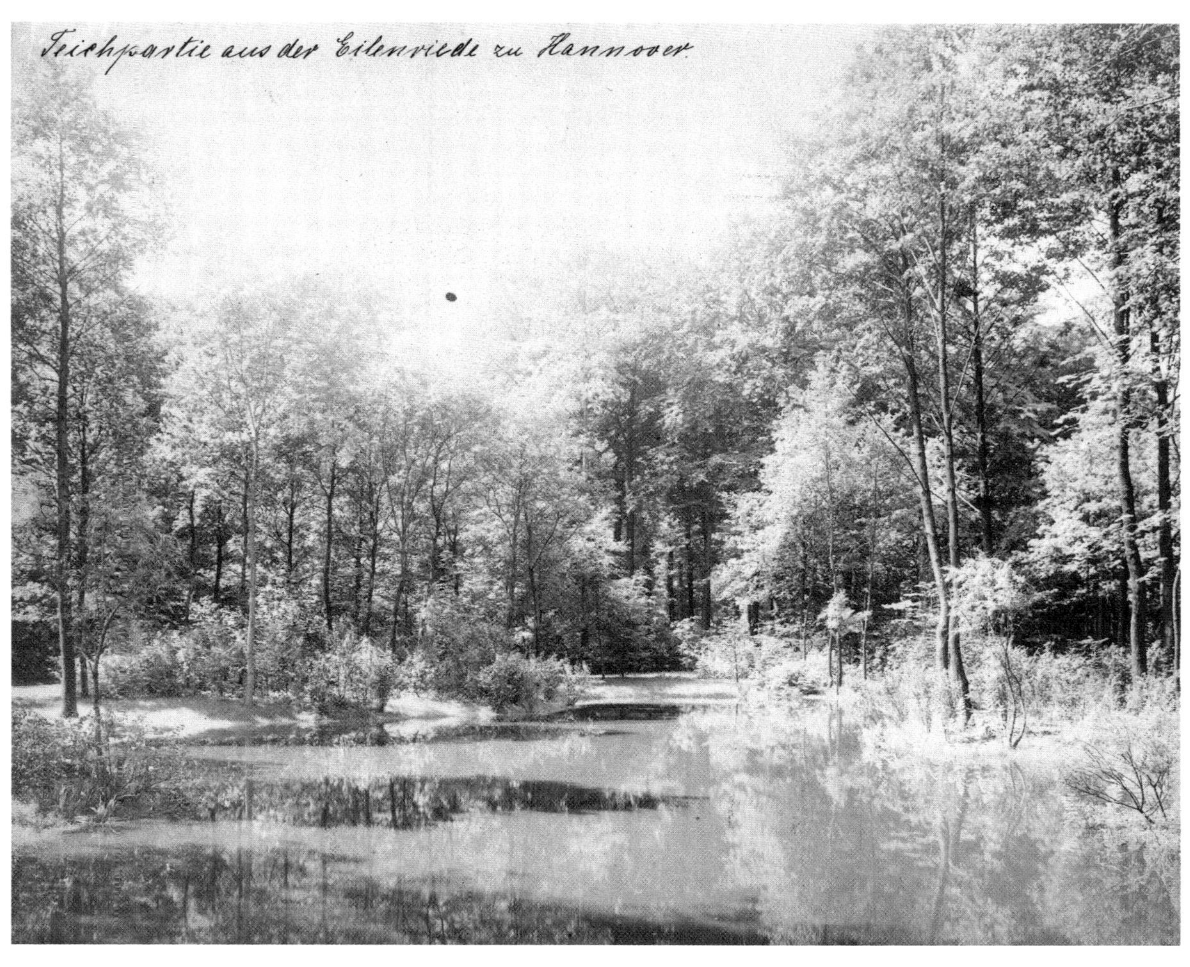

„Winterbild aus der Eilenriede zu Hannover", 1902.

„Teichpartie aus der Eilenriede zu Hannover", 1902.

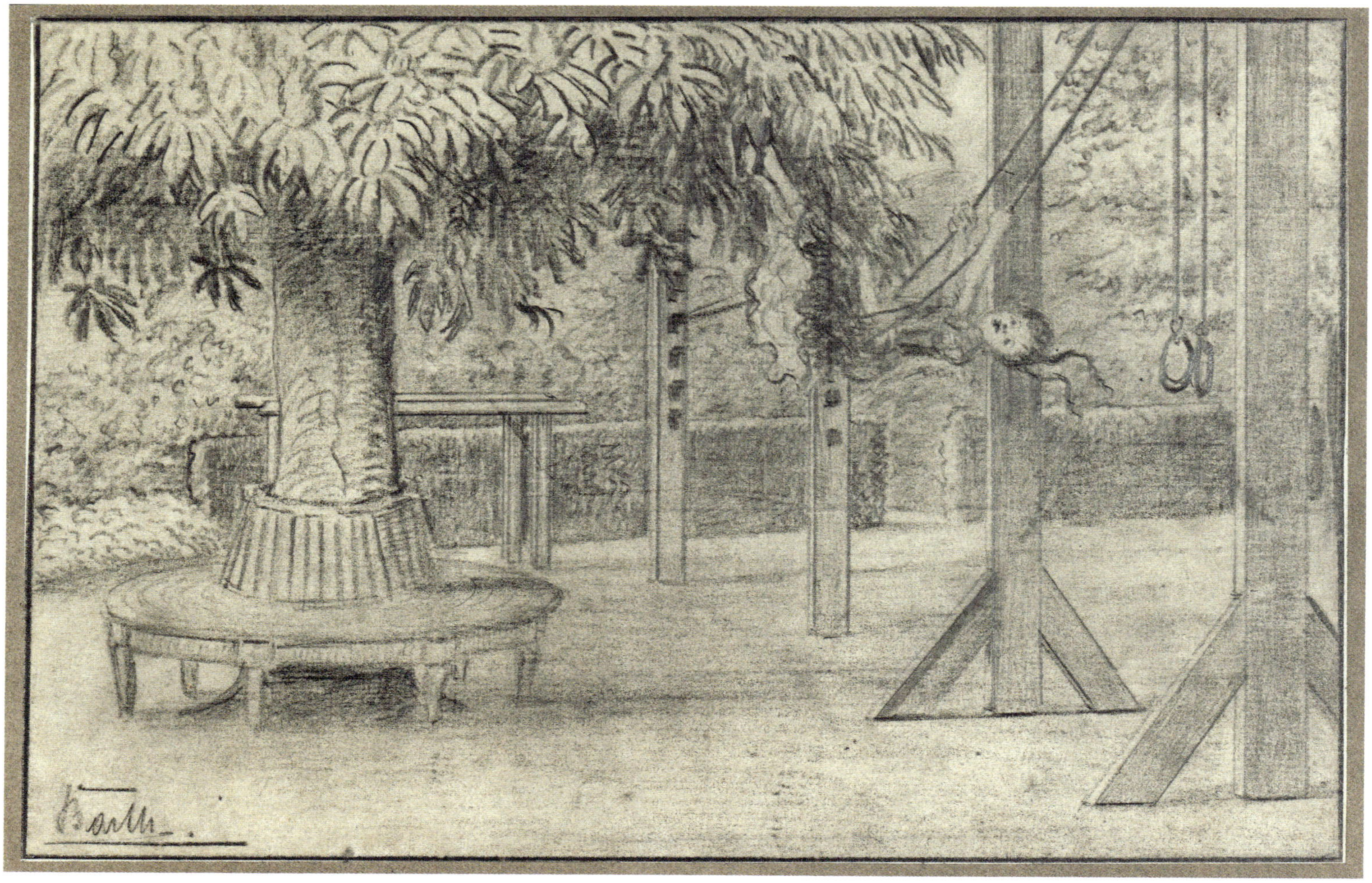

Garten Jürgens in Lübeck, Rundbank und Turnplatz, Zeichnung von Erwin Barth, 1908.

Jahr 1902, beschriftet und unterzeichnet von Barth persönlich.[9] Ob er jedoch tatsächlich selbst die Aufnahmen angefertigt hat, bleibt im Unklaren. Neben einigen Schmuckplätzen in der Innenstadt war es insbesondere die Eilenriede, die ihn interessierte und die er dokumentierte: Ein Stadtwald, dessen vorderen Teil Julius Trip ab 1900 in einen naturnah gestalteten Erholungs- und Waldpark umgewandelt hatte.

Spätestens nachdem Erwin Barth 1908 seine erste dauerhafte Anstellung angetreten hatte, als Leiter der städtischen Gartenverwaltung in Lübeck, nutzte er die Fotografie auch ganz gezielt zur Dokumentation seiner eigenen Projekte. Mehrmals war es hier der mit ihm befreundete Redakteur des Lübecker Unterhaltungsblattes „Von Lübeck's Türmen", Wilhelm Haase, der entsprechende Aufnahmen durch einen Fotografen in Auftrag gab. Barth selbst besaß mittlerweile offenbar ebenfalls eine Kamera; er verwahrte die Fotografien nun nicht mehr nur als Abzug, sondern zudem in ihrer Ursprungsform als Glasplattennegativ.

So beispielsweise Aufnahmen aus dem Garten des Lübecker Geschäftsmanns Eduard Jürgens: Der Garten war schon 1908 in der Vorstadt St. Jürgen entstanden, in der Nachbarschaft zur Wohnung von Barths Mutter. Für den jungen Gartenarchitekten war es der erste Privatauftrag in seiner Heimatstadt gewesen. Seinem Entwurf, bei dem regelmäßig geprägte Gartenräume und landschaftlich anmutende Bereiche eine gemeinsame Einheit bildeten, hatte er seinerzeit mehrere Schaubilder beigefügt. Nun, etwa drei Jahre später, zeigten seine Fotografien, was aus den damaligen Ideen geworden war. Gerade an den Fotos lässt sich erkennen, wie es Barth gelungen war, den „architektonischen" Garten durch detaillierte Bepflanzung noch zu vervollkommnen: Stauden- und Schilfpflanzungen lösen die geradlinigen, etwas steifen Konturen der Beete und des Wasserbeckens auf natürliche Weise auf.[10]

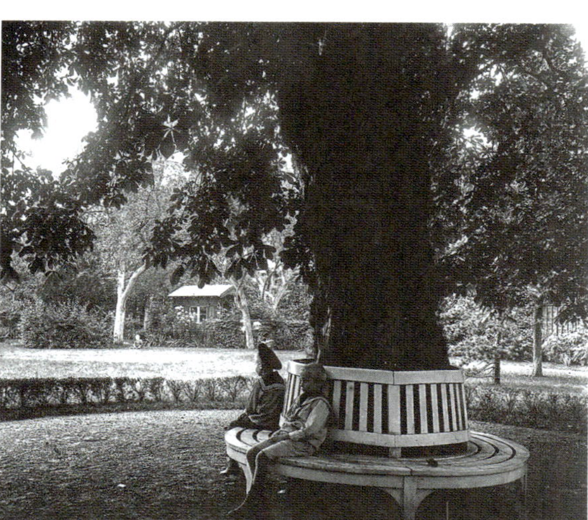

Garten Jürgens in Lübeck, Rundbank am Turnplatz, um 1911.

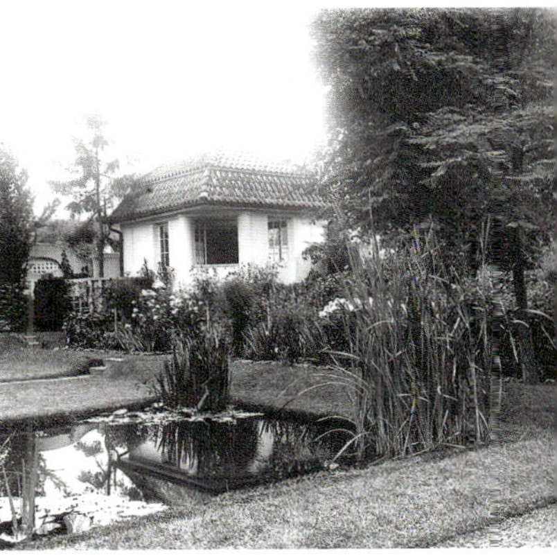

Garten Jürgens in Lübeck, Wasserbassin am Gartenhaus, um 1911.

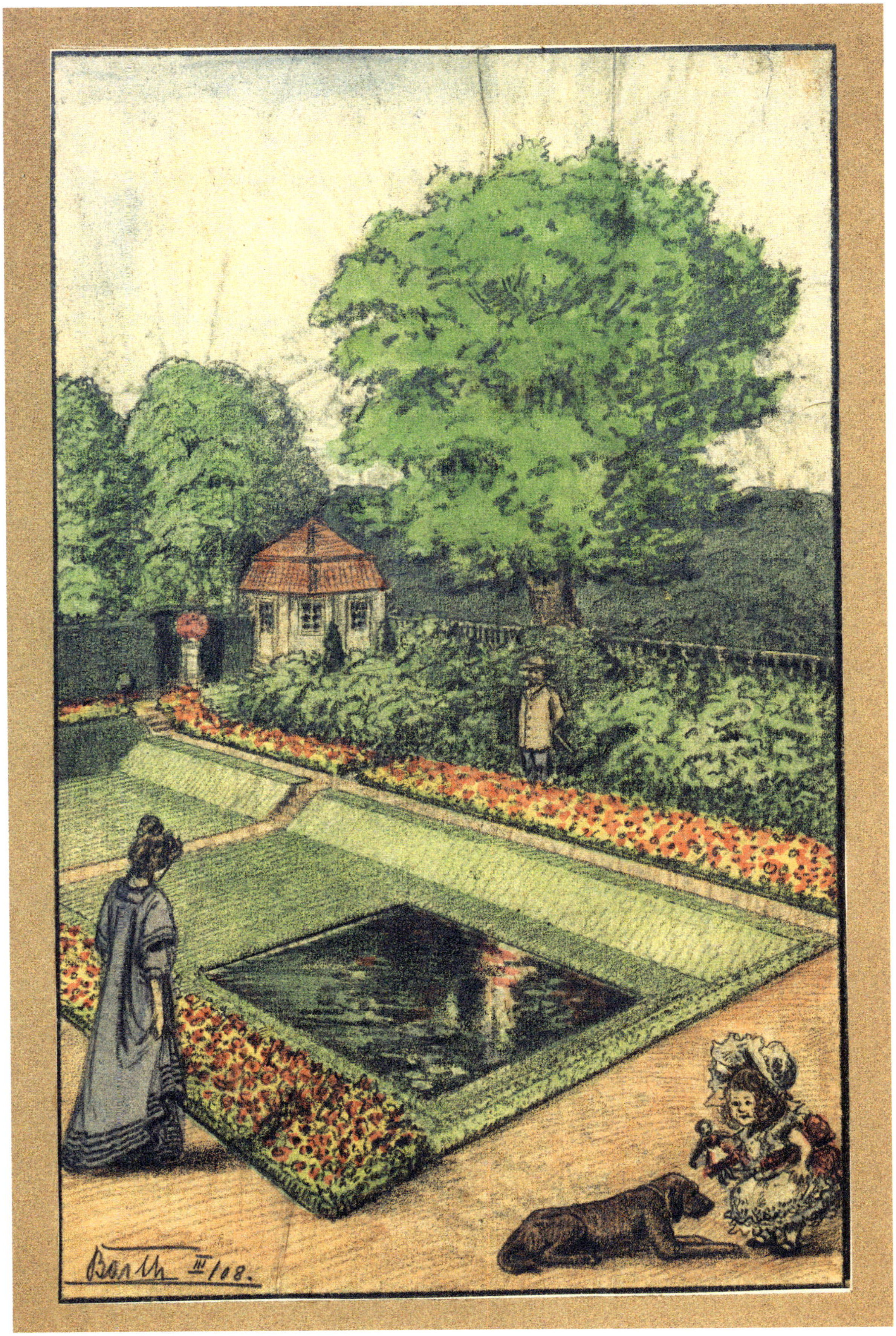

Garten Jürgens in Lübeck, Wasserbassin am Gartenhaus, Zeichnung von Erwin Barth, 1908.

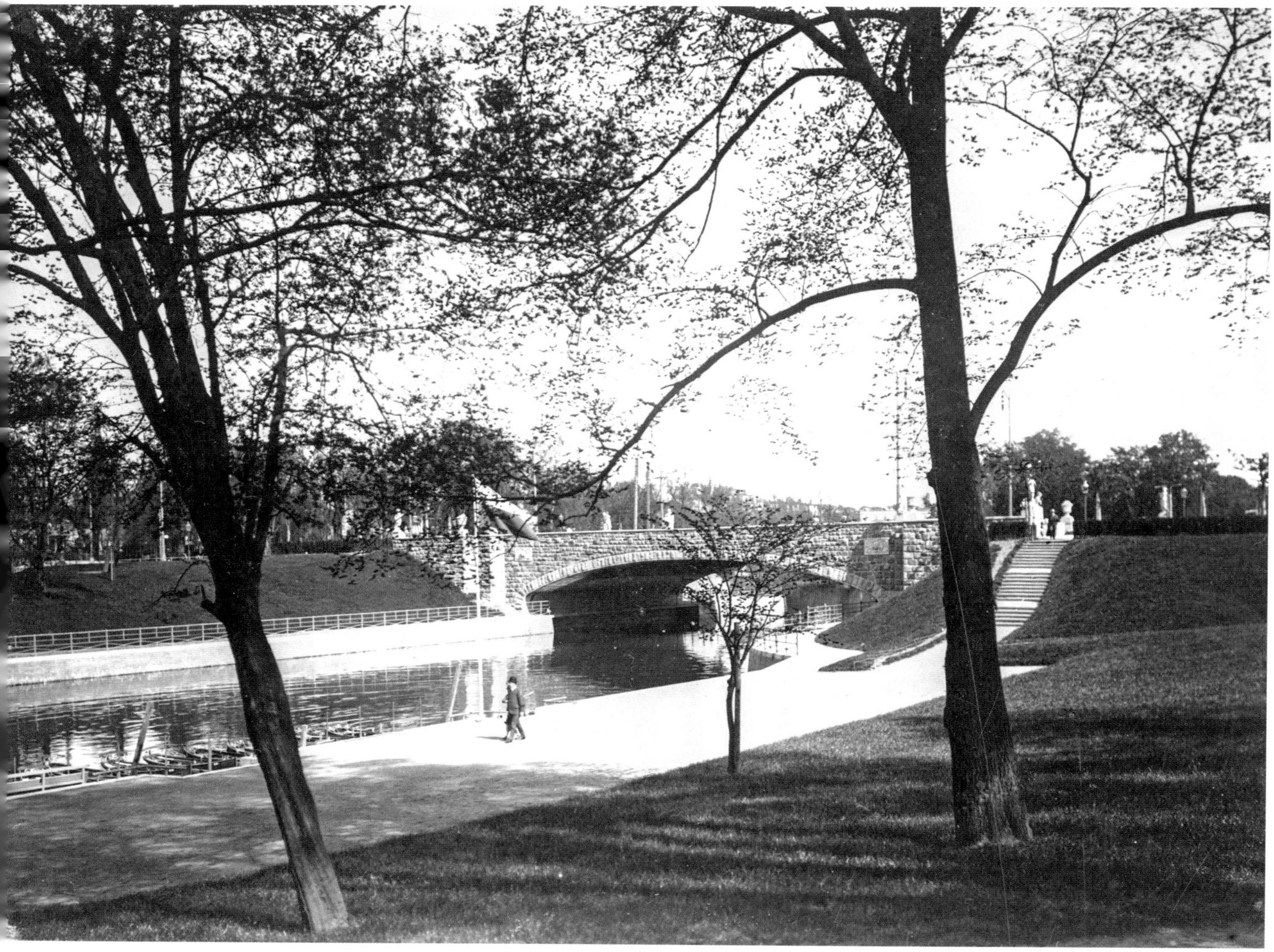

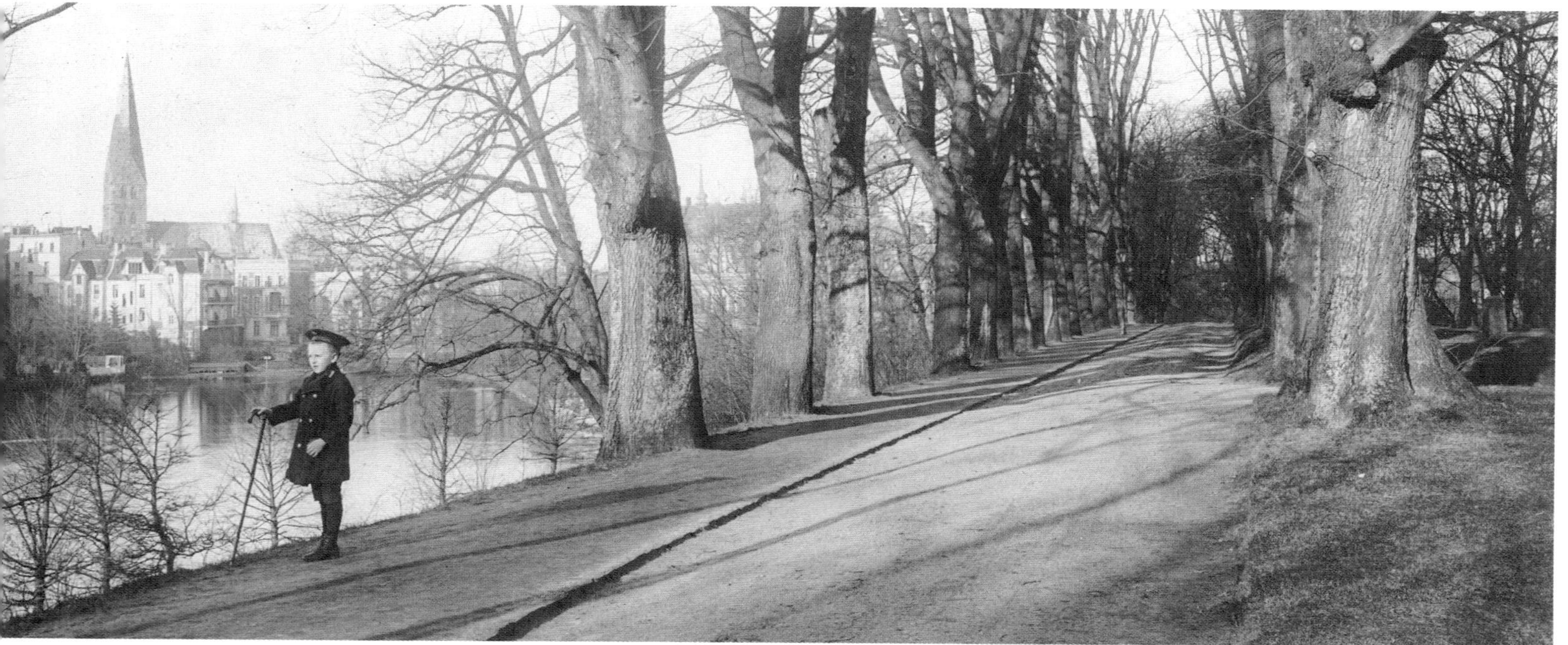

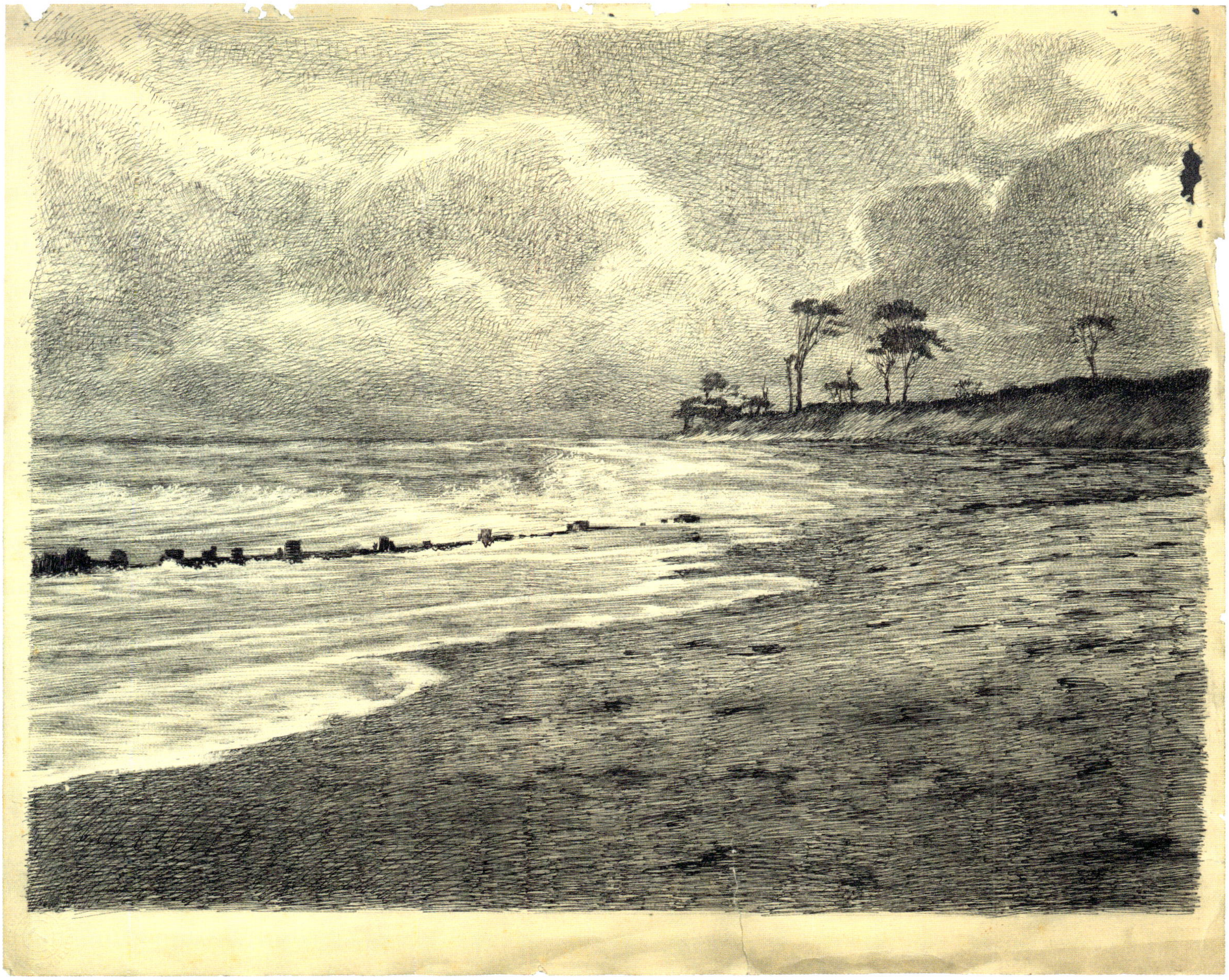

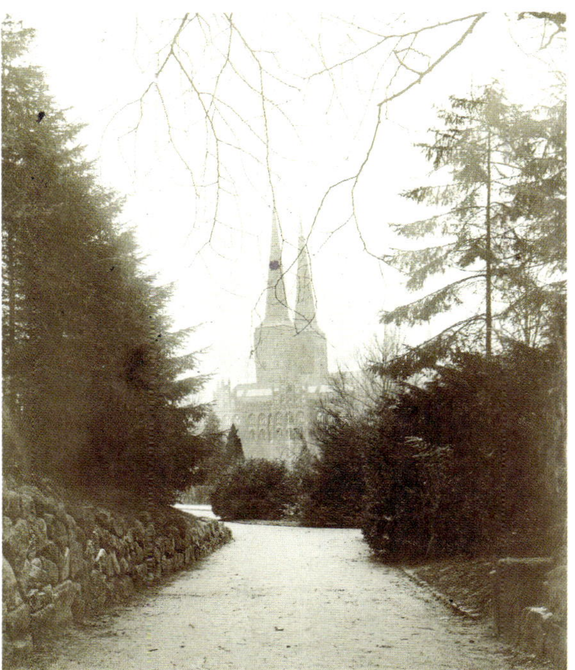

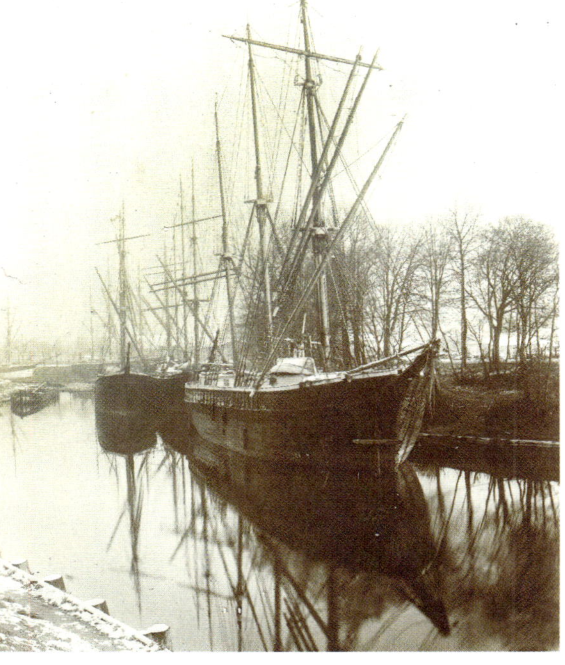

Bäume am Meer, Zeichnung von Erwin Barth, undatiert.

Blick von den östlichen Wallanlagen auf den Lübecker Dom, um 1911.

Blick von den westlichen Wallanlagen auf den Lübecker Stadtgraben, 1910.

◁

Puppenbrücke über den Stadtgraben in Lübeck, um 1909.

Blick von den östlichen Wallanlagen über den Krähenteich auf die Lübecker Altstadt, um 1911.

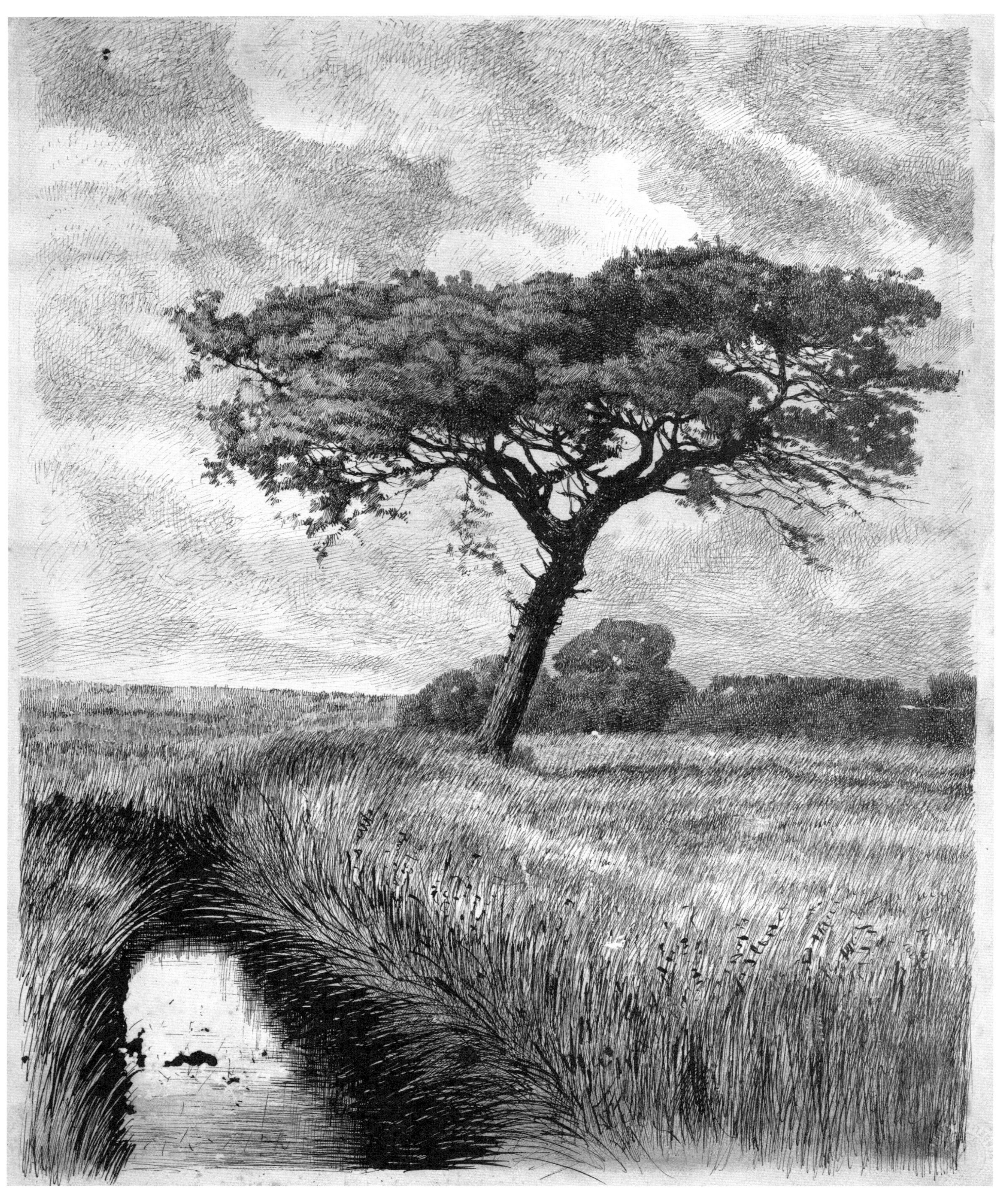

Baum in Niederungslandschaft,
Zeichnung von Erwin Barth,
undatiert.

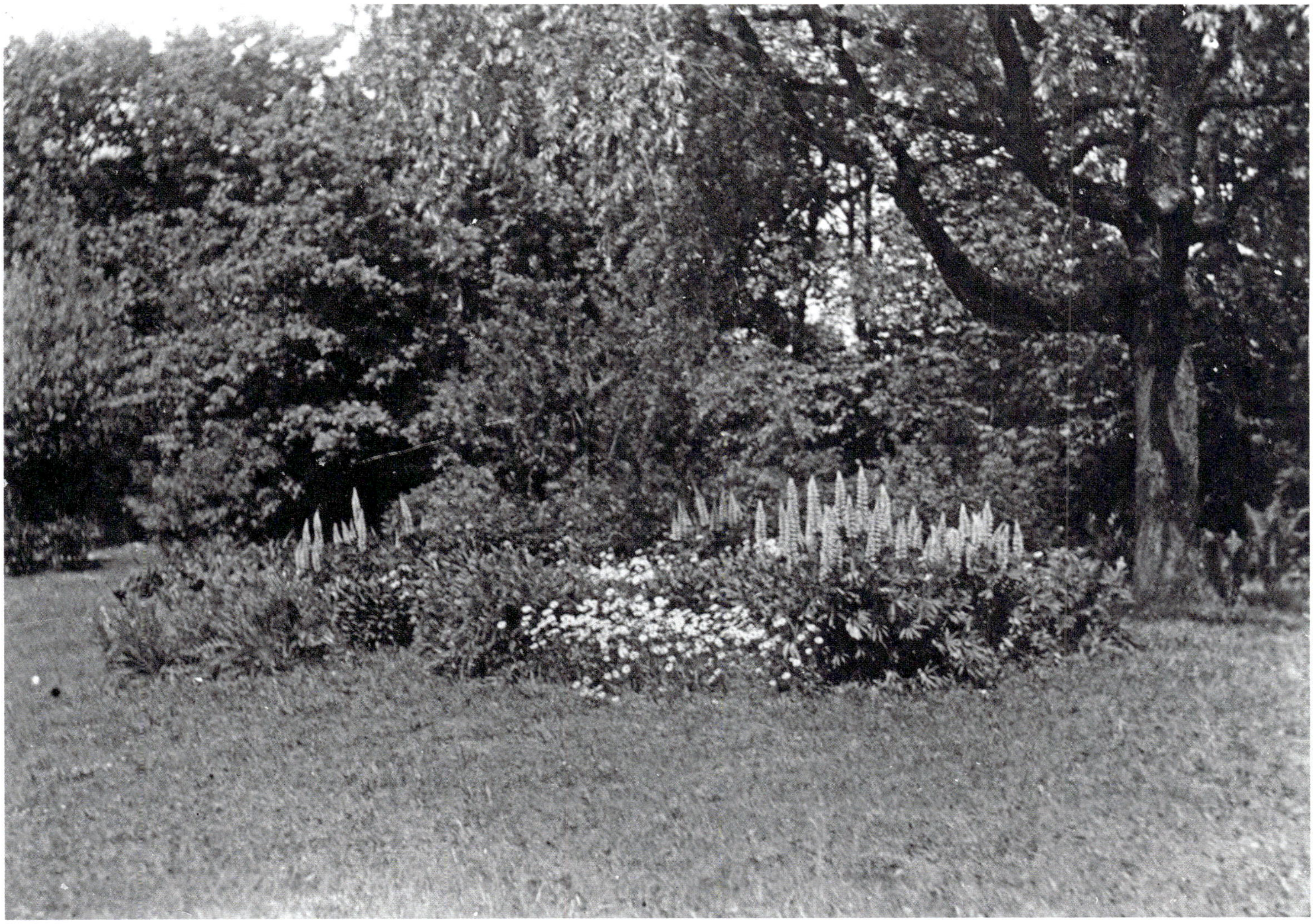

Im Gegensatz dazu zeigt eine Aufnahme aus dem öffentlichen Raum vollkommen klare Konturen und die noch gänzlich neuwertigen Materialen: Die mit acht Statuen ausgestattete Puppenbrücke Lübecks war 1907 in verbreiterter Form neu errichtet worden und Erwin Barth hatte als eine seiner ersten Aufgaben im Jahr darauf den Anschluss an die angrenzenden Wallanlagen wiederhergestellt sowie auf dem oberen Niveau kleine Eingangsplätze geschaffen.[11]

Am Ende seiner Lübecker Zeit erhielt Erwin Barth von Haase einen anerkennenden Dank für seine geleisteten Arbeiten in der Hansestadt: Als Erinnerung an die Wallanlagen, die als städtisches Grün nicht nur zum Arbeitsfeld Barths gehörten, sondern wo sich auch in einem idyllisch gelegenen Wohngebäude sein Büro und seine Dienstwohnung befunden hatten, überreichte ihm Haase eine Reihe von auf Karton gezogenen Fotografien. Barth selbst fertigte sich von einigen seiner Lieblingsmotive in der Heimatstadt ebenfalls entsprechende Andenken an. Der Wert, den nicht allein Barth einem idyllischen Stadtbild, einer Landschaftsaufnahme oder einer Fotografie der heimischen Natur beimaß, war nicht zuletzt geprägt durch die Ideen der Heimat- und Landschaftsschutzbewegung, die seit der Jahrhundertwende insbesondere im städtischen Bürgertum zunehmend auf Interesse stießen.

Die Motive von Gärten, Parkanlagen und Landschaften interessierten Erwin Barth bei seiner langsam anwachsenden Sammlung von Fotografien, aber auch die einzelne Pflanze oder eine Pflanzengruppe galten ihm als lohnenswertes Detail, das er zu dokumentieren suchte. Hier jedoch begrenzten ihn

Pflanzendetail im Klettenbergpark in Köln, um 1908.

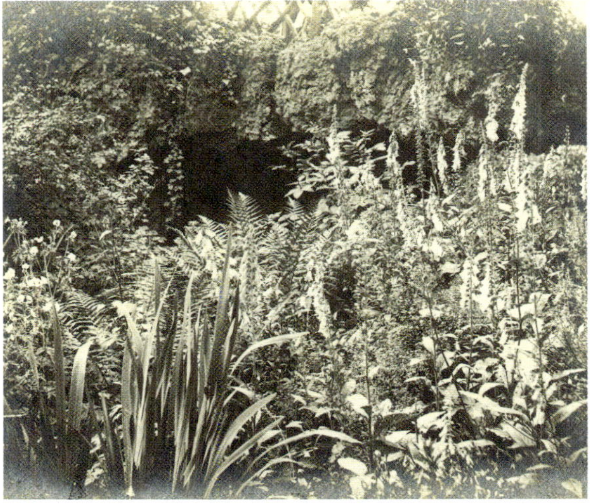

Pflanzendetail, „Frühling“ – „gemischte Staudenpflanzung“, vermutlich Hannover, um 1902.

Abb. Seite 32/33 Garten-Geranie, Aquarellstudie von Erwin Barth, undatiert.

Weinlaub, kolorierte Zeichnung von Erwin Barth, undatiert.

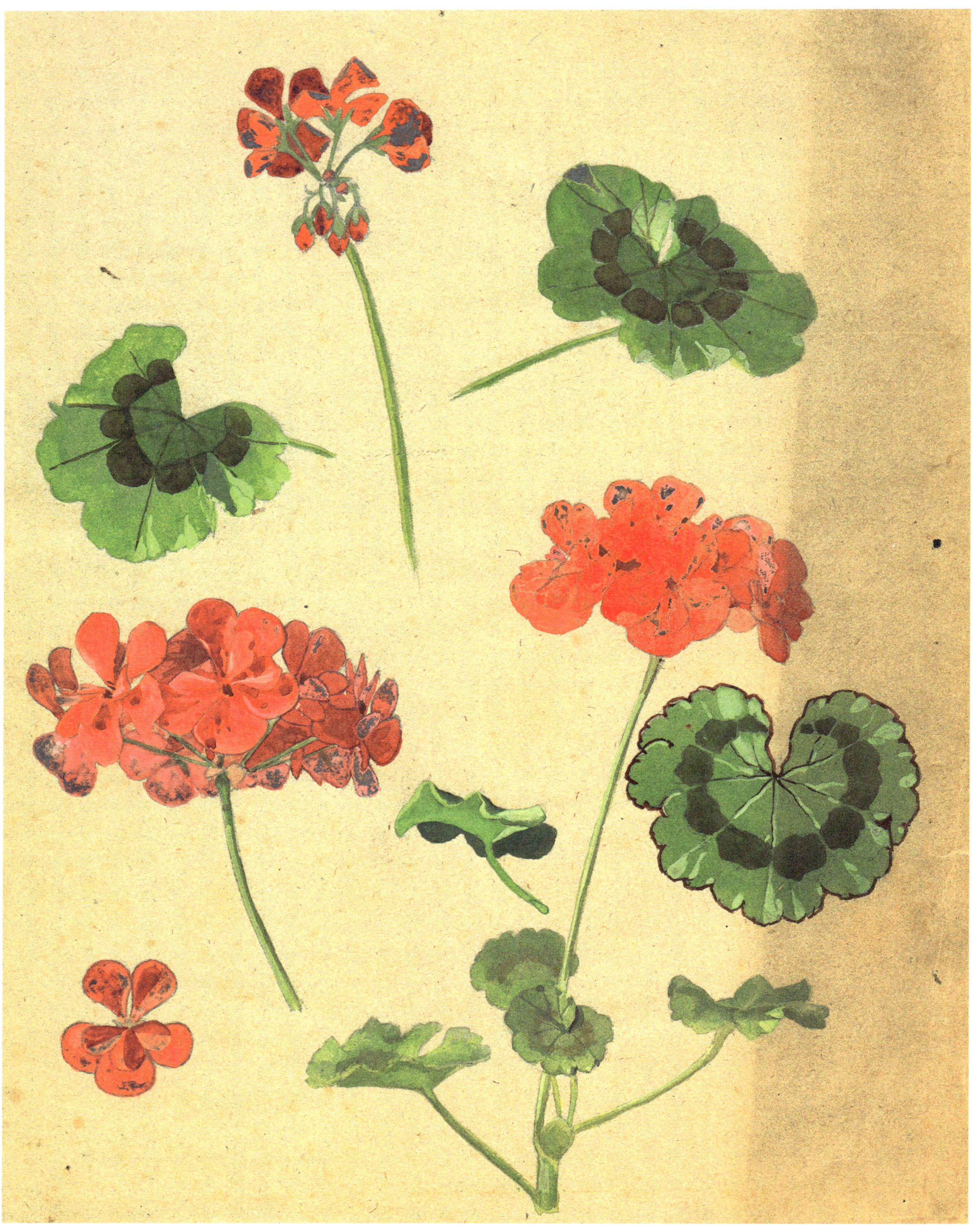

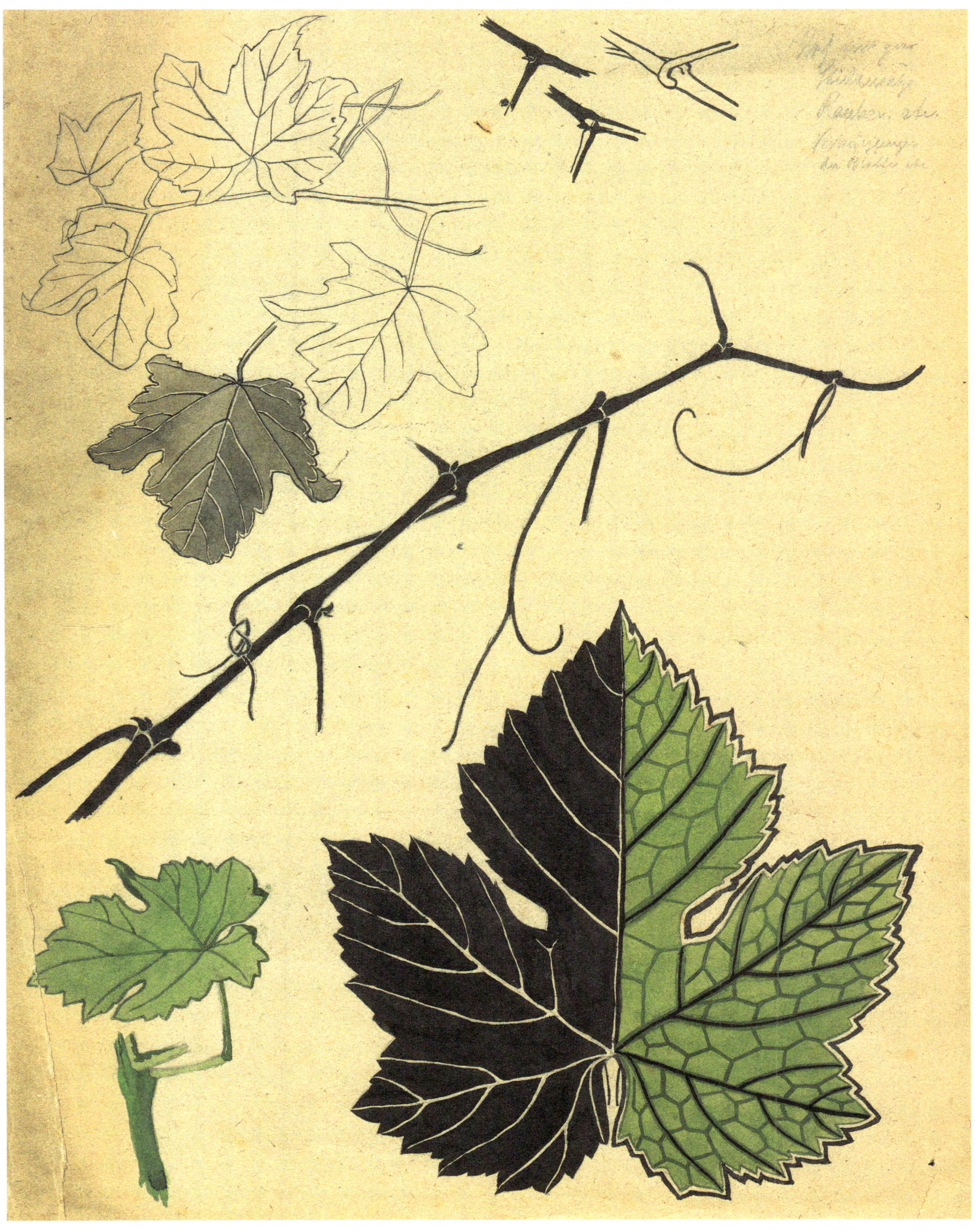

Jürgen und Eva Barth im Unterstandshäuschen auf dem Sachsenplatz (heute Brixplatz), um 1920.

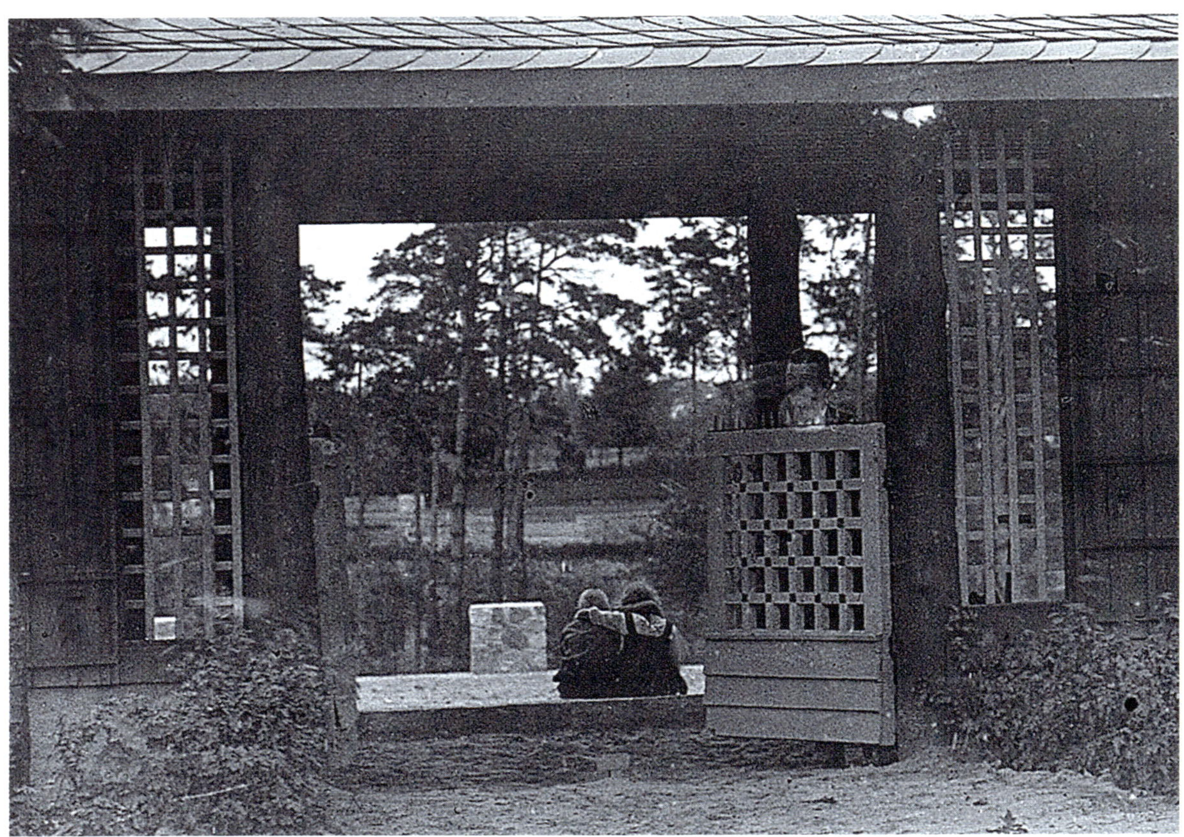

Staudenrabatte auf dem Karolingerplatz, um 1913.

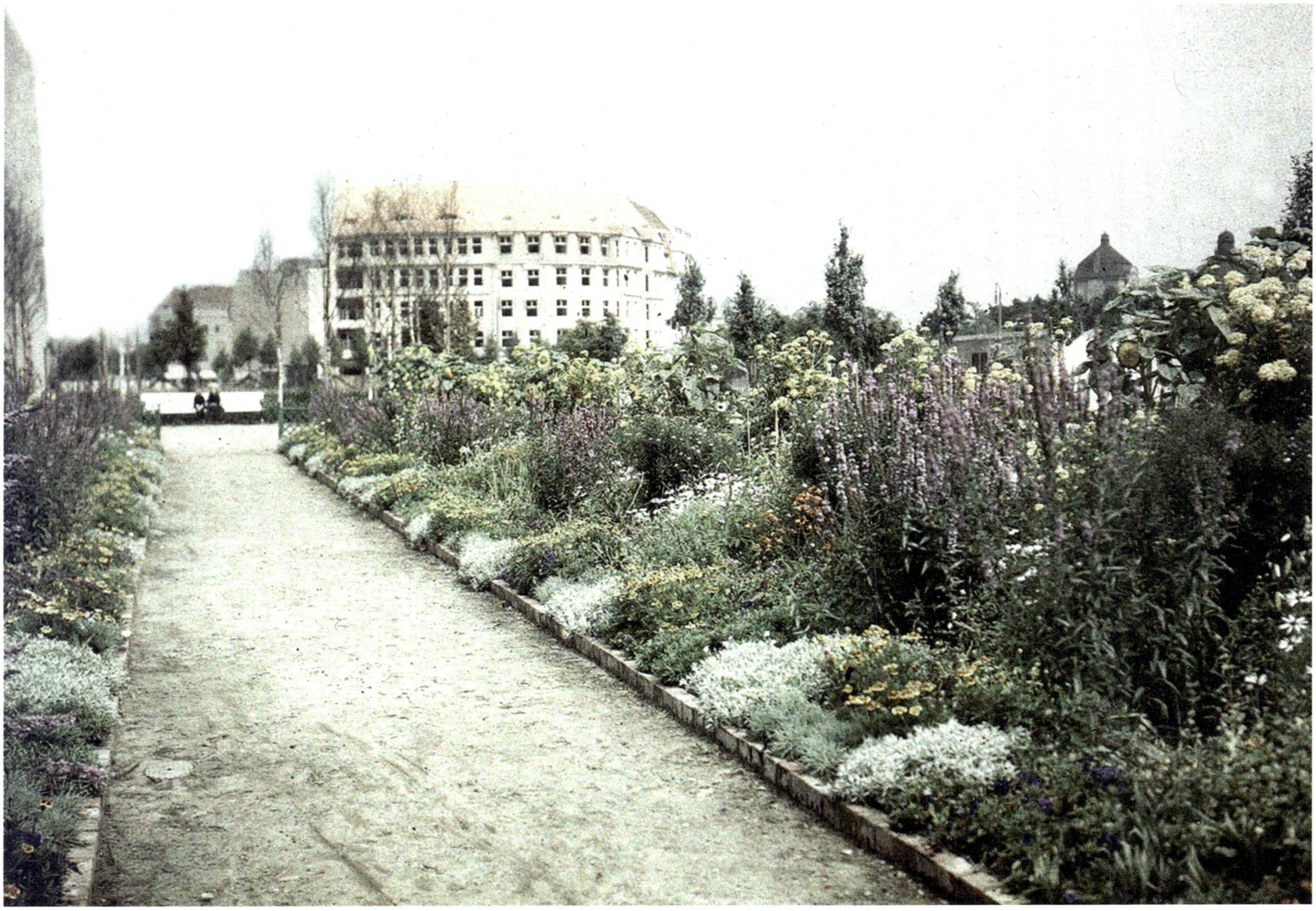

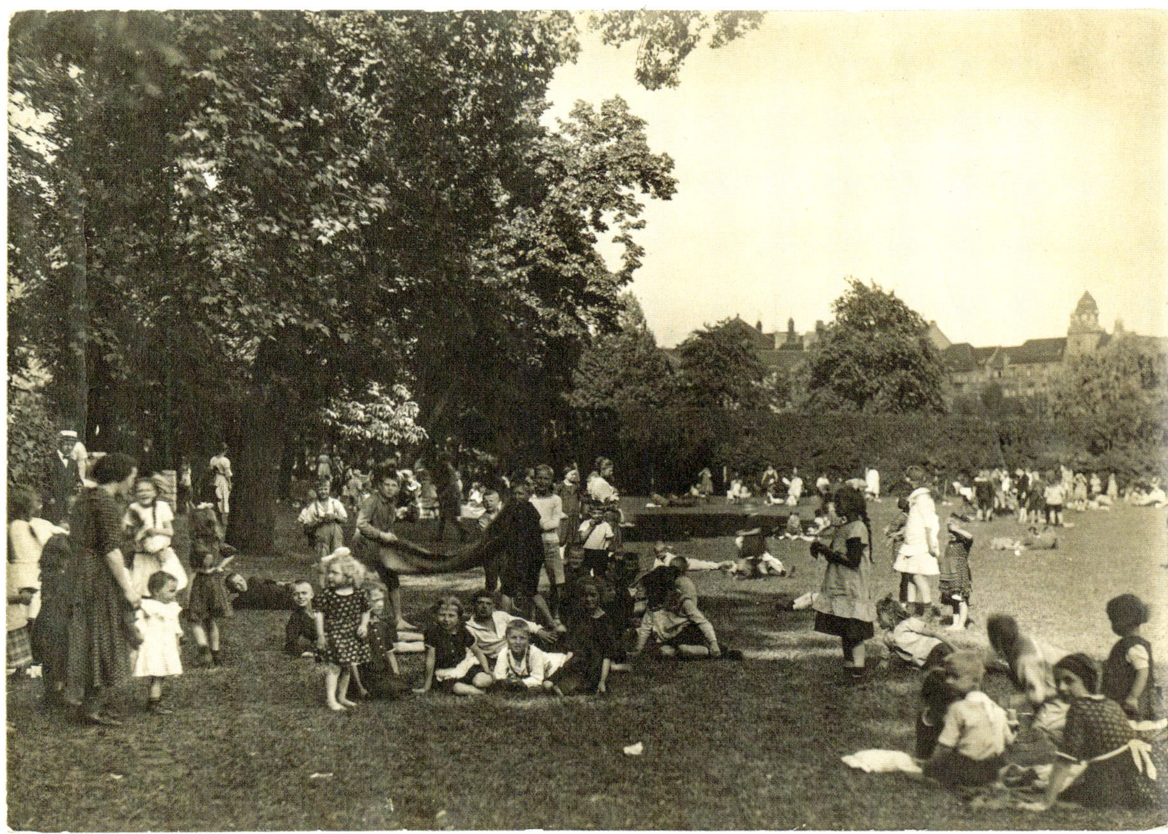

Parkbesucher auf der großen Spielwiese im Lietzenseepark, um 1921.

seine technischen Möglichkeiten: Die eigene Kamera war für Nahaufnahmen noch wenig geeignet, die Beauftragung eines professionellen Fotografen mit einer Spezialausrüstung war zu aufwändig. Nichtsdestotrotz nutzte er die Möglichkeit beispielsweise außergewöhnliche Baumcharaktere abzulichten, so wie er auch in seinen durchaus anspruchsvollen Zeichenstudien den Baum in der Landschaft thematisierte. Daneben nutzte er für sich die Fotografie, um besonders gelungene Vegetationszusammenstellungen festzuhalten, sodass er sie mitsamt der Angabe der verwendeten Arten als Anregung für spätere Arbeiten nutzen konnte. Die von Fritz Encke stammenden naturnahen Wildstaudenkombinationen im Kölner Klettenbergpark, die er während seiner Zeit bei Ernst Finken vor Ort in Augenschein hatte nehmen können, galten ihm, laut eigener Aussage, später als Vorbild für seinen Entwurf des Sachsenplatzes in Charlottenburg.[12] Eine detailgenaue Darstellung des Aufbaus und der Struktur einzelner Pflanzen gelang ihm dagegen durch seine akribische Beobachtungsgabe mit Hilfe von Zeichnungen und Aquarellen, für die er zumindest während seiner Ausbildungszeit noch Zeit und Muße fand.

Während seiner Zeit als Gartendirektor in Charlottenburg nutzte Erwin Barth ebenfalls seine Fotokamera; ab 1912 entstanden zahlreiche Fotografien von seinen neuen Projekten, von den Plänen, den Modellen und den fertigen Anlagen. Manches Mal verknüpfte er die Besichtigung seiner Gartenplätze und Parks mit einem sonntäglichen Ausflug mitsamt seiner kleinen Familie; Aufnahmen von seiner Ehefrau Elisabeth und den Kindern Jürgen und Eva in den neu geschaffenen Grünflächen zeugen davon.

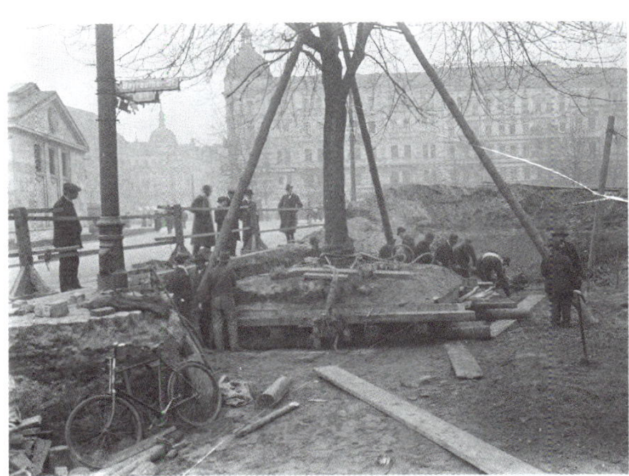

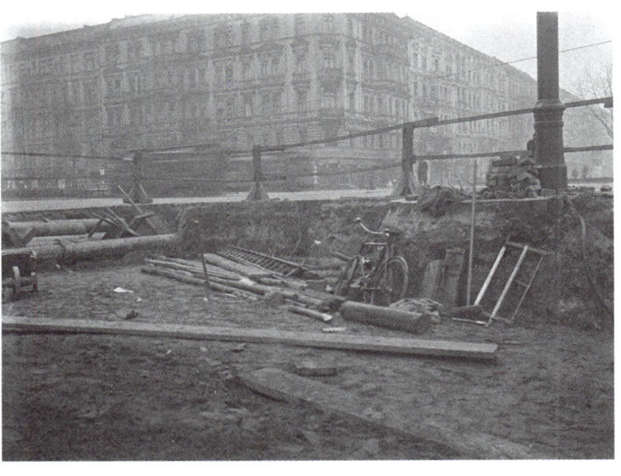

Großbaumverpflanzung beim Umbau des Wittenbergplatzes, 1914.

Eine Art Stillleben mit Fahrrad auf der Baustelle Wittenbergplatz, 1914.

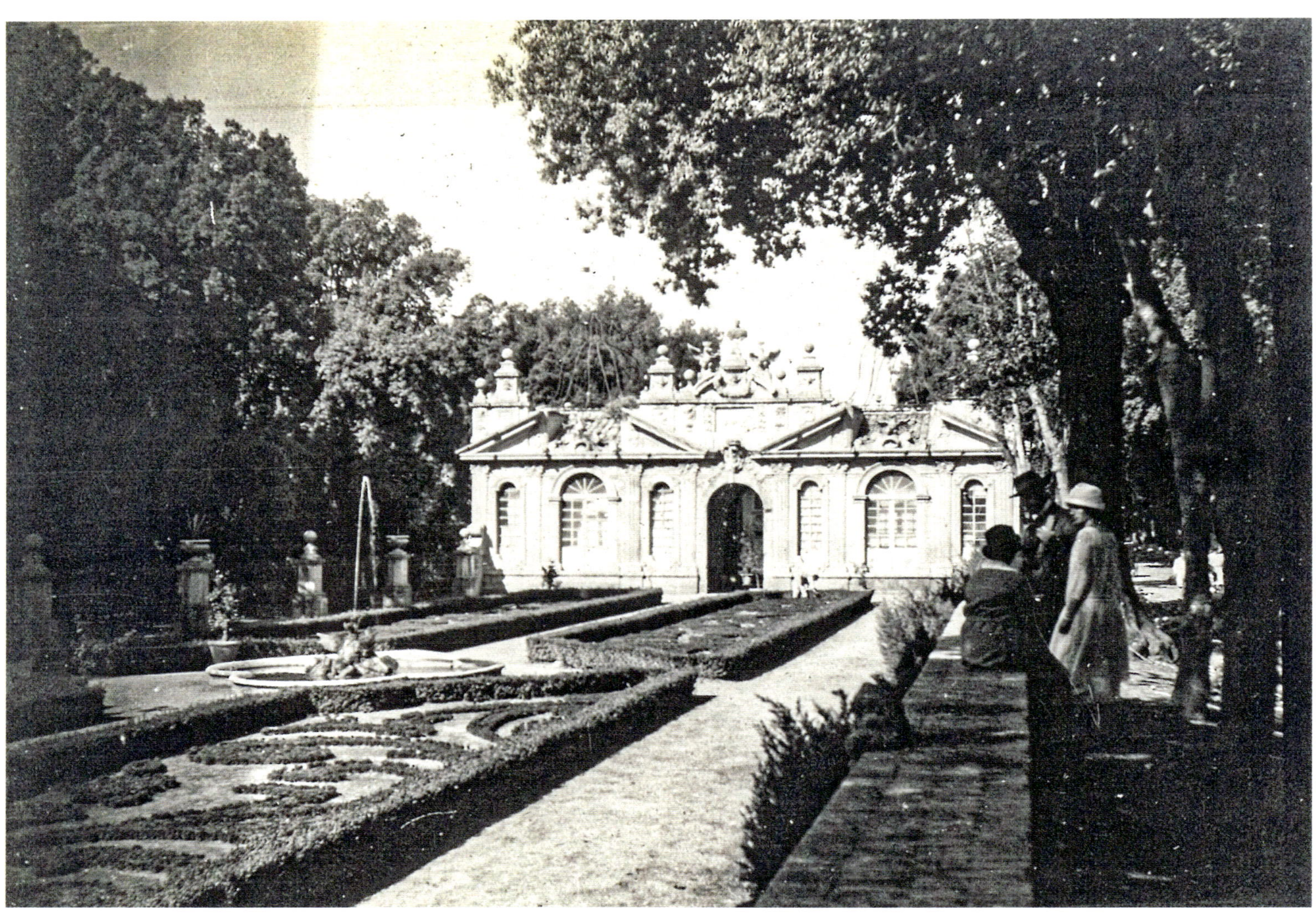

Erwin Barth, Ehefrau Elisabeth und Hedwig Potente im Giardino segreto im Park der Villa Borghese in Rom, 1924.

In Charlottenburg erhielt Barth die Möglichkeit, zumindest in Ausnahmefällen und für besondere Objekte oder aus wichtigem Anlass, farbige Fotografien anfertigen zu lassen. Schon kurz nach der Jahrhundertwende war in Frankreich durch die Gebrüder Auguste und Louis Lumière ein Verfahren zur Herstellung von farbigen Fotografie-Glasplatten als Diapositive entwickelt worden. Unter der Bezeichnung Autochrom-Platten waren sie auf den Markt gebracht worden, galten aber im Vergleich zur Schwarz-Weiß-Fotografie als teuer und aufwändig. Insbesondere für anspruchsvolle Veröffentlichungen oder Lichtbildvorträge wurde die neue Möglichkeit der farbigen Präsentation aber gerne genutzt.[13] Erwin Barth dokumentierte 1913 mit seinen Farbautochromen beispielsweise den von ihm in den städtischen Anlagen durchgesetzten Wandel in der Pflanzenverwendung, seine neu zusammengesetzten Staudenbeete und gemischten Blumenrabatten. Für einen Vortrag vor der Jahres-Hauptversammlung der Deutschen Gesellschaft für Gartenkunst in Breslau über „Die richtige Verwendung von Blumen im Garten" entstanden zahlreiche Farbdias mit Beispielen aus Charlottenburg.[14]

Das Fotografieren in Schwarz-Weiß wurde einfacher und kostengünstiger. Die Fotoplatten waren mittlerweile vergleichsweise preiswert zu erwerben, auch die Entwicklungs- und Vervielfältigungsarbeiten wurden in zahlreichen Fotolaboren unproblematisch angeboten. Ab den 1920er Jahren setzte sich auch in Deutschland an Stelle der Glasplatten der Rollfilm aus Zelluloid durch. Diese Technik, bei der das bruchempfindliche und schwere Glasmaterial durch einen flexiblen und leichten Kunststoff ersetzt wurde, stand nach Jahren der kontinuierlichen Entwicklungsarbeit ebenfalls in einer recht guten Auflösung zur Verfügung und besaß zudem Vorteile wie das reduzierte Gewicht, ein handliches Kameraformat und die Möglichkeit, ohne einen Plattenwechsel mehrere Aufnahmen in rascher Folge hintereinander anzufertigen. Die Belichtungszeiten waren nochmals verringert worden; auf das Stativ konnte oftmals verzichtet werden.[15]

Erwin Barth nutzte nun vermehrt die Möglichkeit, spontane, schnelle Fotografien zu machen und immer häufiger waren Schnappschüsse von Menschen in Bewegung dabei: Kinder beim Planschen im Wasserbecken, Jugendliche beim sportlichen Spiel auf der Volkswiese, Menschen auf den Sitzbänken im Park; die Benutzer selbst wurden Teil der gartenarchitektonischen Dokumentation.

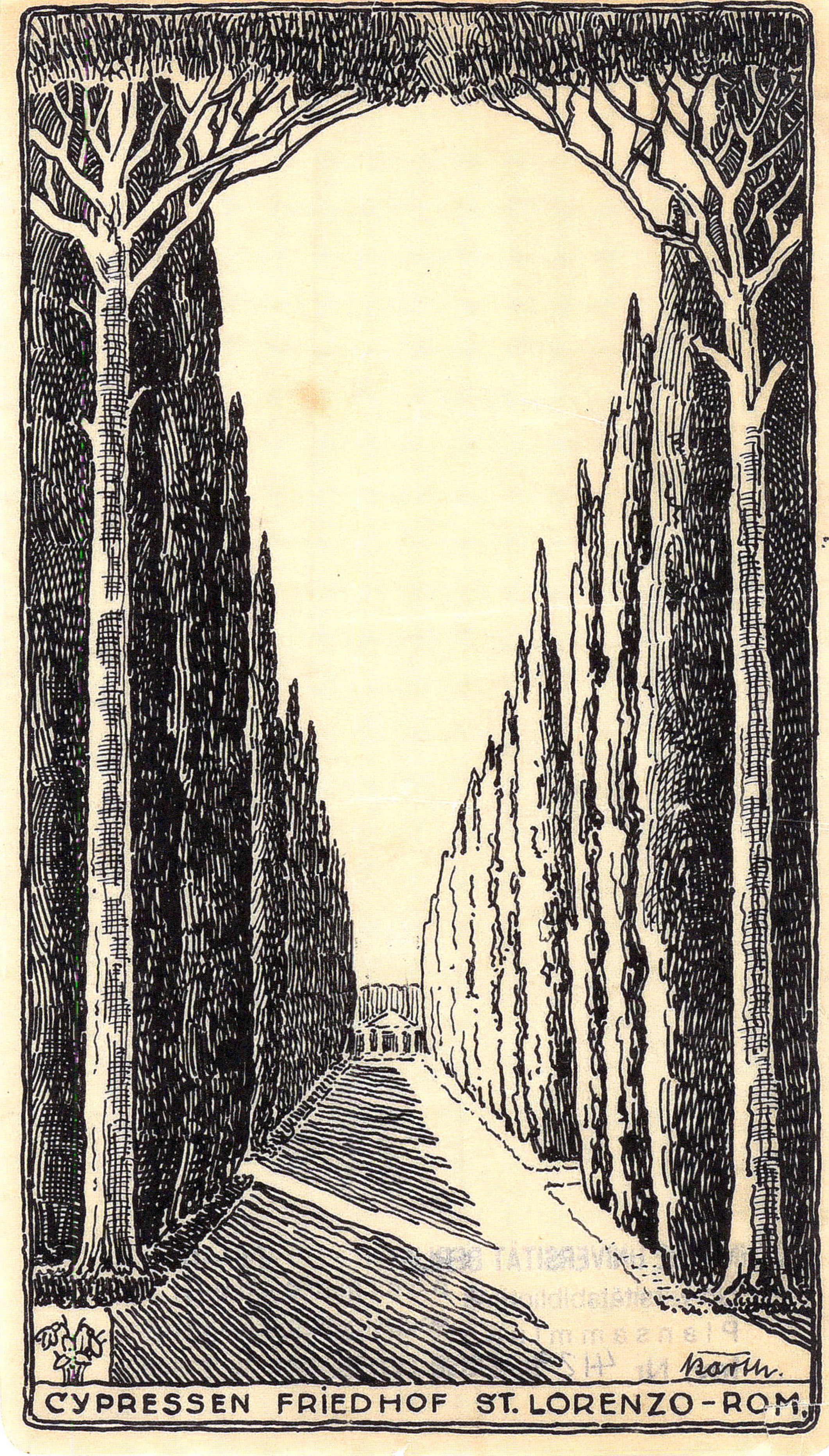

Zypressen-Allee auf dem Friedhof St. Lorenzo, Rom, Zeichnung von Erwin Barth, vermutlich 1924.

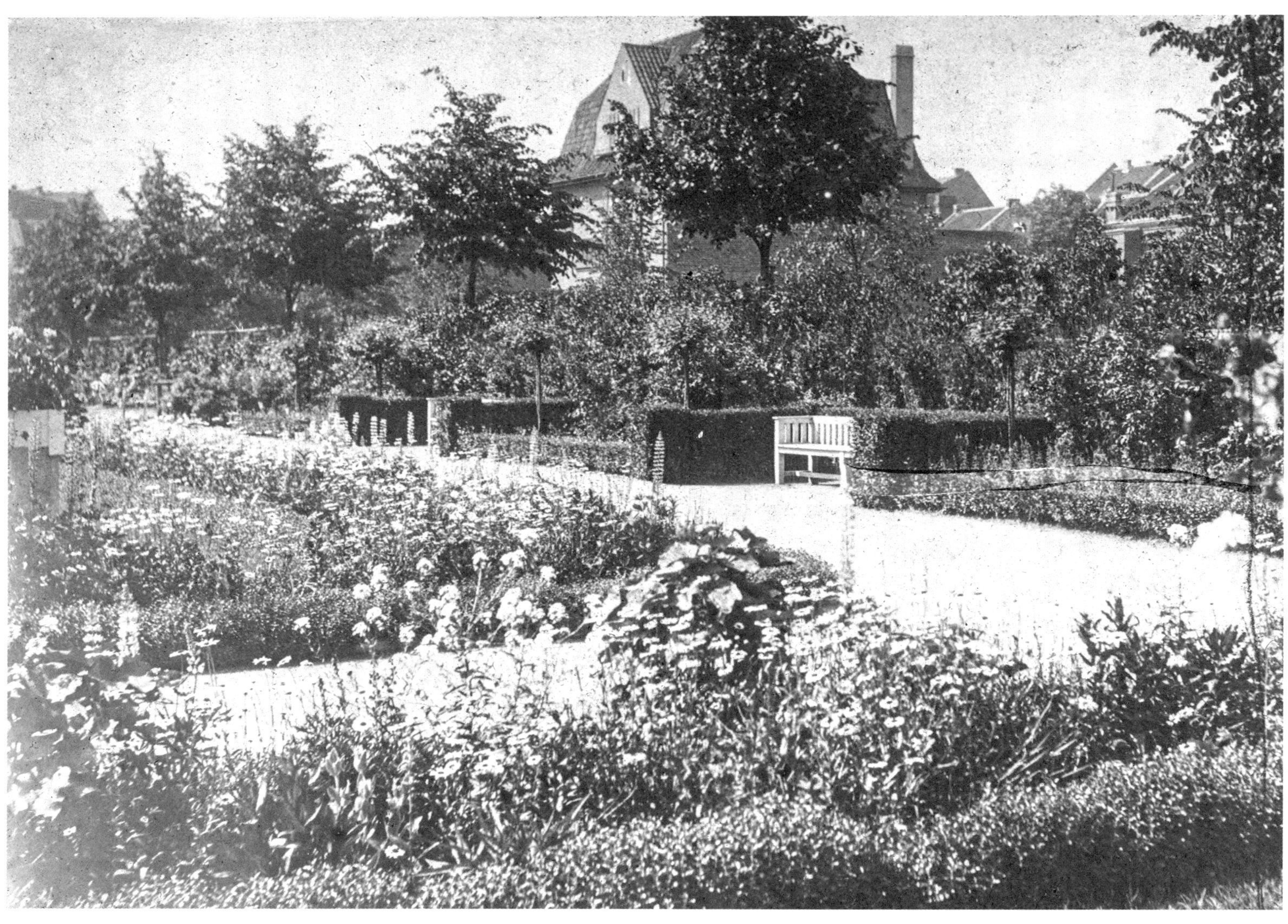

Lortzingplatz von Fritz Encke in Köln, um 1910.

Darüber hinaus gebrauchte Barth seit seinem Wechsel nach Charlottenburg die Kamera mit dem Ziel, den Fortgang eines Bauvorhabens zu verdeutlichen: Er fotografierte das Gelände vor Beginn der Maßnahmen, er machte Aufnahmen von der Baustelle, veranschaulichte den Baufortschritt. Ihm besonders interessant erscheinende Arbeiten, wie etwa das Verpflanzen eines Großbaums im Zuge der Umgestaltung des Wittenbergplatzes, hielt er mit einer ganzen Reihe von Fotografien fest. Aber es entstanden auch eigenwillige Bilder, wie etwa die Aufnahme eines Fahrrads auf der Baustelle, die in all ihrer Zufälligkeit wie eine künstlerisch anmutende Komposition in Erscheinung tritt.

Eine Besonderheit stellen die Reisefotografien im Nachlass dar. Schon 1912, kurz nach seinem Amtsantritt in Charlottenburg, hatte Erwin Barth eine erste größere Studienreise unternommen: Eine neuntägige Fahrt der Deutschen Gesellschaft für Gartenkunst hatte ihn nach Paris, nach Versailles und Umgebung geführt. Als Erinnerung an das Gesehene hatte er seine Eindrücke und Gedanken in einer Art Tagebuch notiert, ergänzt durch kleine Skizzen und Zeichnungen.[16] Fotografien waren von ihm noch nicht gemacht worden. Zwölf Jahre später, 1924, besuchte Barth gemeinsam mit dem befreundeten Georg Potente und den beiden Ehefrauen Gärten und Städte in Italien und nunmehr entstanden zahlreiche Aufnahmen mit einer transportablen Handkamera.

Barth und der vier Jahre ältere Potente hatten beide, zu unterschiedlichen Zeiten, die Gärtner-Lehranstalt in Potsdam-Wildpark besucht und nach der Ausbildung erste Berufserfahrungen in Hannover bei Julius Trip gesammelt. Potente war ab 1902 in den königlichen Hofgärten in Potsdam-Sanssouci tätig gewesen, mittlerweile leitete er hier als Gartenoberinspektor die Maßnahmen zur konservatorischen Pflege und Erhaltung.[17] Nachdem Erwin Barth von Lübeck nach Charlottenburg gewechselt war, hatten er und Potente sich kennengelernt und miteinander befreundet. Die Reise, die offenbar in der Hauptsache von Erwin Barth organisiert wurde, führte nach Rom, nach Verona und in andere Städte Italiens. Als Fotograf betätigte sich Georg Potente, der dementsprechend selbst nicht auf den Aufnahmen zu finden ist. Nach der Rückkehr fertigte das Ehepaar Potente ein kleines Album mit Erinnerungsfotos an, welches sie als Dankeschön an Barth übergaben. Auf der ersten Seite findet sich die Widmung: „Unserem Reisemarschall in Dankbarkeit zugeeignet, Potsdam, Nov. 1924. Heta und Georg Potente".[18] Barth selbst wiederum revanchierte sich möglicherweise mit einer der Zeichnungen, die er als Andenken in kunstfertiger Art zu Papier brachte.

1929 wechselte Erwin Barth nach seinen Jahren als Gartendirektor von Charlottenburg und als Stadtgartendirektor von Berlin zur Landwirtschaftlichen Hochschule, um an der Universität die akademische Ausbildung in der Gartenarchitektur zu begründen. Seine Sammlung an Fotografien, im weitesten Sinne die verschiedenen Aspekte der Gartenkunst betreffend, nutzten ihm nun für seine eigenen Vorlesungen und Lehrveranstaltungen. Von zahlreichen Bildern ließ er zusätzliche Kopien als Diapositiv herstellen, zudem ergänzte er die vorhandenen Bilder durch neue Beispiele aus anderen Orten sowie von anderen Berufskollegen. Seine Antrittsvorlesung hielt er am 22. November 1929; als Thema des als öffentliche Veranstaltung angekündigten Lichtbildervortrags wählte er die „Stadtplätze im Wandel der Jahrzehnte".[19] Es kann davon ausgegangen werden, dass er hier, neben den zahlreichen Projekten, auch Beispiele des mittlerweile pensionierten Kölner Gartendirektors Fritz Encke präsentierte; in seinem Nachlass finden sich entsprechende Glasbilddias. Bei Encke hatte Erwin Barth 29 Jahre zuvor seine gartenkünstlerische Ausbildung erhalten und ihn hatte Barth immer wieder als Vorbild und als „leuchtende[s] Beispiel" benannt.[20]

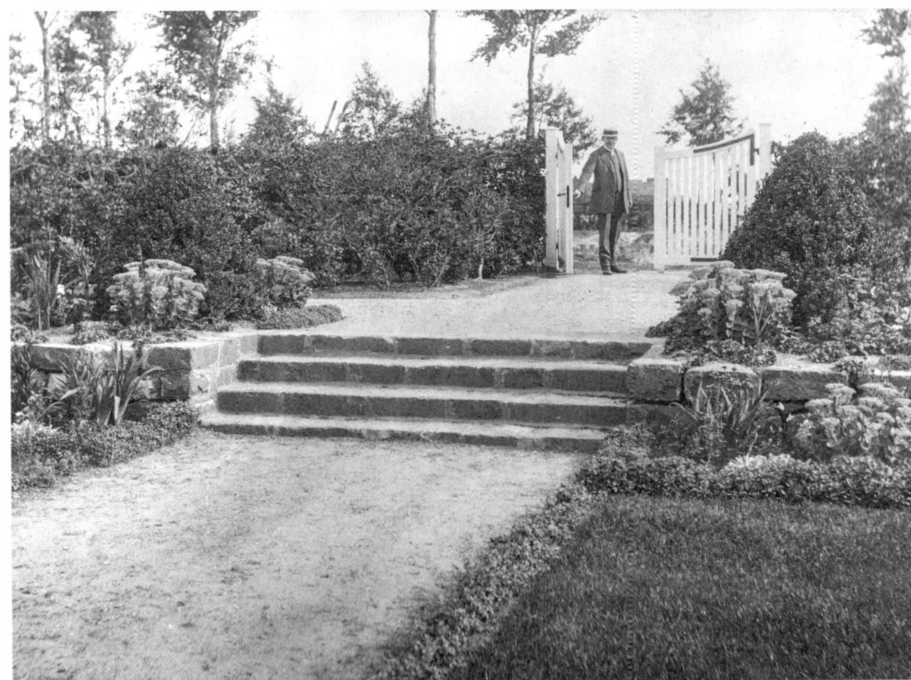

Staudengarten im Vorgebirgspark in Köln, gestaltet von Fritz Encke, um 1913.

1 Vgl. Ricke, Stefan: Entwicklung des rechtlichen Schutzes von Fotografien in Deutschland unter besonderer Berücksichtigung der preußischen Gesetzgebung. Münster 1998, S. 11 f.

2 Vgl. Ricke 1998 (Anm. 1), S. 14.

3 Vgl. Ricke 1998 (Anm. 1), S. 23 f. u. 26.

4 Vgl. Ricke 1998 (Anm. 1), S. 21 f.

5 Encke, Fritz: Geschichte der Gartenkunst und Stillehre. In: Echtermeyer, Theodor: Die Königliche Gärtner-Lehranstalt am Wildpark bei Potsdam 1824–1899. Festschrift zur Erinnerung an das fünfundsiebzigjährige Bestehen. Berlin 1899, S. 95 f.

6 Encke, Fritz: Feldmessen und Nivellieren. In: Echtermeyer 1899 (Anm. 5), S. 112; Encke, Fritz: Zeichnen und Projektionslehre. In: Echtermeyer 1899 (Anm. 5), S. 100.

7 Encke, Fritz: Landschaftszeichnen. In: Echtermeyer 1899 (Anm. 5), S. 100; vgl. Land, Dietmar: Erwin Barth (1880–1933). Leben und Werk eines Gartenarchitekten im zeitgenössischen Kontext. Dissertation an der Technischen Universität Berlin 2004, S. 45.

8 Zeugnisschreiben für Erwin Barth von Julius Trip vom 3. August 1904. Zit. in: Land 2004 (Anm. 7), S. 67.

9 Photographien aus Hannover, Deckblatt, Erwin Barth, 1902 (Landesdenkmalamt Berlin, Archiv der Gartendenkmalpflege, N-IV-EB-F ohne Nummer).

10 Vgl. Land 2004 (Anm. 7), S. 150 f.

11 Vgl. Land 2004 (Anm. 7), S. 178.

12 Vgl. Schönbohm, Kurt: Dr. h. c. Fritz Encke. In: Garten und Landschaft 71 (1961), H. 10, S. 302; vgl. Land 2004 (Anm. 7), S. 256.

13 Vgl. Schultz, Reinhard: Autochrome – Blumen und Pflanzen. In: Bezirksamt Charlottenburg-Wilmersdorf, Umweltamt (Hg.): Gartenkunst der frühen Moderne in Charlottenburg. Pläne und Fotos von Erwin Barth 1912–1926. Berlin 2005, S. 6 f.

14 Barth, Erwin: Die richtige Verwendung von Blumen im Garten. Vortrag, gehalten auf der Haupt-Versammlung der „Deutschen Gesellschaft für Gartenkunst" in Breslau. In: Die Gartenkunst 15 (1913), H. 16, S. 238.; vgl. Wimmer, Clemens Alexander: Barths Werk in Charlottenburg im Spiegel seiner Fotos. In: Bezirksamt Charlottenburg-Wilmersdorf, Umweltamt (Hg.): Gartenkunst der frühen Moderne in Charlottenburg. Pläne und Fotos von Erwin Barth 1912–1926. Berlin 2005, S. 14 f.

15 Vgl. Ricke 1998 (Anm. 1), S. 15 f. u. 29.

16 Vgl. Barth, Erwin: Bericht des Gartendirektors Barth über die Studienreise nach Paris und Umgebung vom 14.–23. Juli 1912, veranstaltet durch die Deutsche Gesellschaft für Gartenkunst. Unveröffentlichtes Manuskript, 1912 (Landesdenkmalamt Berlin, Archiv der Gartendenkmalpflege, N-IV-EB-D-00239); vgl. Land 2004 (Anm. 7), S. 237.

17 Vgl. Wacker, Jörg: Georg Potente (1876-1945). Die Entwicklung vom Gartengestalter zum Gartendenkmalpfleger zwischen 1902 und 1938 in Potsdam-Sanssouci. Dissertation an der Universität Potsdam 2003, S. 8 f. u. 13.

18 Hedwig Potente wurde offenbar im privaten Umfeld mit der Kurzform „Heta" benannt. Italienreise, Fotoalbum von Hedwig und Georg Potente, November 1924 (Landesdenkmalamt Berlin, Archiv der Gartendenkmalpflege, N-IV-EB-F ohne Nummer).

19 Anonym: Professor Barth hält seine Antrittsvorlesung. In: Die Gartenwelt 33 (1929), H. 49, S. 685.

20 Barth, Erwin: Fritz Encke zum 60. Geburtstage. In: Die Gartenwelt 25 (1921), H. 14, S. 140.

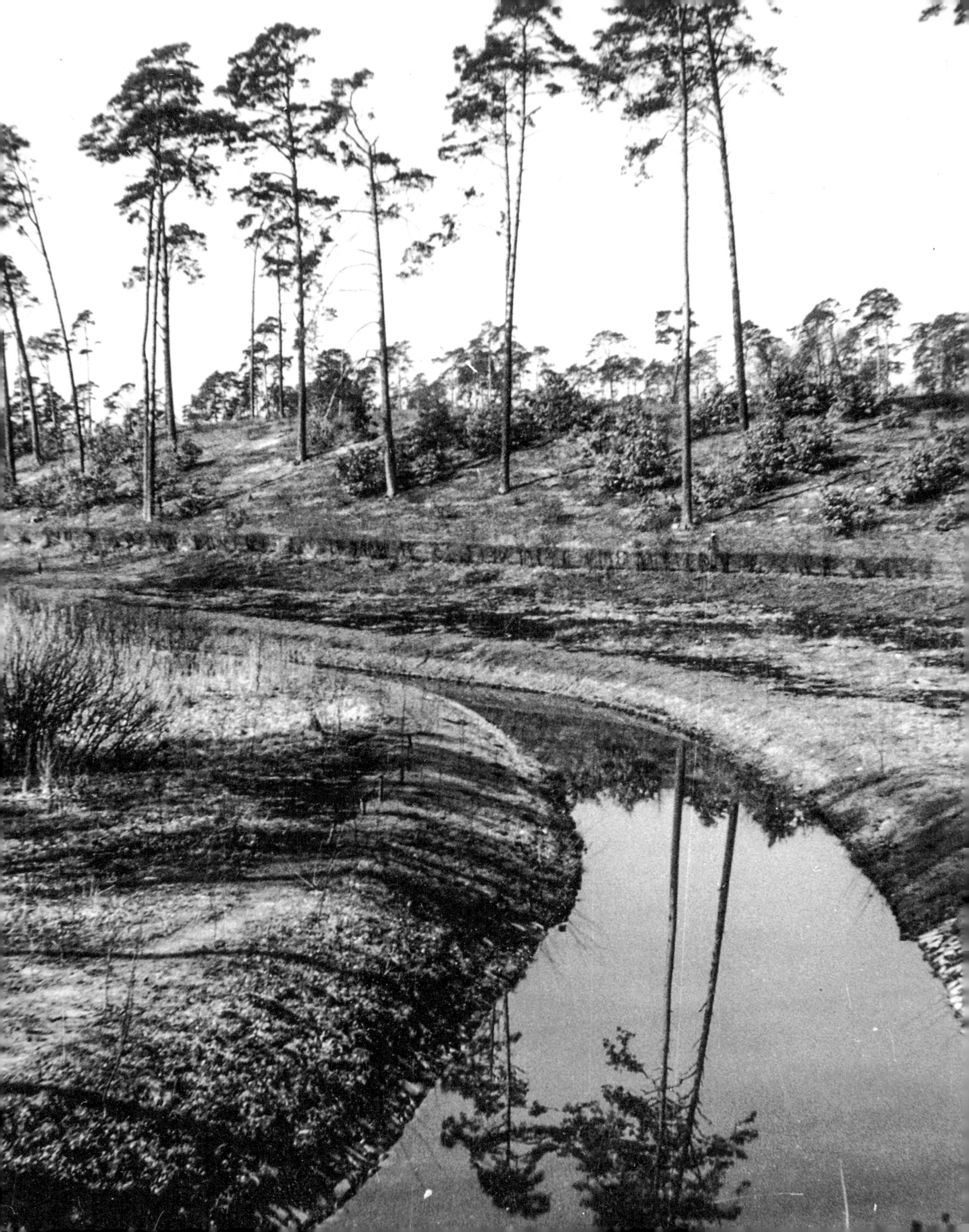

Jürgen Barth als Dokumentator

DIETMAR LAND

Als Jürgen Barth im Frühjahr 1947, nach Kriegseinsatz, Verletzung und Gefangenschaft, wieder in sein Berliner Zuhause zurückkehrte, erhielt er die Möglichkeit, als Assistent an das ehemalige Hochschulinstitut seines Vaters Erwin Barth und seines Studienprofessors Heinrich Friedrich Wiepking zurückzukehren, welches seit Kurzem, nunmehr unter der Regie von Georg Béla Pniower, wieder den Lehrbetrieb aufgenommen hatte. Jürgen Barth hatte sich bei seiner Berufswahl zu Beginn der 1930er Jahre dazu entschlossen, seinem Vater zu folgen. Bedingt durch den frühen Tod Erwin Barths war es jedoch nicht zu einem Zusammentreffen von Vater und Sohn als Professor und Student gekommen: Als Jürgen Barth nach dem Abschluss der Gärtnerlehre sein Studium begonnen hatte, war mittlerweile der Gartenarchitekt Heinrich Friedrich Wiepking-Jürgensmann[1] als Nachfolger des Vaters an die Hochschule berufen worden.

Damit hatte der junge Barth eine andere Schwerpunktsetzung innerhalb des Studiums erfahren. Unter Wiepkings Führung waren die Inhalte der Ausbildung merklich verschoben worden: weg von der reinen Gartengestaltung hin zu einer großräumigeren Betrachtung des Landschaftsraumes. Insbesondere in den höheren Semestern behandelte man nun zunehmend Themen wie Landschaftsschutz, Landschaftsentwicklung und Meliorationsmaßnahmen.[2] Ähnliche Aufgaben hatten ihn auch in den ersten Jahren seiner beruflichen Laufbahn erwartet: Direkt nach der Besetzung Polens durch die deutsche Wehrmacht waren die dortigen westlichen Landesteile als deutsche Gaue annektiert worden und sollten, nicht zuletzt durch die Mittel der Landschaftsgestaltung, „eingedeutscht" werden. Barth war in Hohensalza, südlich von Bromberg, stationiert gewesen und hatte an Umgestaltungsprojekten für benachbarte Kleinstädte und Entwicklungsplänen zur Verbesserung der Agrarwirtschaft mitgewirkt.[3]

Im Berlin der Nachkriegszeit, als Mitarbeiter am Institut für Landschafts- und Gartengestaltung, fokussierte sich Jürgen Barth immer mehr auf die Bereiche Landespflege, Landschaftsgestaltung und Naturschutz. Zudem konnte er sich der Aufgabe stellen, das fachliche Erbe seines Vaters zu bewahren und fortzuführen. Er begann damit, an der Hochschule die hier noch vorhandene Fotosammlung durchzuschauen und zu ordnen. Er legte neue Listen an und bemühte sich um Lückenschließungen und Ergänzungen. Parallel dazu sichtete und sortierte er die zahlreichen privat verwahrten Unterlagen und Materialien. Schon bald begann er, mehr oder weniger systematisch, zumindest die in West-Berlin befindlichen von Erwin Barth geschaffenen Anlagen in Augenschein zu nehmen; die meisten davon kannte er von den gemeinsamen Besuchen aus der Kinderzeit. Nun, zu Beginn der 1950er Jahre, fotografierte er den aktuellen Zustand bzw. die Situation nach Abschluss der ersten Wiederaufbau- und Wiederbegrünungsarbeiten. So dokumentierte er beispielsweise in den ersten Nachkriegsjahren den Zustand des 1926–27 entstandenen Charlottenburger Savignyplatzes mit einer Fotografie, die auf eindrucksvolle Weise die Zerstörungen des Krieges und die Idylle eines sonnenbeschienenen Grünplatzes miteinander zu vereinen scheint. Die von seinem Vater stammende

◁ *„Berlin-Zehlendorf, Grunewald-Kanal. Bild Naturschutz. Eingriff in die Landschaft durch wasserbautechnische Maßnahmen, überhöhte Ufer, zu steil", Wasserlauf im Langen Luch zwischen Riemeisterfenn und Grunewaldsee, um 1957.*

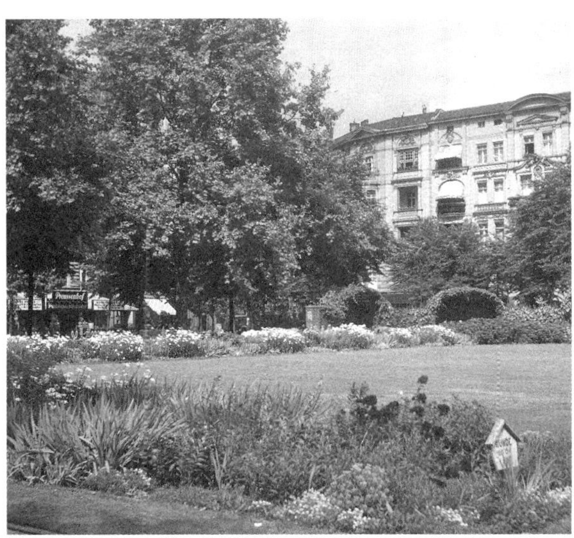

Savignyplatz zu Beginn der 1930er Jahre.

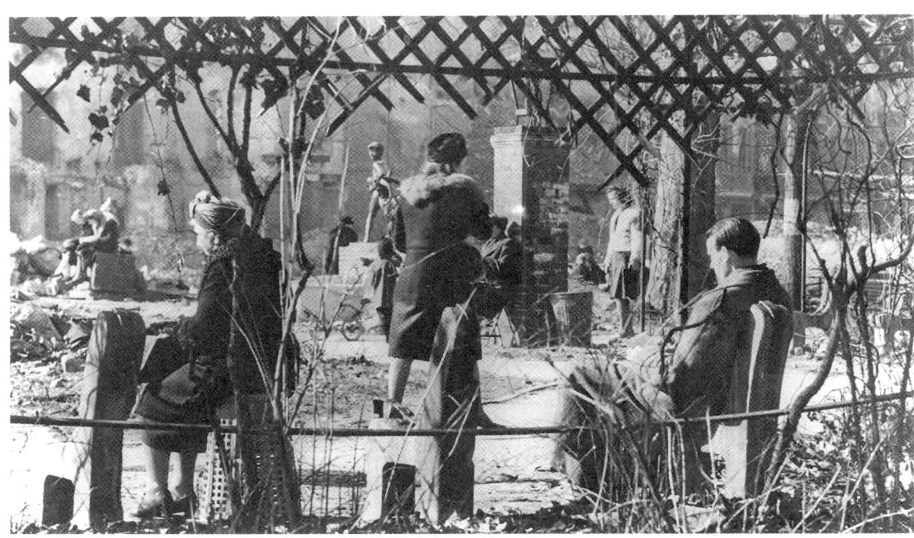

Savignyplatz kurz nach dem Zweiten Weltkrieg.

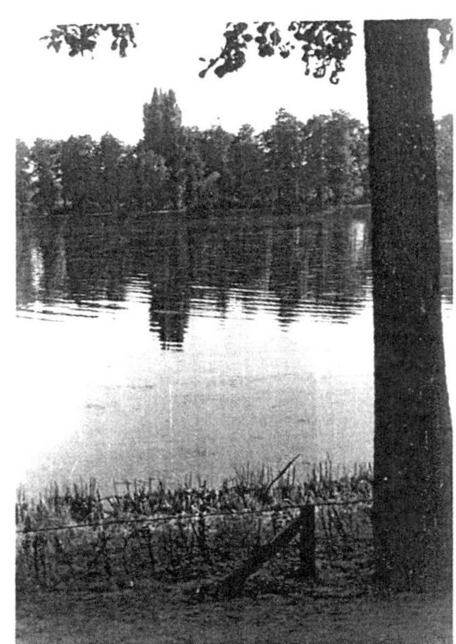

10.215 c

Volkspark Jungfernheide
(Berlin-Charlottenburg)

Pyramidenpappeln als
Wahrzeichen einer Rast-
gelegenheit (am Park-
häuschen).

Aufn. J.Barth, Berlin 1950

Neg. 2,4 x 3,6
Dia 5 x 5

INSTITUT FÜR
GARTENKUNST UND LANDSCHAFTS-
GESTALTUNG

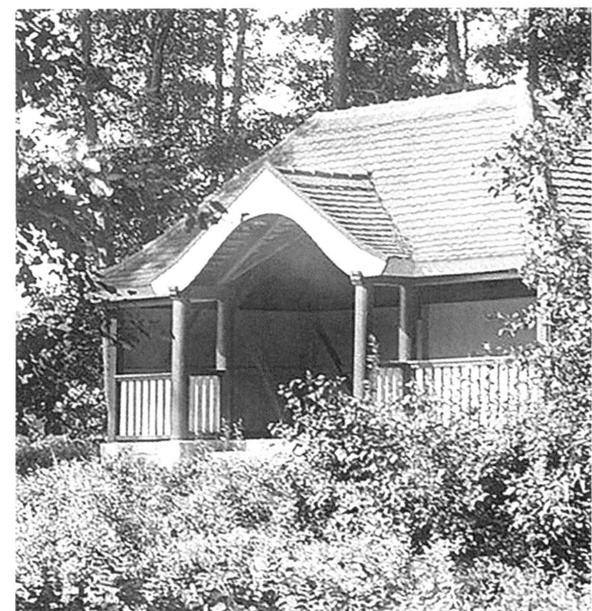

Volkspark Jungfernheide, „Pyramidenpappeln als Wahrzeichen einer Rastgelegenheit“, 1950.

Volkspark Jungfernheide, Uferpavillon am Nordufer des Sees, um 1925.

Aufnahme aus den frühen 1930er Jahren zeigt, welcher Verlust hier zu beklagen war.

Die neuen Fotografien wurden als Erweiterung in die Lehrmittelsammlung des Instituts eingegliedert, abgelegt als Negativ und als Dia, zudem als Abzug auf einer beschrifteten Karteikarte. Hier notierte Jürgen Barth Örtlichkeit, Datum und Namen des Fotografen sowie kurze Aussagen zur fachlich-didaktischen Bedeutung des Gezeigten. Im Volkspark Jungfernheide, so schrieb er beispielsweise, würden die hochgewachsenen Pyramidenpappeln „als Wahrzeichen einer Rastgelegenheit“ dienen. Kritik erhob er an manchen Erneuerungen, Umbauten und „modernen“ Errungenschaften: Aus seiner Sicht drohte in solchen Fällen das gestalterische Erbe Erwin Barths zu verunklaren. So etwa im Fall eines Uferpavillons, ebenfalls im Volkspark Jungfernheide: Dieser Pavillon war Mitte der 1920er Jahre von seinem Vater als halboffener Regenunterstand errichtet worden, seit 1946 aber betrieb ein privater Pächter hier eine kleine Schankwirtschaft. Der Pavillon war zu einem geschlossenen Raum geworden, ein Hirschgeweih zierte den Eingang. Im Außenraum war mittlerweile auch der angrenzende Uferweg in die Pachtfläche übernommen worden und diente als Aufstellfläche für Tische und Stühle. An den Zugängen wurde der Weg kurzerhand durch neu aufgestellte Pfosten verengt.[4] Jürgen Barth dokumentierte die Veränderungen fotografisch und belegte damit sowohl die Verunstaltung des Gebäudes als auch die Inbesitznahme eines öffentlichen Weges durch eine Privatperson.

Ein weiteres Foto Jürgen Barths zeigt nochmals eine Örtlichkeit im Volkspark Jungfernheide: Das „Ehrenmal für die im Kriege 1914–18 gefallenen Niederdeutschen“ war Mitte der 1920er Jahre von seinem Vater entworfen worden, kurz darauf hatte man es mit einer Finanzierung aus Spendengeldern von verschiedenen Berliner Niederdeutschen Heimatbünden im Waldquartier am Rande des Parks errichtet. Damals hatte man die Anlage in einer für die Zeit typischen Wortwahl gepriesen: Der „wuchtige [...] aus starken eichenen Balken gezimmerte [...] Torhallenbau“, der dahinterliegende „Festraum“ mit dem „Altar- oder Opferstein“ und den zehn, im Halbkreis angeordneten Steinstelen mit den „Symbolen unserer niederdeutschen Gaue“, bildeten „eine Feststätte, wie sie besser

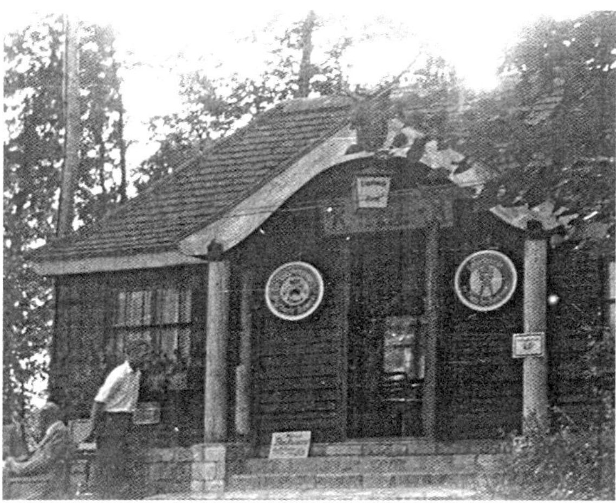
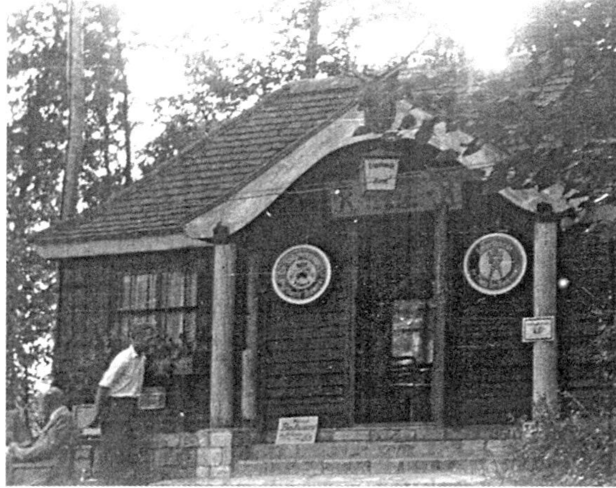

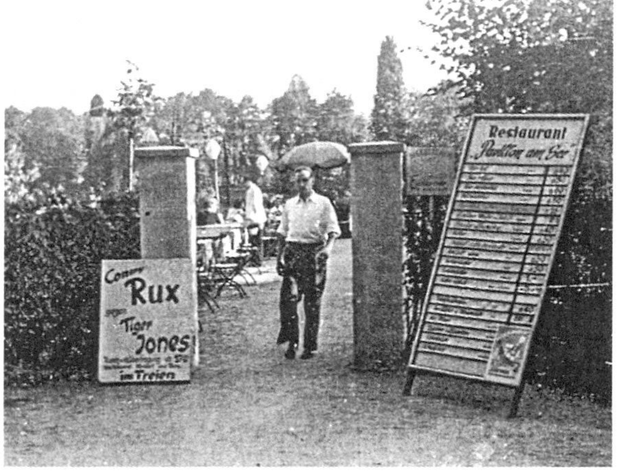

Volkspark Jungfernheide, Uferpavillon mit geschlossener Front, um 1950.

Volkspark Jungfernheide, Weg vor dem Uferpavillon, um 1950.

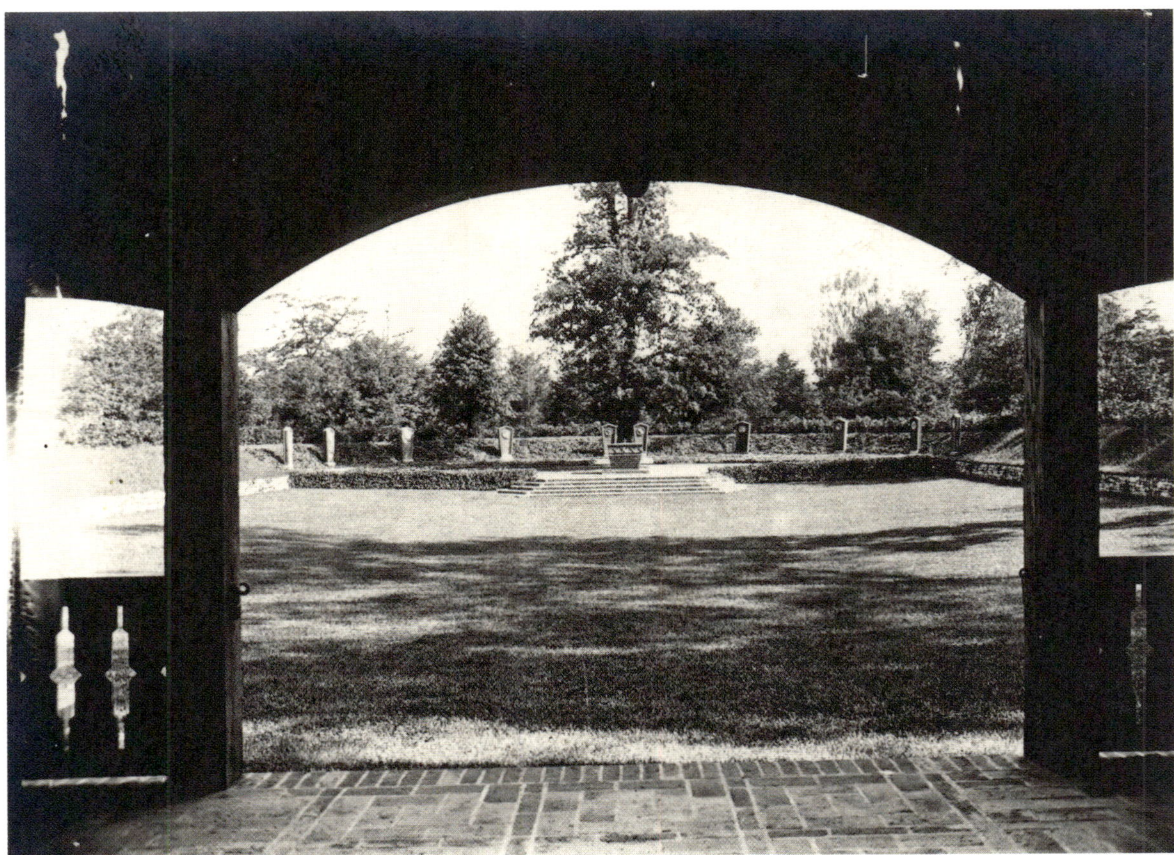

„Ehrenmal für die im Kriege 1914–18 gefallenen Niederdeutschen" im Volkspark Jungfernheide, um 1933.

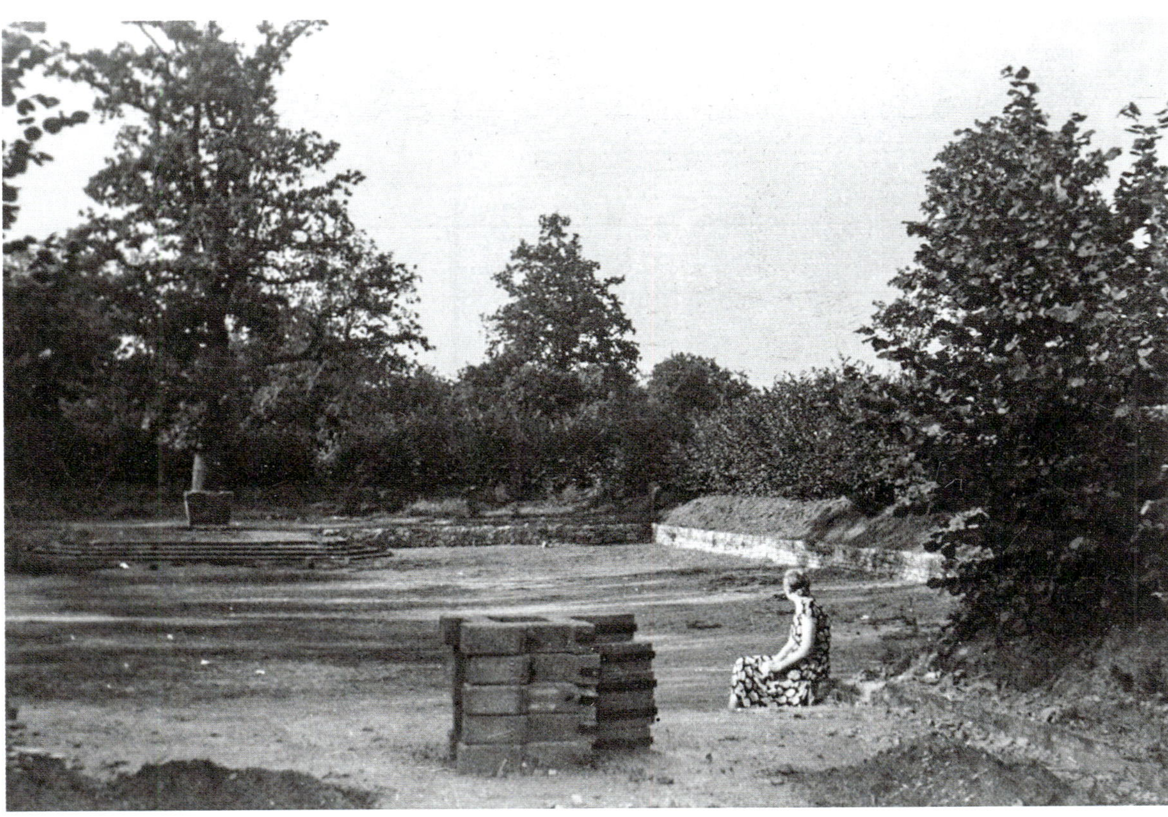

Derselbe Blick in den „Festraum" des Ehrenmals im Volkspark Jungfernheide, 1950.

dem niederdeutschen Charakter nicht entsprechen kann: herb und schlicht, aber auch sinnig und würdig. […] Nicht Prunk und Protz geben die Wirkung, nur der weite straff gefasste Raum, die ewige Sprache der Natur und die gehobene Heimatstimmung der Besucher."[5] 1950 notierte Jürgen Barth zu der aktuellen Aufnahme: „Eingangshalle und Gedenksteine sind zerstört." Aber er ergänzte zugleich: „Trotz der völligen Verwilderung wirkt die feine Raumkunst der Anlage."[6] Dennoch wurden die Reste des Ehrenmals einige Zeit später abgeräumt, eingeebnet und aufgeforstet. Dies sei, so beklagte sich

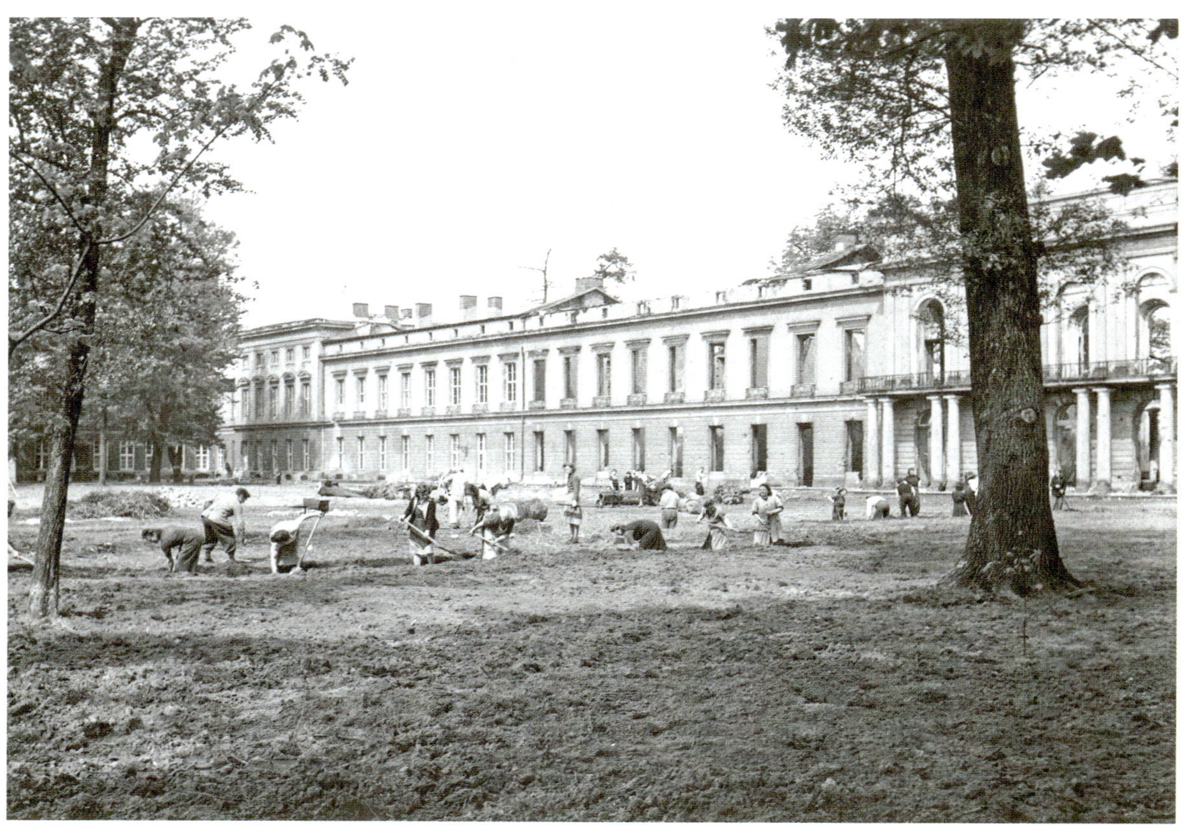

Instandsetzungsarbeiten im Schlossgarten Charlottenburg vor dem Neuen Flügel, um 1952.

Jürgen Barth später, „ohne einsichtbare Notwendigkeit“ geschehen und er hielt die Zerstörung für „um so bedauerlicher“, als dass sie einstmals „aus Spenden“ finanziert worden sei.[7] Was er allerdings bei dieser Einschätzung nicht berücksichtigte, war die Tatsache, dass das Ehrenmal von den Nationalsozialisten zu einer Art Thingplatz umgewidmet und umgenutzt worden war. Im August 1933, wenige Wochen nach dem Freitod Erwin Barths, hatte die NSDAP eine „feierliche Einweihung“ organisiert. Neben den „Heimattreuen Vereine[n]“ waren „Ehrenabteilungen der Reichswehr, der SA und des Stahlhelms“ geladen gewesen, man hatte das Ehrenmal als „ein Symbol für das neue Deutschland“ bezeichnet und der mit Barth befreundete Pfarrer Siems aus Charlottenburg hatte „dem Volkskanzler Adolf Hitler“ und „dem Reichspräsidenten von Hindenburg“ dafür gedankt, dass sie die „Ehre der Gefallenen [...] wiederhergestellt“ hätten.[8] Die Charlottenburger Entscheidung, das Ehrenmal der Niederdeutschen nicht zu erhalten, war nicht zuletzt vor diesem historischen Hintergrund gefällt worden.

Jürgen Barth interessierte sich nicht nur für die Parks und Gärten seines Vaters. Auch an vielen anderen Orten in Berlin war er unterwegs und beobachtete den beginnenden Wiederaufbau von Grünanlagen, Plätzen und öffentlichen Freiräumen. Nicht immer fotografierte er selbst, teilweise erhielt er auch die Gelegenheit, dokumentarisches Bildmaterial von

Großer Tiergarten, „2. Brücke ostw. d. Hofjäger-Allee, v. W.“, 1950.

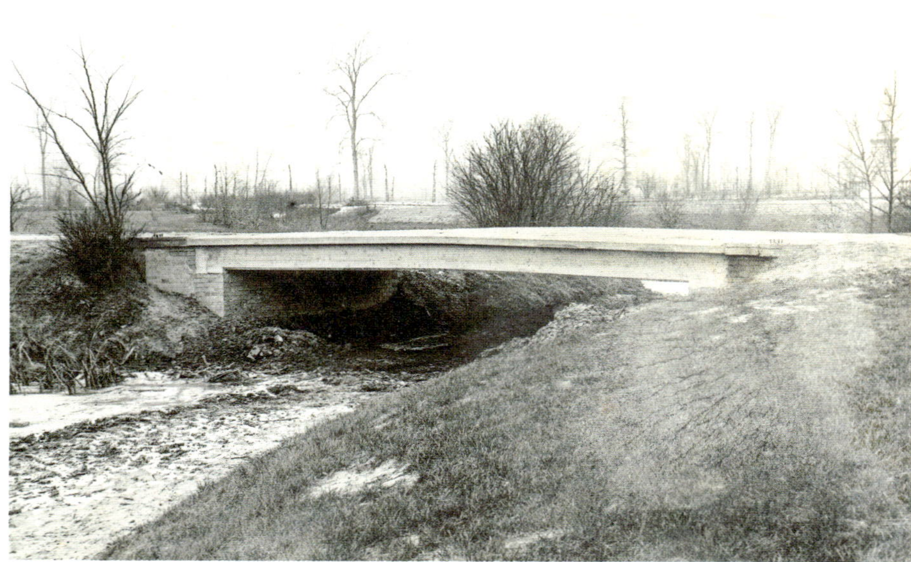

Großer Tiergarten, „Brücke nordostw. Luisendenkmal, v. S. O.“, 1950.

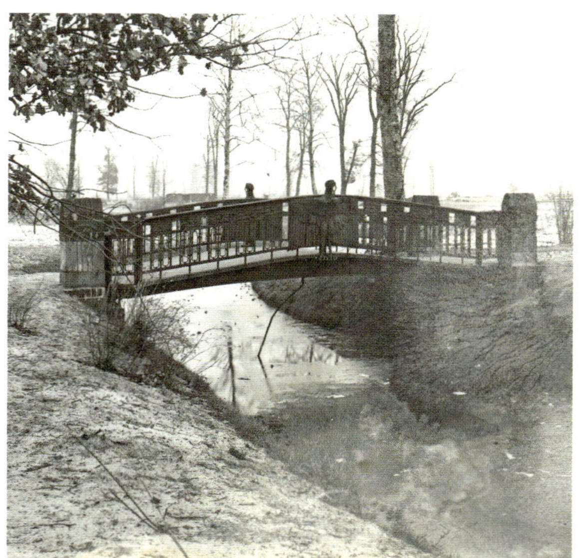

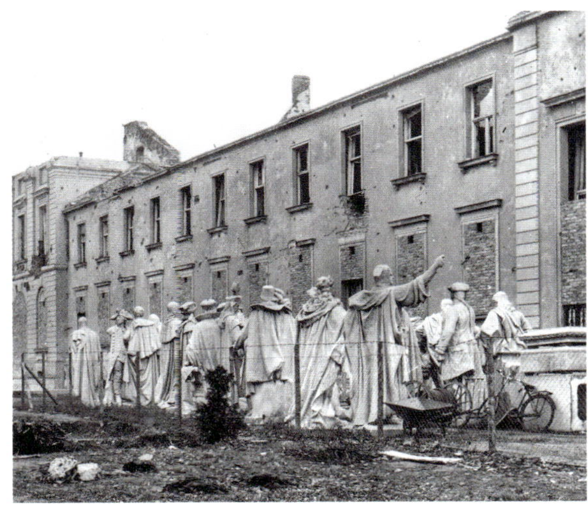

anderen Stellen zu übernehmen. So verwahrte er beispielsweise Aufnahmen, die nach dem Krieg den Beginn der Instandsetzungsmaßnahmen im Garten des Charlottenburger Schlosses dokumentierten: Das gesamte Schlossensemble war stark beschädigt, den Gebäuden fehlten die Dächer, teilweise standen nur noch Reste der Fassade. Zunächst war die Bereitstellung von Finanzmitteln zur Sicherung der Architektur durch den Berliner Magistrat abgelehnt worden.[9] Spätestens aber 1950, mit dem Beschluss der Ost-Berliner SED, das beschädigte Berliner Schloss sprengen zu lassen, wuchs im Westteil der Stadt die Bereitschaft, das Charlottenburger Schloss zu erhalten.[10] Die Gartenanlagen waren kurz zuvor in die Obhut des Bezirksgartenamtes übergeben worden, sodass noch vor dem Beginn der Wiederaufbauarbeiten am Schloss selbst die vorgelagerten Rasenparterres unter Einsatz von zahlreichen Notstandsarbeitern und -arbeiterinnen zumindest vereinfacht wiederhergestellt wurden.

Eine ganze Serie von Fotografien, aufgenommen am 17. Dezember 1950, zeigt die im Großen Tiergarten erhaltenen oder wieder aufgebauten Brücken. Die innerstädtische Parkanlage war durch Bombenschäden und durch Abholzungen zur Gewinnung von Heizmaterial stark in Mitleidenschaft gezogen worden; die Wiederaufforstung war zum Beginn der 1950er Jahre noch nicht weit vorangeschritten. Um die Wegeverbindungen innerhalb des 210 ha großen Areals wieder nutzbar zu machen, waren zu diesem Zeitpunkt zunächst die Brückenquerungen über die verschiedenen Wasserläufe im Park repariert oder durch Betonneubauten ersetzt worden. Auf einer anderen Aufnahme ist eine Anzahl von marmornen Standbildern zu sehen, abgestellt vor einer kriegsbeschädigten Gebäudefassade, provisorisch geschützt durch einen Maschendrahtzaun. Es handelt sich um einen Teil der „Ahnengalerie“, die der Deutsche Kaiser Wilhelm II. 1895 beim Bildhauer Reinhold Begas in Auftrag gegeben hatte und die in der „Siegesallee“ des Großen Tiergartens aufgestellt worden war. Im Zuge der Vorbereitungen für den Ausbau der großen Nord-Süd-Achse für die nationalsozialistische „Welthauptstadt Germania“ waren die Statuen 1938 gemeinsam mit der Siegessäule umgesetzt worden. Die 32 Denkmäler hatten in der „Großen Sternallee“ einen neuen Standort erhalten, in den letzten Jahres des Krieges aber waren zahlreiche Figuren zerstört worden. In der Nachkriegszeit war die Zukunft der verbliebenen, oftmals beschädigten Standbilder nicht gesichert: Es war unklar, ob sie von Seiten der Alliierten als deutsche Glorifizierung des Militärs eingestuft werden würden und gemäß einer Richtlinie des Kontrollrats einzuebnen seien. In dieser Situation hatte 1950 der Landeskonservator Hinnerk Scheper veranlasst, dass die Denkmäler abgebaut und zum leerstehenden, ebenfalls kriegsbeschädigten Schloss Bellevue verbracht wurden. Als vier Jahre später der Wiederaufbau des Schlosses als zukünftiger Sitz des Bundespräsidenten beschlossen wurde, erhielten die steinernen Zeugen eine neue, „gesicherte“ provisorische Unterkunft: Sie wurden kurzerhand in der Gartenanlage vergraben. Erst in den 1970er Jahren wurden sie wieder geborgen und im sogenannten Lapidarium, einem ehemaligen Wasserpumpwerk

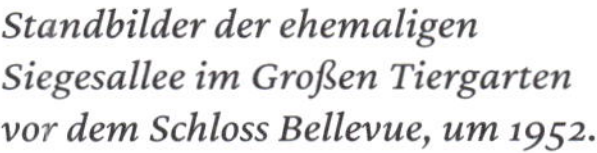

Standbilder der ehemaligen Siegesallee im Großen Tiergarten vor dem Schloss Bellevue, um 1952.

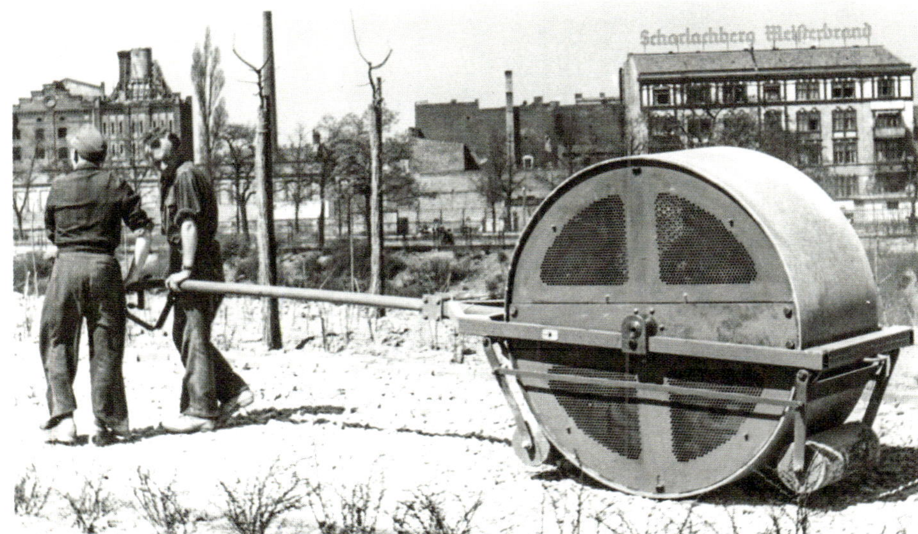

Planierwalze zum Befestigen von Wegeflächen einer Grünanlage, um 1952.

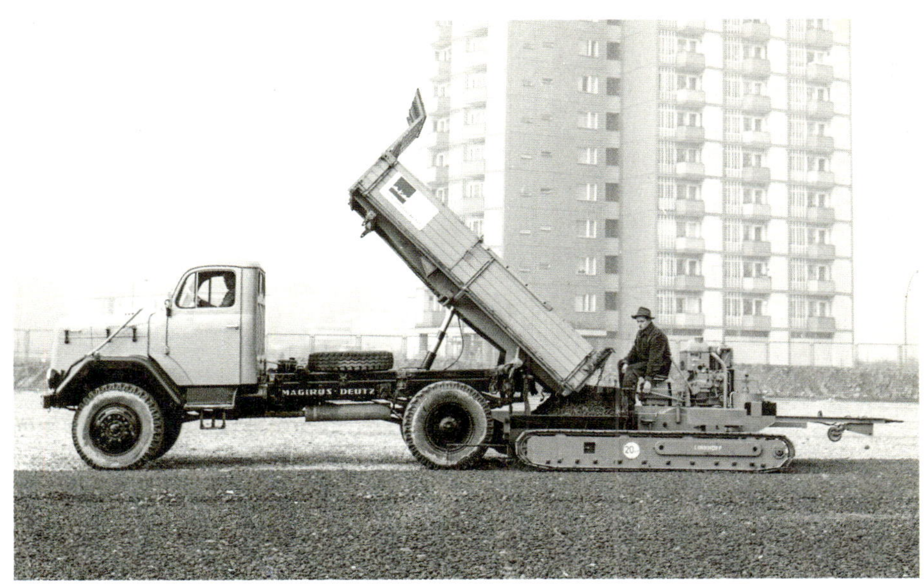

„Neuherstellung des Sportplatzes Lobeckstraße, (1964/1966)“, Blick auf Wohnbebauung an der Alexandrinenstraße.

„Waldeckpark, Oranienstraße", Blick von der Alexandrinenstraße nach Nordwesten, 1954.

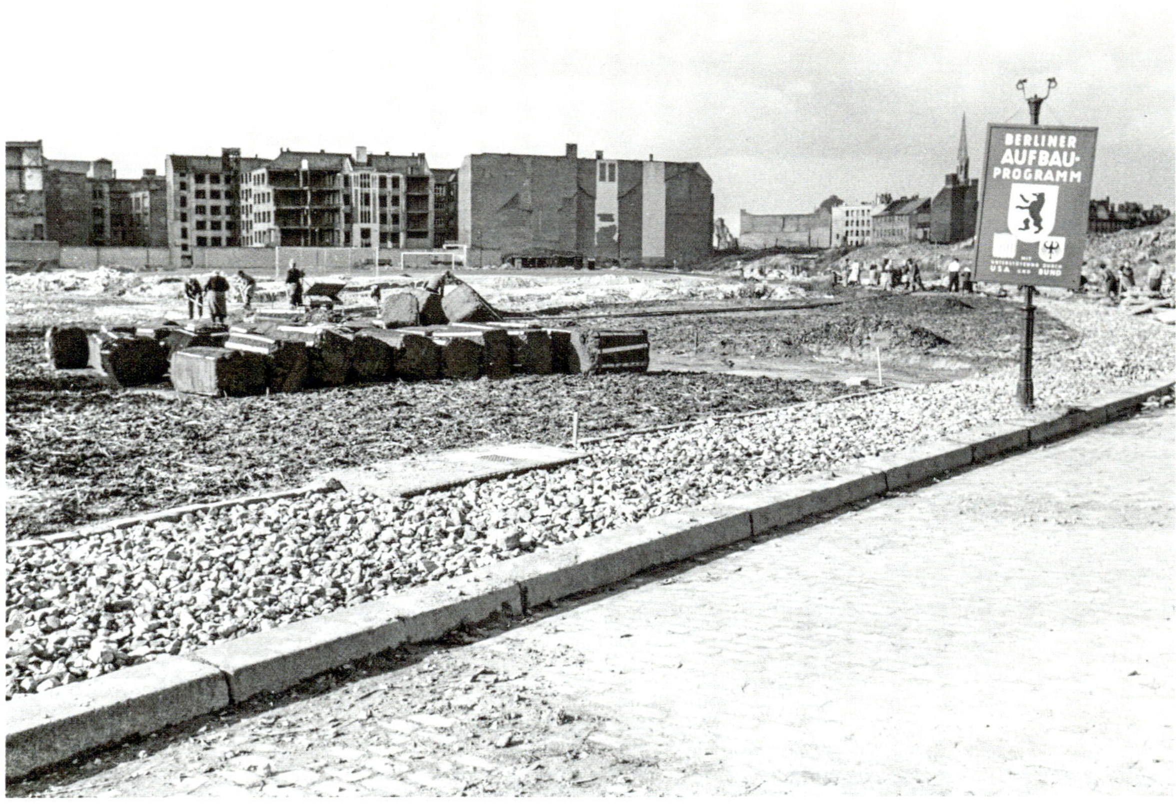

am Halleschen Ufer, aufbewahrt. Seit 2009 sind sie größtenteils als Teil einer Ausstellung in der Zitadelle Spandau zu besichtigen.[11]

Der Wiederaufbau war das Thema, welches die Grünplanung Berlins in den Jahren nach dem Krieg dominierte; zahlreiche Fotografien aus der Sammlung Jürgen Barths zeigen entsprechende Beispiele: Während zu Beginn der 1950er Jahre noch in der Hauptsache Handarbeit und handbetriebene Maschinen auf den Baustellen der öffentlichen Grünflächen eingesetzt wurden, zeigt ein Bild aus den 1960ern einen fortschrittlichen, mit gewissem Stolz präsentierten, Einsatz von Technik: Beim Bau eines Sportplatzes, der ab 1964 an Stelle eines ehemals dicht bebauten Wohnblocks im Nordwesten des Bezirks Kreuzberg entstand, wurden ein Kipper und eine moderne Planierwalze eingesetzt. Die zur sogenannten Luisenstadt gehörende Gegend war im Krieg stark zerstört worden; nun nutzte man die Chance zum Aufbau einer vollkommen neuen Stadtstruktur mit sechs-geschossigen Wohnzeilen und 16-geschossigen Hochhäusern.

Ganz in der Nähe wurde ab 1954 der Waldeckpark wiederhergestellt. Die im Rahmen des „Berliner Aufbauprogramms" getätigten Arbeiten, so verkündete ein Hinweisschild, wurden realisiert „mit

„Skatplätze, Lohmühlenstraße", 1957.

„Sandspielkasten auf dem Hafenplatz", 1964.

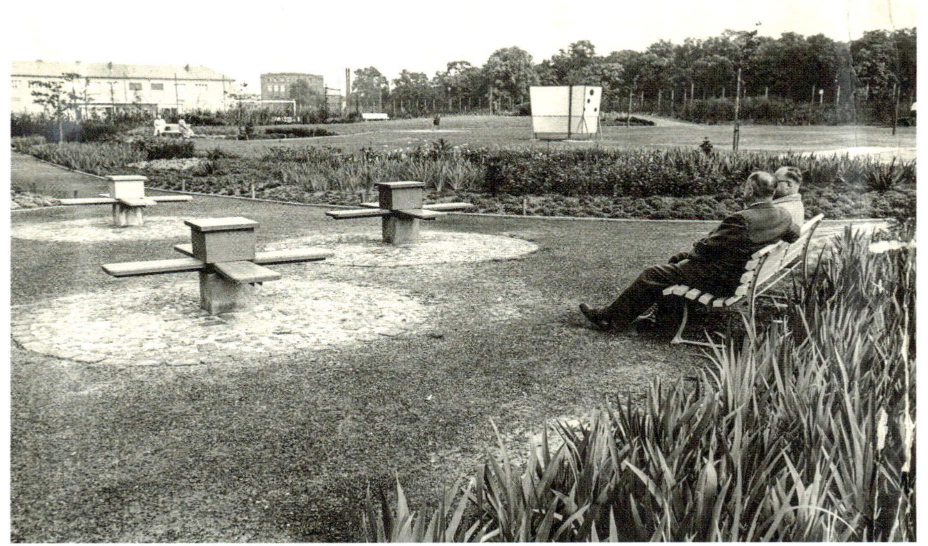

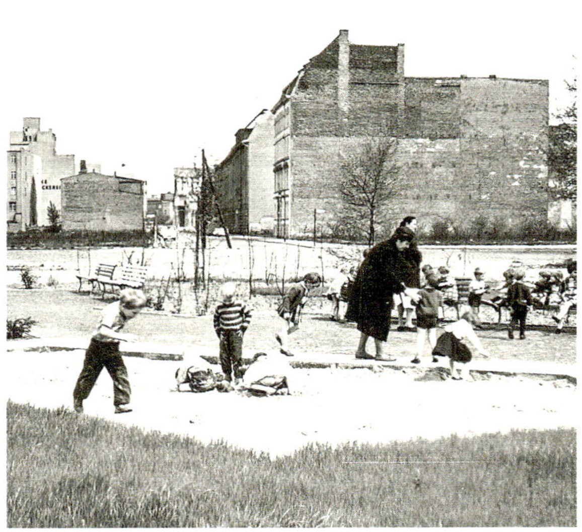

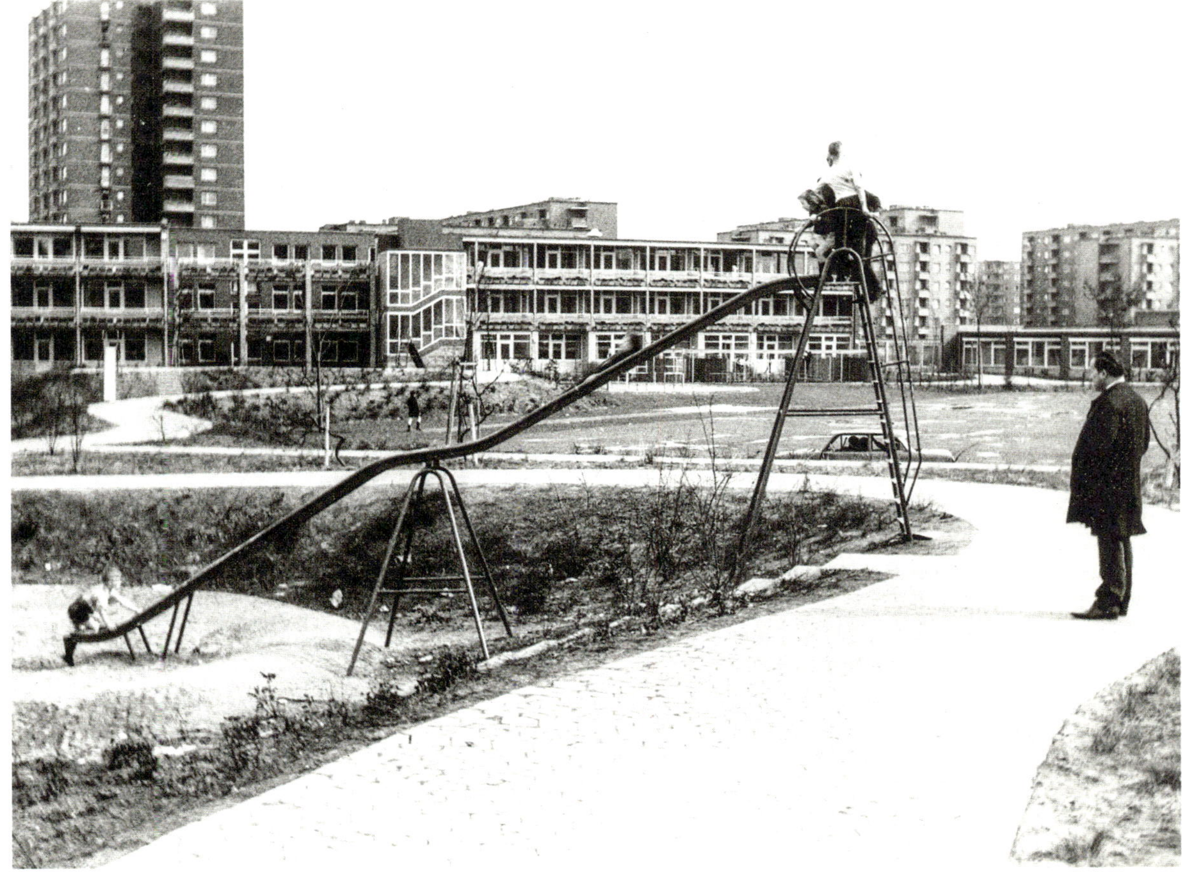

Spielanlagen im „Hauptkinderheim", Blick Richtung Norden auf das Haupthaus an der Ritterstraße, 1969.

Unterstützung durch USA und Bund". In der unmittelbaren Umgebung errichtete man als eines der ersten großen West-Berliner Nachkriegsbauvorhaben die Otto-Suhr-Siedlung als Demonstrationsprojekt des propagierten, öffentlich geförderten Sozialen Wohnungsbaus. Anstelle der Blockrandbebauung wurde die aufgelockerte und durchgrünte Stadt als Leitziel erklärt. Dies wirkte sich auch auf den Waldeckpark aus: Die in dem Foto zu erkennenden Flächen mit den Schuttbergen der kriegszerstörten Wohnhäuser an der Kürassierstraße wurden, mitsamt der Fahrbahn selbst, in die Grünanlage integriert; ebenso wurden Ruinengrundstücke an der Oranienstraße und das Areal eines Waisenhauses zur Grünfläche umgewidmet. Im Endeffekt vergrößerte sich die mit einem zusätzlichen Sportplatz ausgestattete Parkanlage um mehr als das Doppelte.

Immer wieder waren es Fotos von den neuen Spiel- und Sportanlagen Berlins, die Jürgen Barth in seine Sammlung aufnahm; das Thema war ihm wichtig, sollten doch gerade für die Kinder und Jugendlichen durch den Wiederaufbau als durchgrünte Stadt verbesserte Lebensbedingungen hergestellt werden. Auf der Lohmühleninsel beispielsweise, direkt an der Grenze zum Ost-Berliner Stadtteil Treptow ge-

„Berlin-Charlottenburg, Autobahnbaustelle nördlich Kaiserdamm, Betongründungen", 1961.

„Berlin-Charlottenburg, Autobahnbaustelle, südlich Kaiserdamm, Stahlspundwand, links Abwurf für Betonkies", 1961.

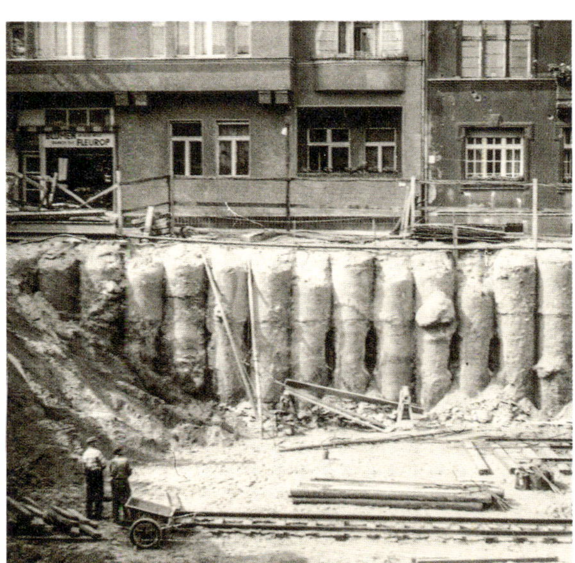

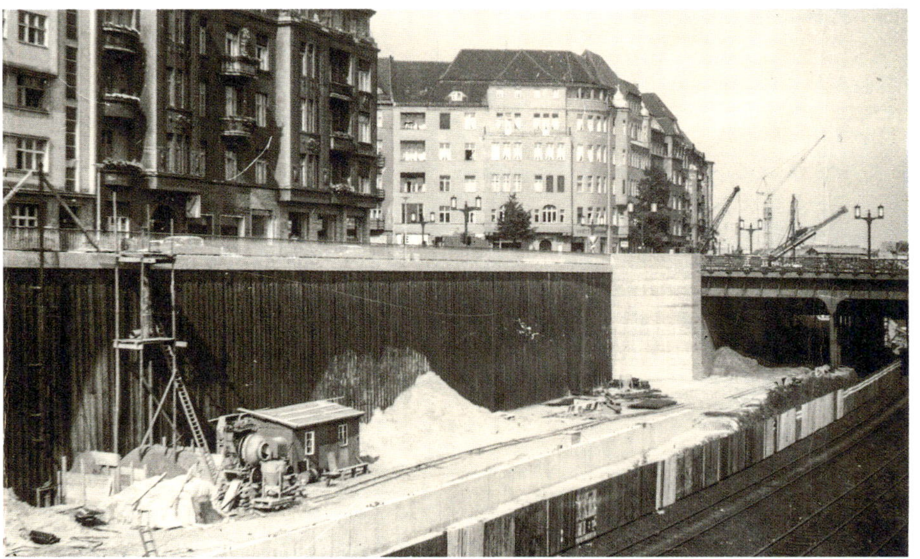

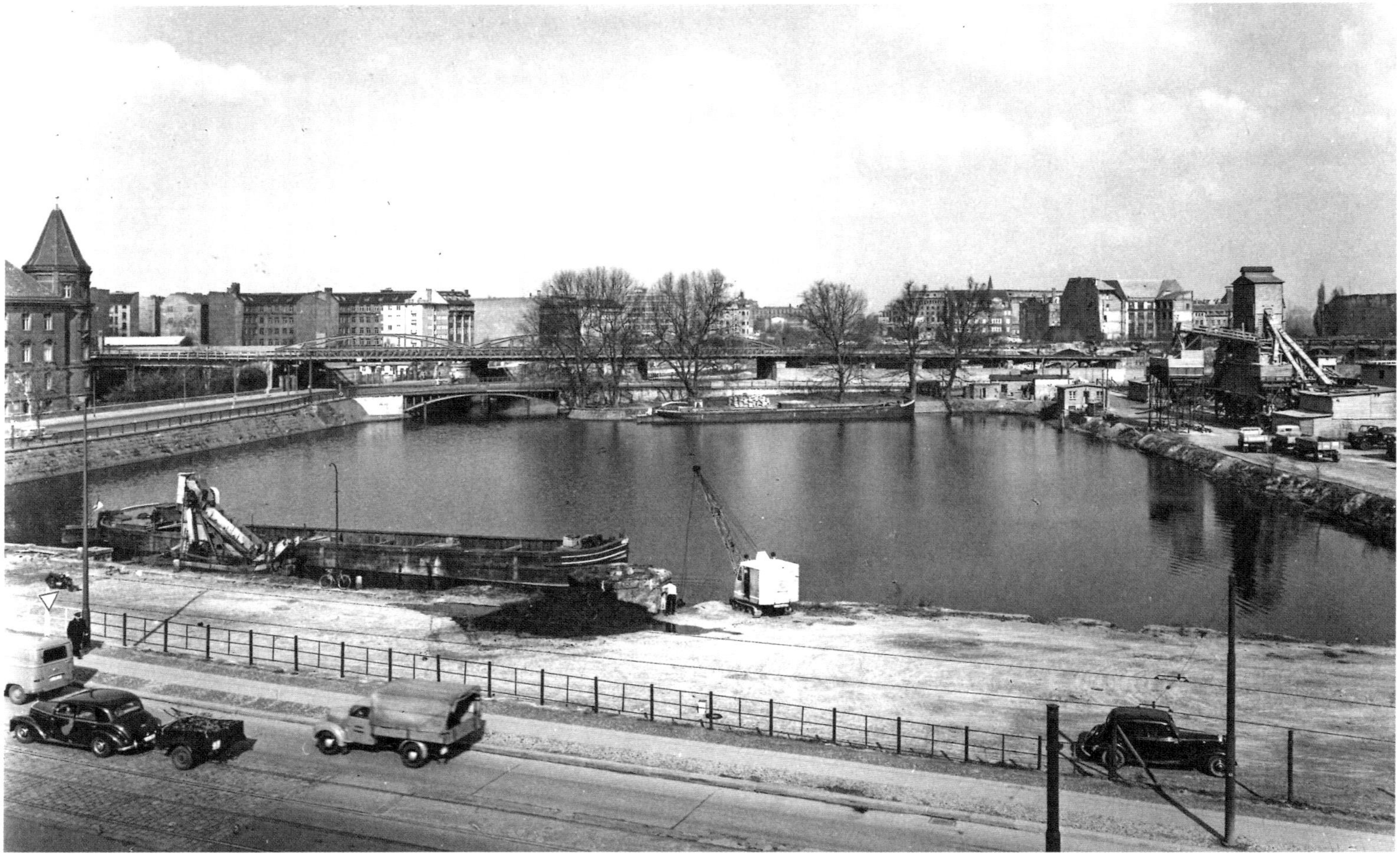

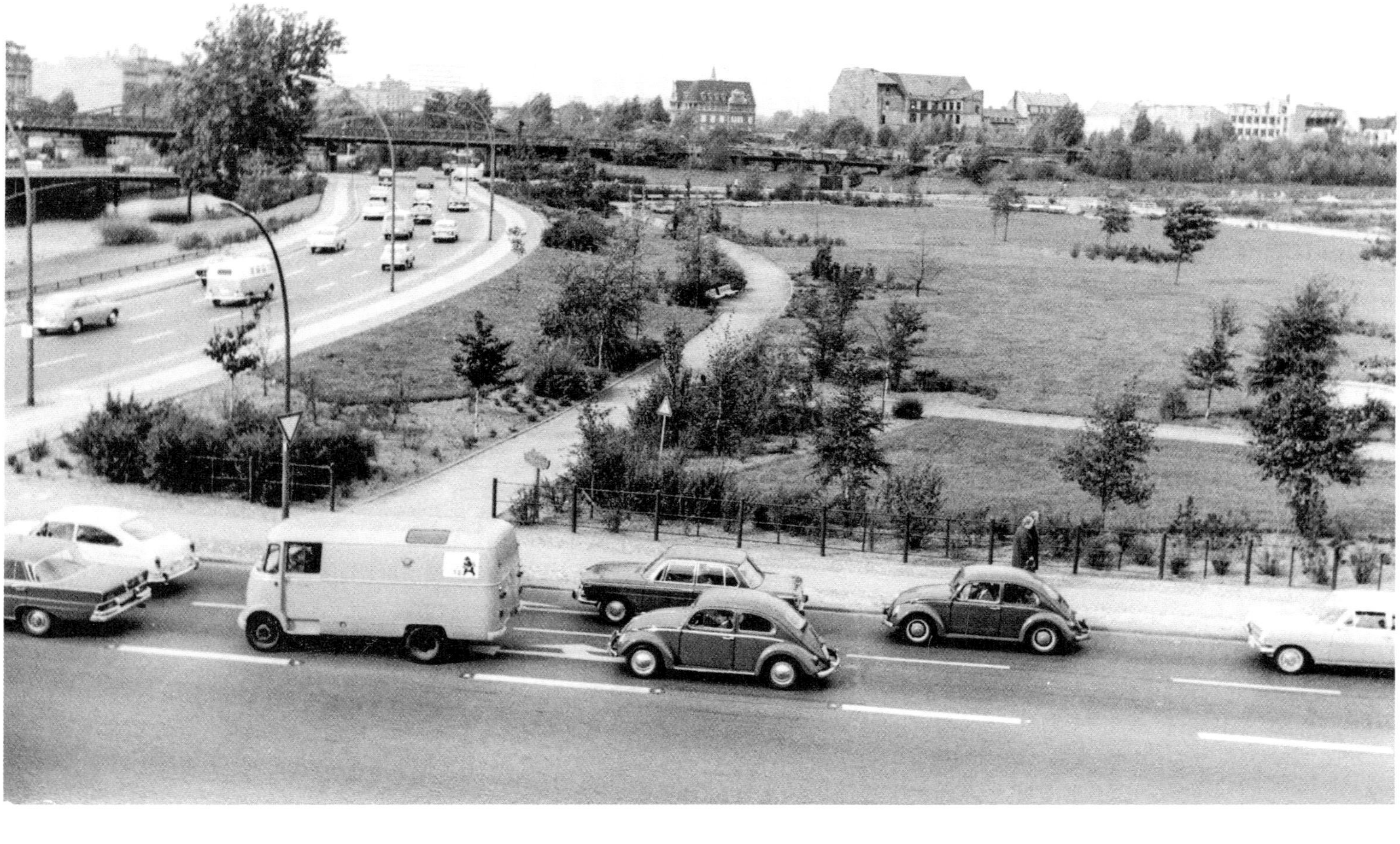

legen, entstand eine neue Erholungsanlage für alle Generationen. Eingespannt zwischen Landwehrkanal und Flutgraben hatte sich hier ein Gewerbestandort mit zahlreichen Lagerplätzen entwickelt, dessen südlicher Abschnitt nun, in den 1950er Jahren, zu einem Naherholungsgelände mit Grünanlage, Spielplatz und Sportplatz umgebaut wurde. Die Aufnahme von 1957 zeigt großzügig dimensionierte Staudenbeete in zeittypisch geschwungenen Formen; neben den Sitzbänken gehörten sogenannte „Skattische" für das Kartenspiel zur Ausstattung. Auch das Schaffen seines Berufskollegen Hermann Mattern wurde fotografisch dokumentiert: An der Kreuzberger Ritterstraße, Ecke Alte Jakobstraße, wurde in den 1960er Jahren ein städtisches „Hauptkinderheim" als Durchgangsheim zur Beobachtung von „erziehungsschwierigen" oder vernachlässigten Kindern errichtet.[12] Mattern, seit 1961 Leiter des Hochschulinstituts, an dem Jürgen Barth weiterhin als Assistent arbeitete, hatte in dem weiträumig konzipierten Grundstücksinneren für die Freiräume gesorgt. Andere Spielplätze zeugten weniger von gestalterischen Ambitionen als von Pragmatismus und Praktikabilität: In den innerstädtischen Quartieren, in denen die alte, dichte Mietshausstruktur zumindest in Teilen den Krieg überstanden hatte, wurden neue Freiflächen für Kinder geschaffen, indem einzelne Ruinengrundstücke abgeräumt und mit einfachen Mitteln als Spielplatz umgenutzt wurden.

Mit den Jahren entwickelte sich der Wiederaufbau zunehmend zum Wirtschaftswunder; an Stelle von Reparaturen und Instandsetzungen schuf man Neues und Neuwertiges. Als 1962 anlässlich des 75-jährigen Bestehens der Deutschen Gesellschaft für Gartenkunst und Landschaftspflege in West-Berlin die Jubiläumsfeierlichkeiten stattfanden, nahm auch Jürgen Barth, so ist anzunehmen, daran teil. Während einer Rundfahrt präsentierte Fritz Witte, der Abteilungsleiter des Hauptamts für Grünflächen und Gartenbau und damit ein Amtsnachfolger Erwin Barths, den Gästen verschiedene „neuzeitliche, großzügige Anlagen" des Berliner Stadtgrüns.[13] Nicht zuletzt galt der 1958 gestartete Bau einer innerstädtischen Autobahn als positives Zeichen der wirtschaftlichen Gesundung und des Fortschritts; auch dieser Aspekt des Stadtaufbaus wurde von Jürgen Barth fotografisch festgehalten.

Trotz seiner umfangreichen Fotosammlung zum Wiederaufbau und zur innerstädtischen Grünplanung: Die Hauptinteressen Jürgen Barths waren der Landschaftsschutz und die Landschaftsentwicklung. Diese Themen galten ihm, gerade auch innerhalb der eingeschränkten Fläche West-Berlins, als besonders beachtenswert; hier lag sein eigener fachlicher Schwerpunkt und dieser Aspekt wurde von ihm mit zahlreichen eigenen Aufnahmen als Erweiterung der hochschuleigenen Dia- und Fotosammlung hinzugefügt.

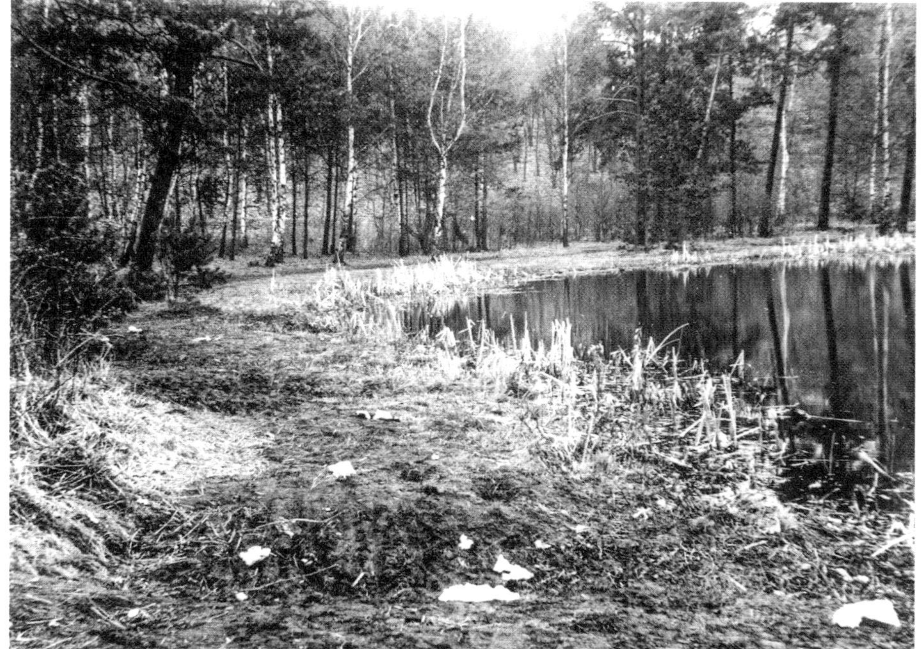

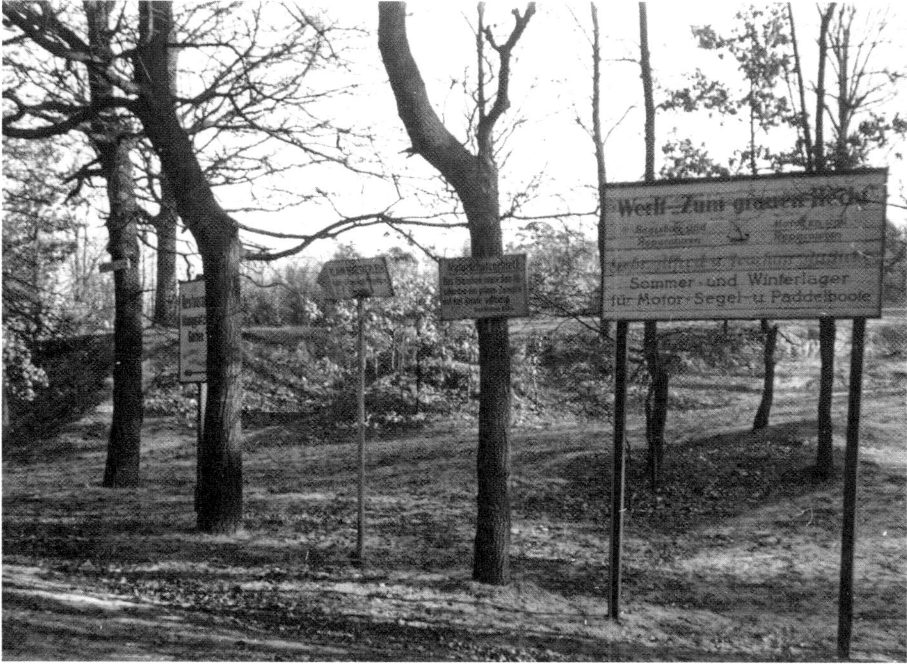

Auf Wanderungen und Spaziergängen in den Berliner Natur- und Naherholungsgebieten entdeckte er immer wieder Beispiele von „Verschandelungen", wie er es ausdrückte: bauliche Eingriffe, die sich nicht in das landschaftliche Bild einfügten, Verunreinigungen und Zerstörungen von Naturräumen. Aber er zeigte auch positive Beispiele, in denen der „Erholungsverkehr" sich der Landschaft unterordnete und diese zu erhalten suchte. In diesem Sinne war ihm die „Einheit Stadt-Land", die Verzahnung von urbanem und ruralem Landschaftsraum, ein zukunftsträchtiges Ziel. Hierfür fand er ein entsprechendes Fotomotiv: Im Berliner Süden, im Ortsteil Mariendorf, hatte sein Vater in den 1920er Jahren als Stadtgartendirektor am Entstehen eines Volksparks mitsamt Rodelberg mitgewirkt. Von

„Berlin-Grunewald, Pechsee. Bild Naturschutz. Naturverschandelung durch Ausflügler", um 1957.

„Berlin-Charlottenburg, Pichelswerder. Bild Naturschutz. Verschandelung der Landschaft durch schlechte Beschilderung", um 1957.

◁

Der Schöneberger Hafen am Landwehrkanal vor der Zuschüttung, um 1960.

Der Mendelssohn-Bartholdy-Park auf dem Gelände des einstigen Schöneberger Hafens, um 1970.

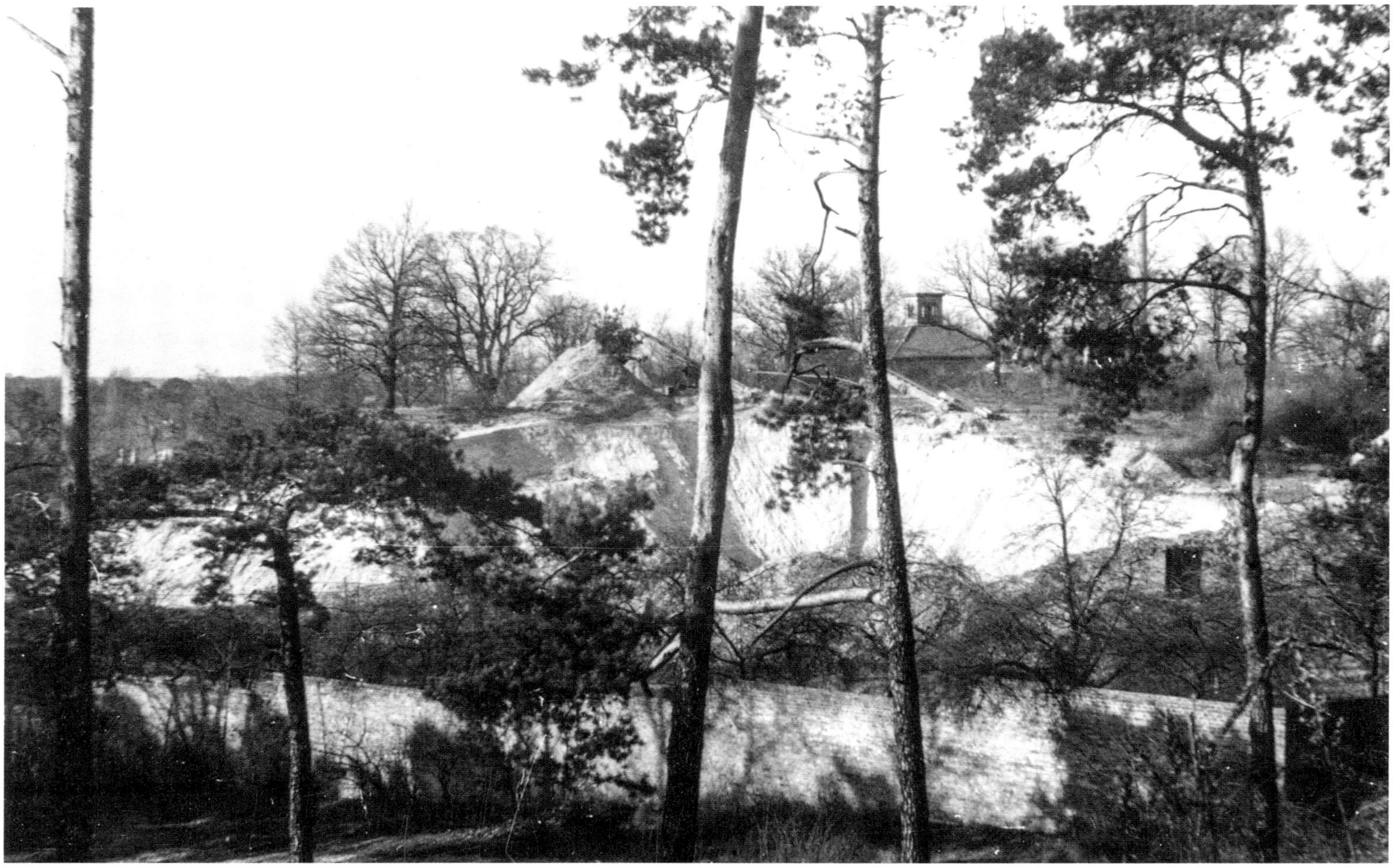

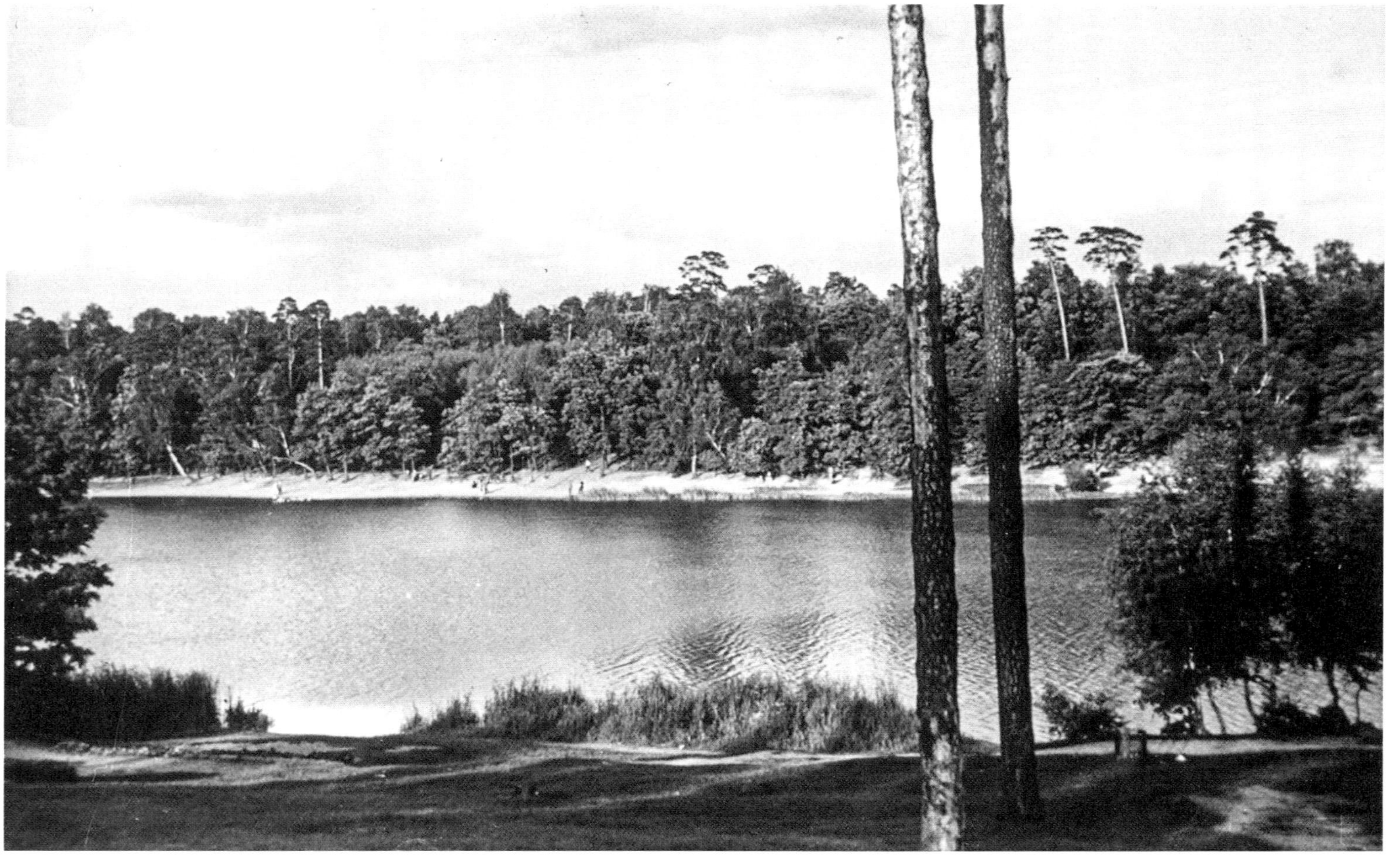

◁
„Berlin-Charl., Pichelswerder, Sandgrube. Bild Naturschutz. Störender Eingriff in die Landschaft durch Anlage einer Sandgrube“, um 1957.

„Grunewaldsee, Blick vom Nordwest- zum Südostufer. Trotz aller Überbeanspruchung durch Erholungsverkehr (Baden, Spiel, Hundeauslauf) ein eindrucksvoll klarer Naturraum“, um 1957.

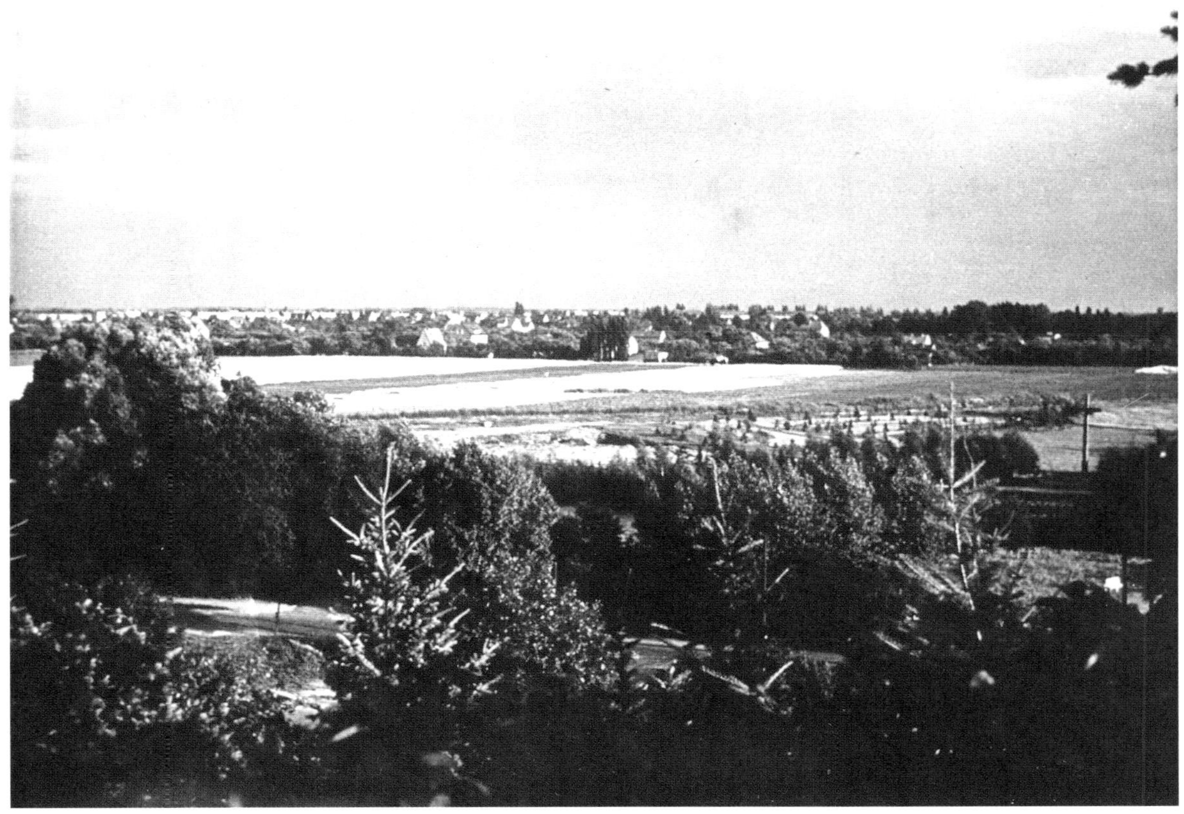

„Blick vom Volkspark Mariendorf nach Süd“, 1957.

dort aus fotografierte Jürgen Barth 1957 in südliche Richtung. Auf dem entsprechenden Abzug notierte er: „Das Bild zeigt die Möglichkeit, landwirtschaftliche Flächen tief in den Stadtkern hinein zu sichern, wie hier die Getreidefelder“.[14] In gewissem Sinne schuf er in diesem Moment die Klammer, die das väterliche Lebenswerk mit dem eigenen verband.

1 Vor 1945 setzte Wiepking zeitweise den Nachnamen seiner Ehefrau Helene Jürgensmann an seinen Namen.

2 Vgl. Land, Dietmar: Erwin Barth. Gartengestaltung als Hochschulstudium. Eine Ausstellung anlässlich des Jubiläums „75 Jahre Hochschulausbildung Landschaftsarchitektur“. In: TU Berlin, Institut für Landschaftsarchitektur und Umweltplanung (Hg.): Perspektive Landschaft, Berlin 2006, S. 60.

3 Hohensalza, polnisch: Inowrocław; Bromberg, polnisch: Bydgoszcz. Vgl. Planzeichnungen Jürgen Barths, 1940 (Landesdenkmalamt Berlin, Archiv Gartendenkmalpflege, N-IV-EB-P-27_001, N-IV-EB-P-28_001, N-IV-EB-P-29_001).

4 Vgl. Land, Dietmar: Parkpflegewerk Volkspark Jungfernheide. Zentrale Achse West. Gutachten im Auftrag des Bezirksamtes Charlottenburg-Wilmersdorf von Berlin, Fachbereich Umwelt-Gartendenkmalpflege, 2007, S. E.3.-24 f.

5 „Aufruf“ der Arbeitsgemeinschaft Niederdeutschen Heimatbünde von Großberlin zur Spendensammlung für die Errichtung des Ehrenmals, undatiert (um 1923). Dokument im privaten Nachlass von Jürgen Barth. Zitiert in: Land, Dietmar: Erwin Barth (1880–1933). Leben und Werk eines Gartenarchitekten im zeitgenössischen Kontext. Dissertation an der Technischen Universität Berlin 2004, S. 389.

6 Beschriftung Karteikarte mit Fotoabzug „Ehrenmal der Niederdeutschen“, 1950 (Landesdenkmalamt Berlin, Archiv Gartendenkmalpflege, N-IV-EB-F ohne Nummer).

7 Barth, Jürgen: Erwin Barth. Ein Lebensbild. In: Universitätsbibliothek der Technischen Universität Berlin (Hg.): Erwin Barth. Gärten. Parks. Friedhöfe. Katalog zur Ausstellung. Berlin 1980, S. 14.

8 „Das Ehrenmal für die gefallenen Niederdeutschen. Die Einweihungsfeier im Volkspark Jungfernheide“. In: (vermutlich) Berliner Lokal-Anzeiger vom 7. August 1933. Zit. in: Land 2004 (Anm. 5), S. 390.

9 Vgl. Göres, Burkhardt: Schloss Charlottenburg. Geschichte des Wiederaufbaus und der Restaurierung in chronologischer Abfolge. In: Jahrbuch Stiftung Preußische Schlösser und Gärten Berlin-Brandenburg, Bd. 7, 2005. Berlin 2007, S. 31.

10 Vgl. Göres 2007 (Anm. 9), S. 32 f.

11 Vgl. Wendland, Folkwin: Der große Tiergarten in Berlin. Seine Geschichte und Entwicklung in fünf Jahrhunderten. Berlin 1993, S. 244 f.; vgl. Krosigk, Klaus-Henning von: Großer Tiergarten. In: Landesdenkmalamt Berlin (Hg.): Gartendenkmale in Berlin. Parkanlagen und Stadtplätze (Beiträge zur Denkmalpflege in Berlin, Bd. 39). Petersberg 2013, S. 192.

12 Der Architekturentwurf stammte von Max Taut, die Ausführung erfolgte nach dessen Tod unter der Leitung von Fritz Bornemann.

13 Schmidt, Hans Ulrich: Berlin – die Hauptstadt und ihr Grün. Eindrücke beim 75jährigen Jubiläum der Deutschen Gesellschaft für Gartenkunst und Landschaftspflege. In: Garten und Landschaft 72 (1962), H. 12, S. 344.

14 Foto „Blick v. Volkspark Mariendorf nach Süd“, 1957 (Landesdenkmalamt Berlin, Archiv Gartendenkmalpflege, N-IV-EB-F-103_001).

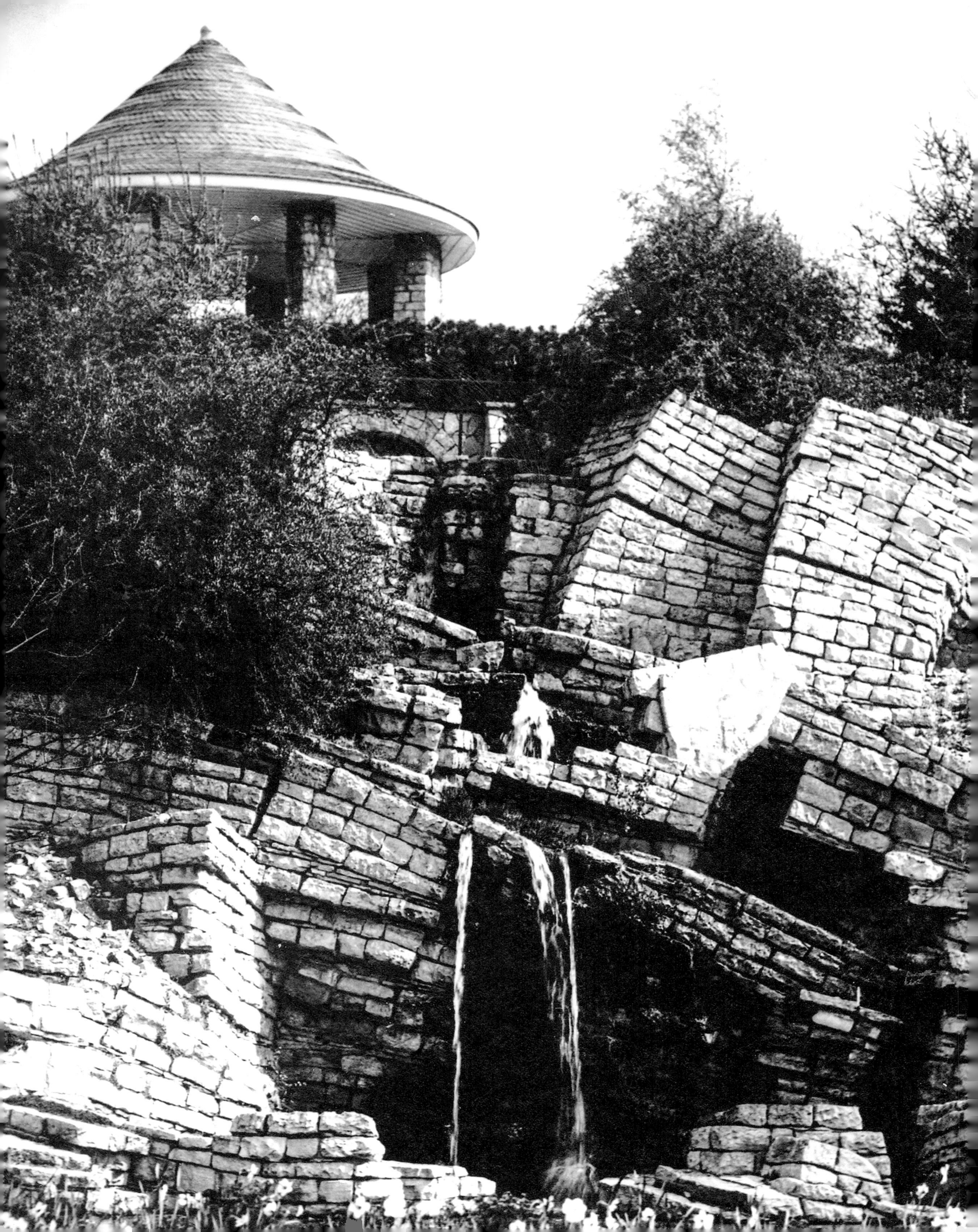

Plätze, Parks und Grünanlagen: Projekte Erwin Barths in Berlin

Erwin Barths Berliner Projekte waren vielfältig, sie reichen von der kleinen provisorischen Grünanlage bis zum Volkspark. Manchmal musste er aufgrund der wirtschaftlichen Lage Kürzungen hinnehmen, aber oft gelang es ihm, durch selbstbewusstes Auftreten, Hartnäckigkeit und kluges Argumentieren, Gelder zu sichern oder Arbeiten innerhalb von Notstandsprogrammen ausführen zu lassen.

Die Beispiele bieten eine Übersicht über die Bandbreite seines Werks, aber vor allem erzählen die Fotos und Zeichnungen viel von Barths Art zu arbeiten und zu beobachten; sie illustrieren seine Zusammenarbeit mit Berufskollegen und zeigen, wie intensiv er sich mit seinen Werken identifizierte. Jürgen Barth ist es zu verdanken, dass Lücken im Fotobestand seines Vaters geschlossen werden konnten.

Die Projekte sind chronologisch geordnet und zeigen einige von Barths Anlagen, die er als Gartendirektor von Charlottenburg vor der Eingemeindung nach Groß-Berlin und ab 1920 als Bezirksgartendirektor realisierte. Es sind bekannte Anlagen wie der Brixplatz darunter, aber auch bereits verschwundene wie das Familienbad Westend. Ungewöhnlich sind die Aufnahmen vom „Kriegs-Gemüsebau" während des Ersten Weltkriegs, doch Barth ging auch diese Aufgabe mit Akribie und Gärtnerstolz an. Mit Anlagen, die er während seiner Zeit als Berliner Stadtgartendirektor entwarf und betreute, schließt die Übersicht, die vereinzelt durch Abbildungen anderer Archive ergänzt wird. Das Bildmaterial dient dabei als Sprungbrett, diese Parks, Plätze und Grünanlagen nochmals neu zu entdecken und ihre Entwicklungsgeschichte aus einem anderen, einem ergänzenden Blickwinkel heraus zu betrachten.

[Leonie Glabau und Dietmar Land]

◁ *Künstlicher Kalksteinbruch auf dem Sachsenplatz, heute Brixplatz, 1926.*

Blick in den Lietzenseepark mit Kleiner Kaskade und Witzlebenplatz, undatiert.

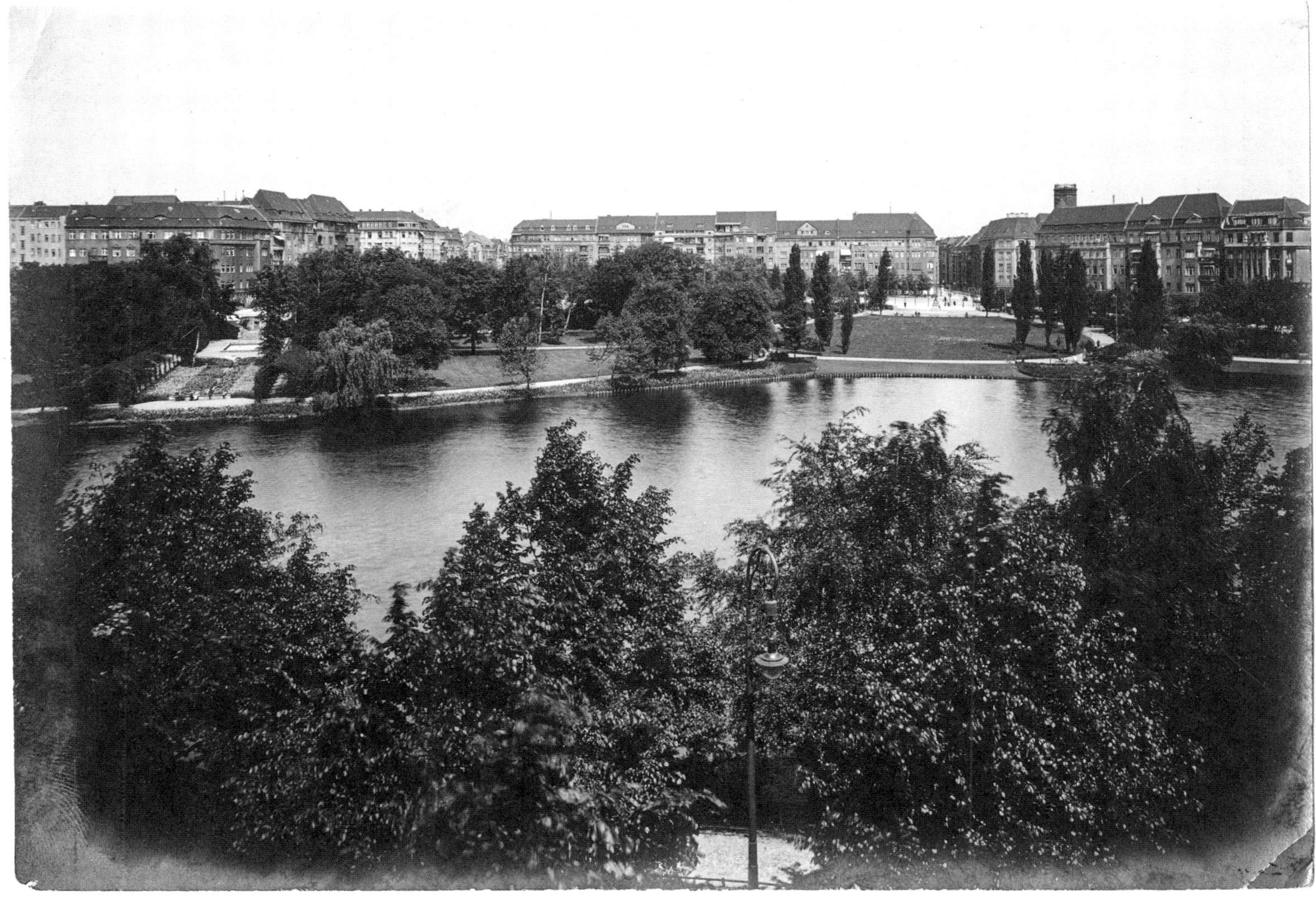

Mierendorffplatz

Charlottenburg-Wilmersdorf

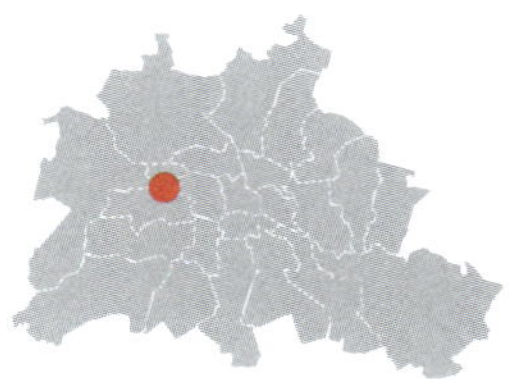

▷ *Modell des Gustav-Adolf-Platzes (heute Mierendorffplatz), 1912.*

Schaubild für den Gustav-Adolf-Platz von Erwin Barth, Blick auf Brunnen mit Fontäne, um 1912.

Erwin Barth war erst wenige Wochen im Amt, als er als neuer Gartendirektor der Stadt Charlottenburg die Anfertigung eines Modellbaus in Auftrag gab: Sein kurzfristig angefertigter Entwurf zum Gustav-Adolf-Platz sollte zur Präsentation vor der zuständigen Parkdeputation aufbereitet werden. Ein Modell, so der Gedanke, würde die Vorteile seines Gestaltungsvorschlags augenscheinlich machen; insbesondere würde die Ausprägung der einzelnen Platzbereiche als Gartenräume zu erkennen sein. Für Barth war es ein grundlegender Gedanke der reformierten Gartenkunst, dass sich die Nutzungseinheiten auch räumlich wirksam innerhalb der Gesamtanlage und im Stadtgefüge abbilden sollten. Im Fall des Gustav-Adolf-Platzes, der heutige Mierendorffplatz, war Eile geboten. Im Nordosten der Stadt, an der Grenze zum Berliner Arbeiterbezirk Moabit, war ein Industrie- und Gewerbeareal mit etlichen, einfach gehaltenen Mietwohnhäusern im Werden begriffen. Mittlerweile hatte die Entwicklung den Straßenzug der Kaiserin-Augusta-Allee erreicht, wo die Fläche für einen „Platz A" ausgespart worden war.[1] Schon seit dem Vorjahr lag eine Entwurfsplanung vor. Der für den Verkehrs- und Tiefbau zuständige Stadtbaurat Friedrich August Bredtschneider hatte 1911 einen Gestaltungsplan ausgearbeitet: ein klassisches, diagonal gesetztes Wegekreuz mit einem kreisrunden Wasserbecken in der Mitte, seitlich ergänzt durch einen Kinderspielplatz in Form eines Hippodroms. Garteninspektor Ludwig Neßler, der vor dem Amtsantritt Barths die Leitung der städtischen Parkverwaltung ausgeübt hatte, war zudem aufgefordert worden, entsprechende Begrünungs- und Pflanzvorschläge einzubringen. Gegen Ende des Jahres hatte man mit den vorbereitenden Erdarbeiten begonnen.[2]

Als Barth am 1. Januar 1912 seinen Dienst in Charlottenburg antrat, waren die Arbeiten auf dem Gustav-Adolf-Platz noch nicht weit vorangekommen, lediglich die grundlegende Flächenaufteilung galt als festgelegt. Der 31-jährige ergriff die Chance, sich an seinem neuen Wirkungsort mit einer kraftvollen Geste seines gartenkünstlerischen Könnens vorzustellen: Er wartete auf die nächste turnusmäßige Sitzung der Parkdeputation, um den Abgeordneten mit Grundriss, Schaubildern und Modellbau einen neuen Gestaltungsvorschlag zu unterbreiten – und erhielt kurz darauf die Genehmigung zur Ausführung. Anstelle der von Bredtschneider angedachten flächigen Gestaltung zeigte Barth ein differenziertes Raumkonzept. Es sollte ein grüner Platz entstehen, welcher als eigenständiger Raum zu erkennen war, definiert durch eine beschützende Einfassung aus geschnittenen Platanen. Etwas „Abgeschlossenes und Behagliches" wollte er dem Gartenraum verleihen, einen Gegensatz „zwischen der hellen, vertieften Fläche mit leuchtenden Blumen und deren dunkler, hoher Umrahmung".[3] Der Ruhe- und Schmuckbereich mit dem zentralen Wasserbecken und der Springfontäne war nun um einige Stufen vertieft angelegt, das großzügige Rasenparterre mit einem schlichten Wegekreuz wurde durch reich bepflanzte Stauden- und Rosenrabatten ergänzt. Der benachbarte Kinderspielplatz erhielt dagegen eine separate Abschirmung durch zusätzliche Platanenreihen, eine Umpflanzung aus Fliedersträuchern und ein Rankspalier. Eine Unterkunftshalle bot zusätzlichen Schutz.

Die Ausstattung des Gustav-Adolf-Platzes wurde von Barth in einer durchaus aufwändigen Detaillierung geplant. Neben Springbrunnen und Blumenschmuck traten etliche liebevoll durchgestaltete Einzelelemente hinzu, in denen sich Schönheit und Funktion vereinigen sollten, beeinflusst vom Jugendstil, der Arts-and-Crafts-Bewegung und dem Deutschen Werkbund: schmiedeeiserne Eingangstore und Gartenleuchten, aus Kunststein gefertigte Blumensäulen, Torpfosten und abgerundete Wegekantensteine sowie weiß lackierte Parkbänke, die mit ihrer auffallend geformten Rückenlehne im Blumengarten zugleich als Blickfang dienten. Auf dem Spielplatz entstand ein Trinkbrunnen, verziert mit blauen Ma-

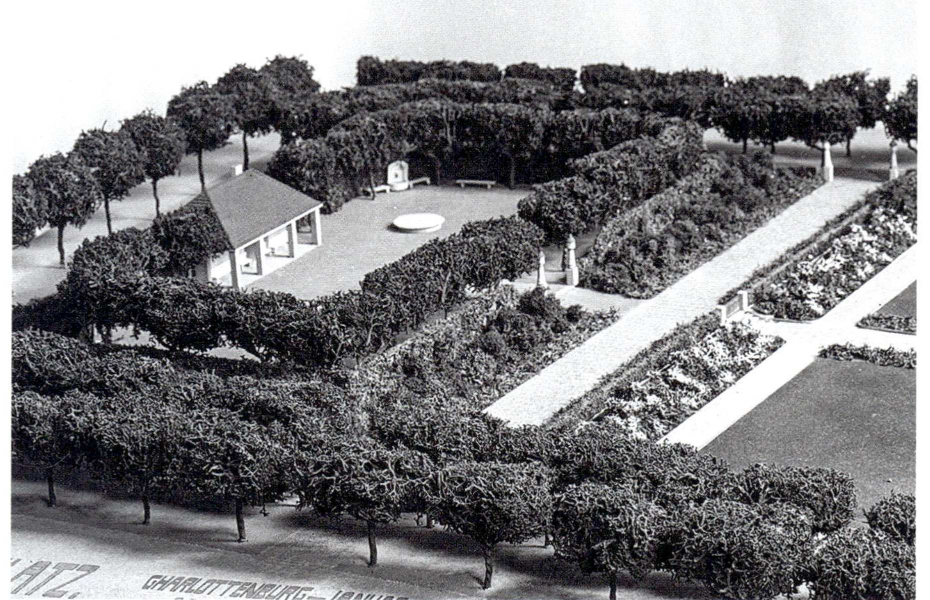

Ausschnitt aus dem detailreichen Modell des Gustav-Adolf-Platzes, 1912.

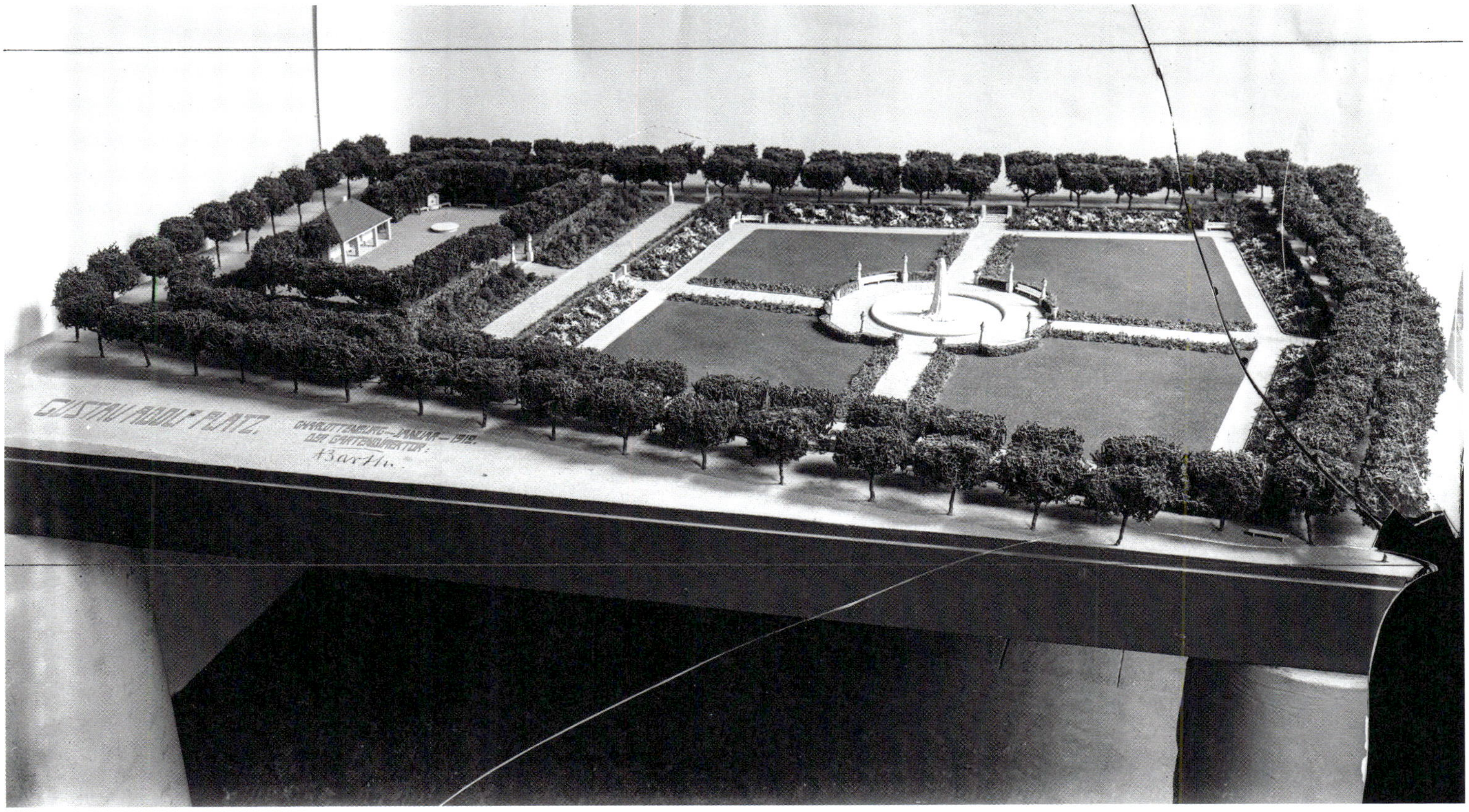

GUSTAV ADOLF PLATZ.
CHARLOTTENBURG – JANUAR – 1912.
DER GARTENDIREKTOR:
Barth.

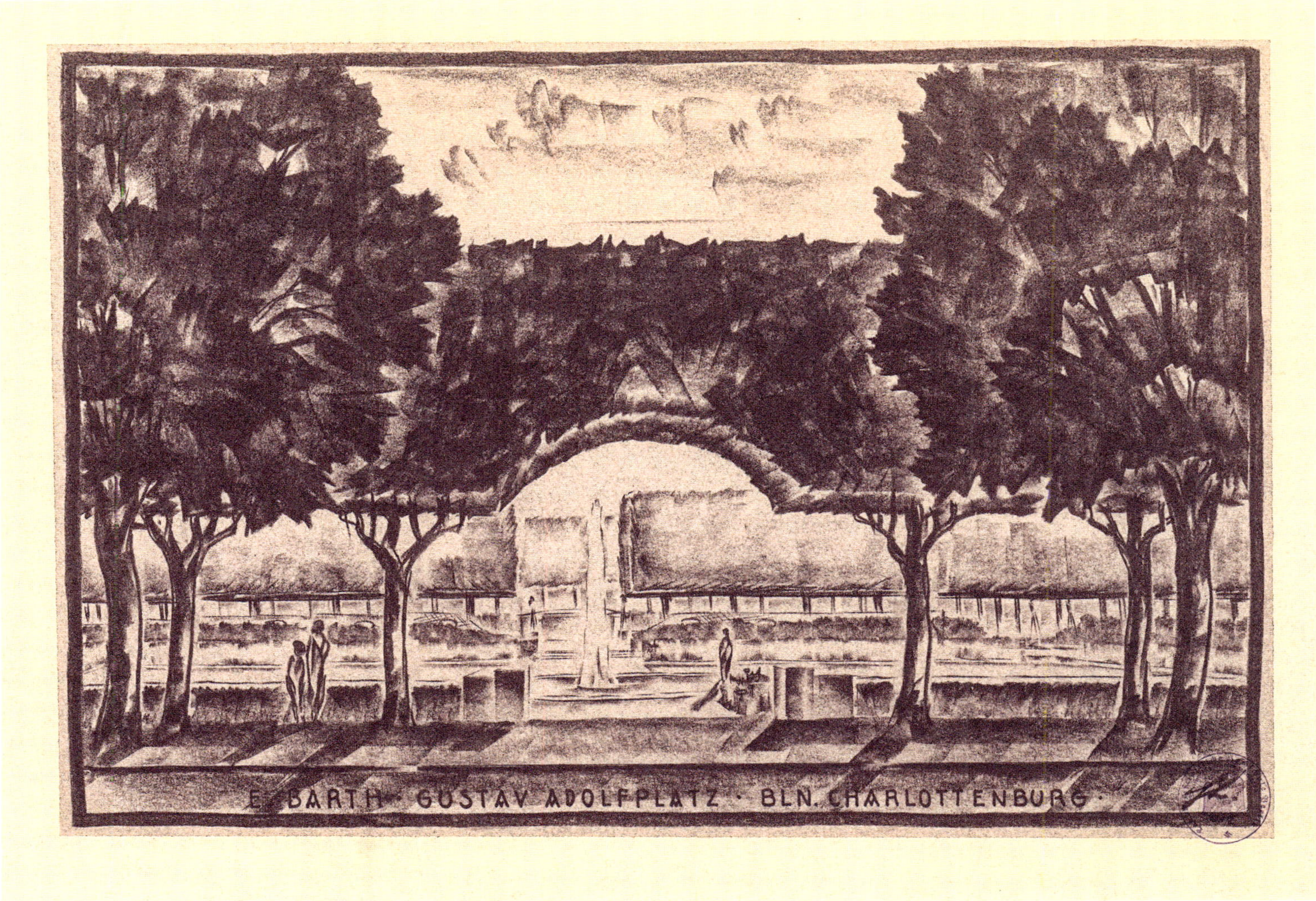

E. BARTH · GUSTAV ADOLFPLATZ · BLN. CHARLOTTENBURG ·

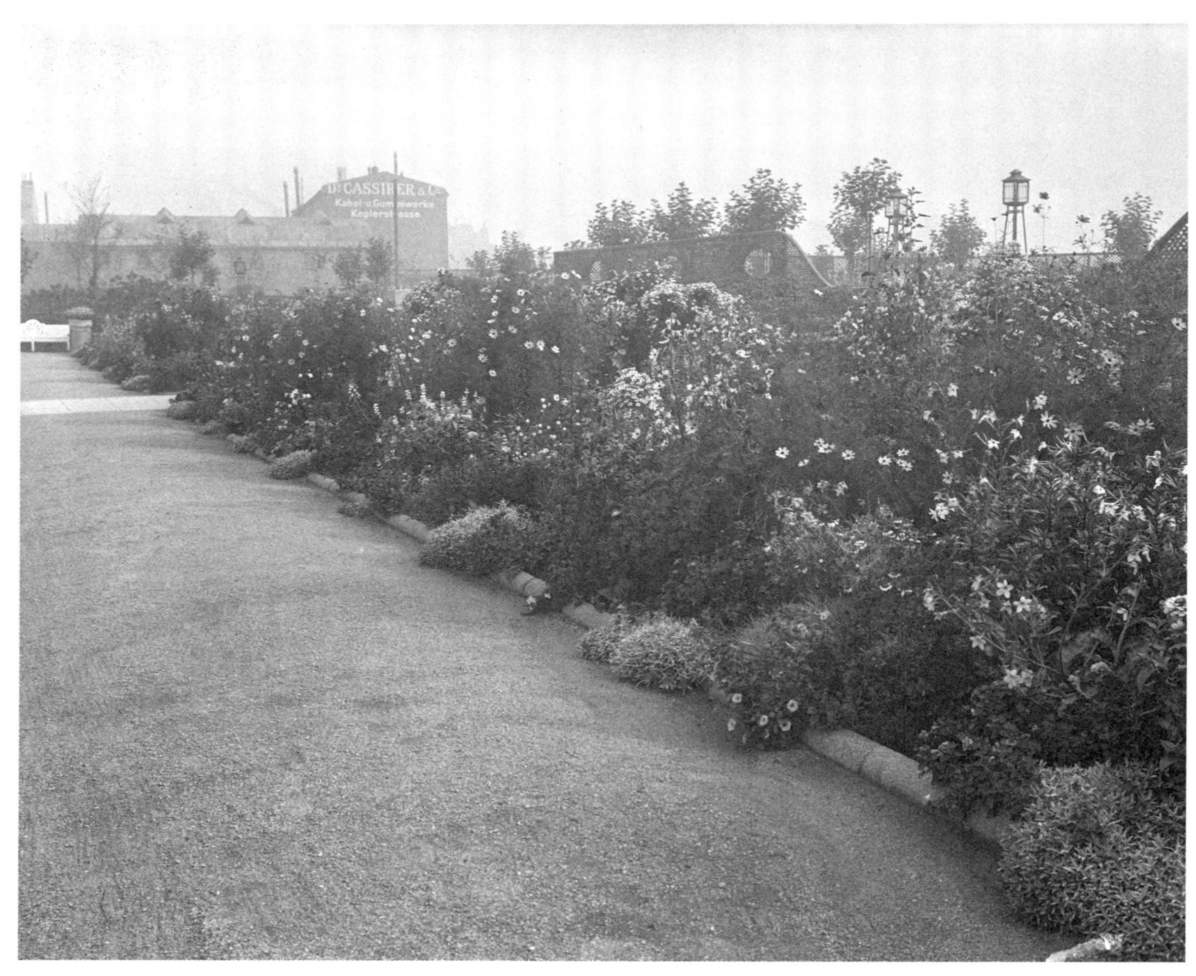

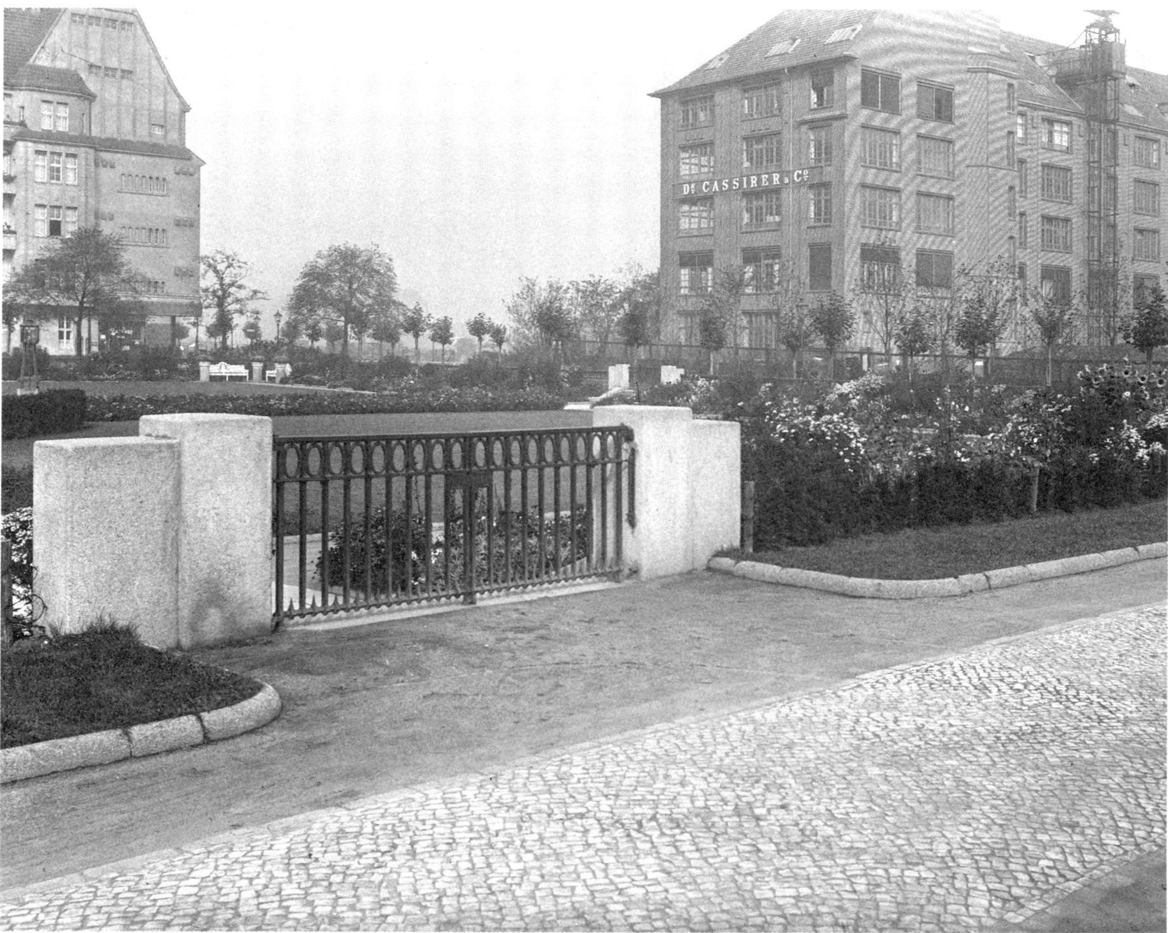

Staudenrabatte auf dem Gustav-Adolf-Platz, um 1913.

Zugang zum Mittelweg, um 1913.

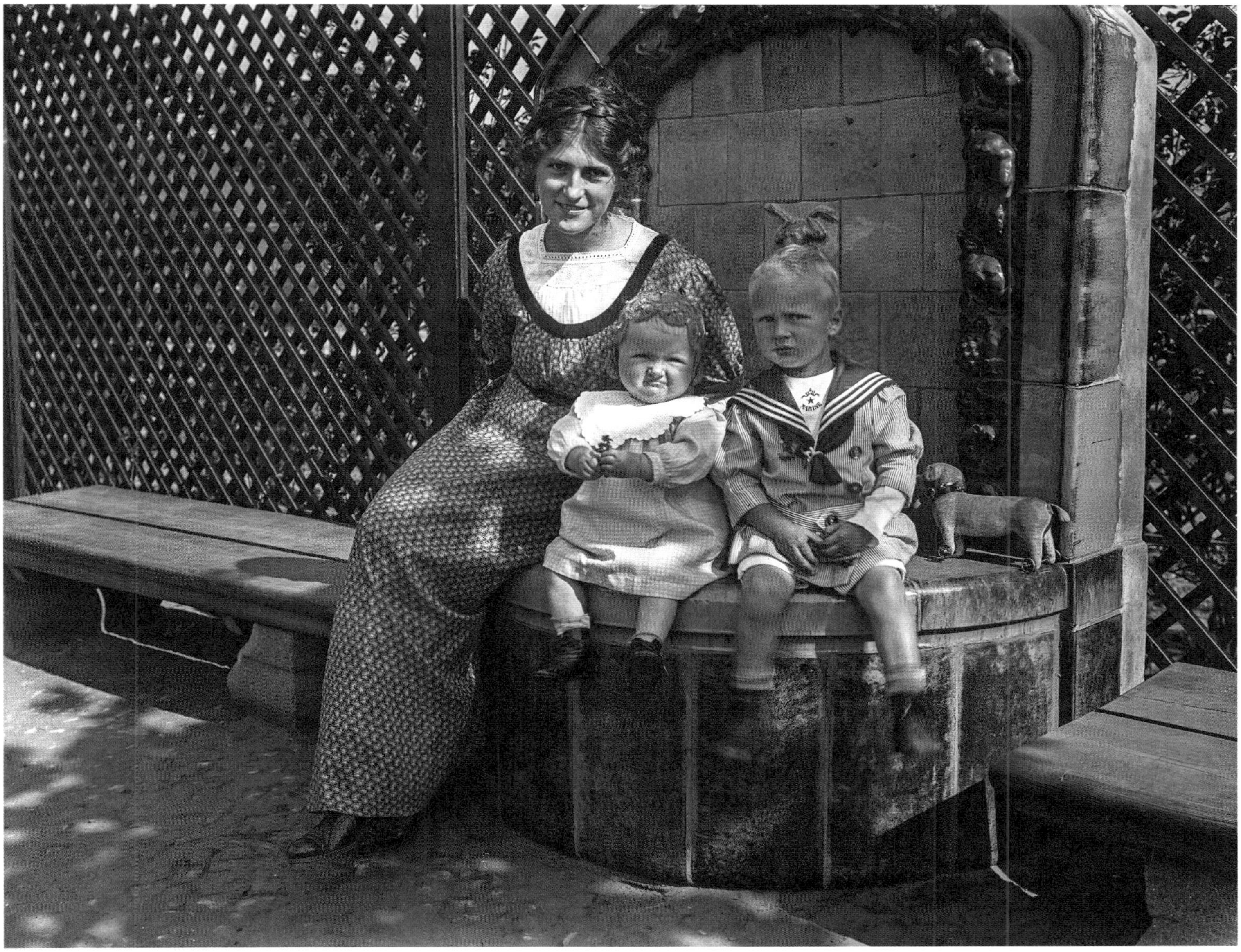

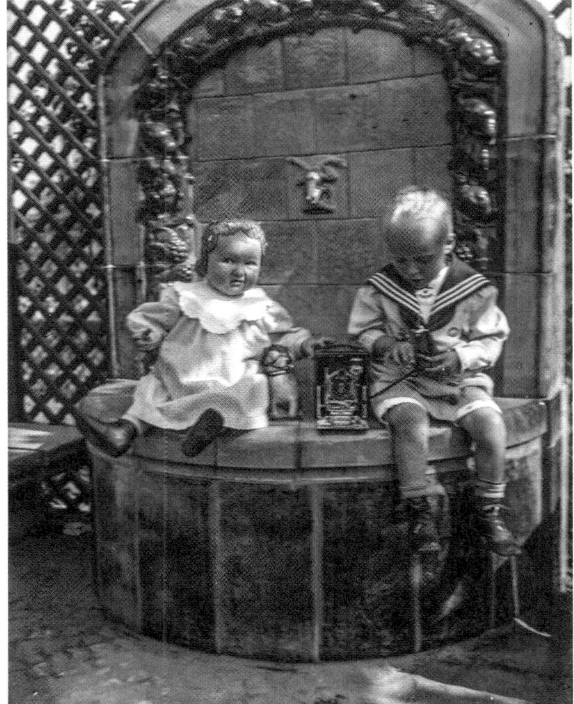

Ehefrau Elisabeth mit den Kindern Eva und Jürgen vor dem Trinkbrunnen auf dem Spielplatz, um 1914.

Eva und Jürgen Barth begutachten die Kamera ihres Vaters, um 1914.

jolika-Kacheln, einem Fries aus Enten-figuren und einer Froschgestalt.

Der neue Gartendirektor verteidigte den gestalterischen Reichtum seines Stadtplatzes, der in der „kinderreichen Gegend, welche zum großen Teil von Arbeiterbevölkerung bewohnt wird", keineswegs üblich und selbstverständlich war: „Wer glaubt, daß in einer derartigen Gegend die Gartenplätze weniger reich und schön auszustatten seien, wie in einer Gegend mit wohlhabender Bevölkerung, der vertritt m. E. eine ungesunde, reaktionäre Anschauung, welche von den guten sozialen Strömungen der Neuzeit unberührt geblieben ist. Wenn irgendwo eine reiche Ausstattung der Plätze mit verschwenderischer Blumenfülle, mit Brunnen und dergl. angebracht ist, so ist sie es da, wo Leute wohnen, welche sich keine eigenen Gärten leisten können."[4] Nicht zuletzt, so meinte Barth beobachten zu können, würde sich dies auf das Verhalten der Besucher und der Kinder auswirken: Die Bevölkerung, so berichtete er, sorge „mit Eifer dafür, daß nichts zerstört" werde.[5] Gerade auch die erzieherische Bedeutung der „in bun-

Blick von Westen auf das Rasenparterre mit Rondell und Wasserbecken, 2018.

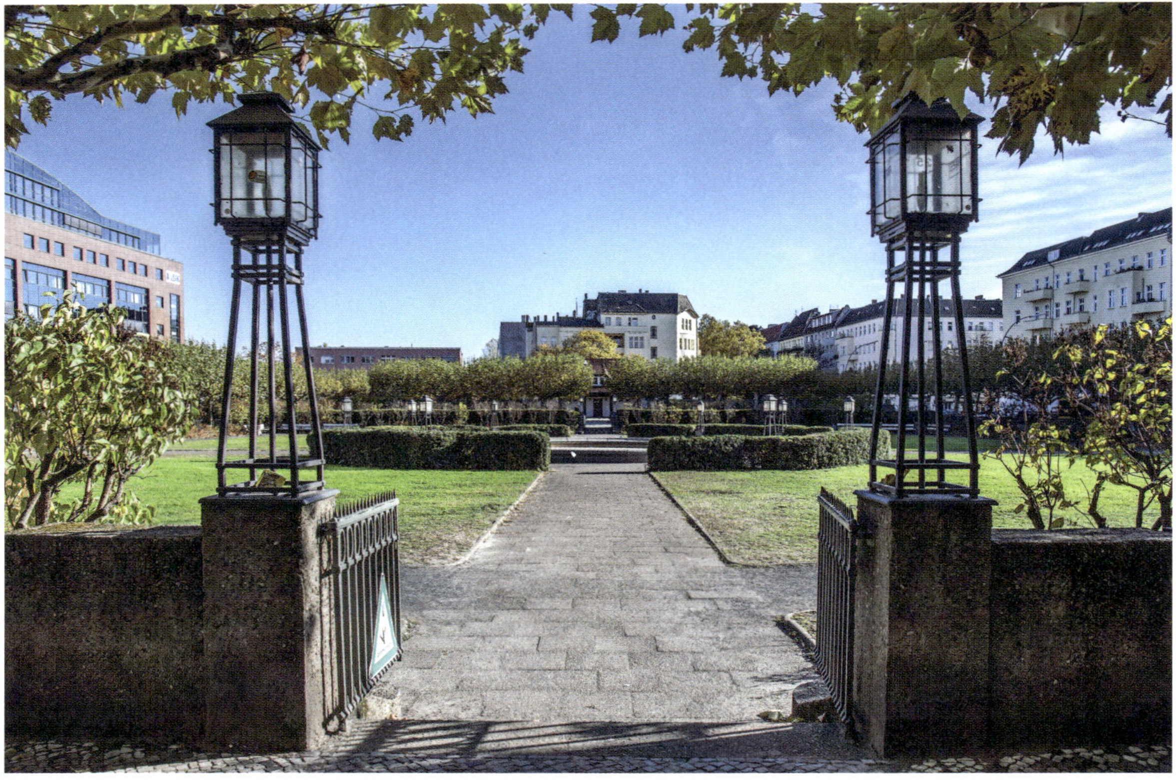

ter Fülle“ vorgenommenen Bepflanzung wurde von ihm betont: Die „Rabatten von Stauden und Sommerblumen“ sollten „vom Frühjahr bis zum Herbst der Bevölkerung den Reichtum der Blumenarten vor Augen führen und Liebe sowie Interesse zu den Blumen erwecken.“[6] Nach seiner Fertigstellung wurde der Gustav-Adolf-Platz sowohl in Fachzeitschriften wie auch auf Ausstellungen als ein gelungenes Beispiel für „die soziale Bedeutung der Gartenkunst“ gelobt.[7]

Dreißig Jahre später, in den letzten Jahren des Zweiten Weltkriegs, erlitt der Gustav-Adolf-Platz schwere Beschädigungen. In der unmittelbaren Nachkriegszeit nutzte man die Freifläche, um Gemüse anzubauen. 1950–51 wurde der Platz schließlich wieder als öffentliche Grünfläche hergerichtet; die nun deutlich einfacher gestaltete Anlage erhielt als Mierendorffplatz einen neuen Namen.[8] Ende der 1970er Jahre erinnerten sich nur noch wenige an die gartenkulturelle Bedeutung des Platzes. Als man im Zuge der U-Bahnverlängerung in Richtung Spandau den unter dem Platz gelegenen Bahnhofsneubau in offener Bauweise ausführte, wurde der Platz in Mitleidenschaft gezogen. Bei den anschließenden Bauarbeiten nutzte man jedoch 1979 die Chance für eine Wiederherstellung. Auf eine Rekonstruktion des Majolikabrunnens, den Barth 1913 mit gewissem Stolz zusammen mit seiner Familie ins Bild gesetzt hatte, wurde allerdings verzichtet.

[Dietmar Land]

---

1 Situationsplan von Berlin mit dem Weichbilde und Charlottenburg. Erschienen im Verlag Dietrich Reimer, Berlin 1891.

2 Vgl. Wimmer, Clemens Alexander: Barths Werk in Charlottenburg im Spiegel seiner Fotos. In: Bezirksamt Charlottenburg-Wilmersdorf, Umweltamt (Hg.): Gartenkunst der frühen Moderne in Charlottenburg. Pläne und Fotos von Erwin Barth 1912–1926. Berlin 2005, S. 18; vgl. Land, Dietmar: Erwin Barth (1880–1933). Leben und Werk eines Gartenarchitekten im zeitgenössischen Kontext. Dissertation an der Technischen Universität Berlin 2004, S. 245.

3 Barth, Erwin: Charlottenburger neue Stadtplätze, in der Ausführung begriffen im Jahre 1913, nebst kurzen allgemeinen Betrachtungen über städtische Gartenverwaltungen. In: Die Gartenkunst 15 (1913), H. 13, S. 190.

4 Ebenda, S. 188.

5 Ebenda, S. 193.

6 Ebenda, S. 191.

7 Barth 1913 (Anm. 3), S. 185; vgl. Migge, Leberecht: Die Gartenkultur des 20. Jahrhunderts. Jena 1913, S. 256 u. Plananhang Nr. 5; zur Goldenen Preismünze für den Ausstellungsbeitrag der Stadt Charlottenburg in Altona 1914 vgl. Land, 2004 (Anm. 2), S. 270.

8 Die Umbenennung erfolgte zu Ehren des 1943 verstorbenen SPD-Politikers und NS-Gegners Carlo Mierendorff.

Krankenhausgarten des Krankenhauses Westend

Charlottenburg-Wilmersdorf

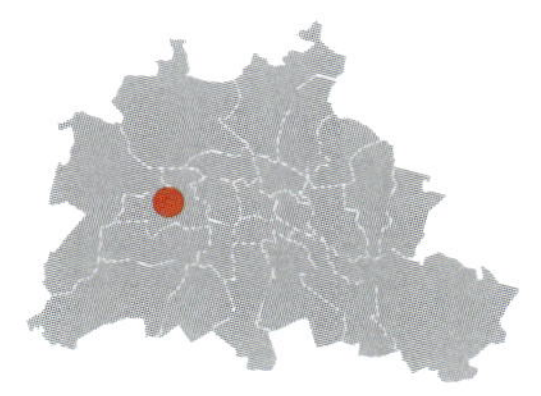

Erwin Barth wurde kurz nach seinem Amtsantritt in Charlottenburg mit einer besonderen Aufgabe betreut: Im Krankenhaus Westend sollte ein Schmuck- und Erholungsgarten für Patienten und Gäste entstehen. Die Heilstätte war 1901–04 als großzügiger, symmetrischer Bau im Pavillonsystem von Heino Schmieden und Julius Boethke errichtet worden und schon 1905–07 wurden erste zusätzliche Gebäude errichtet. 1912, als Erwin Barth seine Arbeit in Charlottenburg aufnahm, hatte der Stadtbaurat Heinrich Seeling damit begonnen, die Entwürfe für einen weiteren Ausbau des Gesamtkomplexes auszuarbeiten.[1]

Zwischen Seelings Häusern für Leichtkrankende und Genesende und einem dreiflügeligen Pavillon sah Barth am Nordende des Klinikgeländes einen kreuzförmigen Garten vor.[2] Barth entwarf vier rechteckige Themengärten an einem zentralen, vertieften Brunnenplatz: einen Blumengarten im Süden, einen Rosengarten im Osten, einen Staudengarten im Norden und einen Immergrünen Garten im Westen, der jedoch aufgrund des nicht realisierten Pavillons letztendlich nie angelegt wurde; die anderen Themengärten wurden 1913 realisiert. Von Süden kommenden Besuchern bietet sich noch immer ein beeindruckendes Bild, denn der vielfältig bepflanzte Krankenhausgarten liegt beachtliche sechs Meter tiefer als die lange Freiraumachse des Krankenhauses, die am Spandauer Damm beginnt und über eine von Barth entwickelte zweiläufige Treppe mit Zwischenebene zum Garten führt.

Der für den ruhigen Aufenthalt an der frischen Luft konzipierte Krankenhausgarten wurde kurz nach Fertigstellung im Frühjahr 1913 fotografiert und ein weiteres Mal im Spätsommer. Die Aufnahmen zeigen den Brunnenplatz mit Futtermauer und ovalem Wasserbecken sowie die acht frisch gepflanzten Linden an den vier seitlichen Eckzugängen zum vertieften Platz. Die Bepflanzung des Gartens ist von Barths Leidenschaft für Blumen geprägt, über deren Verwendung er im selben Jahr einen Vortrag mit farbigen Lichtbildern auf der Hauptversammlung der Deutschen Gesellschaft für Gartenkunst in Breslau hielt. Für Barth waren Blumen „das edelste Material, mit welchem der Gartenkünstler arbeitet, ihnen gebührt der schönste Platz im Garten.“, und er ergänzte mit einem kritischen Rückblick: „Nicht immer hat man ihnen diese Bedeutung beigemessen. Noch vor kurzem, als die Gärten meist in freier Form, im sogenannten landschaftlichen Stil angelegt wurden, hat man die Blumen arg vernachlässigt.“[3] Barth empfahl Blumen und Blütenstauden unter anderem überall dort, „wo Fröhlichkeit, Leben und Unterhaltung herrschen soll.“[4] Für den Krankenhausgarten traf dies nachvollziehbar in hohem Maße zu, sodass Barth hier eine lebhafte Mischung aus Stauden und Sommerblumen zusammenstellte.

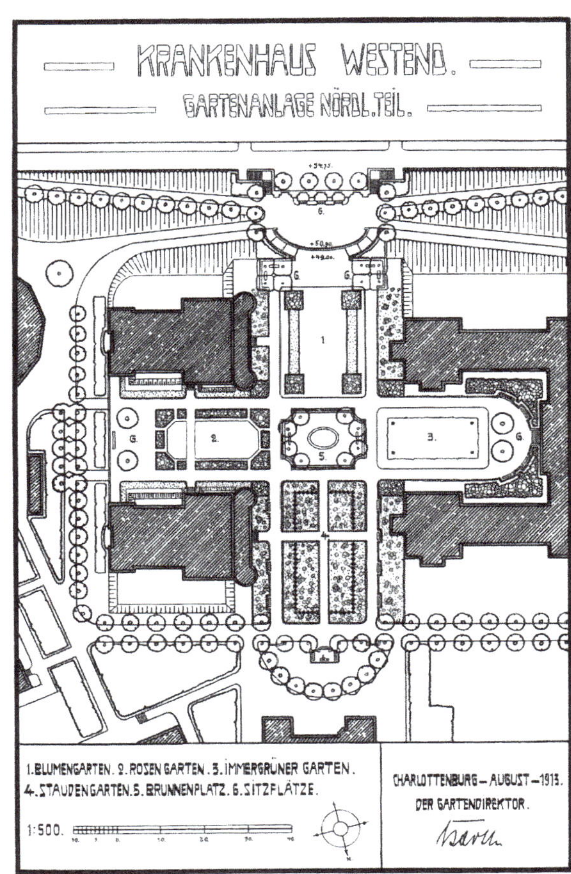

„Krankenhaus Westend. Gartenanlage nördl. Teil“, Entwurf von Erwin Barth, August 1913.

Kaiserkrone und Narzisse begannen im Staudengarten die Saison und ließen Platz für die nächsten Höhepunkte im Beet, unter anderem für großblumige Bartiris und niedrige Polsterstauden. Im Sommer boten Studentenblumen in verschiedenen Sorten zusammen mit hochwachsenden Sonnenblumen zahlreiche Farbtöne in Gelb und Orange, ergänzt durch rosa-violette Sommerastern und weißblühenden Lein.[5] Der Staudengarten wurde kreuzförmig über einen wassergebundenen Weg erschlossen. Bemerkenswert ist der parallel am Rand verlegte Weg aus diagonal gesetzten Kunststeinplatten, der in Barths Entwurf von 1912 als zurückhaltende schwarze Rautenlinie verzeichnet ist und leicht als niedrige Einfassung oder breite Hecke interpretiert werden

Blick vom Staudengarten zum Brunnenplatz im Frühling, um 1913.

Brunnenplatz mit Linden im Sommer, um 1913.

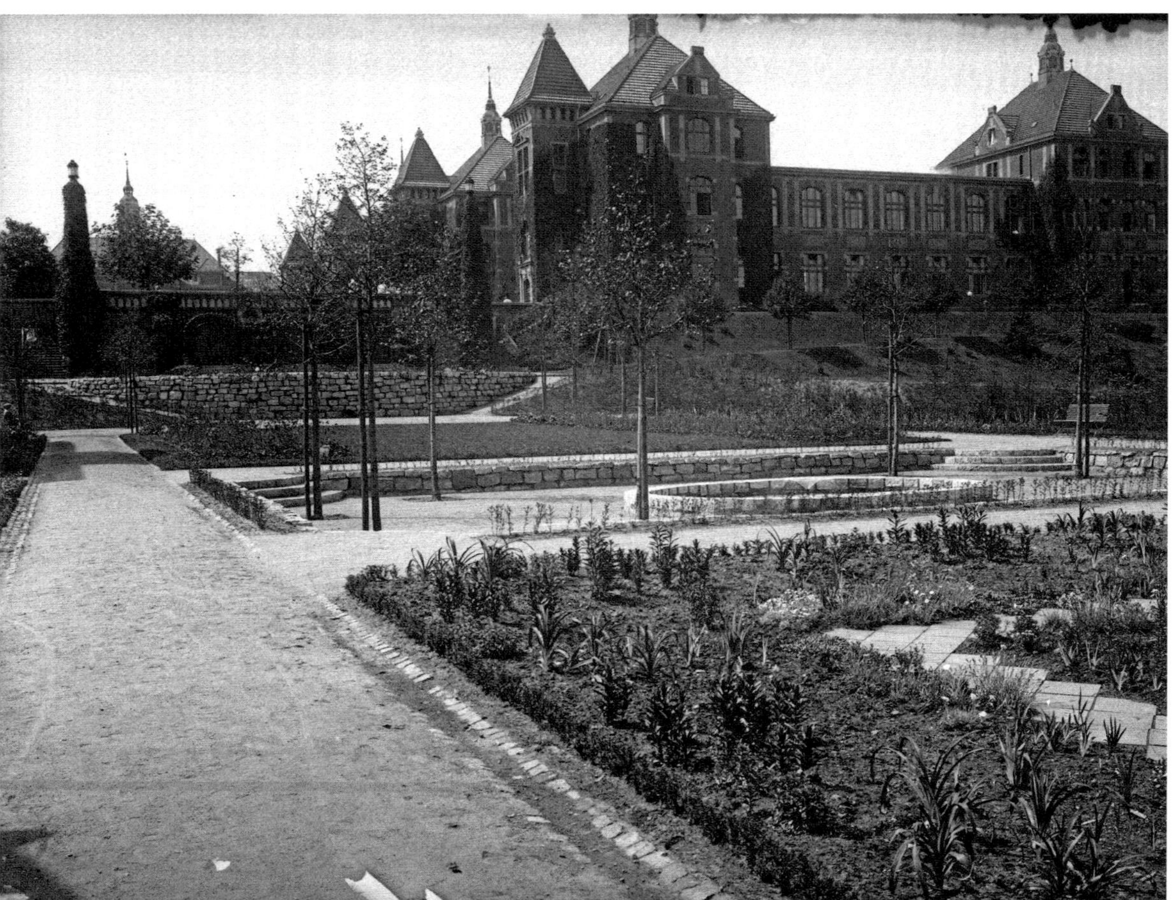

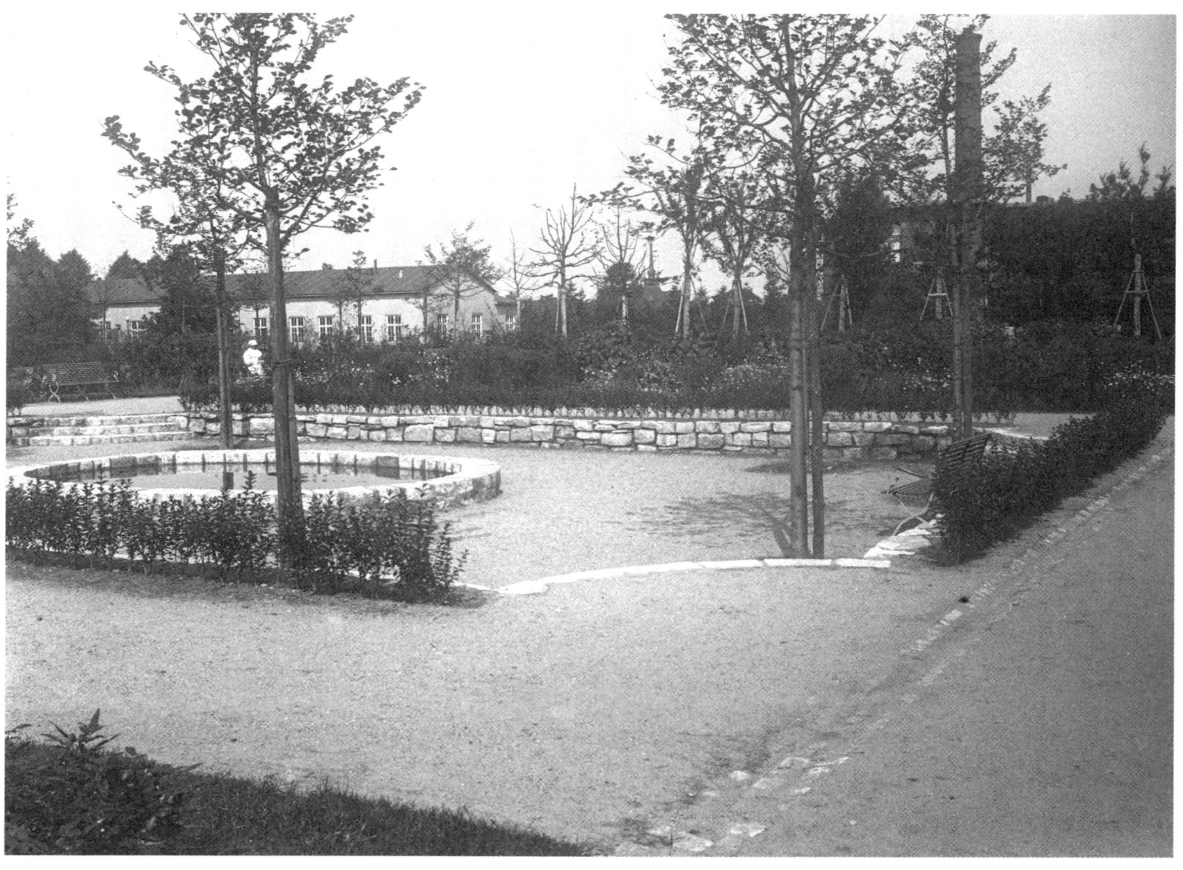

1/57. Charlottenburg-Westend. Krankenhaus.

Blick vom Garten Richtung Süden über die zweiläufige Treppenanlage hinweg in die Freiraumachse des Krankenhauses, um 1913.

könnte. Der schmale Weg scheint ohne weiteren Unterbau einfach in die Erde gelegt zu sein und ermöglichte ein direktes Betrachten der Blumenvielfalt. Der üppige Blütenschmuck wurde an den benachbarten Bauten noch durch Balkonpflanzen ergänzt. Im Rosengarten waren mit Polyantharosen besetzte Beete zu finden, im Blumengarten waren die seitlichen Rabatten beispielsweise mit Streifen von gelben Studentenblumen und violettem Leberbalsam bepflanzt.[6] Die Buchsbaumeinfassung des Brunnenplatzes sowie die Eibenhecke des Staudengartens wurden kostengünstig aus Steckhölzern gesetzt und waren im Sommer bereits gut gewachsen.

Die Gartenanlage blieb bis 1928 unverändert bestehen, bis 1938 erfolgten jedoch Modifizierungen.[7] Der Staudengarten war mittlerweile als heckengesäumter Senkgarten umgestaltet worden. Anfang der 1980er Jahre wurde der Krankenhausgarten Erwin Barths in seinen annähernd ursprünglichen Zustand zurückversetzt, wobei der später eingefügte Senkgarten an Stelle des Staudengartens erhalten blieb. Heute präsentiert sich der Garten mit weniger Blu-

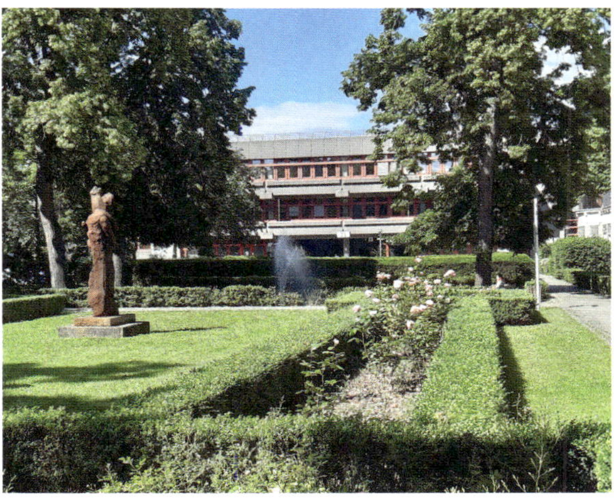

Im Blumengarten blühen heute Rosen, im Hintergrund der Brunnenplatz mit Fontäne, 2020.

menschmuck und es befinden sich moderne Skulpturen des Künstlers Rolf Szymanski in der Anlage. Der Krankenhausgarten dokumentiert dennoch bis heute Barths Leistung, eine räumlich stimmige Gartenarchitektur zu entwickeln, die trotz ihrer Axialität jede Gleichförmigkeit vermeidet.

[Leonie Glabau]

1 Die Ausführungsplanungen oblagen den Architekten Winkler und Richard Ermisch.

2 Vgl. Land, Dietmar; Wenzel, Jürgen: Heimat, Natur und Weltstadt. Leben und Werk des Gartenarchitekten Erwin Barth. Leipzig 2005, S. 205 f.

3 Barth, Erwin: Die richtige Verwendung von Blumen im Garten. Vortrag, gehalten auf der Haupt-Versammlung der „Deutschen Gesellschaft für Gartenkunst" in Breslau. In: Die Gartenkunst (1913), H. 16, S. 238.

4 Ebd., S. 238.

5 Vgl. Bezirksamt Charlottenburg-Wilmersdorf, Umweltamt (Hg.): Gartenkunst der frühen Moderne in Charlottenburg. Pläne und Fotos von Erwin Barth 1912–1926. Berlin 2005, S. 58.

6 Vgl. Farbaufnahmen des Krankenhausgartens des Krankenhauses Westend, o. D. (Bezirksamt Charlottenburg-Wilmersdorf, Fachbereich Grünflächen, Sammlung historische Farbfotografien WK1, WK7 u. WK8).

7 Luftbilder von 1928 und 1938, Senatsverwaltung für Stadtentwicklung und Wohnen Berlin.

Karolingerplatz

Charlottenburg-Wilmersdorf

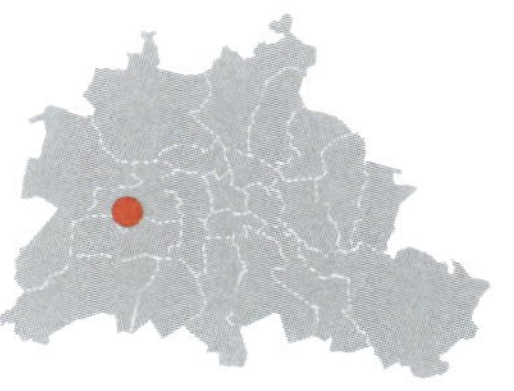

Ein Blütenmeer inmitten von sandigem Kiefernwald. Es muss 1913 ein etwas kurioses Erlebnis gewesen sein, nach einer nur etwa zwölfminütigen U-Bahnfahrt vom geschäftigen und dichtbebauten Wittenbergplatz aus dem 1903 eröffneten U-Bahnhof Reichskanzlerplatz zu steigen, auf die vereinzelt stehenden Gebäude im bereits parzellierten Neubaugebiet Westends zu schauen und nach einem sehr kurzen Spaziergang auf den gerade erst fertiggestellten prächtigen Karolingerplatz zu kommen. Der Platz wurde zwar von befestigten Straßen umgeben, die angrenzenden Grundstücke waren aber fast gänzlich unbebaut, sodass der Blick noch tief in die Landschaft des Grunewalds reichte.

Entwurf für den Karolingerplatz von Erwin Barth, Oktober 1912.

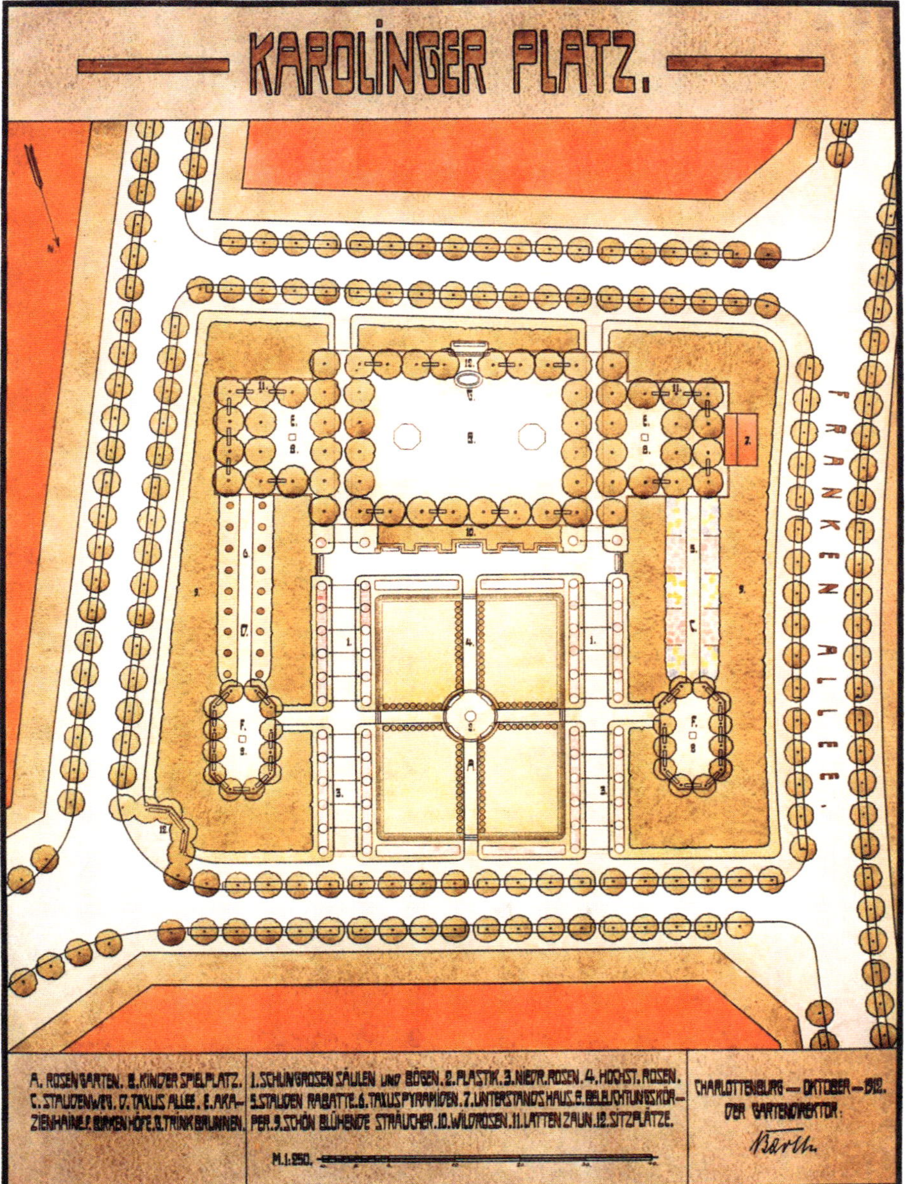

Die „Neu-Westend-AG" plante westlich und südlich der bereits bestehenden Villenkolonie Westend ein zusätzliches Quartier mit Miets- und Landhäusern und hatte dafür mit Charlottenburg vertraglich geregelt, dass der Karolingerplatz als städtische Grünfläche angelegt werden sollte. Als Erwin Barth 1912 sein Amt als Gartendirektor antrat, waren die Ausführungsarbeiten in vollem Gange. Der Entwurf für die Platzgestaltung war schon 1909 vom damaligen Obergärtner Franke angefertigt worden. Barth jedoch empfand die vorliegende Planung als wenig inspirierend, aus seiner Sicht entsprach sie nicht den modernen Ansprüchen an einen Grün- und Erholungsplatz. Er nutzte daher den Umstand, dass der südliche Platzteil aufgrund von erst kurz zuvor beendeten Straßenplanungen vergrößert worden war, erwirkte deswegen umfangreiche Änderungen und setzte letztendlich seine eigene Gestaltung um.[1] Bis 1913 schuf Barth unter den prägenden Eindrücken einer gerade absolvierten Reise zu französischen Barockgärten[2] sowie unter Einbeziehung der bereits gebauten Grundstrukturen des Platzes eine räumlich vielfältige und klug strukturierte Anlage mit intimen Rückzugsräumen, einem großen Spielplatz im Süden, üppigen Rosenbeeten und prächtig blühenden Rosenbögen, dichten Rhododendrenpflanzungen sowie abwechslungsreichen und farbenfrohen Blumenrabatten, in denen er Sonnenblumen, Lavendel, Jungfer im Grünen, Phlox, Rittersporn, Tulpen, Levkojen und Studentenblumen in geradezu impressionistischer Art und Weise miteinander kombinierte.[3]

Barth hielt sein Werk im Sommer 1913 fotografisch fest und die zum Teil sogar farbigen Aufnahmen beeindrucken noch heute in Fachzeitschriften und anderen Publikationen. Die Fotos zeigen nicht nur sein gestalterisches und gärtnerisches Können, sondern verdeutlichen auch seine vorausschauende

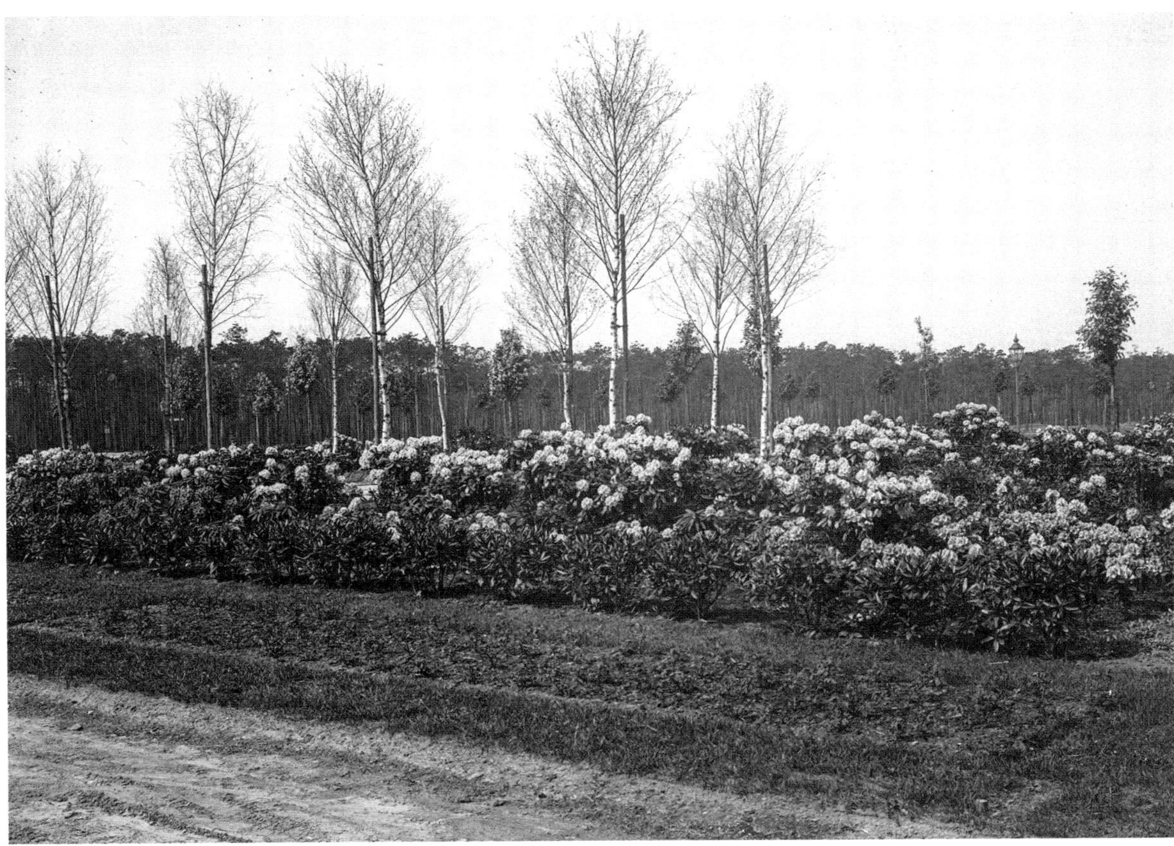

Blick auf einen der Birkenhöfe, Rhododendren schmücken den Platz, um 1913.

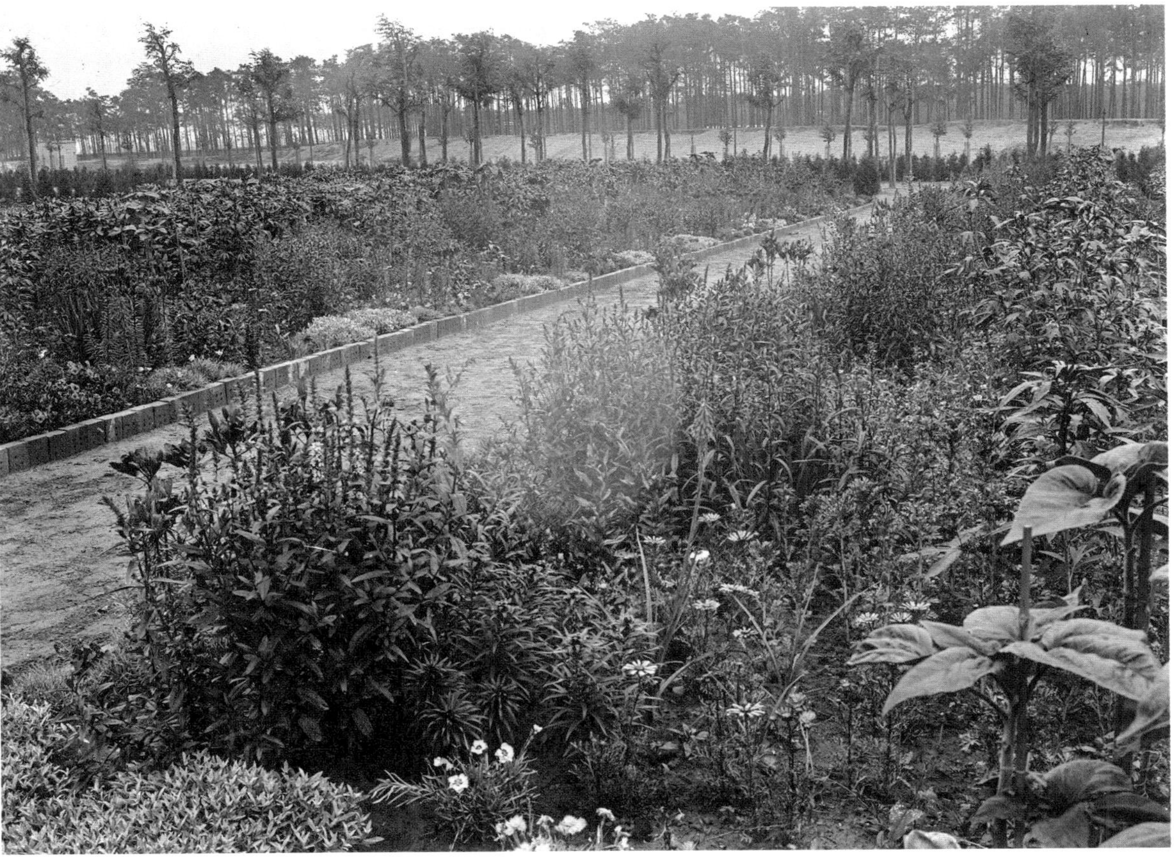

Staudenrabatte auf dem Karolingerplatz, dahinter geht der Blick in den Grunewald, um 1913

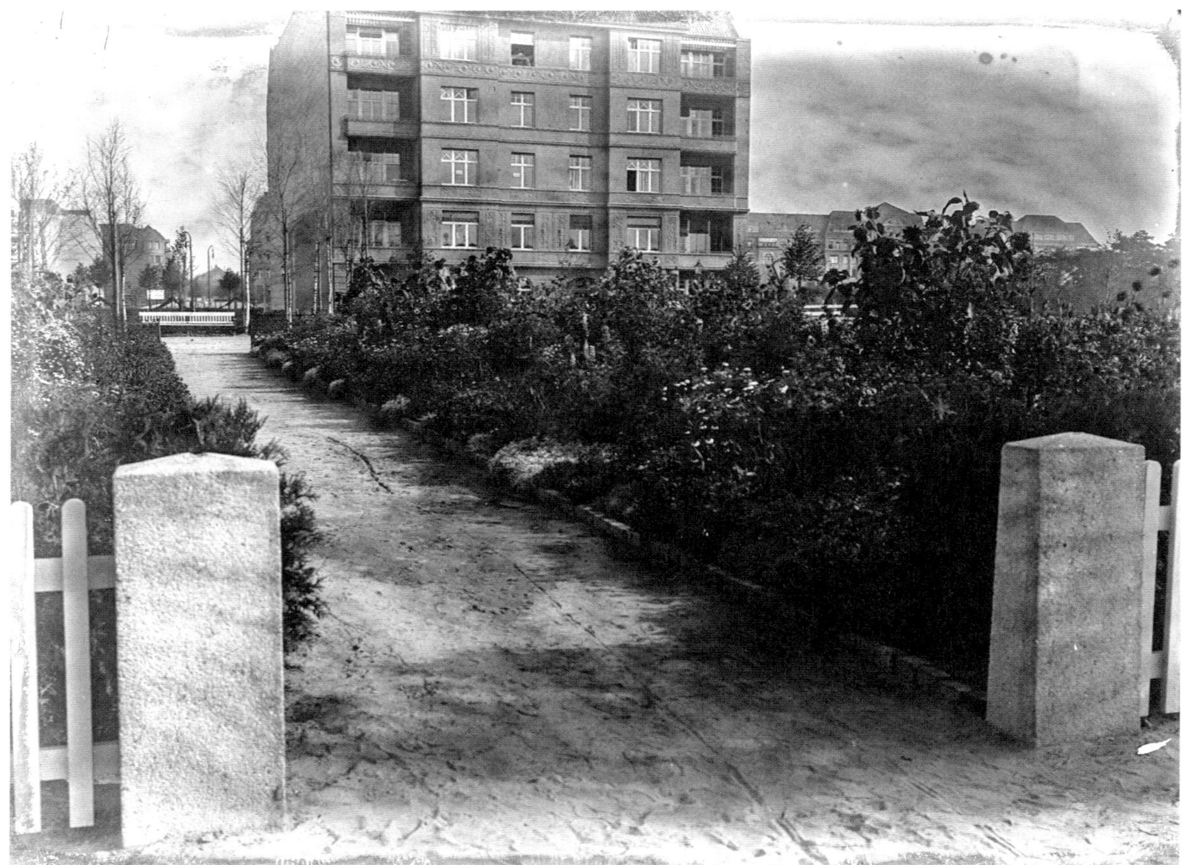

Weg mit Staudenrabatten zum westlichen Birkenhof, im Norden stehen bereits Mietshäuser, um 1913.

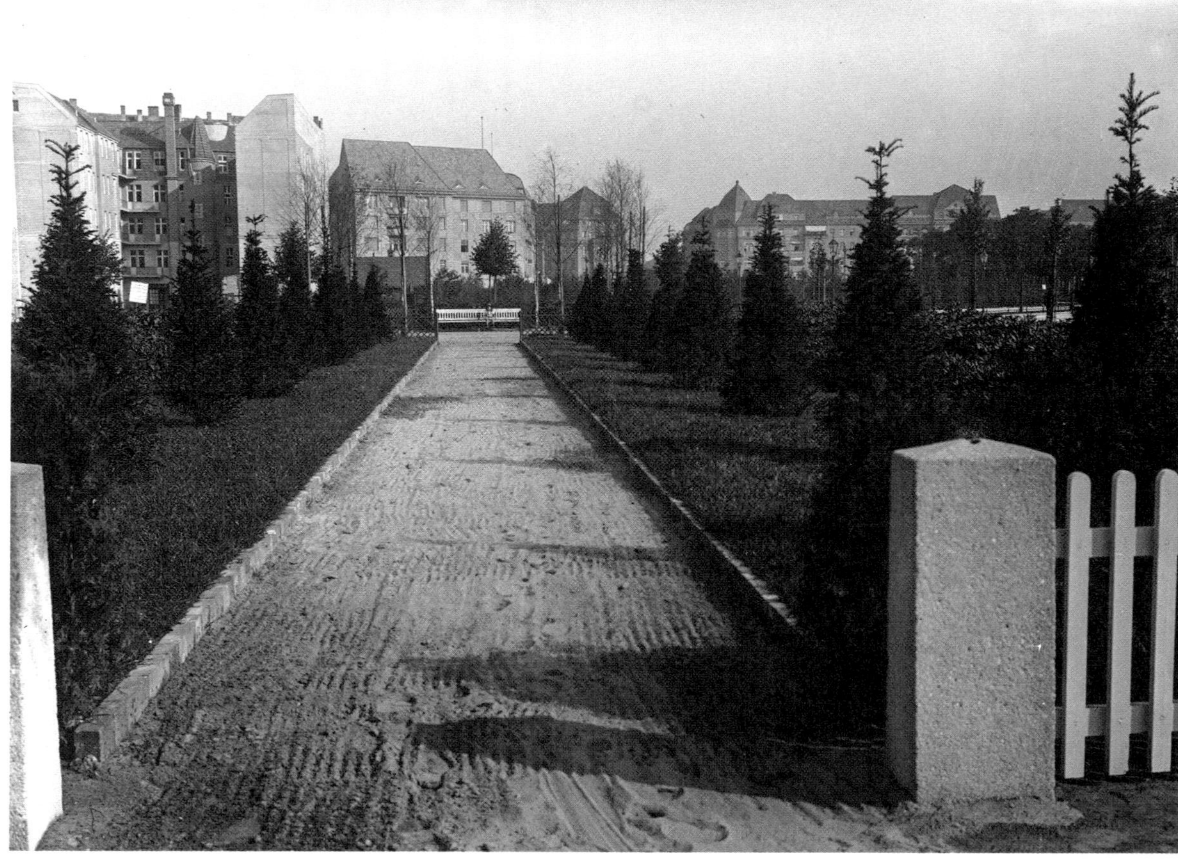

Eiben führen zum östlichen Birkenhof, im Norden reicht die Bebauung bis zum Reichskanzlerplatz (heute Theodor-Heuss-Platz), um 1913.

Grünplanung für Charlottenburgs selbstbewusstes Wachstum. Während der Rhododendron in voller Blüte steht, Tiergartengitter am Platzrand den Rasen einfassen, sorgsam verlegtes Mosaikpflaster den Gehweg ziert, Bänke für die Besucher bereitstehen, sich in den Rabatten die Blumen drängen, die Eiben geschnitten und die Wege geharkt sind, steht diese kultivierte Gartenkunst im kraftvollen Gegensatz zu den anliegenden sandigen Hängen und schlanken Kiefern des Grunewalds, der sich südlich an den Platz anschließt. Zivilisierte Natur und weitestgehend natürliche Landschaft treffen hier aufeinander. Die bereits gebauten Mietshäuser im Norden des Platzes sind wuchtige Vorboten der sich ausdehnenden Stadt.

Barth ging davon aus, dass der Karolingerplatz in naher Zukunft nicht nur als Zierde, sondern besonders für die Erholung und das Kinderspiel benötigt werden würde. Unter einem Akazienhain fanden Kinder Spiel- und Sandflächen, einen Trinkbrunnen und ab 1928 auch ein Unterstandshäuschen.[4] Diese Ausstattung erscheint aus heutiger Sicht spartanisch, Spielgeräte waren damals aber eher unüblich. Überhaupt waren Spielplätze in öffentlichen Grünanlagen noch keineswegs eine Selbstverständlichkeit und umso mehr beeindruckt, dass Barth fast ein Drittel des Platzes für das freie Kinderspiel zur Verfügung stellte. Für die Erwachsenen bot Barth speziell zwei sogenannte Birkenhöfe an, verbunden über den Spielplatz „durch Sondergärten, von denen der eine als Taxusgang, der andere als Staudengarten ausgebildet ist."[5] So waren, in den Worten Barths, „bei scheinbar schematischem Grundrisse Gärten von reicher Abwechselung" entstanden, „mit rhythmischer Raum-, Flächen- und Lichtwirkung, mit Sitzplätzen aller Art, mit Rundgängen und langen Perspektiven."[6] Noch heute sind diese Raumstrukturierungen erlebbar und vermitteln mit dem noch immer reichen Blumenschmuck ein eindrucksvolles Bild von Barths reformorientiertem Schaffen.

[Leonie Glabau]

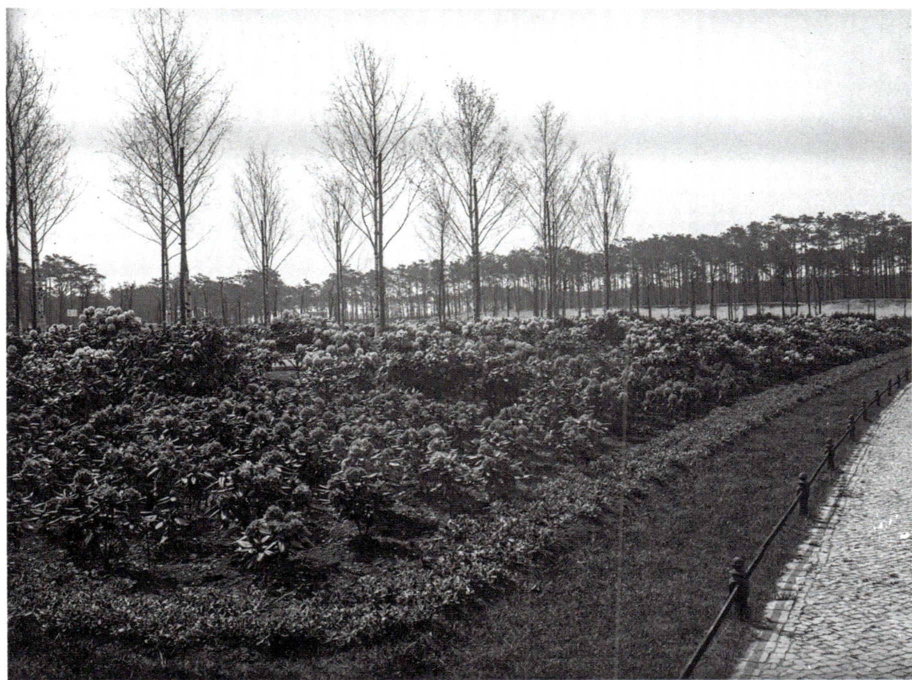

Blick von Norden über die Akazien am Spielplatz in die Tiefe der Grunewaldlandschaft, um 1913.

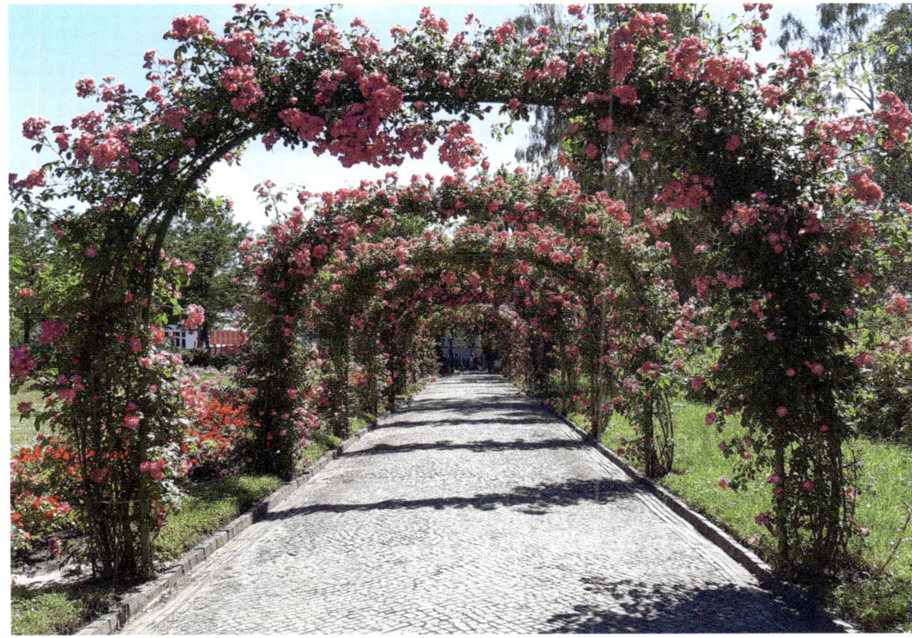

Rosenbögen auf dem Karolingerplatz, 2020.

1 Vgl. Land, Dietmar; Wenzel, Jürgen: Heimat, Natur und Weltstadt. Leben und Werk des Gartenarchitekten Erwin Barth. Leipzig 2005, S. 195–197.

2 Vgl. Wimmer, Clemens Alexander: Barths Werk in Charlottenburg im Spiegel seiner Fotos. In: Bezirksamt Charlottenburg-Wilmersdorf, Umweltamt (Hg.): Gartenkunst der frühen Moderne in Charlottenburg. Pläne und Fotos von Erwin Barth 1912–1926. Berlin 2005, S. 18.

3 Vgl. Auszug aus einem Beitrag der Berliner Volkszeitung vom 27. Mai 1916. Zitiert in: Wimmer 2005 (Anm. 2), S. 19.

4 Vgl. Krosigk, Klaus-Henning von: Karolinger Platz. In: Landesdenkmalamt Berlin (Hg.): Gartendenkmale in Berlin. Parkanlagen und Stadtplätze (Beiträge zur Denkmalpflege in Berlin, Bd. 39). Petersberg 2013, S. 75.

5 Barth, Erwin: Charlottenburger neue Stadtplätze, in der Ausführung begriffen im Jahre 1913, nebst kurzen allgemeinen Betrachtungen über städtische Gartenverwaltungen. In: Die Gartenkunst 15 (1913), H. 13, S. 195.

6 Ebenda, S. 195.

Gartenanlage an der Reichsstraße

Charlottenburg-Wilmersdorf

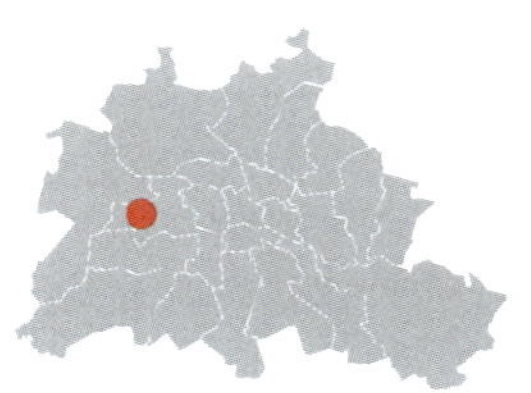

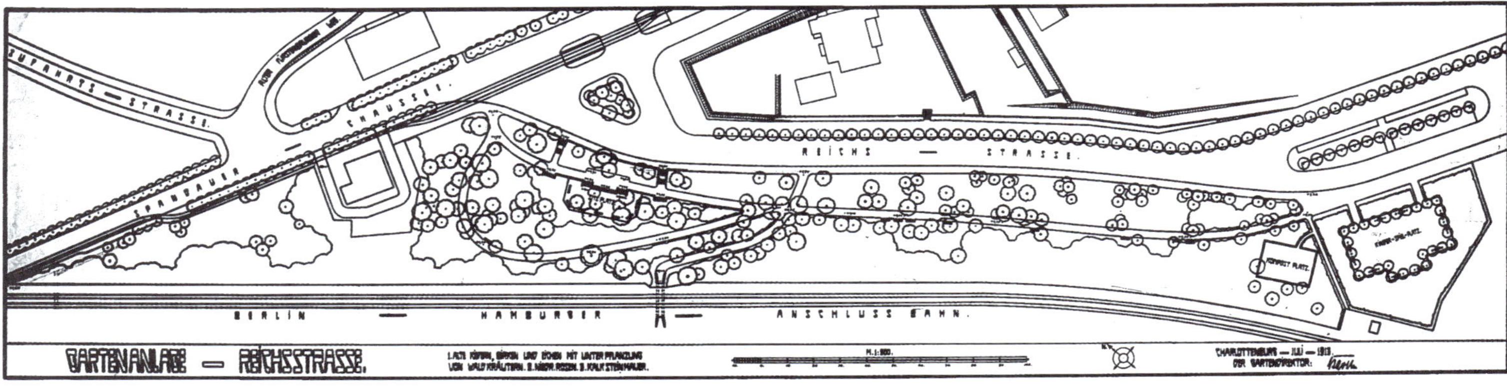

Entwurf für die Gartenanlage an der Reichsstraße von Erwin Barth, Juli 1913.

▷ *Unter den Bäumen begleitet Fingerhut den Weg, dessen Verlauf die Topografie berücksichtigt, um 1913.*

Nichts hält länger als ein Provisorium. Vermutlich wäre Erwin Barth erstaunt, dass seine 1913 entstandene, lediglich als eine Art Zwischenlösung entworfene Gartenanlage am nördlichen Ende der Reichsstraße heute noch immer als Grünfläche dient. Die Reichsstraße in Westend zieht sich vom Theodor-Heuss-Platz bis zum Spandauer Damm. Etwa 1906 wurde der Mittelstreifen als Promenade angelegt und als Ergänzung zu den seitlichen Straßenbäumen mit einer dritten Lindenreihe bepflanzt. Ziel war es, das Gebiet städtebaulich zu gliedern und zugleich die benachbarten Wohn- und Villengebiete zu schmücken. Auch der ebenfalls 1913 von Barth geplante, aber erst 1919-21 realisierte Sachsenplatz, der heutige Brixplatz, befindet sich in direkter Nachbarschaft.

Ganz im Norden am Ende der Reichsstraße lag zwischen Fahrbahn und den westlich angrenzenden Gleisanlagen ein schmales Grundstück, das Charlottenburg von der Bahn langfristig als Lagerplatz gepachtet hatte, dessen unschöner Anblick aber mit der zunehmenden Bebauung Neu-Westends als unpassend erachtet wurde und nun provisorisch begrünt werden sollte. Für die Zukunft behielt man sich eine spätere Bebauung vor.[1] Erwin Barth erarbeitete 1913 daher eine einfache Gestaltung und legte im Rahmen von Notstandsarbeiten eine Grünanlage mit Waldcharakter an, die er „Gartenanlage an der Reichsstraße" nannte. Noch im selben Jahr konnte der Charlottenburger Verwaltungsbericht festhalten: „Der gärtnerische Schmuck der Stadt wurde an der Reichsstraße durch Neupflanzung einheimischer Waldhölzer um eine Anlage bereichert, die dank der welligen Bodenform und des malerischen Baumbestandes in ihrer landschaftlichen Form erhalten werden konnte."[2]

Bauarbeiten für die Gartenanlage an der Reichsstraße, um 1913.

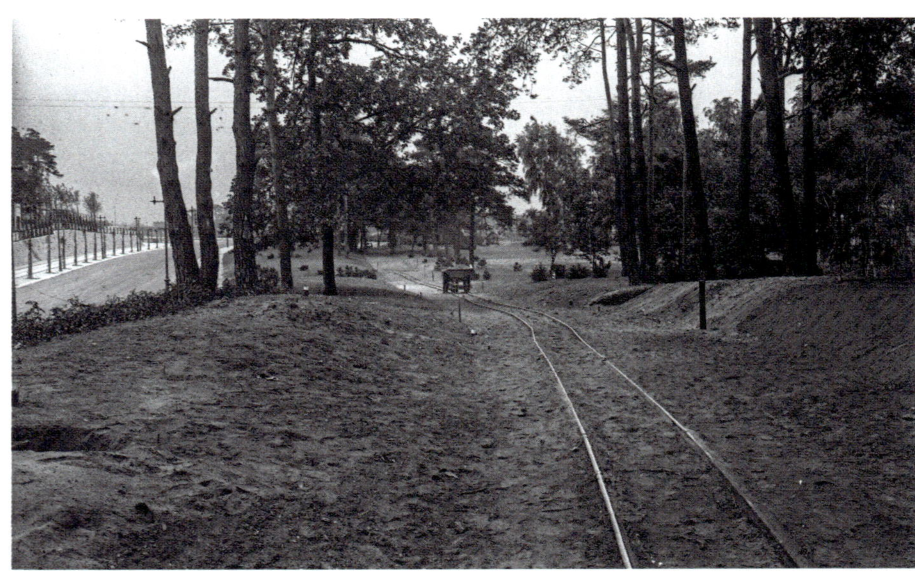

Barth nutzte den vorhandenen Baum- und Gehölzbestand, in den er kleine Gruppen von Kiefern und Birken einfügte und zusätzlich Raum für Lichtungen ließ. Fotografien um 1913 verdeutlichen, dass Barth sehr effizient mit einfachen Mitteln eine Anlage schuf, die behutsam auf den landschaftlichen Charakter des Areals reagierte und sich für eine kontemplative Erholungsnutzung anbot. In den Wald legte er große Flächen mit Fingerhut in Violett und Weiß, die für einen natürlich wirkenden Blumenschmuck sorgten. Die Spazierwege boten auf einem langen Hauptweg und zwei Seitenwegen klug geleitete Blicke in die Tiefe des bewegten Geländes. Die zum Teil großen Höhenunterschiede wurden mit Treppen und Natursteinmauern abgefangen, im Norden der Anlage entstand so in Ergänzung dazu ein höhergelegener Sitzplatz. Hier schuf Barth einen Aufenthaltsbereich, der an drei Seiten von einem Staketenzaun aus Holz gefasst wurde und unterhalb der Baumkronen Ausblicke ermöglichte, in Richtung Reichsstraße noch ergänzt durch eine Bepflanzung mit niedrigen Rosen. Sitzbänke wurden sowohl hier als auch entlang der Spazierwege aufgestellt. Er-

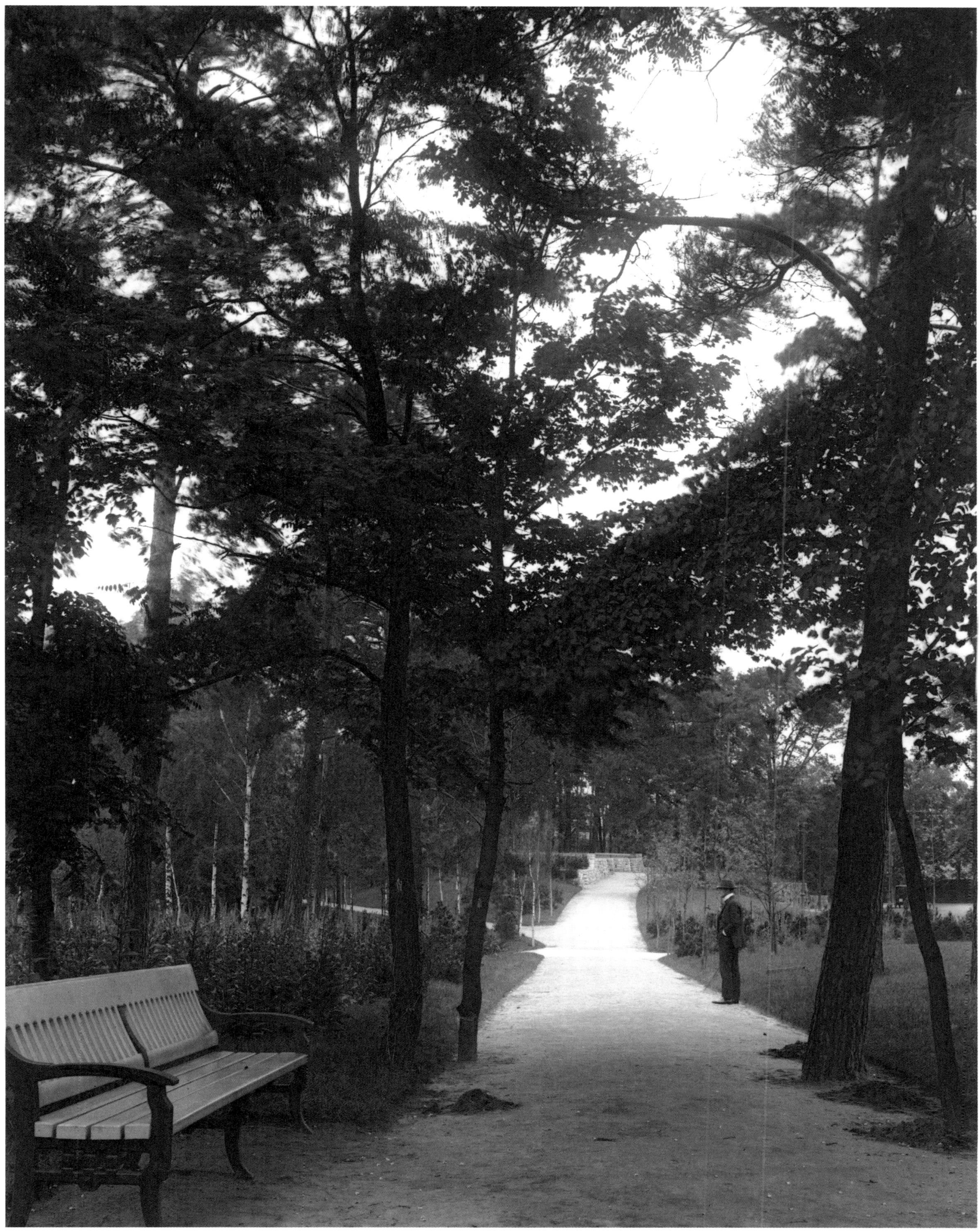

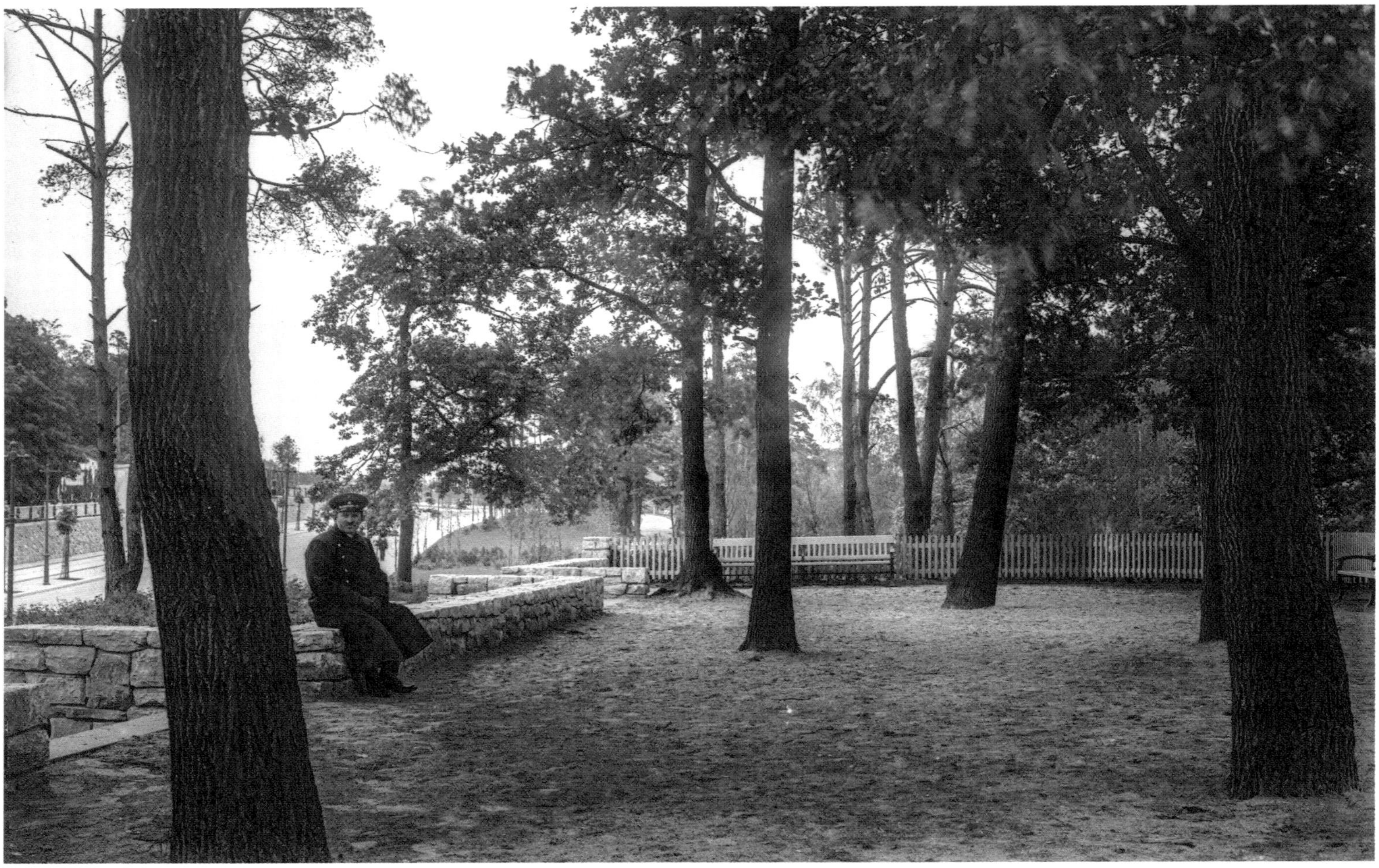

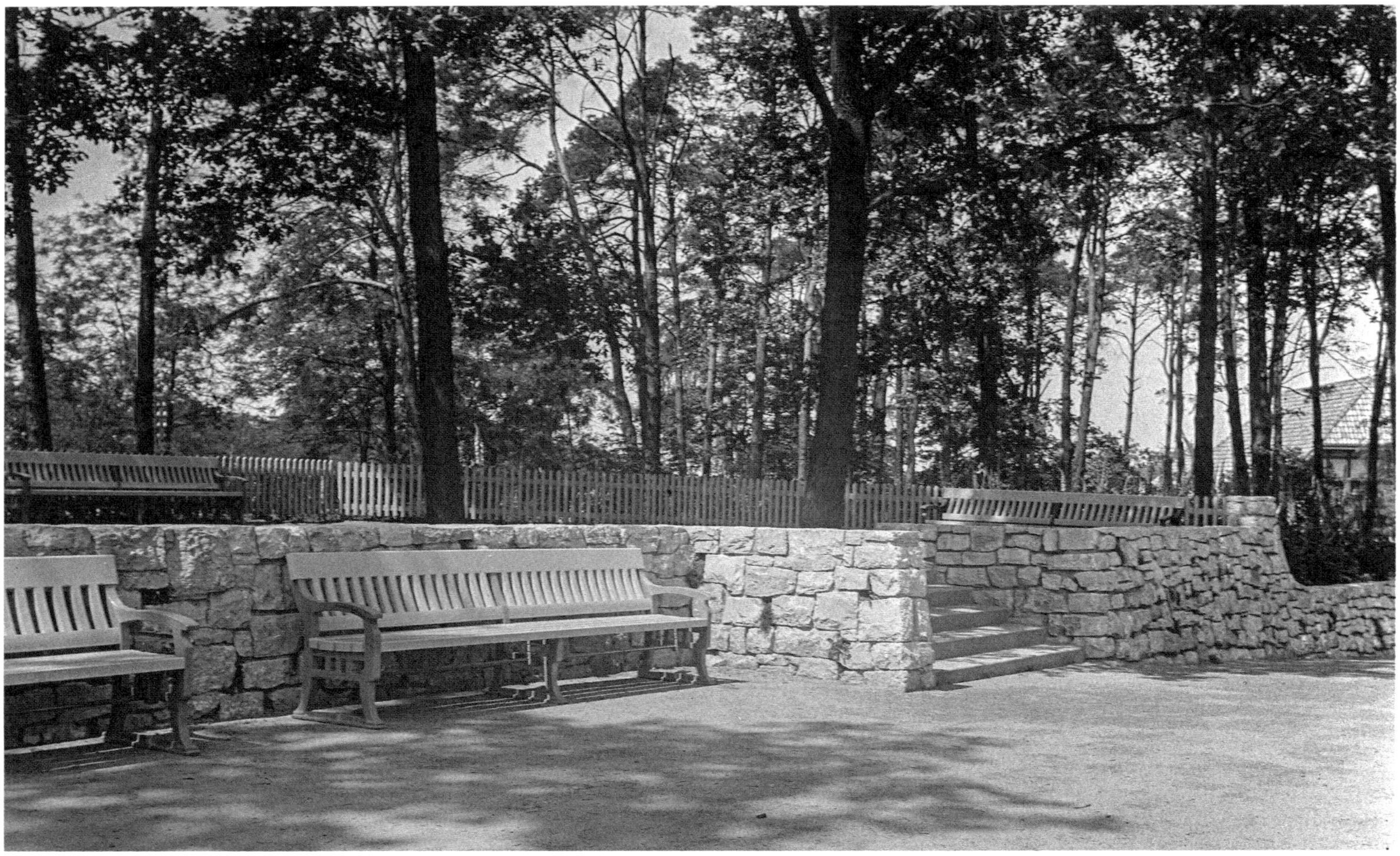

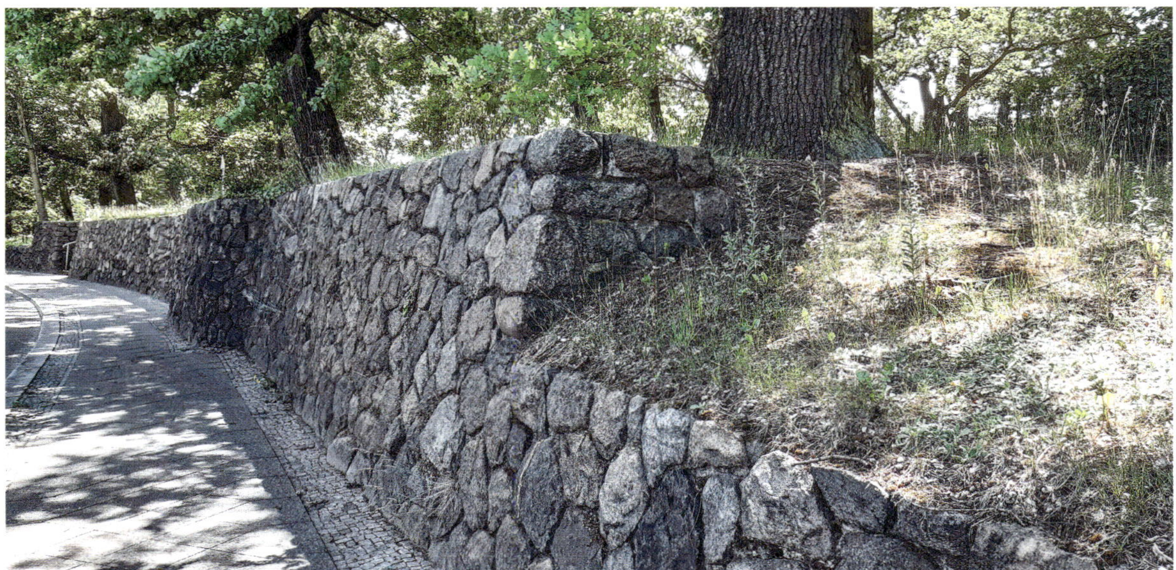

Stützmauer mit Treppenzugängen an der Reichsstraße, 2020.

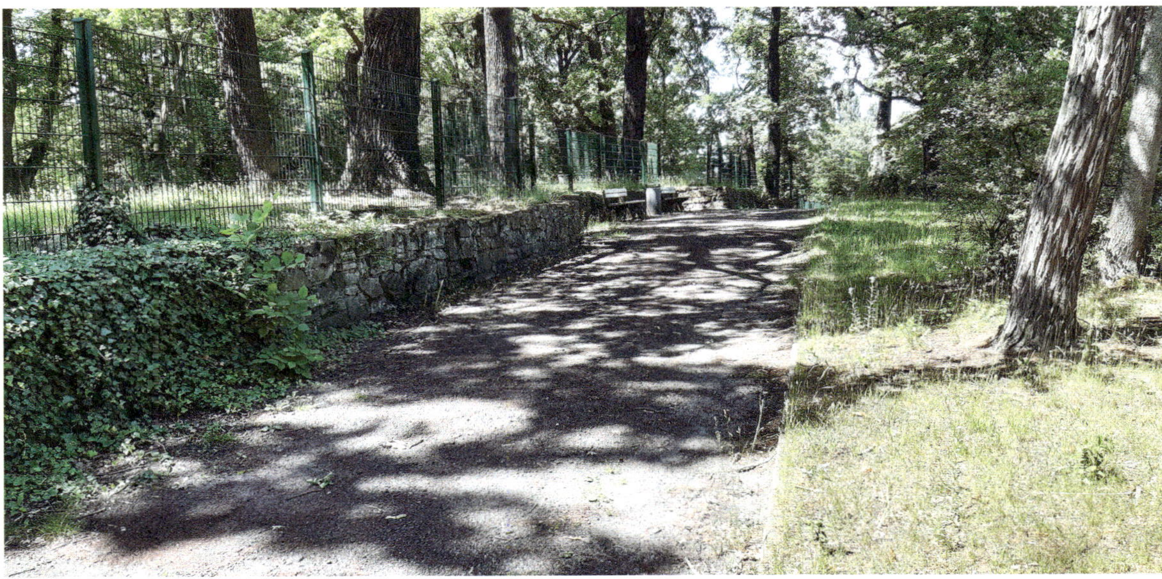

Stützmauer unterhalb des einstigen Sitzplatzes, 2020.

gänzend schuf Barth im Süden der Anlage einen gesonderten, mit Gehölzen umrandeten Kinderspielplatz.

Es ist bei Barths Entwurf für eine „provisorische Grünanlage" bemerkenswert, wie er durch kleine Eingriffe Orientierung und Struktur in die zunächst wenig attraktive Lagerfläche brachte und auch hier nicht auf den ihm wichtigen Dreiklang aus Erholung, Schmuck und Kinderspiel verzichtete. Barths Provisorium blieb wider Erwarten bestehen, da die Bautätigkeiten in der Umgebung wesentlich langsamer voranschritten als zunächst angenommen. Vermutlich in den 1920er Jahren wurde die Anlage als Grünfläche gesichert,[3] ist aber bis heute namenlos geblieben. Städtebaulich bildet sie eine Klammer zwischen dem Ende der Promenade in der Mitte der Reichsstraße und den Grünflächen am Spandauer Damm im Norden. Von Barths zurückhaltender Gestaltung und Ausstattung ist allerdings nur wenig geblieben. Die „Gartenanlage an der Reichsstraße" präsentiert sich heute zwar mit altem Baumbestand, aber mit teilweise veränderter Wegeführung, zum Großteil fehlenden Sitzbänken und ohne differenzierte Bepflanzung. Die Natursteinmauern deuten nur noch an, wo einst ein besonderer Aufenthaltsplatz war. Etwa die Hälfte der Grünanlage wurde 2009 als eingezäunter Hundeauslauf eingerichtet, sodass zudem die einstige Durchgängigkeit nur noch sehr eingeschränkt erlebbar ist.

[Leonie Glabau]

◁
Erhöhter Aufenthaltsbereich im Norden mit Blick auf die Reichsstraße, um 1913.

Der höhergelegene Sitzplatz mit Stützmauer aus Naturstein, um 1913.

1 Vgl. Schreiben der Parkverwaltung vom 19. Mai 1922 (Landesarchiv Berlin, A Rep. 037-08, 465). Zit. in: Land, Dietmar: Erwin Barth (1880–1933). Leben und Werk eines Gartenarchitekten im zeitgenössischen Kontext. Dissertation an der Technischen Universität Berlin 2004, S. 260.

2 Verwaltungsbericht Charlottenburg aus dem Jahr 1913, S. 11. Zitiert in: Bezirksamt Charlottenburg-Wilmersdorf, Umweltamt (Hg.): Gartenkunst der frühen Moderne in Charlottenburg. Pläne und Fotos von Erwin Barth 1912–1926. Berlin 2005, S. 63.

3 Vgl. Land 2004 (Anm. 1), S. 261.

Schustehruspark

Charlottenburg-Wilmersdorf

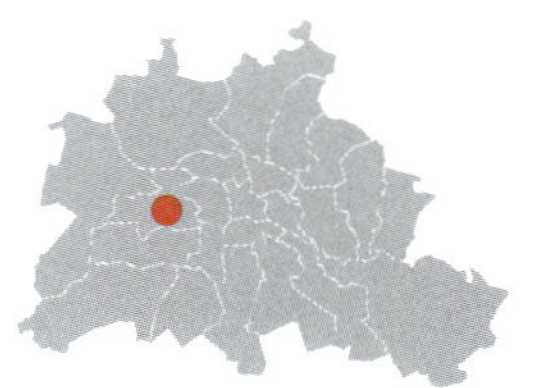

Vermutlich im Frühjahr 1913 fotografierte Erwin Barth eine langgestreckte Klinkermauer an der Südseite der Scharrenstraße in Charlottenburg, der heutigen Schustehrusstraße. Das Mauerwerk aus roten Ziegelsteinen begrenzte die sich rückwärtig anschließenden Grundstücke, schloss das Areal gegen die Straße ab und verhinderte den Blick von außen in das Gelände. Lediglich die über die Mauer hinausragenden Baumkronen zeigten, dass es sich um ein unbebautes, baumbestandenes Anwesen handelte. Der Gartendirektor hatte es sich zum Ziel gesetzt, diese Mauer aus dem Weg zu räumen: Er wollte den dahinterliegenden Ort öffnen und als Parkanlage der Bevölkerung zur Verfügung stellen.

Die Scharrenstraße gehörte zum sogenannten Schlossviertel. Trotz der direkten Nähe zum königlichen Charlottenburger Schloss und Schlossgarten war hier ein eher proletarisch geprägter Stadtbezirk entstanden; er galt als Mietskasernengegend mit problematischen hygienischen Verhältnissen und einem hohen Anteil an fürsorgebedürftigen Menschen.[1] Als Barth im Jahr zuvor sein Amt in Charlottenburg angetreten hatte, war ihm die Problematik des Schlossviertels nicht vorenthalten worden. Der Oberbürgermeister Kurt Schustehrus hatte ihm jedoch eine Idee präsentiert, die er zur Verbesserung der Lebens- und Wohnsituation durchzuführen gedachte: Inmitten des Quartiers sollte eine öffentliche Parkanlage mit Möglichkeiten zum Kinderspiel realisiert werden.

Mauer an der Scharrenstraße (heute Schustehrusstraße), Blick auf die Nordseite des ehemaligen Oppenheimschen Geländes, um 1913.

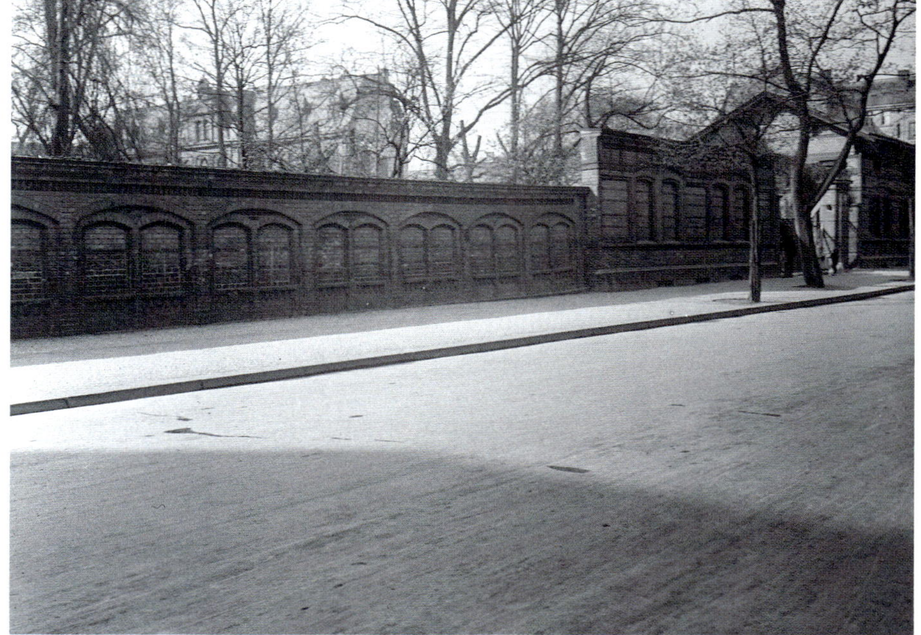

An der Ostseite der zentralen Schlossstraße war ein Areal bislang von der Bebauung ausgenommen geblieben.[2] Hier war seit der Mitte des 19. Jahrhunderts durch die Berliner Bankiersfamilien Mendelssohn und Oppenheim ein größeres, mehrere Grundstücke umfassendes Gelände als Sommersitz und Wohnort mitsamt weitläufigem Privatpark errichtet worden. Nach dem Tod des letzten Eigentümers hatten sich dessen Erben 1911 dazu entschlossen, das Anwesen zu veräußern. Kurt Schustehrus hatte die Chance ergriffen und die Stadtverordneten davon überzeugen können, dass die Kommune den Komplex mit Villa, Nebengebäuden und Park als Ganzes erwarb. Man plante einen Schulstandort, eine neue Straßenerschließung, in Teilbereichen den Wiederverkauf als Bauland, aber auch den Erhalt zumindest eines Anteils der Gartenanlagen, um diese „der öffentlichen Benutzung zugänglich" zu machen.[3]

Barth zeigte sich im Grundsatz von der Idee angetan; er versuchte aber, die Verantwortlichen davon zu überzeugen, dass der zukünftige Park an seiner Nordseite unbedingt bis zur Scharrenstraße hin fortgeführt und geöffnet werden müsse. Nur so würde sich das Gelände als grüne Mitte in die umliegenden Stadtstrukturen einfügen. Bislang waren hier der Wiederverkauf und der Bau von zusätzlichen Wohnhäusern vorgesehen. In seinen Vorschlägen zeigte Barth dagegen einen stark reduzierten „für Bebauung vorgesehen[en]" Flächenanteil, während der größere Abschnitt als Parkanlage erhalten blieb.[4] In der Tat setzte er sich mit seinem Anliegen durch. Während man seit 1912 im Adressbuch unter der Scharrenstraße 24–27 die Stadt Charlottenburg als Eigentümerin und den „Neubau" als Nutzung angegeben hatte, wechselte dies mit der Ausgabe von 1916: Nunmehr wurden die Grundstücke endgültig als „Volkspark" tituliert;[5] die Maßnahmen zur „Erschließung des ehemaligen Oppenheimschen Parkes" nach dem Entwurf Erwin Barths waren im Sommer 1914 abgeschlossen worden. Zu Ehren des Initiators und Unterstützers Kurt Schustehrus wurde der Park nach dem im Jahr zuvor verstorbenen Charlottenburger Oberbürgermeister benannt, dem Barth bescheinigte, dass er „ein volles Verständnis für die soziale Bedeutung der Gartenkunst" gehabt habe.[6]

Die neue Parkanlage zeichnete sich durch einen idyllischen, nahezu intim erscheinenden Charakter aus.

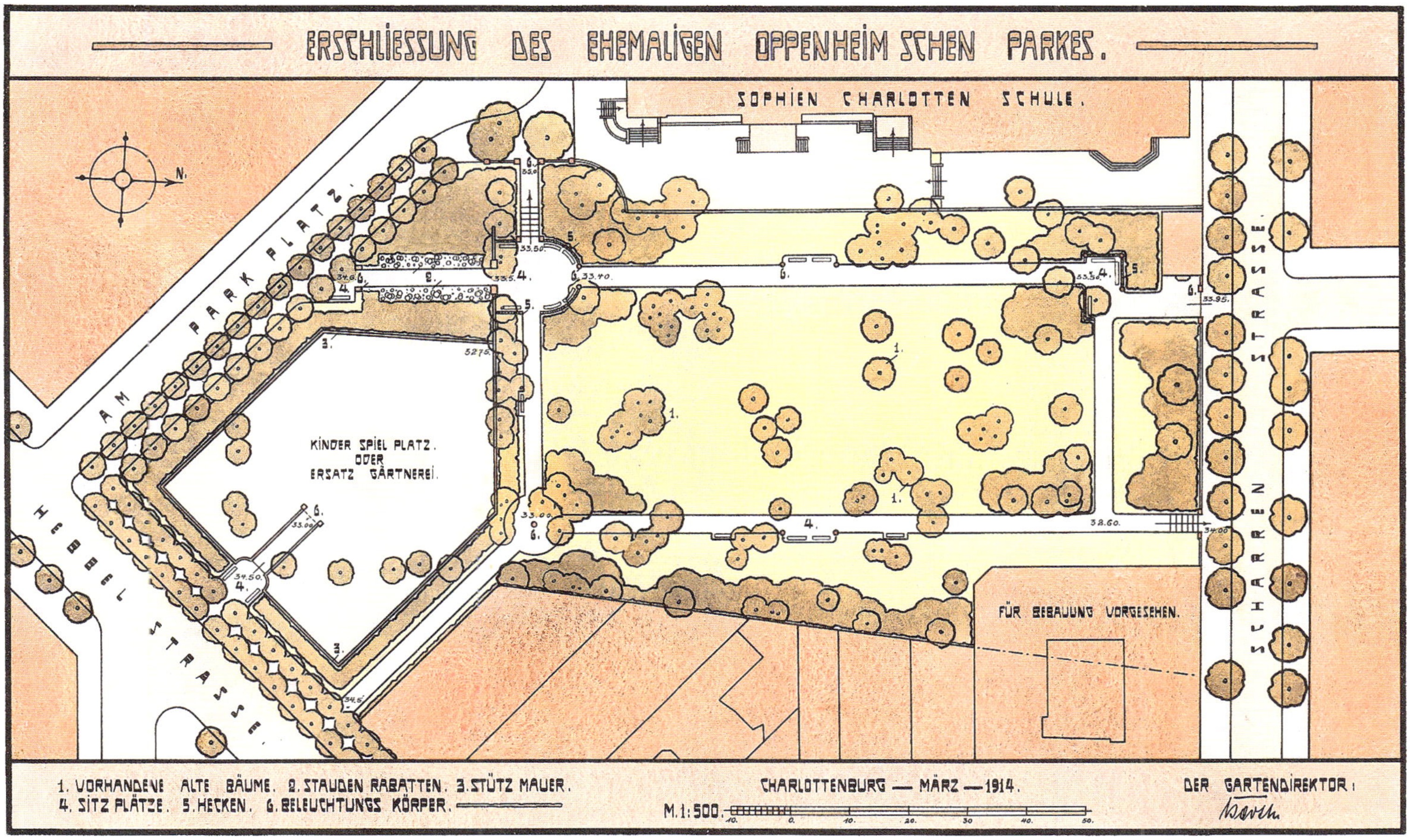

ERSCHLIESSUNG DES EHEMALIGEN OPPENHEIM'SCHEN PARKES.

SOPHIEN CHARLOTTEN SCHULE.

AM PARK PLATZ

HEBBEL STRASSE

SCHARREN STRASSE

KINDER SPIEL PLATZ ODER ERSATZ GÄRTNEREI.

FÜR BEBAUUNG VORGESEHEN.

1. VORHANDENE ALTE BÄUME. 2. STAUDEN RABATTEN. 3. STÜTZ MAUER.
4. SITZ PLÄTZE. 5. HECKEN. 6. BELEUCHTUNGS KÖRPER.

CHARLOTTENBURG — MÄRZ — 1914.

M. 1:500.

DER GARTENDIREKTOR:

„Erschließung des ehemaligen Oppenheimschen Parkes“, Entwurf von Erwin Barth, März 1914.

Sie bot zahlreiche „Ruheplätze für Erwachsene“ in verschiedener Ausprägung.[7] Eine Besonderheit bildete die reiche Ausstattung mit verschiedenen Zier- und Funktionselementen; Barth wollte offenbar auf den Ursprung des Parks als privater Bürgergarten verweisen. So ließ er eine im Gelände vorhandene Steinbalustrade an einen neugeschaffenen Parkeingang umsetzen, eine im Garten aufgefundene Terrakottavase erhielt einen neuen, exponierten Standort. Die historischen Funde wurden durch weitere Details ergänzt: eine aus Metall gefertigte Umzäunung, unterschiedlich gestaltete Eingangstore, Steinpfeiler mit Keramikgefäßen oder Fruchtkörbe aus Kunststein, schmiedeeiserne Laternenaufsätze, Holzspaliere und Treillagen, eigens entworfene Sitzbänke mit und ohne Rückenlehne. Der eigentliche Parkraum verblieb dagegen als eine einfache Wiesenfläche unterhalb der bestehenden Bäume mit dem Charakter einer großzügigen Waldlichtung.[8]

Auch das für die Anwohnerschaft so wichtige Angebot an Spielflächen hatte Barth keineswegs vergessen: Auf nahezu einem Drittel der Gesamtfläche war an der Südseite ein gesondert eingefriedeter Spielplatz entstanden, der in seiner leicht vertieft und geschützt angelegten Lage über eine stufenlose Zugangsrampe zu erreichen war. Hier entschied sich Barth ebenfalls dafür, Elemente aus dem ehemaligen Privatpark zu erhalten und in die neue Nutzung zu integrieren: Eine schon vorhandene Gartenmauer, die er kurz nach Beginn der Bauarbeiten noch einmal in einer Fotografie festhielt, diente ihm als Trennung zwischen Park und Spielbereich.

Nur wenige Tage nach der Eröffnung des Schustehrusparks erklärte das Deutsche Reich am 1. August 1914 Russland den Krieg. Nahezu sofort wurden fast alle noch laufenden Bauprojekte einer einstweiligen Planungs- und Ausgabensperre unterzogen. Der Park selbst war davon nicht mehr betroffen, jedoch fiel schon bald die Entscheidung, dass der Spielplatz

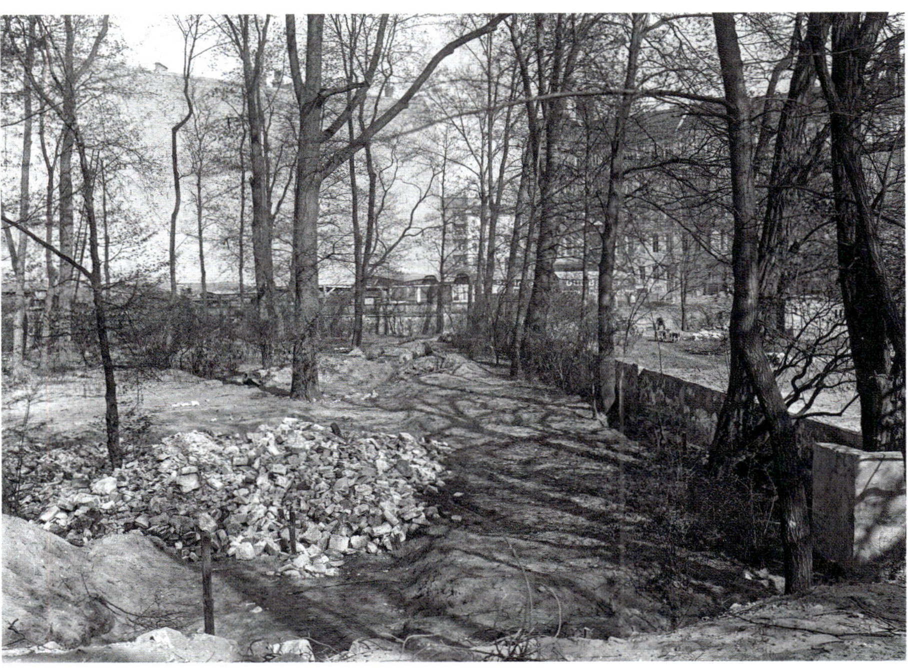

Beginn der Bauarbeiten im Schustehruspark, die vorhandene Gartenmauer blieb als Abgrenzung zum Spielplatz erhalten, 1914.

Blick durch den Eingang südlich der Villa Oppenheim über das Große Rondell, um 1917.

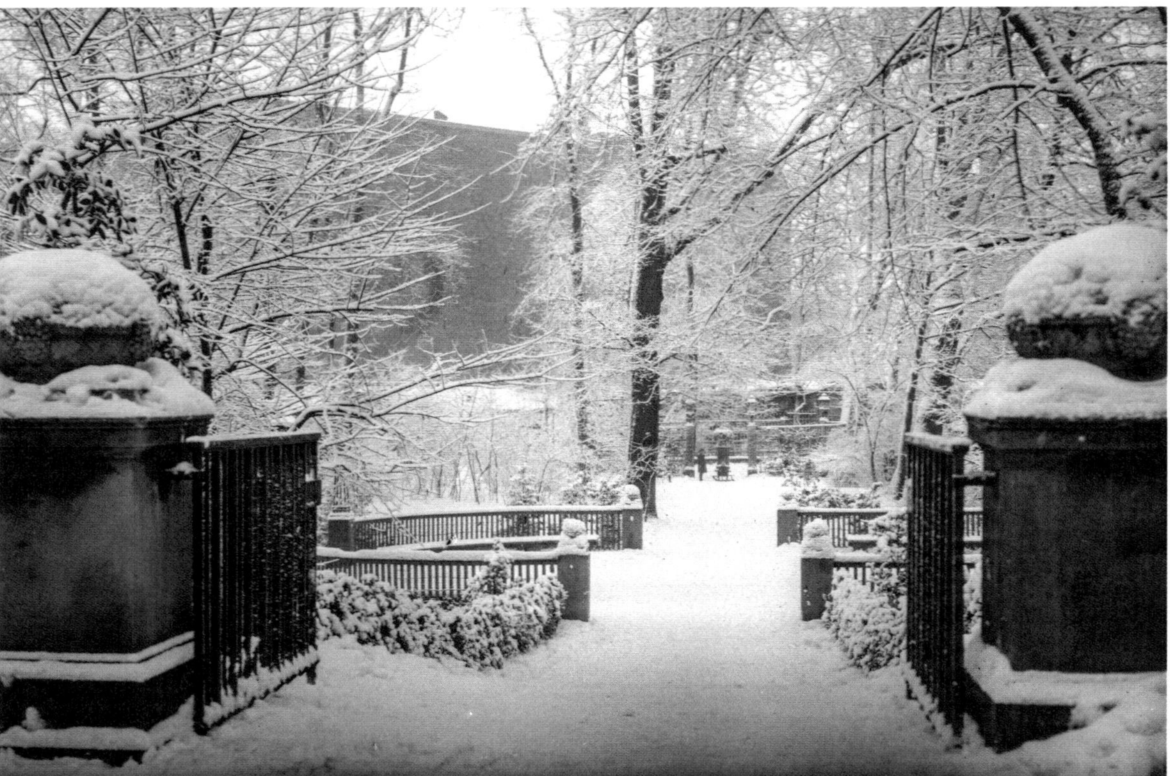

Vertieft angelegter Spielplatz mit Eingangstor und -rampe an der Hebbelstraße, um 1917.

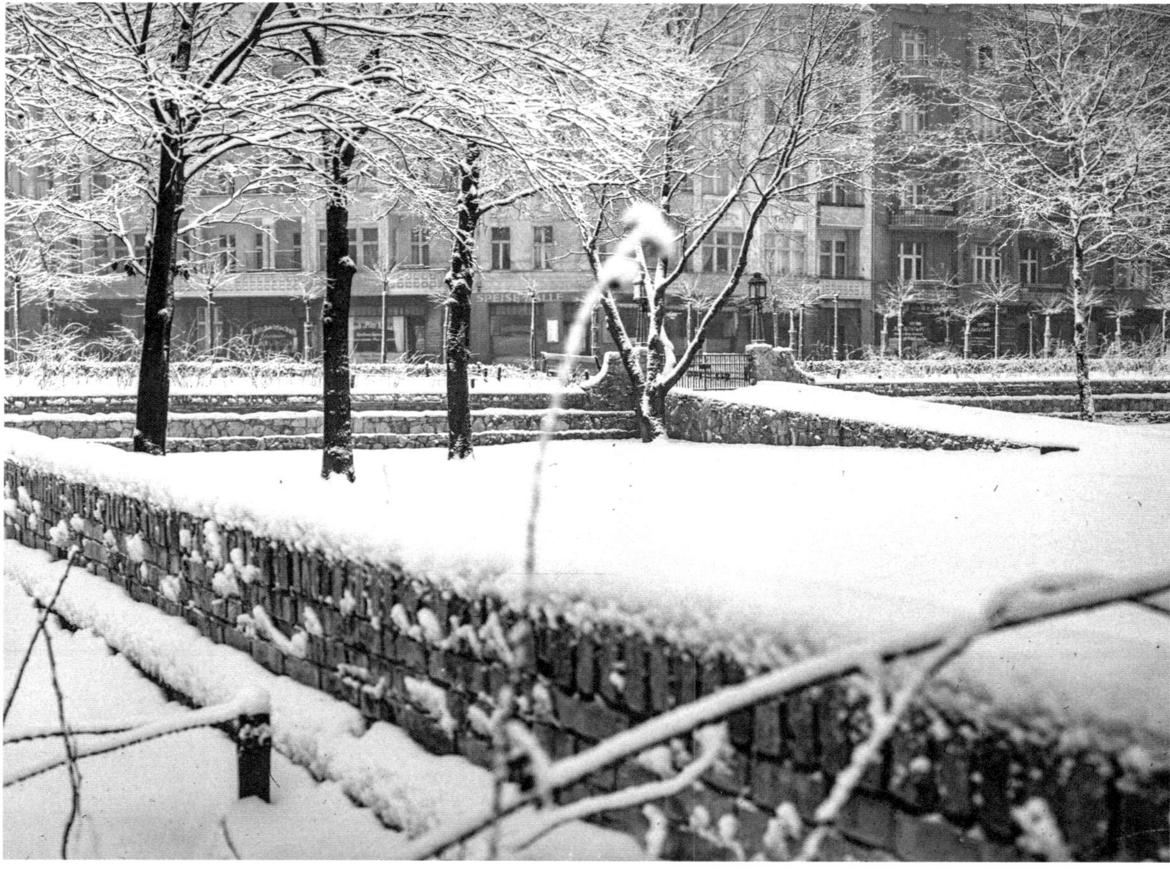

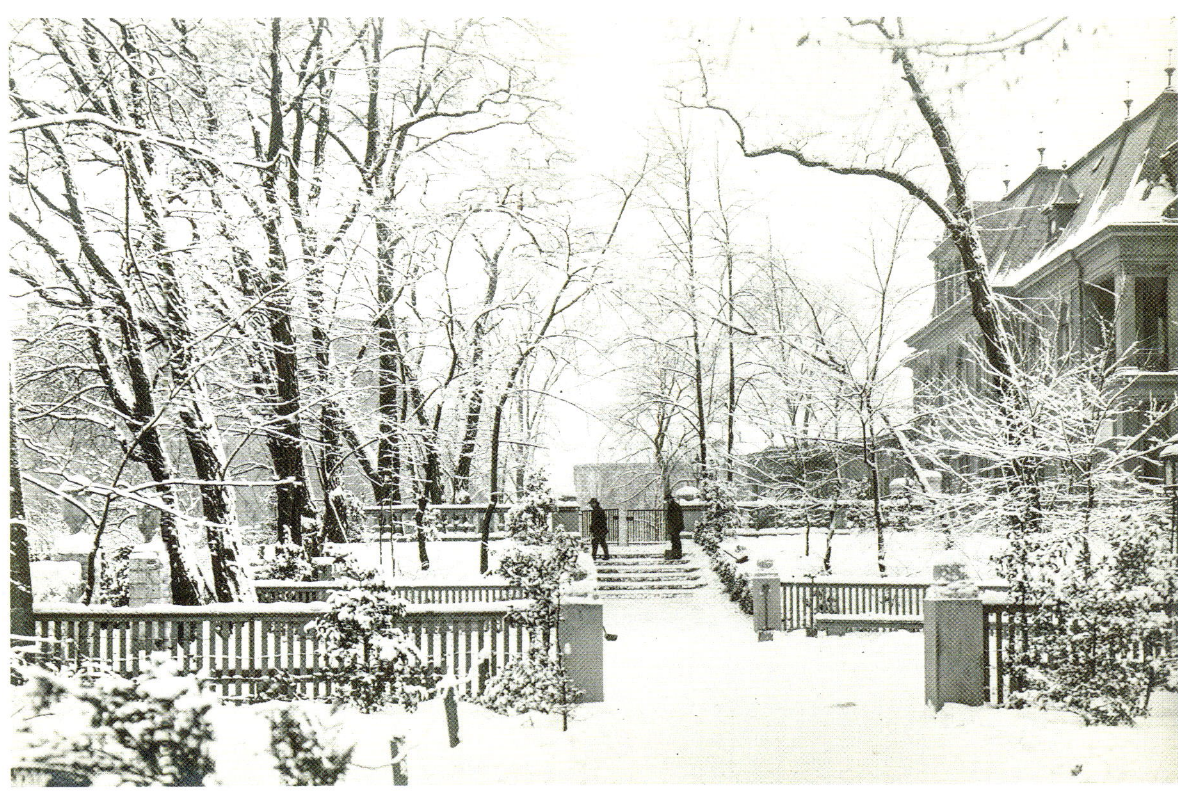

Großes Rondell, Blick Richtung Westen, rechts die Frauenschule in der Villa Oppenheim, um 1917.

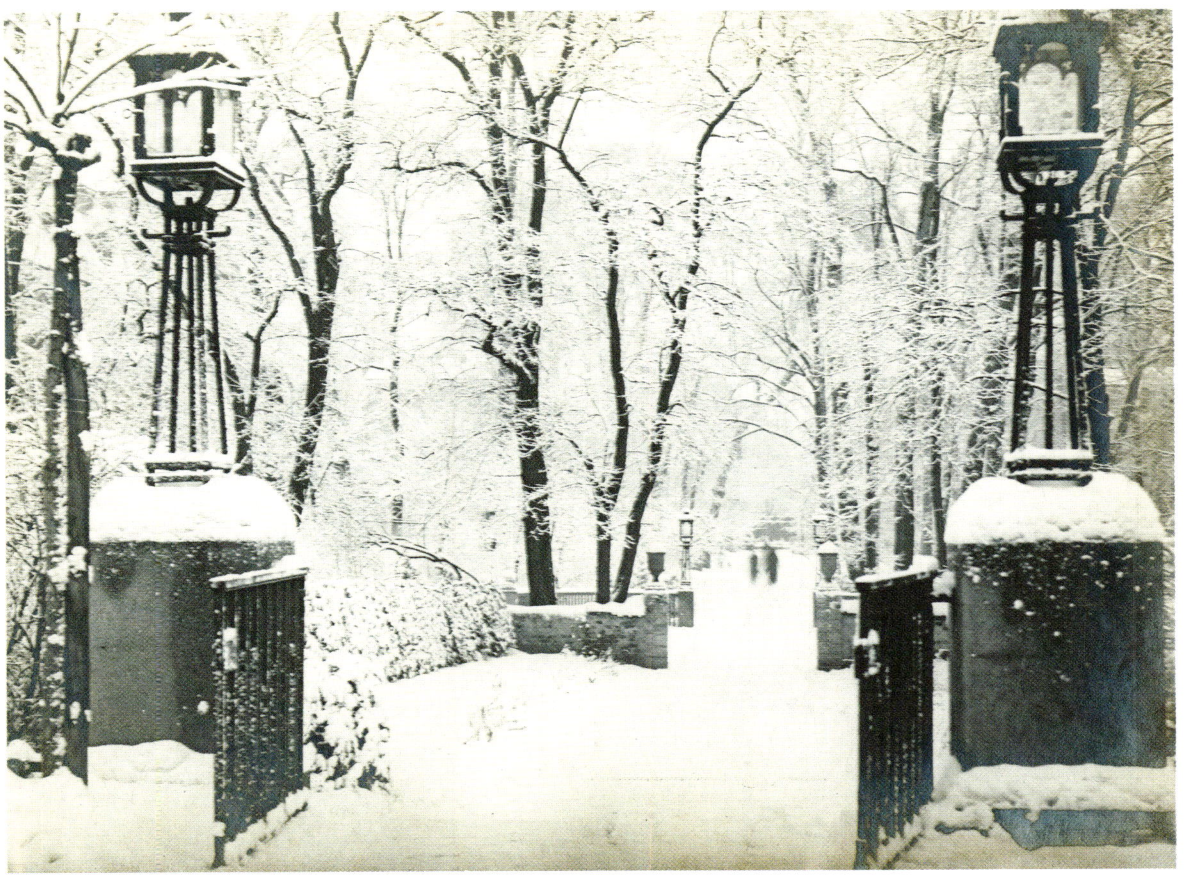

Südlicher Eingang mit Laternen, Blick zum Großen Rondell, um 1917.

Eingang an der Scharrenstraße (heute Schustehrusstraße), Blick auf Terracotta-Vase, um 1917.

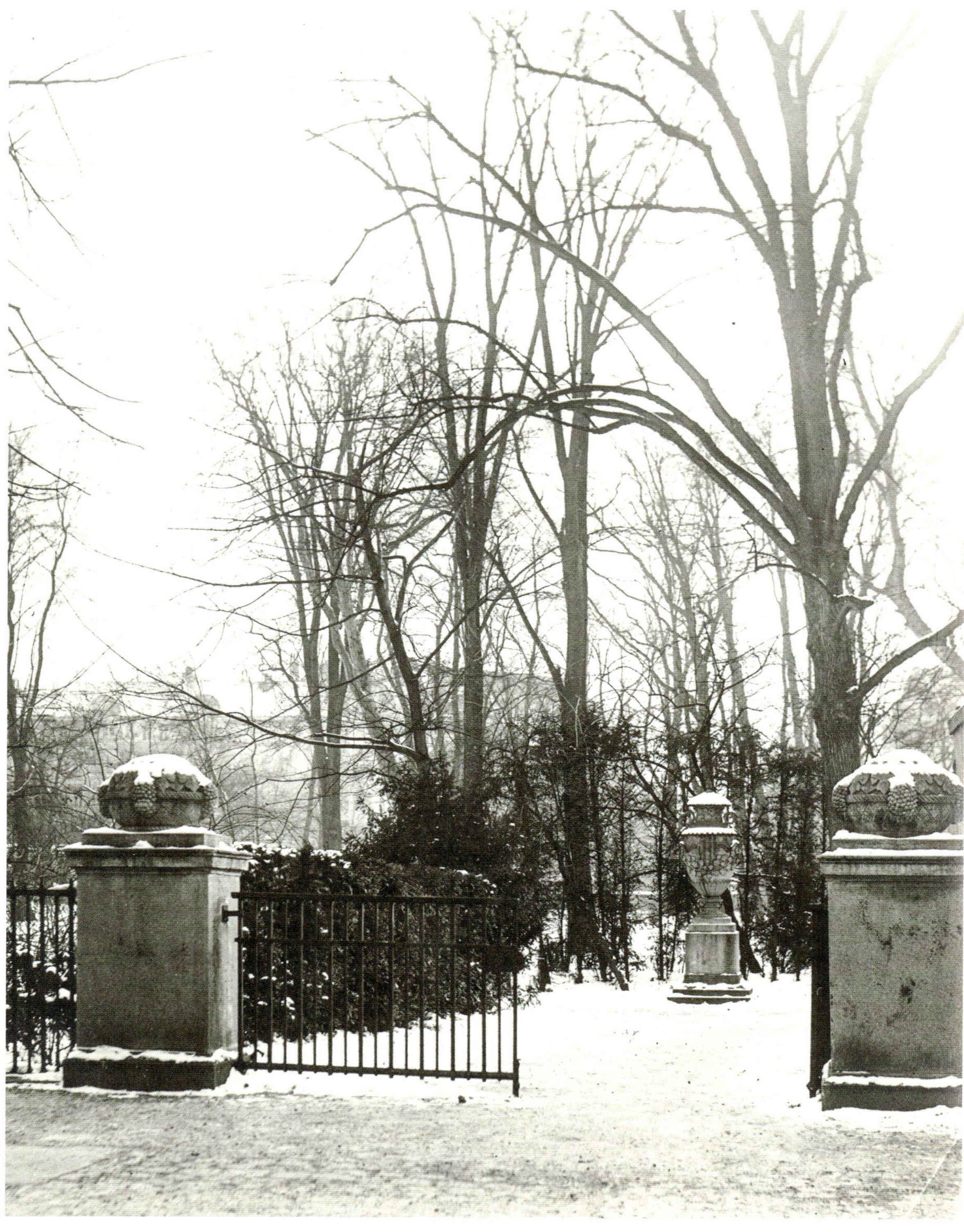

übergangsweise von der städtischen Gärtnerei zum Anbau von Gemüse und Futtermitteln dienen sollte, da die Versorgung der Bevölkerung mit Nahrungsmitteln zu einem zunehmenden Problem wurde.[9] Insbesondere der später als „Kohlrübenwinter" bezeichnete Winter 1916/17 und die ersten Jahre nach Kriegsende waren von Mangel und Not geprägt. Die Fotografien des schneebedeckten Schustehrusparks, die in diesen Zeiten von Erwin Barth mit seiner Kamera gemacht wurden, zeigen dagegen die beschauliche Schönheit der städtischen Grünanlage. Sie dienten ihm in einer Veröffentlichung als Nachweis für den Wert seines Entwurfs: „Der Grundriß", so schrieb er 1919, „sieht auf den ersten Blick außerordentlich kahl und nüchtern aus; daß er es jedoch in seiner Ausführung nicht ist, zeigen die Abbildungen."[10]

Im Zweiten Weltkrieg wurde der Schustehruspark stark in Mitleidenschaft gezogen; insbesondere die dekorativen Merkmale gingen nahezu vollständig verloren. Nur wenige Relikte verwiesen noch auf den ehemaligen Charakter der Parkanlage. In den Jahren 1947–48 wurden die Flächen lediglich in vereinfachter Form wiederhergerichtet. Der Spielplatz diente

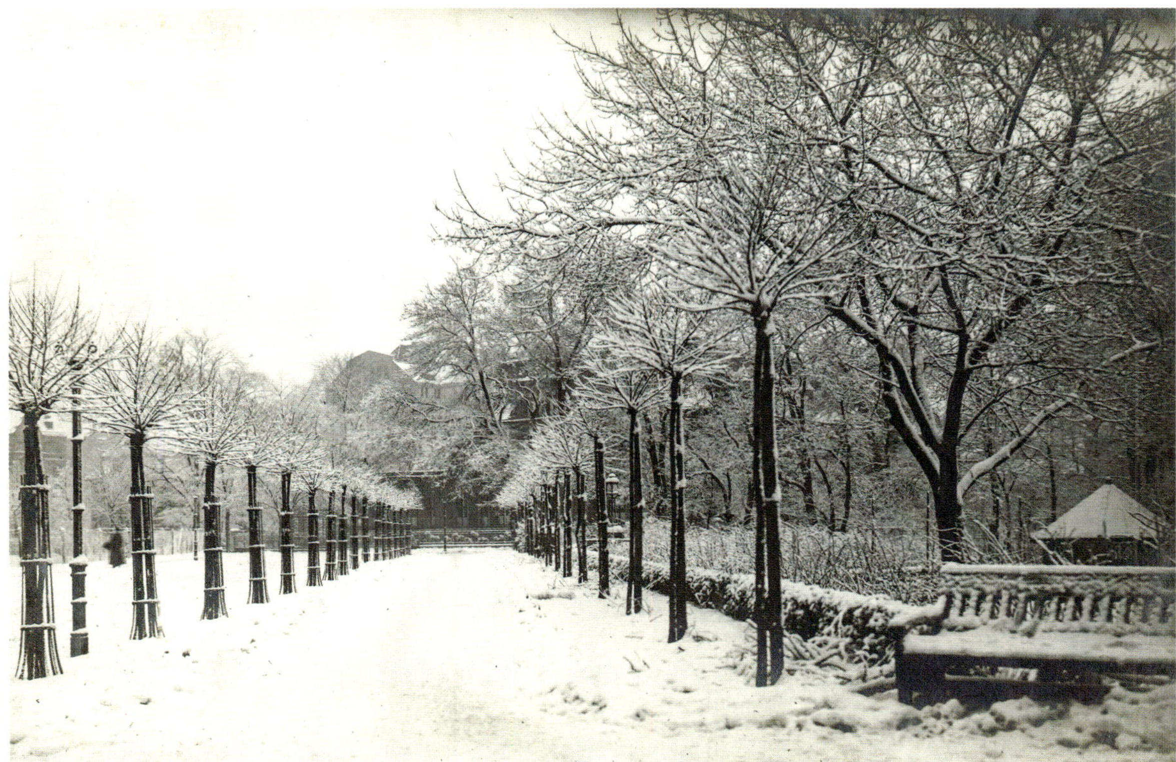

Blick von der Südecke des Spielplatzes an der Hebbelstraße in Richtung Nordwesten. Die Baumreihen beiderseits des Gehwegs rahmen den Park zusätzlich, um 1917.

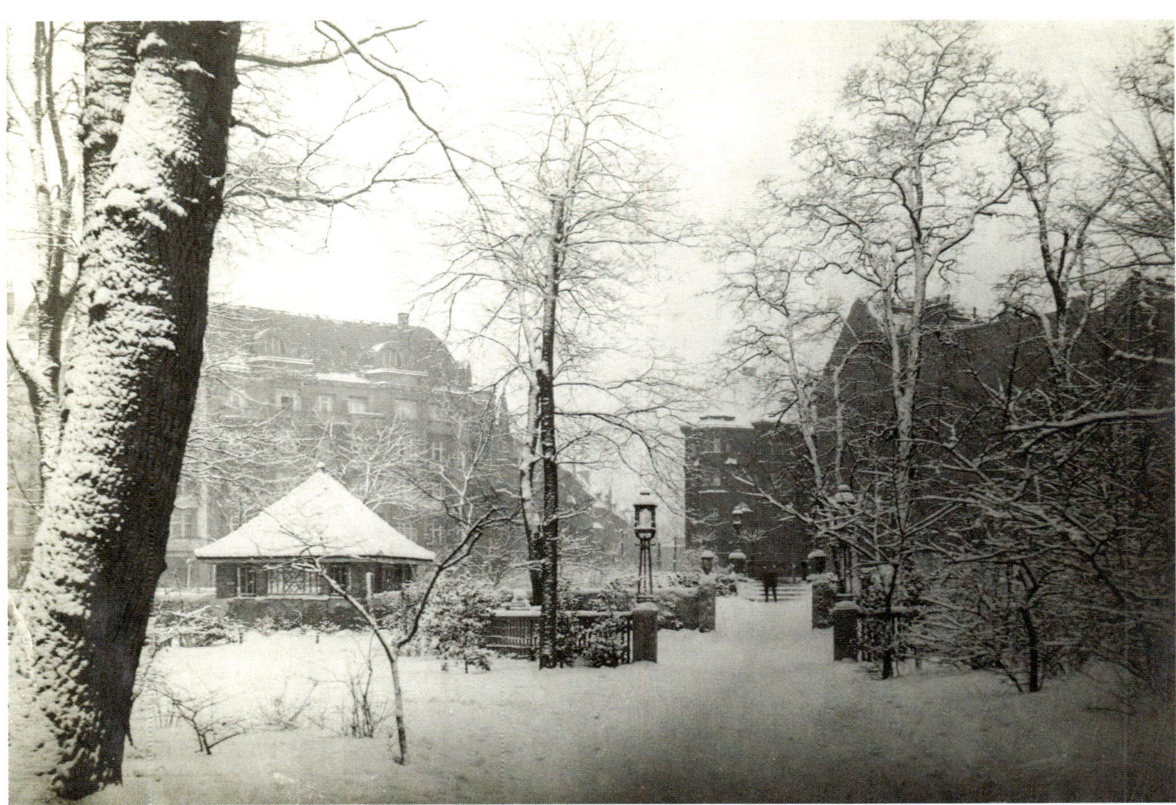

Unterstandshäuschen auf dem Spielplatz und Großes Rondell, um 1917.

fortan dem Gartenamt als Betriebshof und Lagerplatz, anstelle des zerstörten Unterstandshäuschens wurden mehrere Geräteschuppen und ein Unterkunftsbau aufgestellt.[11] Im Park selbst zeugten zwar einzelne Steinpfosten von den alten Zeiten, die dazugehörenden Leuchten und Schmuckvasen waren jedoch fast vollständig verschwunden. Anstatt der Rankgitter und Holzspaliere existierten einfache Zaunelemente aus Metallbändern, die nur schwerlich einen Ersatz boten. – Es war Jürgen Barth, der in den frühen 1960er Jahren diesen Zustand des Schustehrusparks fotografisch dokumentierte. Er hatte es sich zum Ziel gesetzt zu zeigen, was aus dem gartenkulturellen Erbe seines Vaters geworden war, wie sehr man es vernachlässigt und wie stark man es mit unpassenden Ergänzungen verändert hatte. Die alten Glasplatten-Fotografien aus den ersten Jahren des Parks dienten ihm dabei als Mit-

Großes Rondell mit Schmuckpfosten, Parkleuchten und Holzzaun, um 1914.

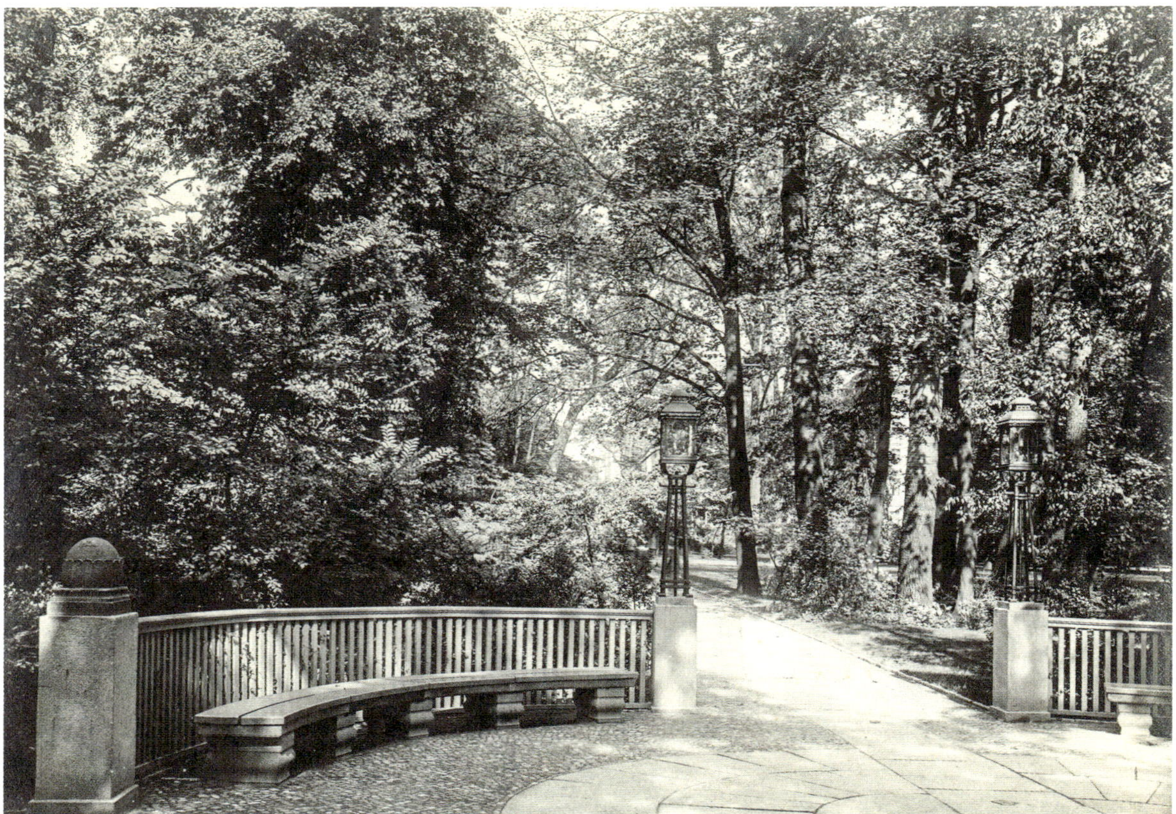

Großes Rondell ohne Ausstattung, der Zaun besteht aus Metallbändern. Rechts der Lagerhof des Gartenamts auf dem Spielplatz, um 1962.

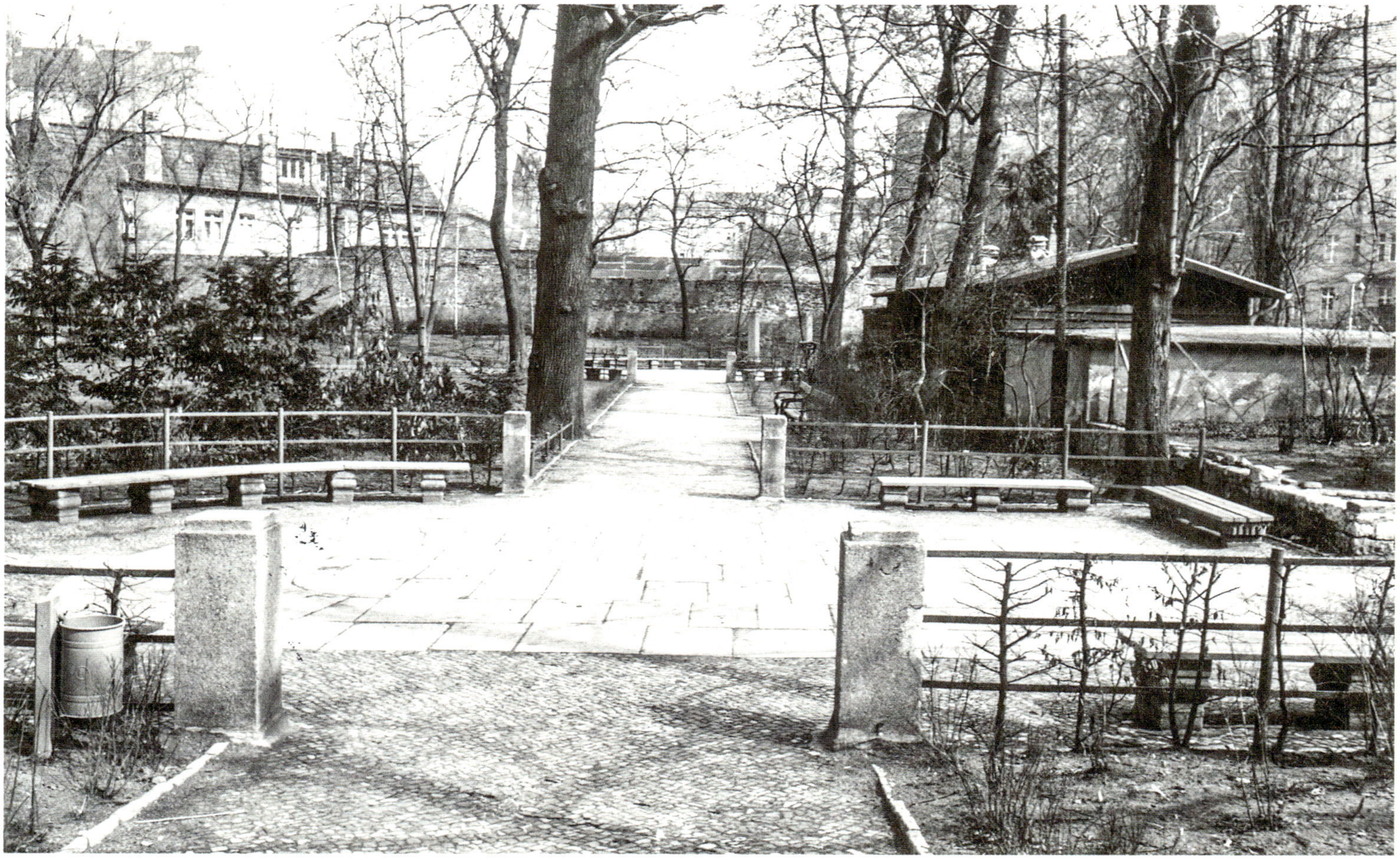

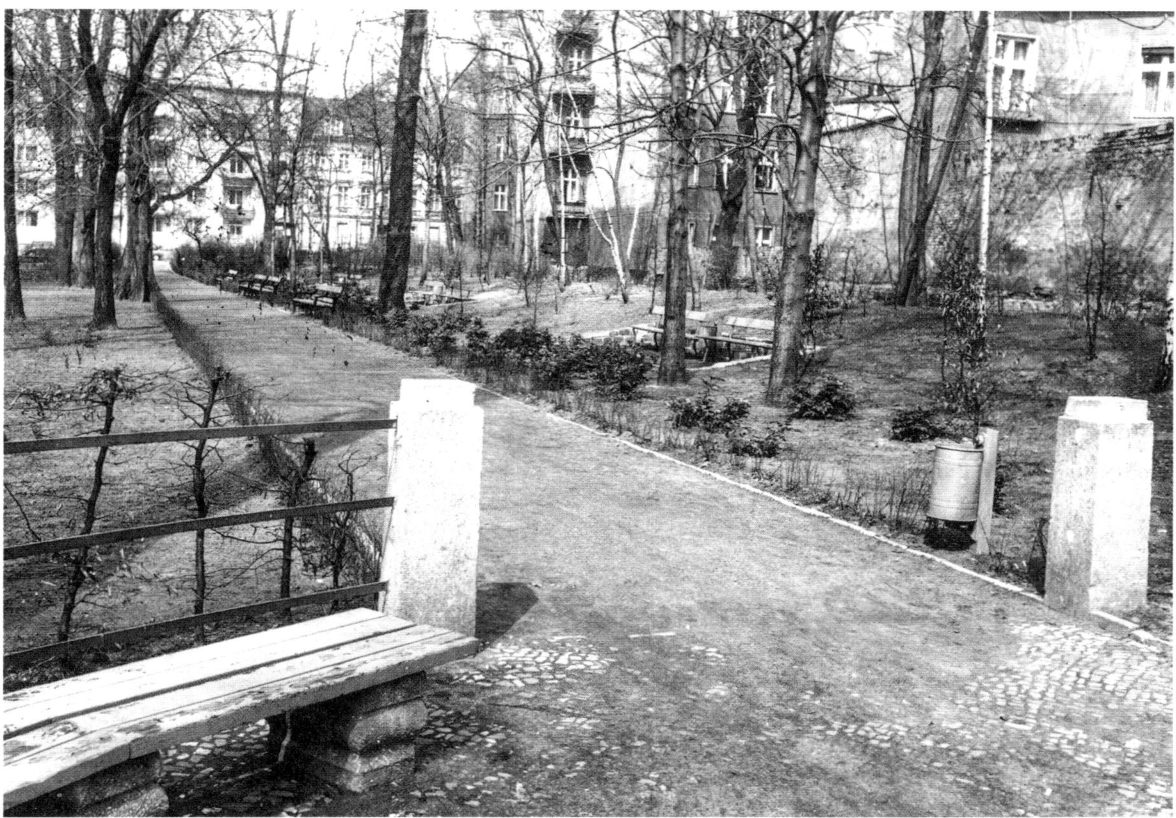

Kleines Rondell, rechts des Weges eine zusätzlich eingerichtete Banknische, um 1962.

Parkeingang an der Hebbelstraße ohne Zaun und Tore. Auf dem Spielplatz stehen Unterkunftsbauten des Gartenamts, um 1962.

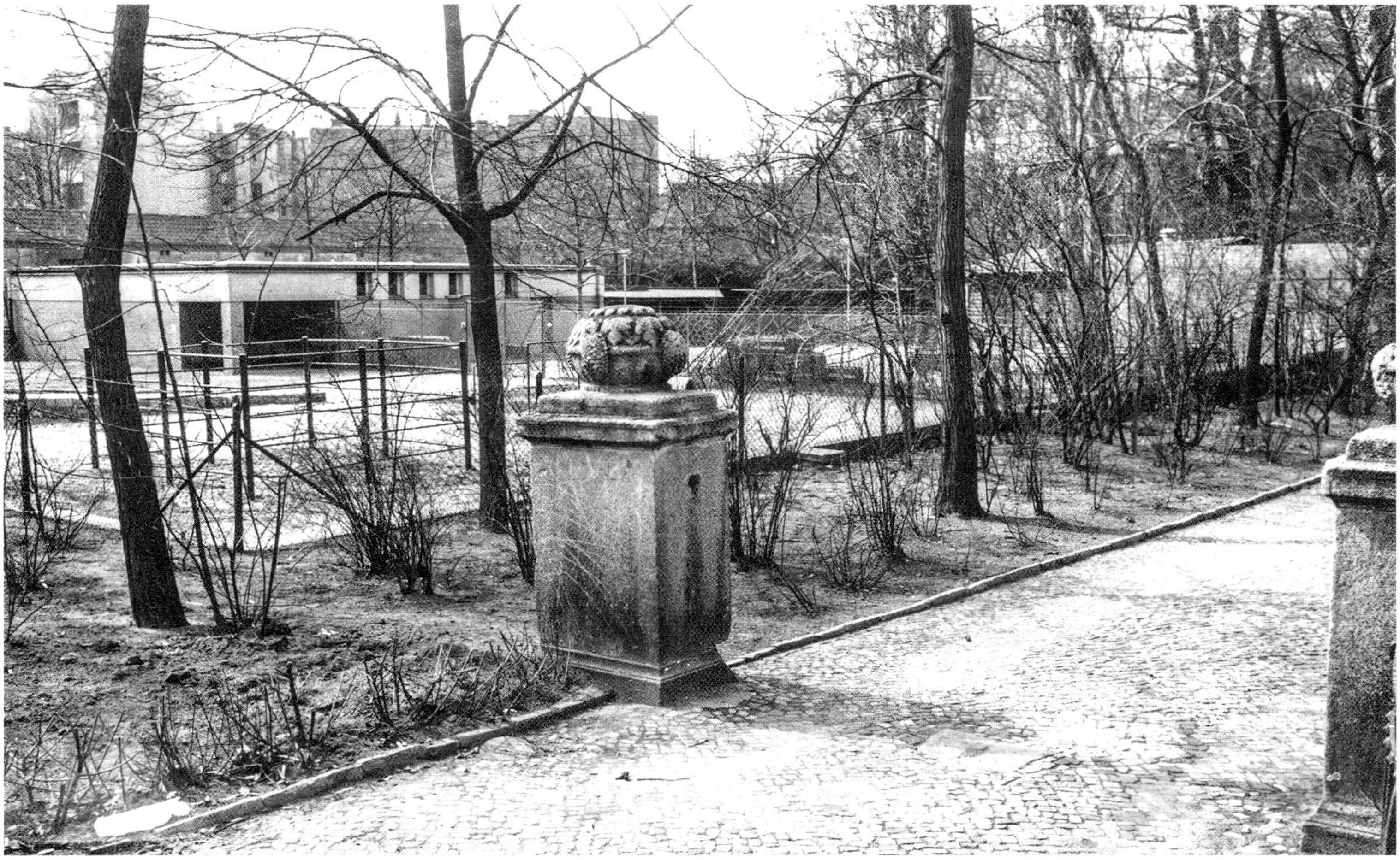

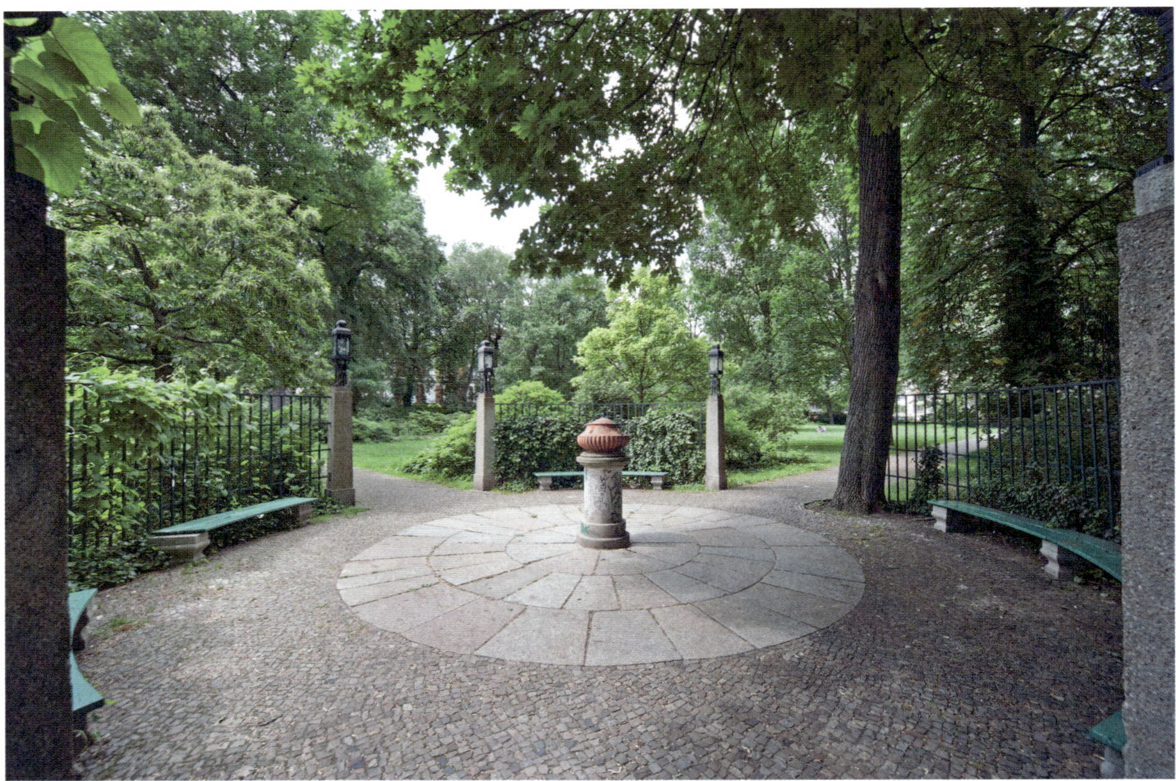

Kleines Rondell im Schustehruspark, 2016.

tel, um auf die drastischen Veränderungen hinzuweisen.

Erst in den 1980er Jahren vollzog sich ein erneuter Wandel: Ab 1985 wurde der Schustehruspark mit viel Liebe zum Detail in weiten Teilen instand gesetzt, auch etliche der Besonderheiten wie Pflanzgefäße, Vasenschmuck, Leuchten und Spaliergitter konnten wiederhergestellt werden. 1987 wurde der Park anlässlich der 750-Jahr-Feier Berlins neu eröffnet.[12]
[Dietmar Land]

---

1 Vgl. Kreuter, Marie-Luise: Der rote Kiez, „Kleiner Wedding" und Zillestraße. In: Engel, Helmut; Jersch-Wenzel, Stefi; Treue, Wilhelm (Hg.): Geschichtslandschaft Berlin. Orte und Ereignisse, Bd. 1, Charlottenburg. Teil 1: Die historische Stadt. Publikation der Historischen Kommission Berlin. Berlin 1986, S. 158–177.

2 Vgl. Kartendarstellung „Die Bebauung der Stadt Charlottenburg bis zum Jahre 1905". In: Gundlach, Wilhelm: Geschichte der Stadt Charlottenburg. Im Auftrage des Magistrats bearbeitet. Berlin 1905, Anhang S. XXXI.

3 Anonym: Tagesgeschichte. Charlottenburg. In: Die Gartenwelt 15 (1911), H. 22, S. 308; vgl. Scholtze, Gisela: Die Villa Oppenheim in Charlottenburg. In: Mitteilungen des Vereins für die Geschichte Berlins 93 (1997), H. 1, S. 150–164.

4 Beschriftung Entwurfsplan „Erschließung des ehemaligen Oppenheimschen Parkes", Erwin Barth, März 1914 (Bezirksamt Charlottenburg-Wilmersdorf, Fachbereich Grünflächen, Sammlung historische Pläne, XVI/3).

5 Berliner Adreßbuch 1915, Teil V. Vororte von Berlin. Berlin 1915, S. 695; Berliner Adreßbuch 1916, Teil V. Vororte von Berlin. Berlin 1916, S. 657.

6 Barth, Erwin: Charlottenburger neue Stadtplätze, in der Ausführung begriffen im Jahre 1913, nebst kurzen allgemeinen Betrachtungen über städtische Gartenverwaltungen. In: Die Gartenkunst 15 (1913), H. 13, S. 185.

7 Barth, Erwin: Der Schustehrus-Park Charlottenburg. In: Die Gartenkunst 32 (1919), H. 7, S. 84.

8 Vgl. Land, Dietmar: Erwin Barth (1880–1933). Leben und Werk eines Gartenarchitekten im zeitgenössischen Kontext. Dissertation an der Technischen Universität Berlin 2004, S. 262.

9 Vgl. Fotografien von Anbauflächen auf dem Spielplatz Schustehrus-Park (Bezirksamt Charlottenburg-Wilmersdorf, Fachbereich Grünflächen, Sammlung historische Farbfotografien, SR04, SR10 u. SR11).

10 Barth 1919 (Anm. 7), S. 84.

11 Vgl. Scholtze 1997 (Anm. 3), S. 163 f.

12 Vgl. Krosigk, Klaus-Henning von: Schustehruspark. In: Landesdenkmalamt Berlin (Hg.): Gartendenkmale in Berlin. Parkanlagen und Stadtplätze (Beiträge zur Denkmalpflege in Berlin, Bd. 39). Petersberg 2013, S. 57

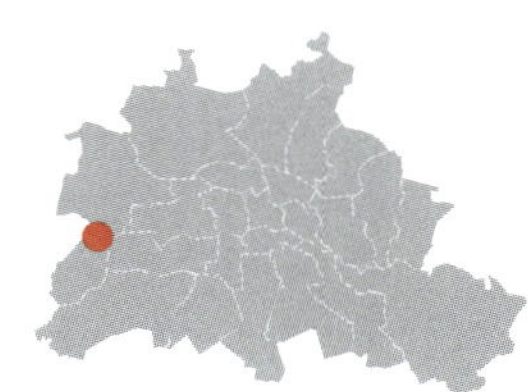

Kriegsgemüseanbau Karolinenhöhe

Spandau

Neben den zahlreichen Zeichnungen und Entwurfsplänen für Gärten, Parks und Plätze, die im Nachlass Erwin Barths überliefert sind, findet man einen eher unscheinbaren Plan mit besonderem Inhalt. Hier beschäftigte sich der Gartenarchitekt Barth nicht mit Landschaftsgestaltung und Gartenkunst, sondern mit den planerischen Anforderungen des Erwerbsgartenbaus: Auf einer „Aufmaßzeichnung“ zum „Rieselfeld Carolinenhöhe“ im Spandauer Ortsteil Gatow wurden Einzelflächen der im Raster angeordneten Felder und Äcker markiert und farbig angelegt, offensichtlich um den Anbau unterschiedlicher Nutzpflanzen zu organisieren. Barth selbst datierte und unterzeichnete das Ergebnis und titulierte das unprätentiöse Blatt mit dem Hinweis „Kriegs-Gemüsebau 1916“.[1]

Man befand sich im zweiten Kriegsjahr. Auch Erwin Barth hatte sich als Leutnant der Reserve direkt nach der deutschen Kriegserklärung an Russland und Frankreich Anfang August 1914 bei der für ihn zuständigen Wehrstelle einzufinden gehabt. Sein Einsatz als Soldat hatte ihn ins Elsass nach Weißenburg (Wissembourg) geführt. Schon bei einer der ersten Kampfhandlungen war er schwer verletzt worden und verbrachte etliche Monate im Lazarett sowie zur Rekonvaleszenz zu Hause in Charlottenburg. Im Mai 1915 war er wieder an die Westfront zurückgekehrt. Zum Jahresbeginn 1916 jedoch war Barth zurück in den Kommunaldienst beordert worden. Offenbar hatte der Charlottenburger Magistrat einen entsprechenden Antrag an das Kriegsministerium gestellt, damit der Gartendirektor die für die „Heimatfront“ wichtigen Amtsgeschäfte wieder übernehmen konnte.[2]

In der Parkverwaltung sollte man sich nunmehr auch um die Versorgung der Charlottenburger Bevölkerung mit Nahrungsmitteln kümmern. Die Situation war mittlerweile durchaus angespannt. Durch die zwei Fronten in Ost und West sowie aufgrund der Seeblockade durch die Kriegsgegner gelangten kaum noch ausländische Lebensmittel nach Deutschland. Die eigene Landwirtschaft hatte mit Arbeitskräftemangel, fehlenden Ersatzteilen für Maschinen und knappen Düngemitteln zu kämpfen; Missernten waren die Folge. Die staatliche Vorratshaltung war schon bald an ihre Grenzen gestoßen. Bereits zum Jahresbeginn 1915 war die Brotkarte als Mittel der Rationierung eingeführt worden, 1916 gab man nahezu alle Nahrungsmittel nur noch rationiert und nach Vorlage entsprechender Lebensmittelmarken heraus. Das Schlangestehen vor den

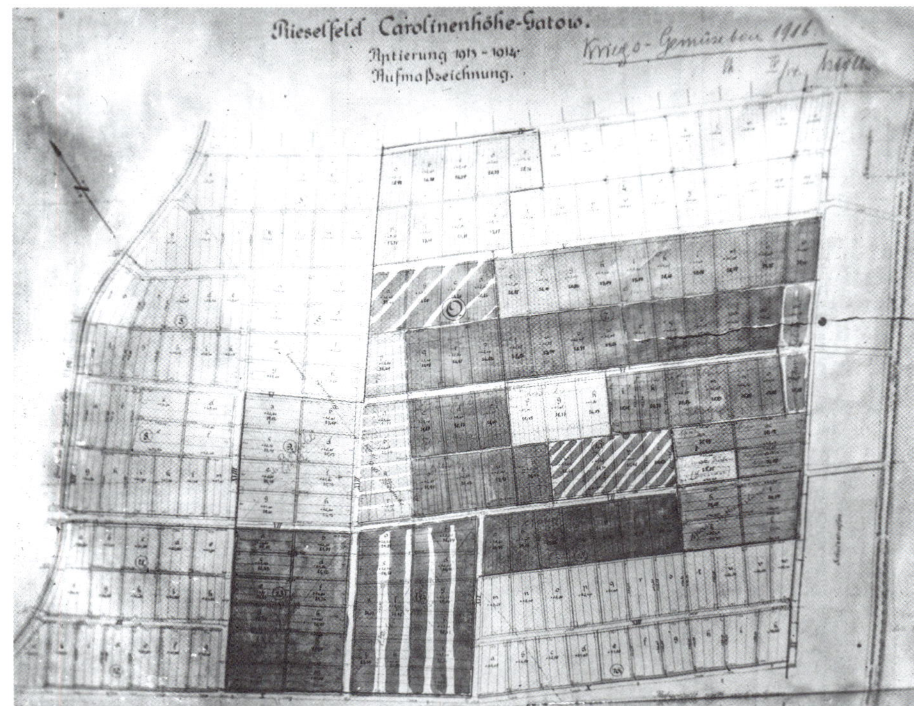

„Kriegs-Gemüsebau 1916“ auf dem „Rieselfeld Carolinenhöhe-Gatow“, Lageplan von Erwin Barth zum Anbau von Nutzpflanzen im Jahr 1916.

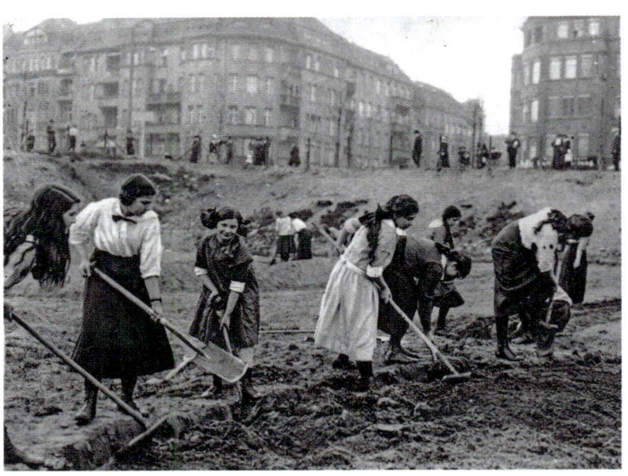

Schülerinnnen helfen in den Kriegsjahren beim Anbau von Gemüse auf Ödland nahe dem Lietzensee, undatiert.

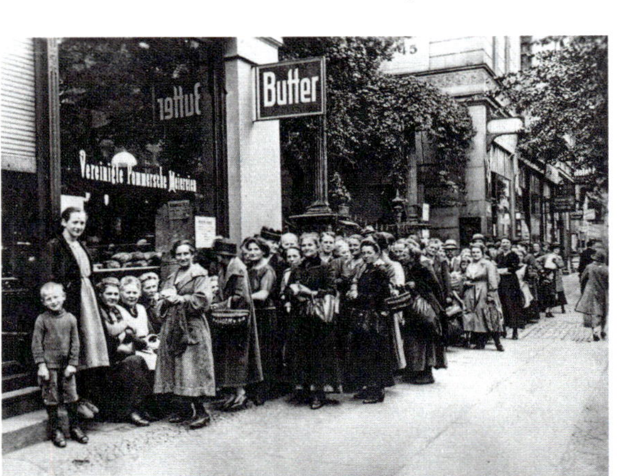

Anstehen nach Lebensmitteln, 1917.

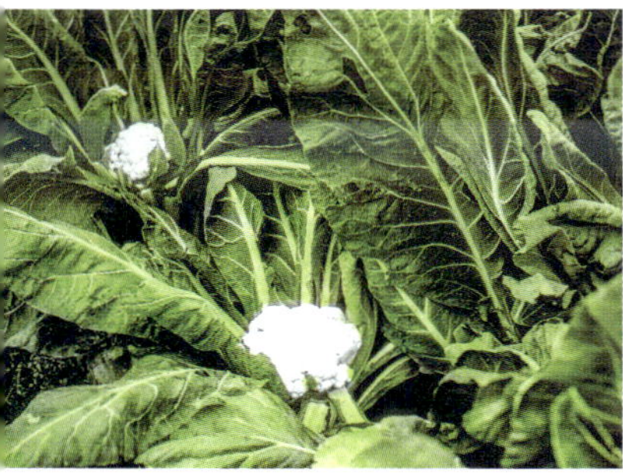

Blumenkohl auf den Rieselfeldern Carolinenhöhe, um 1916.

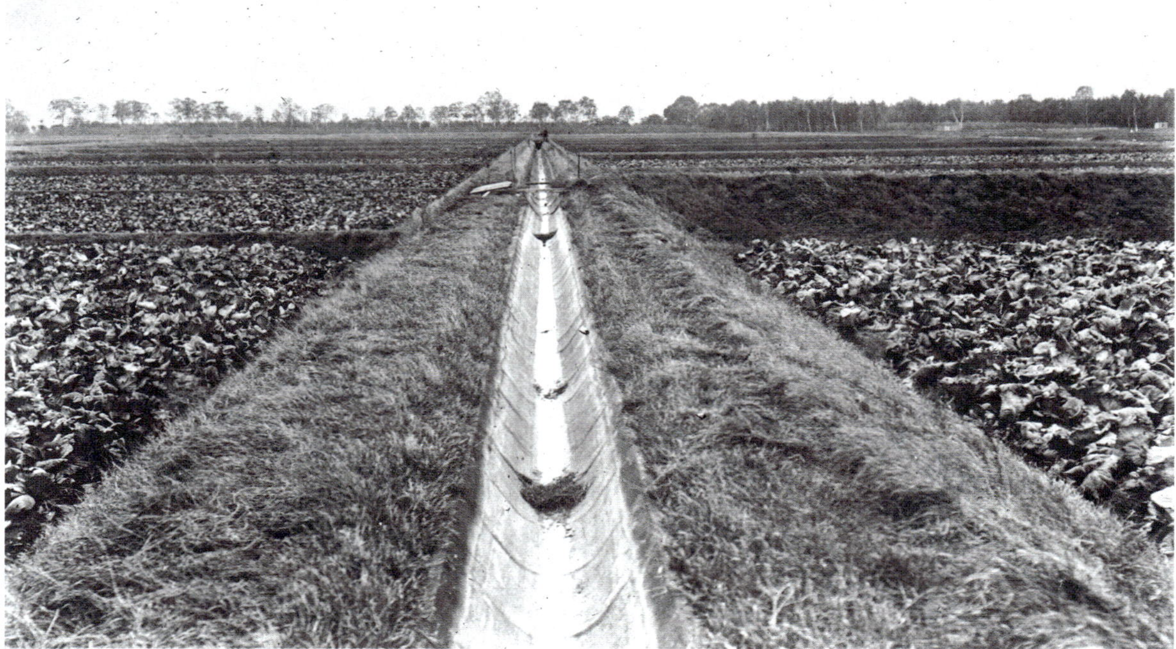

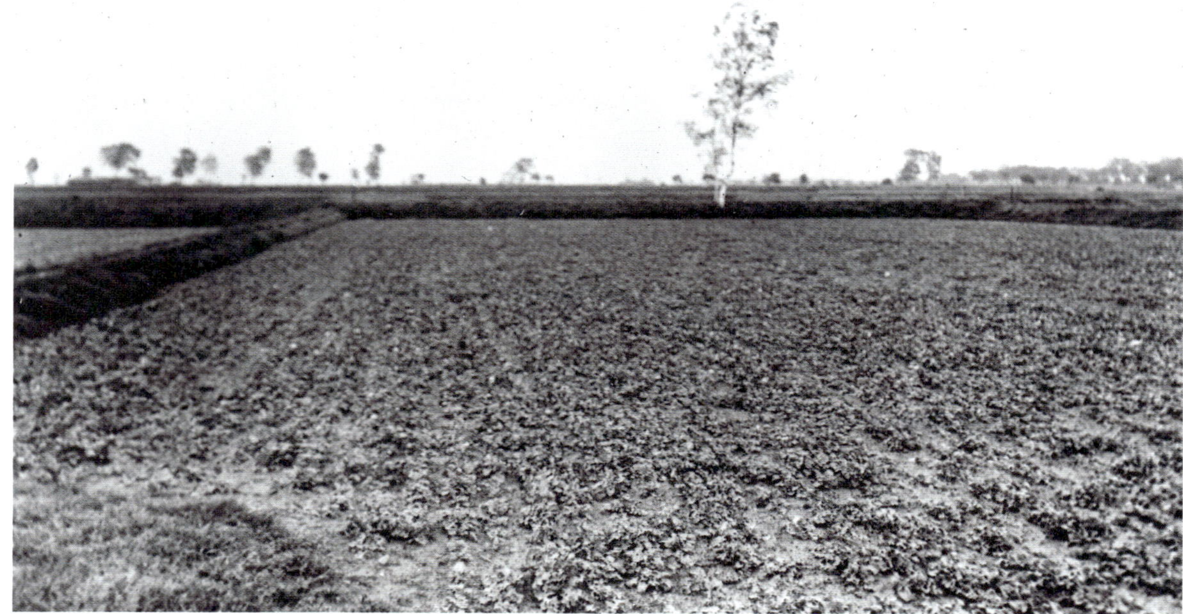

Einteilung der Rieselstücke durch Dämme mit Rinnen zur Wasserverteilung, um 1916.

Die Rieselstücke wurden regelmäßig geflutet, damit das Wasser im Boden versickern konnte, um 1916.

staatlichen Lebensmittelversorgungsstellen war zur alltäglichen Beschäftigung geworden. In den Städten wurden Armen- und Massenspeisungen eingeführt, die Verwendung von Ersatzstoffen, wie beispielsweise getrocknete Kohlrüben als Kaffee oder Brennnessel und Wildkräuter als Gemüse, wurde propagiert. Auf allen nur möglichen Flächen war die Einrichtung von „Selbstversorgergärten" ermöglicht worden: Nicht nur in den Schrebergartenanlagen, sondern auch auf Bahndämmen, brachliegendem Bauland, auf Lagerplätzen und in Vorgärten wurden Kartoffeln und Nährpflanzen angebaut.[3] Die Parkverwaltung Charlottenburg stellte beispielsweise ein zur Gehölzanzucht dienendes Areal in der Jungfernheide zur Verfügung.[4]

Darüber hinaus aber hatte man sich in der Parkdeputation dazu entschlossen, mit den eigenen Kräften und auf eigenen Flächen Nahrungsmittel zu produzieren. Seit seiner Rückkehr bemühte sich Erwin Barth mit großem Eifer um die entsprechenden Einrichtungen und Organisation. Zur „Förderung der Erzeugung von Volksnahrungsmitteln" wurde in den Gewächshäusern und auf den Freilandflächen der Stadtgärtnerei anstelle von Blumen nun Gemüse herangezogen, ebenso in der städtischen Baumschule, im Forsthausgarten und im botanischen Schulgarten.[5] Die größte zusammenhängende Anbaufläche der Parkverwaltung entstand jedoch auf den Rieselfeldern der Karolinenhöhe.

Schon seit den 1880er Jahren besaß Charlottenburg ein größeres Landschaftsareal außerhalb des eigentlichen Stadtgebiets: Die Stadt hatte einen Gutshof auf der Karolinenhöhe nördlich des Ortes Gatow auf der westlichen Seite der Havel erworben, um gemäß den Ideen und Planungen des Berliner Ingenieurs James Hobrecht eine moderne Abwasserentsorgung in Form eines Rieselfeldes aufzubauen. Auf einer ausgedehnten Fläche von letztlich über 600 ha war in den folgenden Jahren ein System von Wasserrinnen und niedrigen Dämmen errichtet worden, welches rasterförmig die flachen Wiesen durchzog. Zahlreiche sogenannte Rieselstücke waren entstanden, die als Einzelfelder jeweils getrennt voneinander geflutet werden konnten. Über zwei zentrale Pumpstationen und eine Druckrohrleitung war die Charlottenburger Kanalisation mit der Karolinenhöhe verbunden. Dort diente das weithin sichtbare sogenannte Standrohr für den Rieselfeldwärter als Kontrollmesspunkt und Sicherheitsventil. Von hier aus wurden die Abwässer zunächst in größere Absetzbecken geleitet, wo die Sinkstoffe sich als Sedimente absetzten und von dort auf Schlammtrockenplätze verbracht wurden. Danach erfolgte durch Ausnutzung des natürlichen Gefälles die Verteilung innerhalb des Rinnensystems, welches mit zahlreichen Klappen und Schotten versehen war, sodass die einzelnen Felder je nach Bedarf und Planung separat geflutet werden konnten. Hier versickerten die Abwässer in den Boden, wobei die noch vorhandenen organischen Verunreinigungen und Keime zumindest zum größeren Teil durch biologische Prozesse abgebaut wurden.[6] Im Laufe des Betriebs reicherten sich die Böden mit Nährstoffen an. Von Beginn an war es daher vorgesehen gewesen, die Rieselfelder auch landwirtschaftlich zu nutzen. Während die Stadt Berlin zu diesem Zweck mehrere eigene Betriebe als Stadtgüter unterhielt, hatten sich die Charlottenburger dazu entschlossen, die Rieselfelder der Karolinenhöhe abschnittsweise an ansässige Bauern zu verpachten.[7]

Seit 1915 nutzte das städtische Gartenamt eine Teilfläche von knapp 13 ha, um auf den Rieselstücken Gemüse in Eigenproduktion anzubauen. Mit Unterstützung Barths wurde der „Kriegs-Gemüsebau" ab dem Folgejahr noch deutlich ausgeweitet und 1917 bewirtschaftete man schon die dreieinhalbfache Fläche. Diese Dimension der landwirtschaftlichen Produktion konnte von den Arbeitern der Stadtgärtnerei allein nicht bewerkstelligt werden: Es wurden Kriegsgefangene und später auch Strafgefangene zum Zwangsdienst herangezogen.[8] Die Ernte wurde teilweise über Händler vermarktet, darüber hinaus hatte man in Charlottenburg eigene Verkaufsstellen der Parkverwaltung eröffnet, um das Gemüse direkt an die Selbstverbraucher zu veräußern.[9] Das „nicht verkaufsfähige [...] Gemüse" übergab man der „allgemeinen Speisung" für Bedürftige; zur Verwertung von Pflanzenabfällen wurden Kaninchen und Ziegen angeschafft.[10] Um lange, unnütze Wege zu vermeiden, ließ der Gartendirektor auf den Rieselfeldern einen eigenen Pferdestall des Gartenamtes errichten.[11]

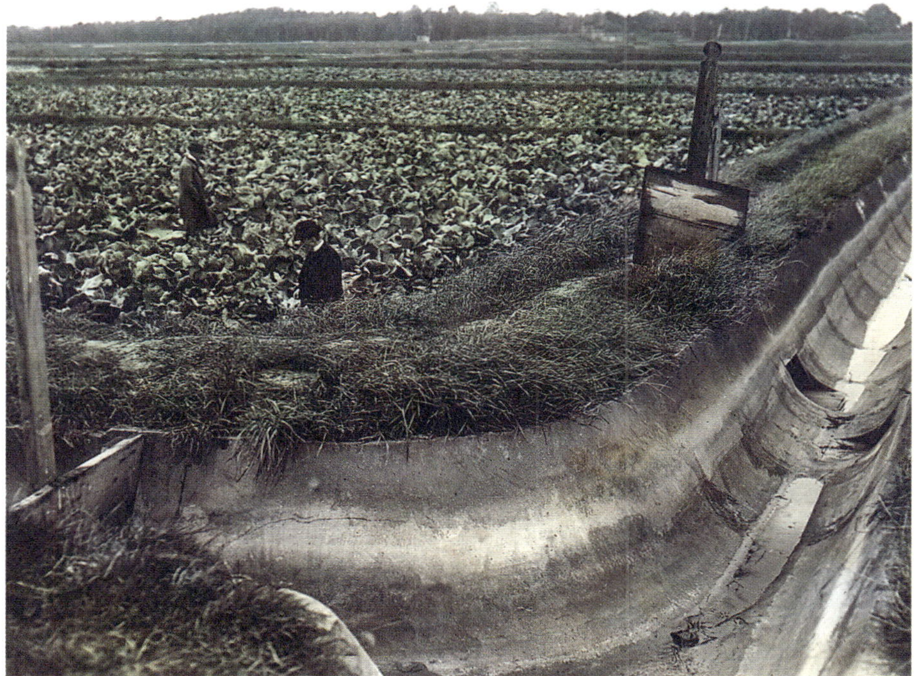

Rieselfeld mit Kohl. In den Rinnen dienen Klappen zum Verteilen des Wassers, um 1916.

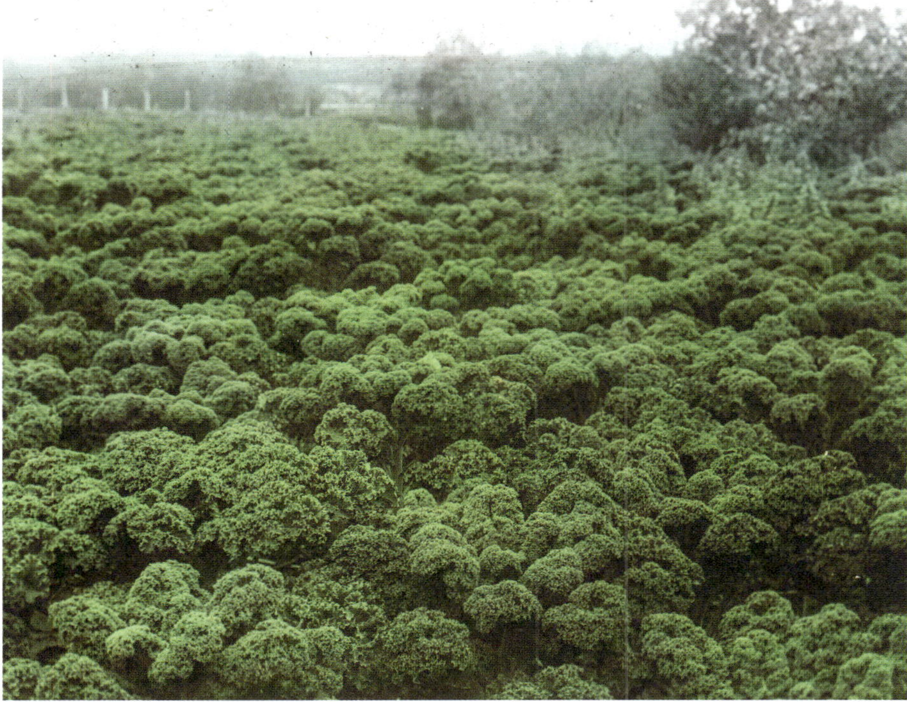

Grünkohl auf den Rieselfeldern Carolinenhöhe, um 1916.

Der Kriegsgemüseanbau der Stadt Charlottenburg wurde unter der Leitung Erwin Barths mit der ihm eigenen Professionalität organisiert und ausgebaut. Eine Leistung, die er offenbar mit gebührendem Stolz auch anderen zu präsentieren suchte: So führte er im Mai 1916 für die Mitglieder der Gruppe Brandenburg der Deutschen Gesellschaft für Gartenkunst eine Besichtigung vor Ort durch, im Dezember desselben Jahres hielt er einen entsprechenden Lichtbildervortrag im Festsaal des Rathauses. Barth präsentierte nicht nur Zahlen zu Anbauflächen und Erntemengen; er hatte eigens farbige Autochrome anfertigen lassen, um dem Publikum die Erfolge der

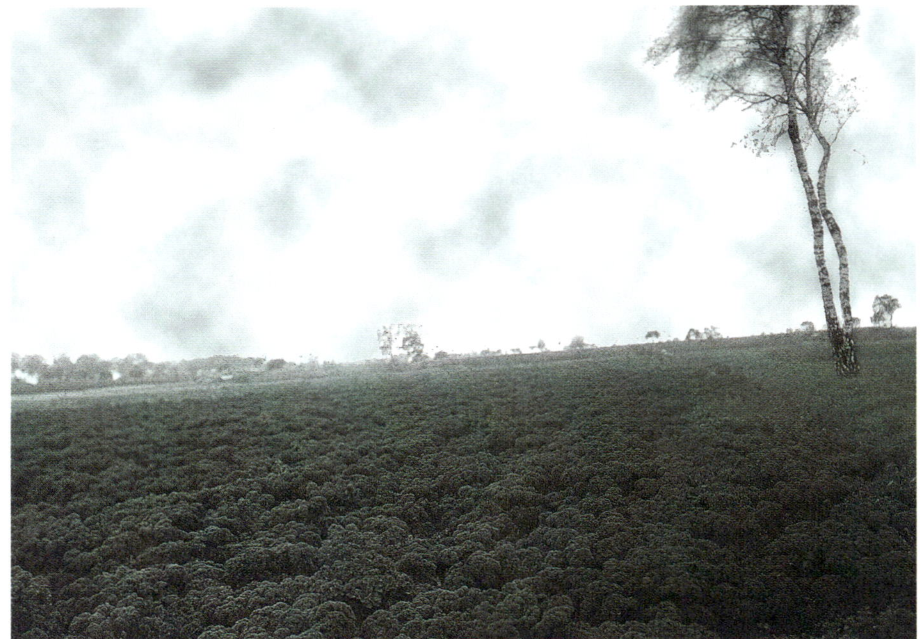

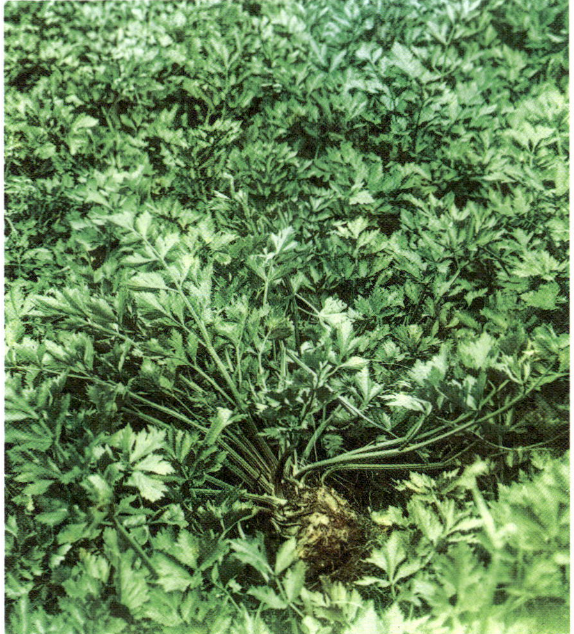

Anbau von Grünkohl auf den Rieselfeldflächen, um 1916.

Knollensellerie auf den Rieselfeldern Karolinenhöhe, um 1916.

gartenbaulichen Bemühungen nahezubringen. In der Gartenkunstgesellschaft zog man denn auch die Schlussfolgerung, Barth habe „Vorbildliches geleistet […] – zum Wohle der Stadteinwohner und damit wohl auch zum Wohle unseres Vaterlandes".[12] Nach dem Ende des Krieges und der Überwindung der ersten Notjahre in Friedenszeiten zog sich die Parkverwaltung wieder aus dem Geschäft der Nahrungsmittelproduktion zurück. Die Bewirtschaftung der Rieselfelder Karolinenhöhe wurde erneut vollständig an Pächter und Pachtbetriebe übergeben. Im Laufe der Jahre stellte sich eine sogenannte Rieselmüdigkeit ein, da die Ungleichgewichte im Nährstoffhaushalt und die zunehmende Anreicherung von Giftstoffen zu Ertragseinbußen führten. Durch Bodenbelüftung sowie zusätzliche organische Düngung mit Stallmist versuchte man, dem Phänomen entgegenzuwirken. Erst in den 1960er Jahren wurden größere Teile der Felder aus der Berieselung herausgenommen, nachdem man zur Behandlung der städtischen Abwässer in Charlottenburg das Klärwerk Ruhleben errichtet hatte. 1985 schließlich wurde der Anbau von Gemüse aufgrund nachgewiesener Schadstoffbelastung untersagt. Seit 1987 sind die Rieselfelder Karolinenhöhe als Landschaftsschutzgebiet ausgewiesen; die Nutzung als Berieselungsfläche wurde 2010 auch auf den letzten verbliebenen Teilflächen vollständig aufgegeben.[13]
[Dietmar Land]

1 Foto vom Plan „Rieselfeld Carolinenhöhe-Gatow. Aptierung 1913–1914. Aufmaßzeichnung" mit farbigen Markierungen und Eintragungen zum „Kriegs-Gemüsebau" vom 14. April 1916 (Landesdenkmalamt Berlin, Archiv Gartendenkmalpflege, N-IV-EB-F-02533). Der Begriff „Aptierung" bezog sich auf die Einrichtung der regulierten Rieselstücke, nicht aptierte Flächen verblieben als offene Feld- oder Ackerfluren ohne Verrieselung.

2 Vgl. Land, Dietmar: Erwin Barth (1880–1933). Leben und Werk eines Gartenarchitekten im zeitgenössischen Kontext. Dissertation an der Technischen Universität Berlin 2004, S. 295 u. 297 f.

3 Vgl. Böttcher, Kerstin: Der Erste Weltkrieg und seine Auswirkungen auf Berlin – eine Einführung. In: Landesarchiv Berlin (Hg.): Der Erste Weltkrieg in Dokumenten des Landesarchivs Berlin. Berlin 2017, S. 3–6.

4 Vgl. Land 2004 (Anm. 2), S. 296.

5 Bericht über die Verwaltung und den Stand der Gemeinde-Angelegenheiten der Stadt Charlottenburg für das Verwaltungsjahr 1914, bearbeitet im Statistischen Amt, Charlottenburg April 1916, S. 74.

6 Vgl. Gundlach, Wilhelm: Geschichte der Stadt Charlottenburg. Im Auftrage des Magistrats bearbeitet. Berlin 1905, S. 578–588.

7 Vgl. Gundlach 1905 (Anm. 6), S. 583.

8 Vgl. Buch, Felix: Gruppe Brandenburg (Bericht über eine Besichtigung und einen Vortrag zum Kriegsgemüseanbau für die DGfG-Gruppe Brandenburg durch Erwin Barth). In: Die Gartenkunst 30 (1917), H. 2, Beilage S. 6.

9 Vgl. ebd., S. 6.

10 Bericht über die Verwaltung und den Stand der Gemeinde-Angelegenheiten der Stadt Charlottenburg für die Verwaltungsjahre 1915 bis 1920, bearbeitet im Statistischen Amt, Charlottenburg Februar 1922, S. 46.

11 Vgl. Entwurfsplan „Pferdestallgebäude für das Städt. Rieselgut der Stadt Charlottenburg in Gatow", Erwin Barth, 10. November 1917 (Bezirksamt Charlottenburg-Wilmersdorf, Fachbereich Grünflächen, Sammlung historische Pläne, XXVII/1).

12 Buch 1917 (Anm. 8), S. 6.

13 Vgl. Umweltatlas Berlin, 01.10 Rieselfelder, http://www.stadtentwicklung.berlin.de/umwelt/umweltatlas/d110_06.htm (abgerufen am 14. Januar 2020).

Lietzenseepark

Charlottenburg-Wilmersdorf

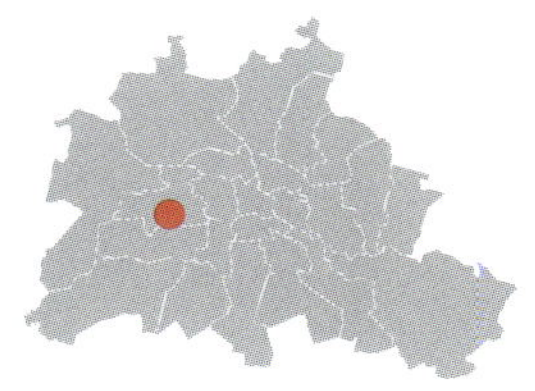

Im Sommer 1920 wurde in Charlottenburg ein neuer Volkspark eröffnet. Die Uferflächen am Lietzensee waren als öffentliche Erholungsanlage hergerichtet worden: Rasenflächen unter Bäumen mit weit geschwungenen Spazierwegen, unterschiedlich gestaltete Sitzplätze und eine „Fülle schön blühender Sträucher, Schlingpflanzen und Stauden“,[1] nach außen geschützt durch eine dicht bewachsene Böschung und im Zentrum die malerisch eingebettete Wasserfläche des Sees. Der Park war ausgestattet mit zahlreichen Sitzbänken, mit Spielplätzen und Spielwiesen für die Kinder. Gartenkünstlerische Sondergärten, wie etwa eine Wasserkaskade mit Brunnen und Laubengang, schmuckvoll gestaltete Eingangstore, Mauern, Brücken und Treppenanlagen fügten sich als Besonderheiten in das landschaftliche Bild.[2] Ein zeitgenössischer Zeitungsbericht betonte die „raffinierte Schönheit“ und „kultivierteste Eleganz“ des Lietzenseeparks.[3]

Direkt nach dem Ende des Ersten Weltkriegs hatte man mit dem Bau begonnen, ermöglicht durch die Notstands- und Arbeitsbeschaffungsprogramme der neuen Regierung. Der Gartendirektor Erwin Barth hatte umgehend einen durchgearbeiteten Gesamtentwurf vorlegen können, weil er selbst schon seit 1914 an den entsprechenden Plänen gearbeitet hatte. Nicht alle Ideen konnten in der kurzen Bauzeit bis zur Übergabe an die Bevölkerung verwirklicht werden, da insbesondere die Beschaffung des Baumaterials eine schwer zu bewältigende Hürde darstellte. Barth jedoch blieb, trotz zahlreicher anderer Projekte und Baustellen, dem Lietzenseepark auch nach der Eröffnung eng verbunden: Er setzte es durch, dass in den folgenden Jahren noch Manches ergänzt und vervollkommnet wurde.[4]

Von seiner Wohnung in der Kaiser-Friedrich-Straße 90 war es bis zum Lietzensee lediglich ein Spazierweg von 15 Minuten. So war es dem Gartendirektor möglich, nicht nur den Fortgang der Arbeiten während der Bauzeit kontinuierlich zu überwachen, sondern auch danach den Park immer wieder zu besuchen. Häufig nahm er dabei seinen Fotoapparat mit. Im Laufe der Zeit entstand so eine ganze Sammlung von Aufnahmen aus dem Lietzenseepark. Einige davon veröffentlichte Barth 1921 in einem Beitrag über die neue Anlage in der Zeitschrift „Die Gartenkunst“, zahlreiche Aufnahmen verblieben als Dokumentation im Gartenamt, andere wurden später Teil der Foto- und Diasammlung am Hochschulinstitut. Einzelne Bilder des Lietzenseeparks verblieben, eventuell lediglich zufällig und ohne einen bestimmten Grund, über die Jahre hinweg in der Hand des Gartendirektors; Barth bewahrte sie gemeinsam mit seinen privaten Bildern und Unterlagen in der eigenen Wohnung auf. Nach dem überraschenden und frühen Tod des Vaters im Jahr 1933 übernahm Jürgen Barth die Obhut über das Konvolut. Er ergänzte die schon vorhandene Reihe der Lietzenseebilder durch eigene Fotografien. Mehrere dieser bislang noch nicht bekannten Aufnahmen aus dem Lietzenseepark von Erwin und Jürgen Barth sollen hier im Einzelnen vorgestellt werden.

Die erste Fotografie zeigt einen Teil des zukünftigen Parkgeländes vor Beginn der Herstellungsarbeiten. Am Jahresanfang 1919 dokumentierte der Gartendirektor den Zustand der Uferwiesen und der Böschung unterhalb des Straßendamms der

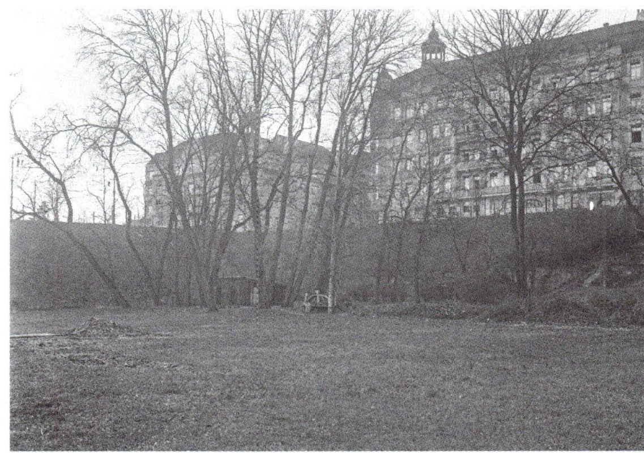

Der zukünftige Lietzenseepark am Straßendamm Neue Kantstraße, Zustand vor Baubeginn, 1919.

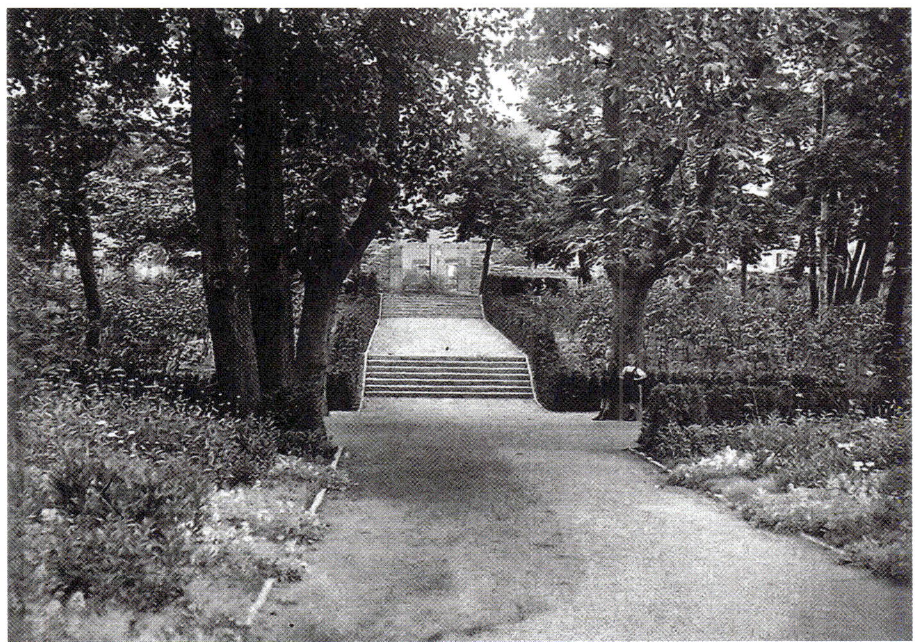

Jürgen und Eva Barth an der Treppenachse im Nordteil des Lietzenseeparks, um 1921.

Eva Barth im Südteil des Lietzenseeparks am Aufgang zur Neuen Kantstraße, um 1921.

Böschungsweg mit Stützmauer unterhalb der heutigen Wundtstraße, um 1922.

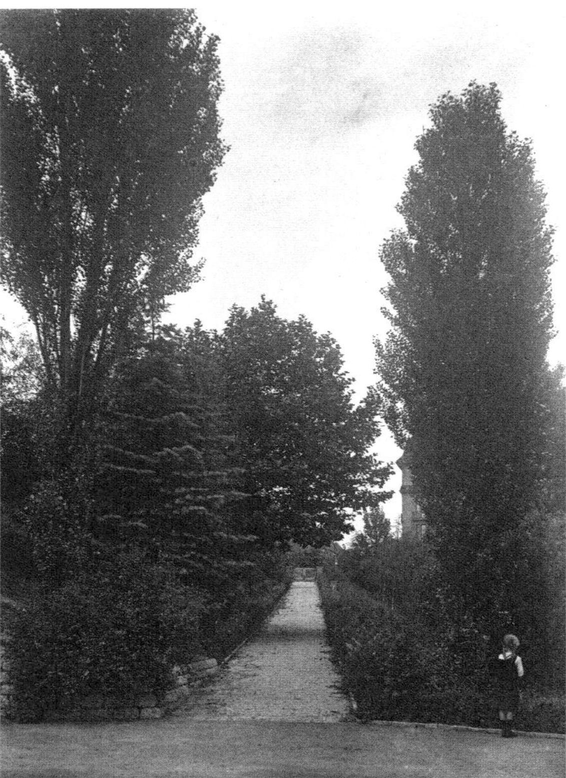

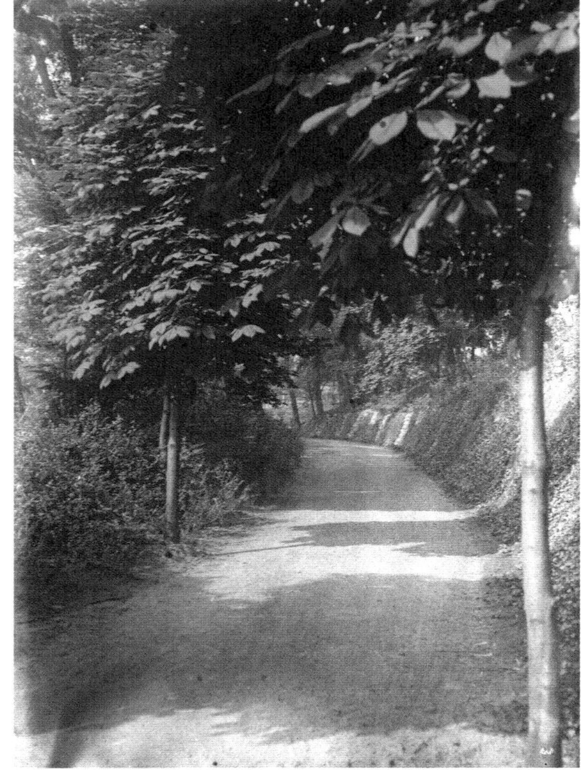

Neuen Kantstraße und der Herbartstraße. Zukünftig sollte sich unter den vorhandenen Bäumen ein Kinderspielplatz in die Böschung hineinerstrecken; die provisorische Holzbude wurde abgerissen, stattdessen entstand an der Rückseite des Spielbereichs eine offene Unterkunftshalle als Regenschutz.
Zwei weitere Bilder zeigen den Lietzenseepark kurz nach seiner Eröffnung: Erwin Barth besuchte die Anlage gemeinsam mit seinen Kindern, um Aufnahmen zur Bebilderung seines geplanten Zeitschriftenartikels anzufertigen. Vermutlich hatte er hierfür ganz bewusst eine besonders frühe Morgenstunde gewählt, damit er die Chance hatte, die Kinder ohne weiteres Publikum ganz gezielt in die von ihm gewünschten Szenerien platzieren zu können. Auf beiden Fotografien ist zu erkennen, wie sich die neue Parkgestaltung mit den schon gegebenen Altbäumen zu einem reizvollen Miteinander zusam-

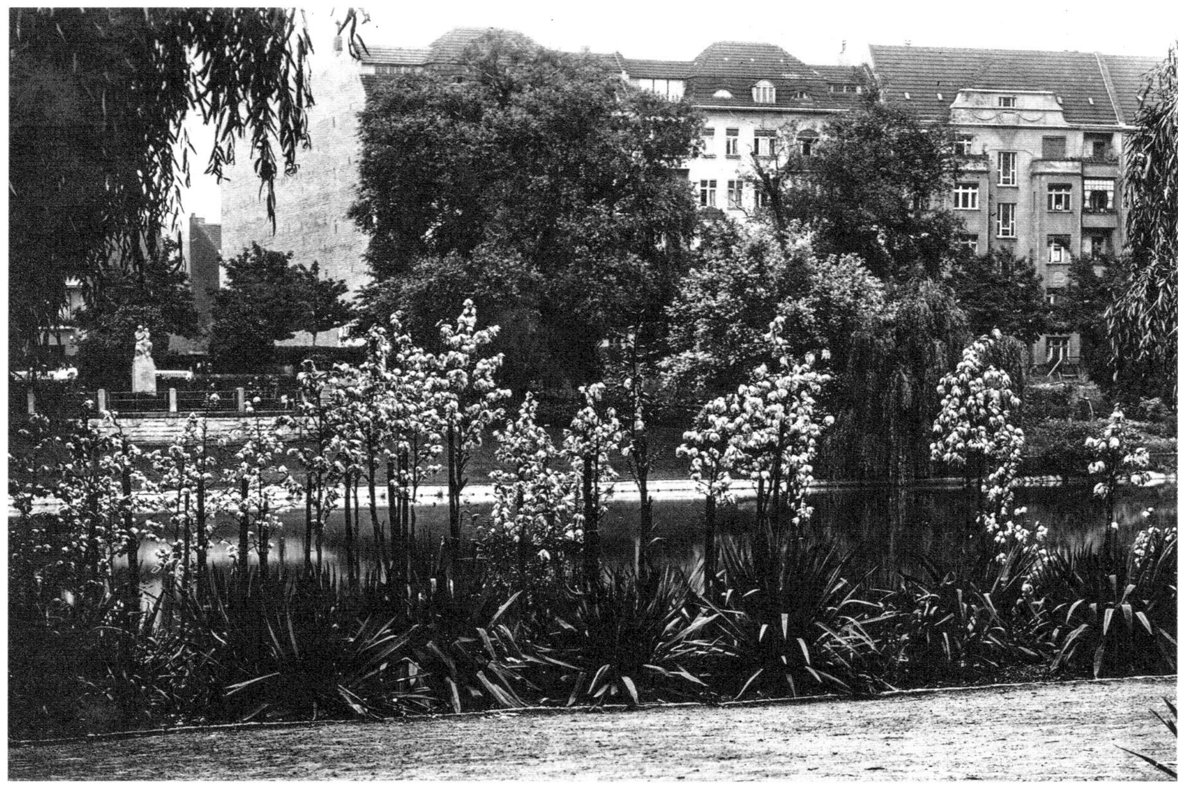

Palmlilien am Uferweg im Südteil des Parks mit Blick auf den gegenüberliegenden Kuno-Fischer-Platz, um 1923.

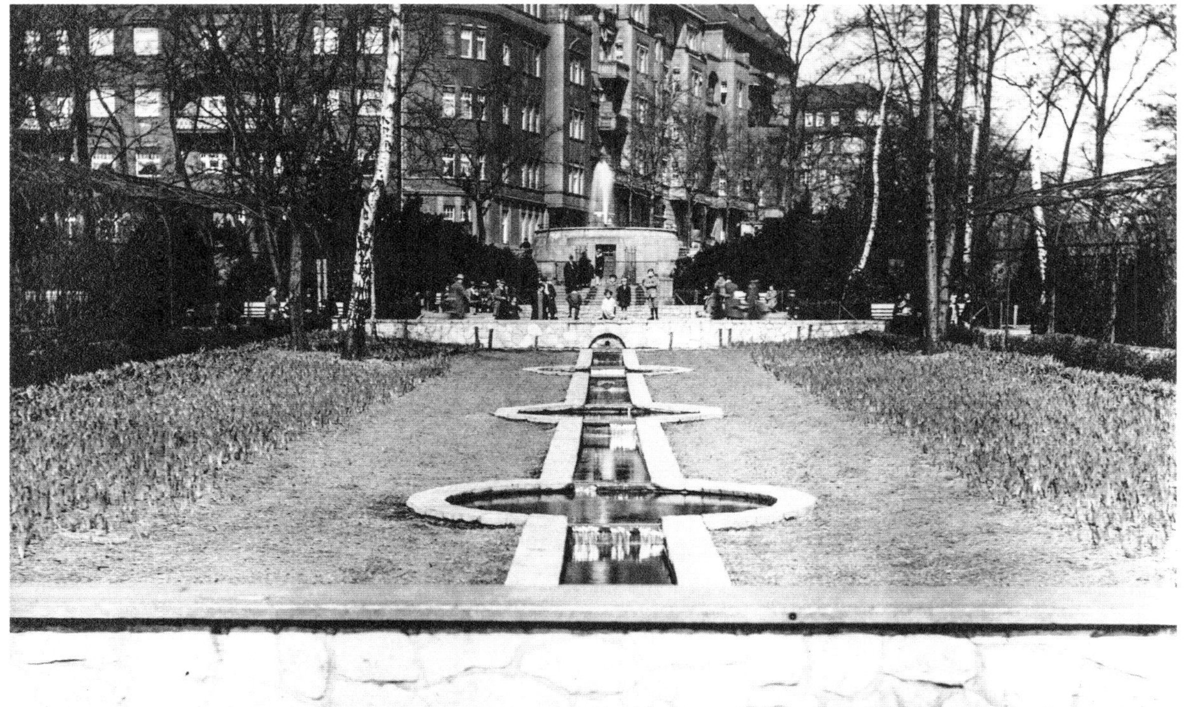

Die Kleine Kaskade im Nordteil des Parks im Frühjahr, die Funkien an den Wasserbecken sind noch nicht ausgetrieben, um 1925.

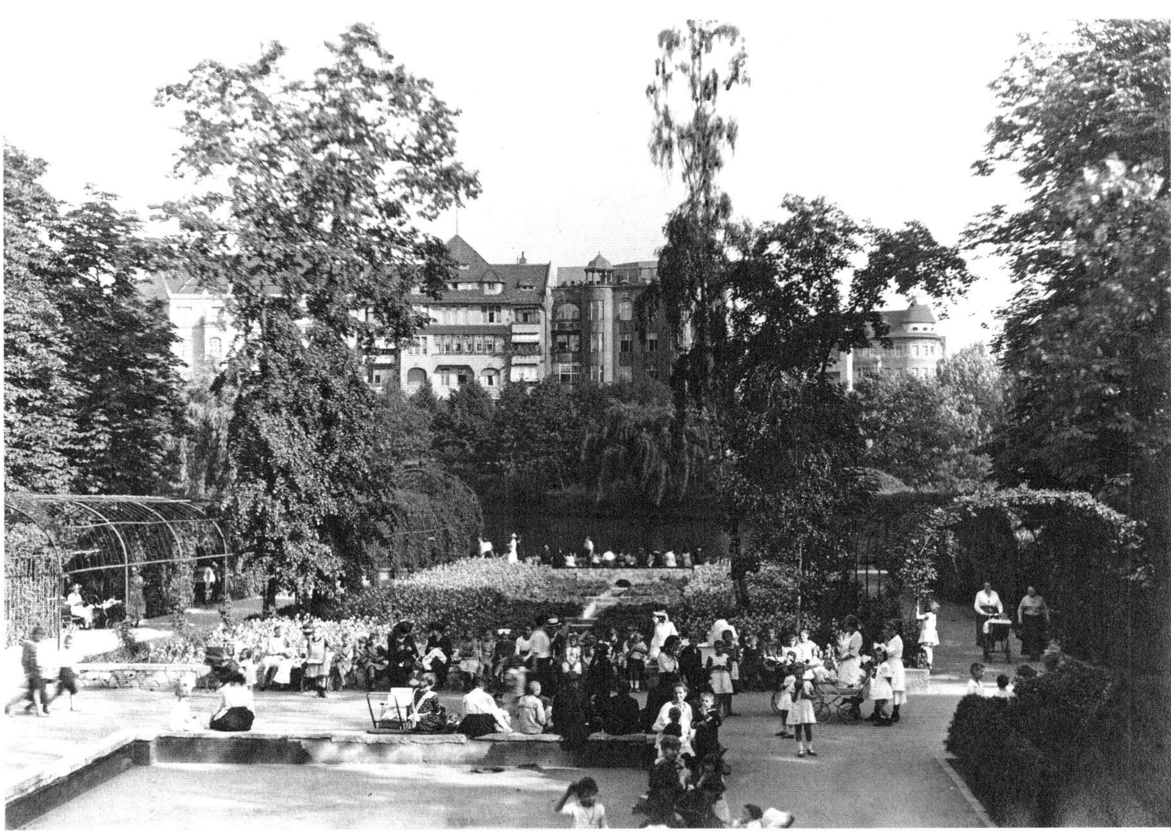

Die Kleine Kaskade im Sommer, Blick vom Parkzugang zum See, um 1925.

menfügt: Groß gewachsene Platanen auf einem von Hecken umrahmten Rundplatz brechen die strenge Symmetrie und Axialität eines Treppenweges, als Landmarke dienende Säulenpappeln heben den Zugang zum Böschungsweg in Richtung eines Parkeingangs hervor.

Ein anderes, eher unscheinbares Foto zeigt ebenfalls einen Zugangsweg im Hangbereich; in diesem Fall wollte Barth offensichtlich auf eine bautechnische Besonderheit hinweisen. Unterhalb der heutigen Wundtstraße musste das Gelände mit einer recht steilen Stützmauer abgefangen werden, da hier, wie an allen Hauptzugängen, „mindestens je ein Weg ohne Treppenstufen“ realisiert werden sollte, „damit auch Kranken- und Kinderwagen ohne Schwierigkeit in den Park gelangen können.“[5] Beim Bau der Böschungssicherungen hatte man auf Abbruchmaterial aus Beton von anderen Baustellen

Der umgestaltete Kuno-Fischer-Platz, die Faunfigur wurde an den seitlichen Gehölzrand verschoben, um 1931.

Hufeisenförmiger Uferplatz im Nordteil des Parks mit der Figur der Mater Dolorosa, umrahmt von Bauernjasmin, 1934.

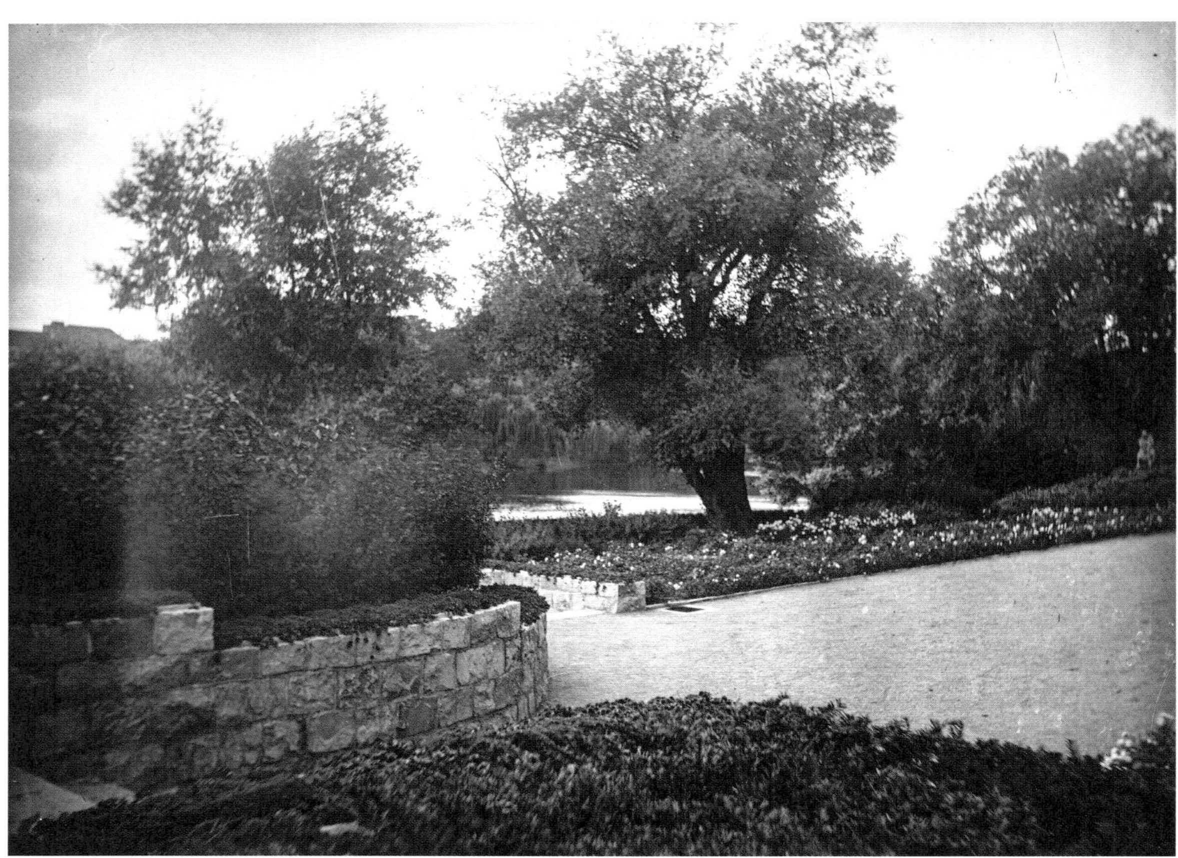

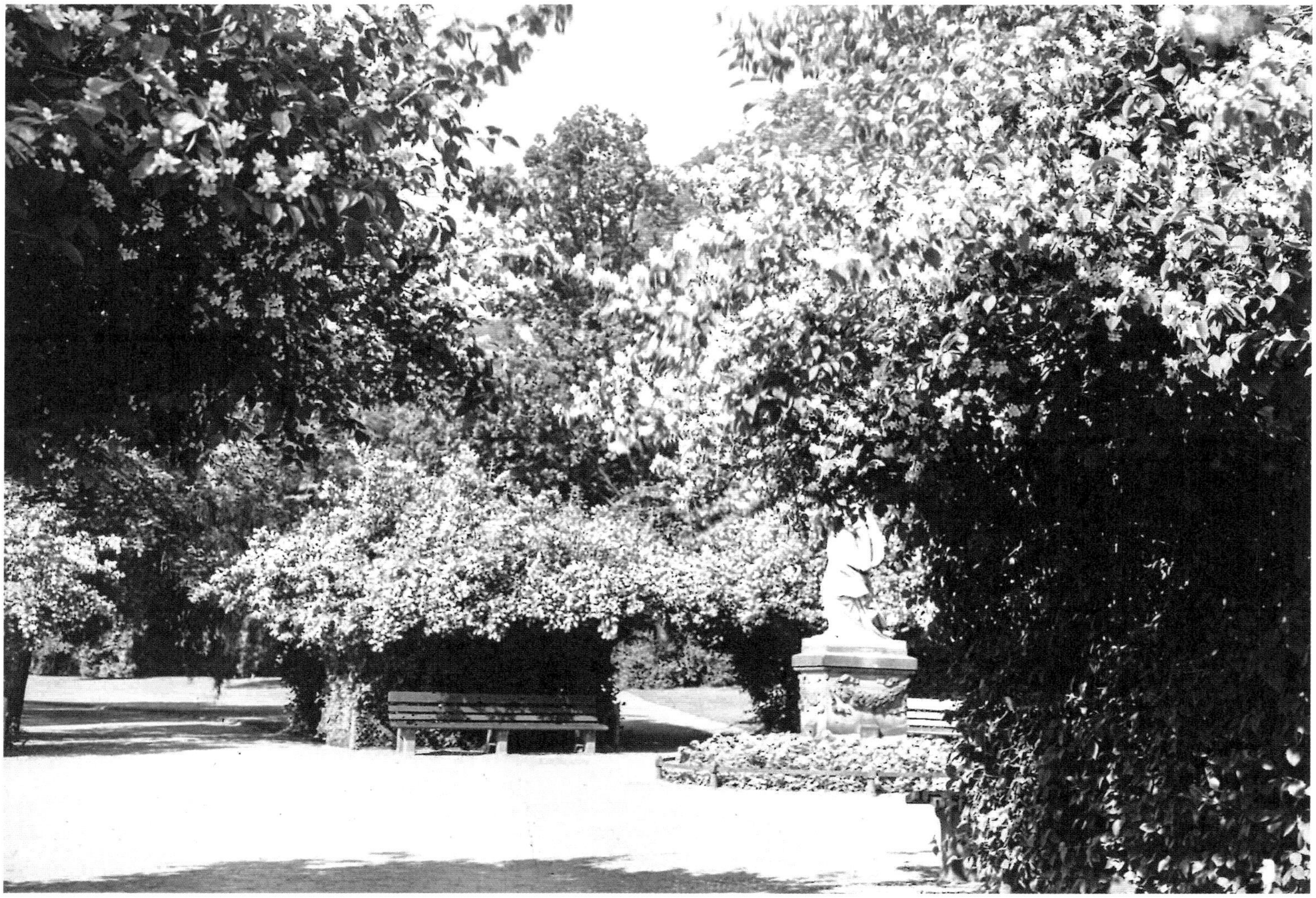

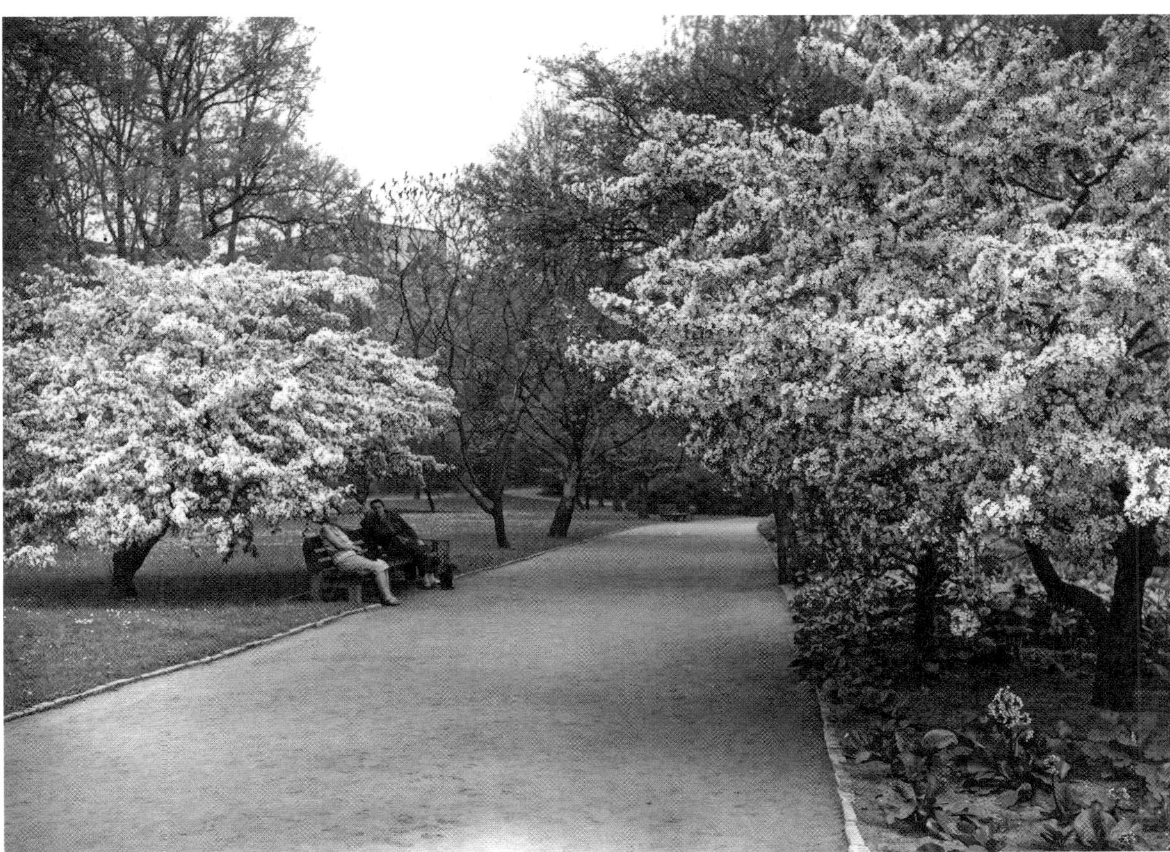

Zierapfel, Essigbaum und Zierkirsche am Uferweg im Südteil des Parks, 1934.

in der Stadt zurückgegriffen.[6] Mittlerweile waren die zu beiden Seiten neu gesetzten Kastanienbäume gut angewachsen und die Bruchsteinmauer war zu einem großen Teil von Efeu überwachsen.

Nach Überwindung der Inflation und mit dem Beginn der wirtschaftlichen Konsolidierung wurden zumindest einige der Parkeingänge mit einer Beleuchtung versehen. So legte Barth im Januar 1925 den Entwurf für eine „Laterne für den Lietzensee-park“ vor, eine aus Schmiedeeisen anzufertigende Konstruktion. Kurz darauf wurden mehrere Exemplare am Treppenzugang zur sogenannten Kleinen Kaskade, in der Verlängerung der Sophie-Charlotten-Straße, beiderseits des Springbrunnens eingebaut. Zudem wurde im Jahr darauf der Geräteraum unterhalb des Springbrunnens nach dem Entwurf des Gartendirektors zu einer „Bedürfnisanstalt“ für Männer umfunktioniert.[7] Nun endlich war die Schmuckanlage der Kleinen Kaskade vollständig, so wie es der Entwurf schon im Dezember 1919 detailgenau vorgesehen hatte. Barth fotografierte das Ergebnis: ein axial und symmetrisch aufgebauter Sondergarten mit Wasserspiel und Laubengängen, der nicht nur von Erwachsenen besucht, sondern zugleich von zahlreichen Kindern bespielt wurde. Auf den Aufnahmen ist zudem die ungewöhnliche Bepflanzung des Staudenbeetes zu erkennen: An Stelle seiner sonst üblichen Mischung verschiedenster Arten hatte Barth hier eine Reduzierung auf nur drei Pflanzen vorgenommen: In streng eingeteilten Streifen begleiteten Funkien, Iris und Taglilien die mittig angeordneten Wasserbecken. Einzelne Bäume innerhalb des Beetes überspielten jedoch die Eindeutigkeit der Gestaltung. Sie waren, scheinbar zufällig, aus dem Bestand heraus übernommen worden; ein Vorgehen, das Barth auch an anderen Stellen im Park mehrfach umgesetzt hatte.[8]

Nahezu mediterran mutet eine ebenfalls in den 1920er Jahren entstandene Aufnahme aus dem Südteil des Lietzenseeparks an: Zwischen den elfenbeinfarbenen Blütenständen der Palmlilien über den dunklen Blattrosetten fällt der Blick auf die stille Wasserfläche des Sees; am gegenüberliegenden Ufer ist auf einem Steinsockel die Figur eines Fauns, der einem Knaben das Flötenspiel beibringt, zu erkennen. Sie gehörte zum Kuno-Fischer-Platz, einer kleinen Uferanlage, die schon 1912 entstanden war und deren letztendliche Gestaltung Erwin Barth gleichfalls maßgeblich beeinflusst hatte. Die auch als Garten-Yucca bekannte Palmlilie war keineswegs eine übliche Pflanze in einer Parkanlage Barths; sie galt vielmehr als ein Beispiel der Exotenliebhaberei in den Gärten des Historismus und auf den Schmuckplätzen der wilhelminischen Zeit. Auf Barths Plänen und Zeichnungen erschienen diese Pflanzen nicht. Schlichtweg aus pragmatischen Gründen hatte man allerdings insbesondere im südlichen Abschnitt die dort schon vorhandenen Ziersträucher und auffallenden Gartenpflanzen zumindest zum Teil beibehalten, sodass bei der Bestellung in den Baumschulen und Gärtnereien Einsparungen vorgenommen werden konnten. Erst in den kommenden Jahren wurden die „Exoten“ nach und nach durch altbekannte Sorten und Gartenstauden ersetzt.

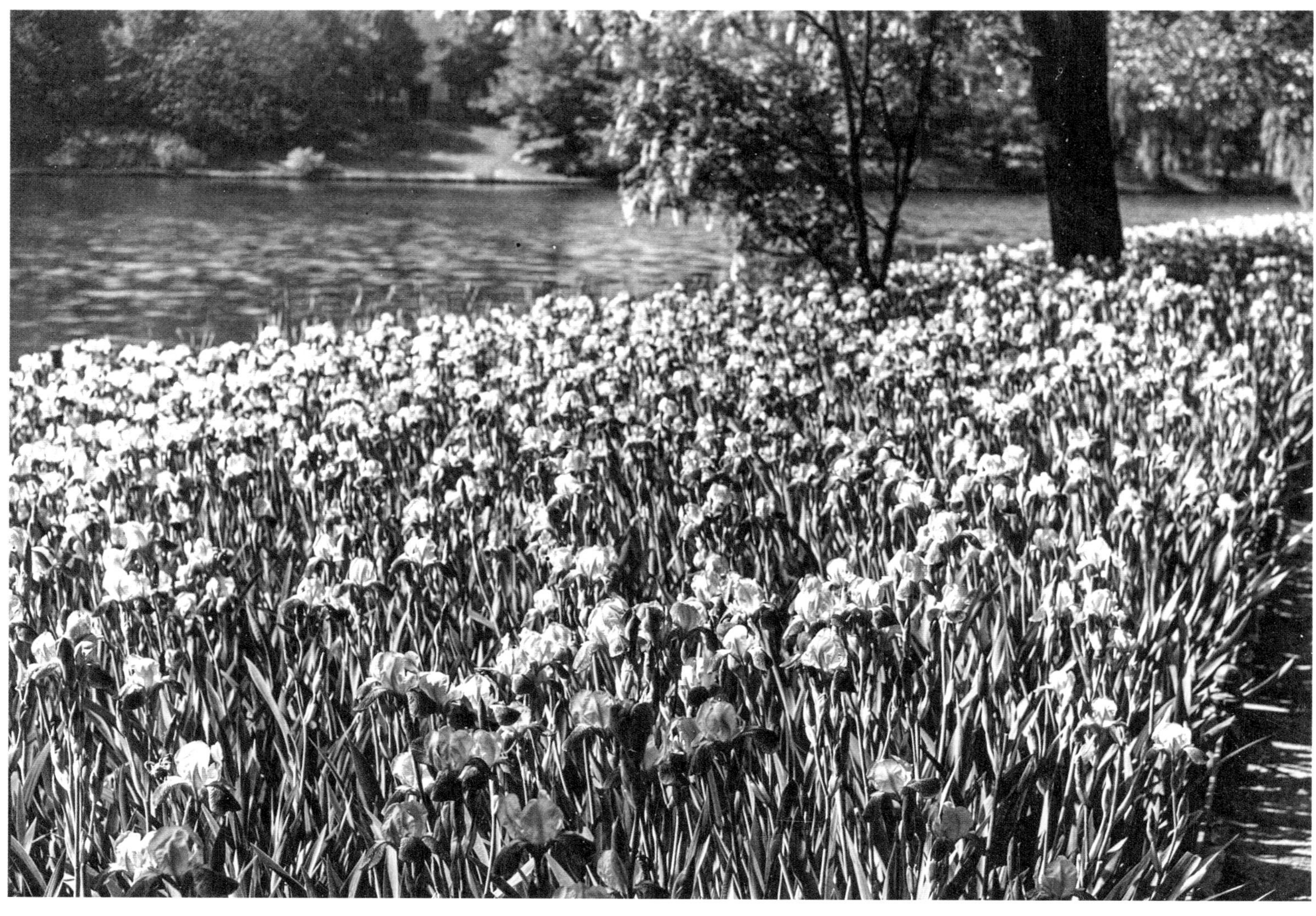

Die „Borte von amethystfarbenen Irisblumen" am Ufer des Lietzensees, 1934.

Auch auf der folgenden, etwa 1931 aufgenommenen Fotografie ist die Figur des Fauns auf dem Kuno-Fischer-Platz am Ostufer des Lietzensees zu erkennen. Der Waldgeist mit menschlichem Körper und Beinen eines Ziegenbocks war jedoch mittlerweile in den Hintergrund verrückt worden, die gesamte Anlage hatte sich vollkommen verändert. Nach nur wenigen Jahren hatte man eine Freiraumgestaltung Erwin Barths wieder abgeräumt und komplett umgestaltet. Nachdem für das südlich angrenzende Grundstück über die Jahre kein Investor zur Errichtung eines adäquaten Wohnhauses gefunden worden war, hatte man sich 1928 für einen Interessenten entschieden, welcher zusätzlich das Areal der bestehenden Platzanlage für seine Bebauung nutzen wollte: Für die Knappschaft-Berufsgenossenschaft wurde die Fläche vollkommen neu zugeschnitten, entlang der Straße entstand ein längs ausgerichtetes Verwaltungsgebäude, das öffentliche Grün wurde parallel dazu an der Uferseite eingerichtet. Der Nachfolger Erwin Barths im Amt des Bezirksgartendirektors, Felix Buch, hatte den Entwurf für die neuen Uferterrassen ausgearbeitet.[9] Barth, nunmehr Stadtgartendirektor Groß-Berlins, verfolgte die Umbauten am Lietzensee natürlich mit besonderem Interesse und dokumentierte den neuen Kuno-Fischer-Platz mit seinen Fotografien.

1933 verstarb Erwin Barth. Sein Sohn Jürgen, der sich gleichfalls für einen Beruf innerhalb der Garten- und Landschaftsgestaltung entschieden hatte, war zu diesem Zeitpunkt 22 Jahre alt und in seiner praktischen Gärtnerausbildung. Beim Lietzenseepark setzte er die dokumentarische Arbeit seines Vaters fort: Er fotografierte im Park gewissermaßen mit dem Ziel, die schon vorhandene Fotoreihe zu vervollständigen. Insbesondere interessierte ihn offenbar der Aspekt der Pflanzenverwendung, wie es drei dieser im Jahr 1934 gemachten Aufnahmen vermuten lassen. Das erste Foto zeigt den hufeisenförmigen Uferplatz mit einer steinernen Frauenfigur, die aus der Achse der Charlottenburger Schlossstraße hierher transloziert worden war.[10] Jürgen Barth wollte jedoch weniger auf die Skulptur, als vielmehr auf die einheitliche Umpflanzung mit weißblühendem Bauernjasmin hinweisen: Dieser bildete durch regelmäßigen Rückschnitt im Bereich der Sitzbänke mittlerweile einen dachartigen Überhang aus. Auch das zweite Bild zeigt, wie ein Bankstandort durch blühende Sträucher eine besondere Aufwertung erfuhr. Die dritte Aufnahme schließlich zeigt eine Besonderheit bei der Uferbepflanzung.

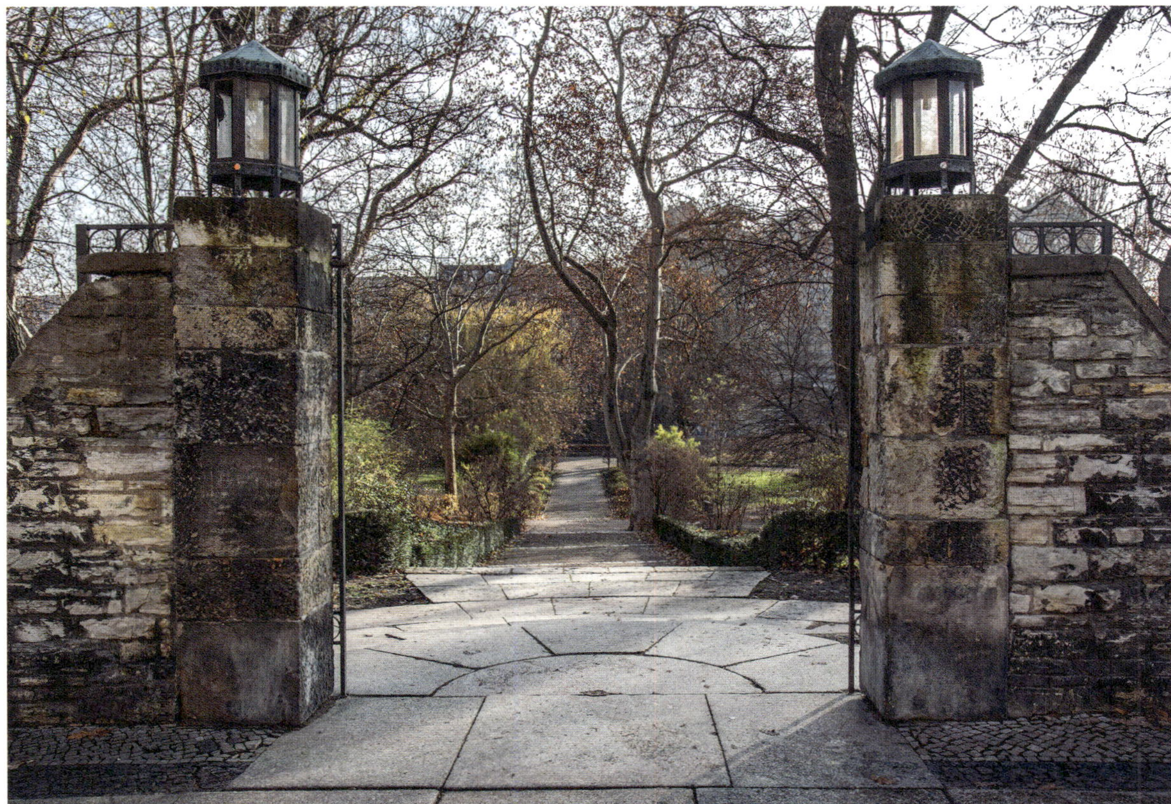

Parkeingang zur Treppenachse an der Wundtstraße, 2019.

Das „ganze Seeufer", so hatte es Erwin Barth selbst beschrieben, war „an Stelle des sonst üblichen Rasens von Stauden umrahmt"[11] und bei der Pflanzenauswahl hatte er eine ganz eigenwillige Auswahl getroffen: An einem Großteil des Ufers war eine durchgehend einheitliche „Borte von amethystfarbenen Irisblumen" entstanden,[12] „prachtvoll üppige [...] Irisfelder, die in bunten Windungen die Seeufer umsäumen", wie man in der Lokalpresse mit Begeisterung berichtet hatte.[13] Auf diesen speziellen Blickfang wollte Jürgen Barth mit seinem Foto verweisen und auf der Rückseite vermerkte er in analytisch nüchternen Worten: „Uferrabatte, einheitlich mit Iris germanica ‚Perfection' bepflanzt. Als Gegenfarbe zu der blauen Fläche der Irisblüten wirken die gelben Dolden eines Goldregenstrauches."[14] Es sind solche feinen Strukturen und Pflanzenarrangements, die bis heute ganz wesentlich zum besonderen Charakter des Lietzenseeparks beitragen.
[Dietmar Land]

1 Barth, Erwin: Der Lietzenseepark-Charlottenburg. In: Die Gartenkunst 34 (1921), H. 2, S. 18.
2 Vgl. ebd., S. 15–26.
3 Ausriss aus: Berliner Lokalanzeiger, Bezirk Westen II, vom 11. Juni 1926. In: Nachlass Barth, Jürgen Barth privat. Zit. in: Land, Dietmar: Erwin Barth (1880–1933). Leben und Werk eines Gartenarchitekten im zeitgenössischen Kontext. Dissertation an der Technischen Universität Berlin 2004, S. 324.
4 Vgl. Land 2004 (Anm. 3), S. 325 f.
5 Barth 1921 (Anm. 1), S. 17 f.
6 Vgl. Barth 1921 (Anm. 1), S. 26.
7 Entwurfsplan „Laterne für den Lietzenseepark", Erwin Barth, Januar 1925 und Entwurfsplan „Bedürfnisanstalt unter dem Springbrunnen im Lietzenseepark", Erwin Barth, Januar 1926 (Bezirksamt Charlottenburg-Wilmersdorf, Fachbereich Grünflächen, Sammlung historische Pläne, VIII/90 und VIII/80).
8 Nicht nur im Lietzenseepark, sondern insbesondere auch im zeitgleich entstandenen Volkspark Jungfernheide unterbrechen aus dem Bestand übernommene Bäume die regelmäßig angeordneten Linien und Formen, indem sie beispielsweise innerhalb der Wegeflächen oder der Kantensteinreihen erhalten geblieben sind; vgl. Land, Dietmar: Volkspark Jungfernheide. In: Landesdenkmalamt Berlin (Hg.): Gartendenkmale in Berlin. Parkanlagen und Stadtplätze (Beiträge zur Denkmalpflege in Berlin, Bd. 39). Petersberg 2013, S. 64.
9 Vgl. Land, Dietmar: Parkpflegewerk Lietzenseepark Berlin-Charlottenburg im Auftrag des Bezirksamtes Charlottenburg-Wilmersdorf von Berlin, Straßen- und Grünflächenamt, Fachbereich Grün, Umwelt- und Naturschutzamt sowie Landesdenkmalamt Berlin Fachbereich Gartendenkmalpflege. 2014–2016, S. S7–30.
10 Erwin Barth bezeichnete die Figur als „Mater dolorosa", als ein Abbild der „schmerzensreichen Mutter" Jesu Christi. Tatsächlich handelte es sich bei der Figur des Bildhauers Rudolf Pohle jedoch um die Verkörperung der Leonore aus der gleichnamigen Ballade von Gottfried August Bürger; vgl. ebd., S. N8–45.
11 Barth 1921 (Anm. 1), S. 20.
12 Ausriss aus: Berliner Lokalanzeiger 1926 (Anm. 3).
13 Klawun, Paul: Die Parkanlagen am Lietzensee in Charlottenburg. In: Haus-Hof-Garten, Wochenschrift des Berliner Tageblatts vom 2. Juni 1923, ohne Seitenangabe.
14 Foto „Lietzenseepark Bln.-Charlottenburg", Jürgen Barth, 1934 (Landesdenkmalamt Berlin, Archiv der Gartendenkmalpflege, N-IV-EB-F-012_009).

Brixplatz

Charlottenburg-Wilmersdorf

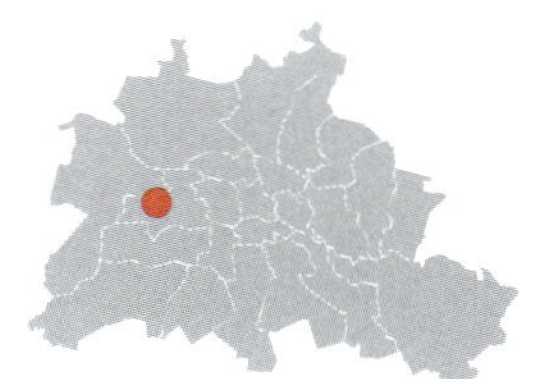

Eine Fotografie Erwin Barths aus den späten 1920er Jahren zeigt einen kleinen Teich in einer Geländesenke. Die in der Sonne liegenden Ufer sind mit Gräsern und Stauden bewachsen, ein kleiner Bachzulauf überwindet plätschernd zwischen Findlingssteinen hindurch eine Geländestufe. Einzelne Bäume und Sträucher vervollkommnen das Landschaftsidyll; im Hintergrund begrenzt ein steiler Wiesenhang die kleine Talmulde. Von der Großstadt ist nichts zu spüren und doch handelt es sich um einen Stadtplatz des Berliner Bezirks Charlottenburg, gelegen im Mietshausquartier von Neu-Westend.

In den Jahren 1919–21 hatte der Gartendirektor den Sachsenplatz, den heutigen Brixplatz, in einer natürlichen, durch Kiesabbau noch vertieften, Bodensenke anlegen lassen. Die als kleiner Park konzipierte Grünfläche stellte für Erwin Barth eine ganz besondere Anlage dar: Hier hatte er nicht nur einen seiner Gartenplätze zur Erholung und zum Kinderspiel geschaffen, er hatte zudem einen einzigartigen Lehr- und Naturgarten realisieren können. Barth nannte es die „brandenburgische Heimat im Volkspark": Der Sachsenplatz, so wünschte er, „möge [...] dem Großstädter die Liebe zu der ihm teils entfremdeten Natur wieder neu entfalten, damit er ihren unversiegbaren Reichtum kennen lernt und damit auch sein Leben bereichert."[1]

Noch nach Fertigstellung der Grünanlage kümmerte sich Barth immer wieder persönlich um den ihm lieb gewonnenen Platz, insbesondere bemühte er sich um detaillierte Ergänzungen in der Pflanzenausstattung, wie sich auch Barths Sohn Jürgen Barth erinnerte: Zusammen mit seinem Vater unternahm er in den 1920er Jahren Wanderungen in der Umgebung Berlins, bei denen dieser häufig neue Anregungen für die naturgetreuen Pflanzenbilder des Sachsenplatzes entdeckte. Gemeinsam sammelten sie Saaten und einzelne Wildpflanzen, um diese nach der Rückkehr nach pflanzensoziologischen Gesichtspunkten an entsprechende Stellen des Sachsenplatzes einzufügen. Eier und Raupen, etwa von Schmetterlingen, wurden gleichfalls auf diesem Wege umgesiedelt, um auch die Fauna der Anlage zu bereichern.[2] Ausnahmsweise durften die Kinder Barths bei diesen Gelegenheiten das tiefliegende Areal der Platzmitte betreten, das für die Öffentlichkeit nicht zugänglich war.

Die ersten Planungen, Ideen und Entwürfe für den Sachsenplatz waren schon Jahre zuvor entstanden. Ab 1905 ließ die Neu-Westend Aktiengesellschaft für Grundstücksverwertung Parzellierungspläne anfertigen, um im Westen der Stadt ein bislang noch bewaldetes Areal für eine zukünftige Mietshausbebauung für bürgerliche Schichten zu erschließen.

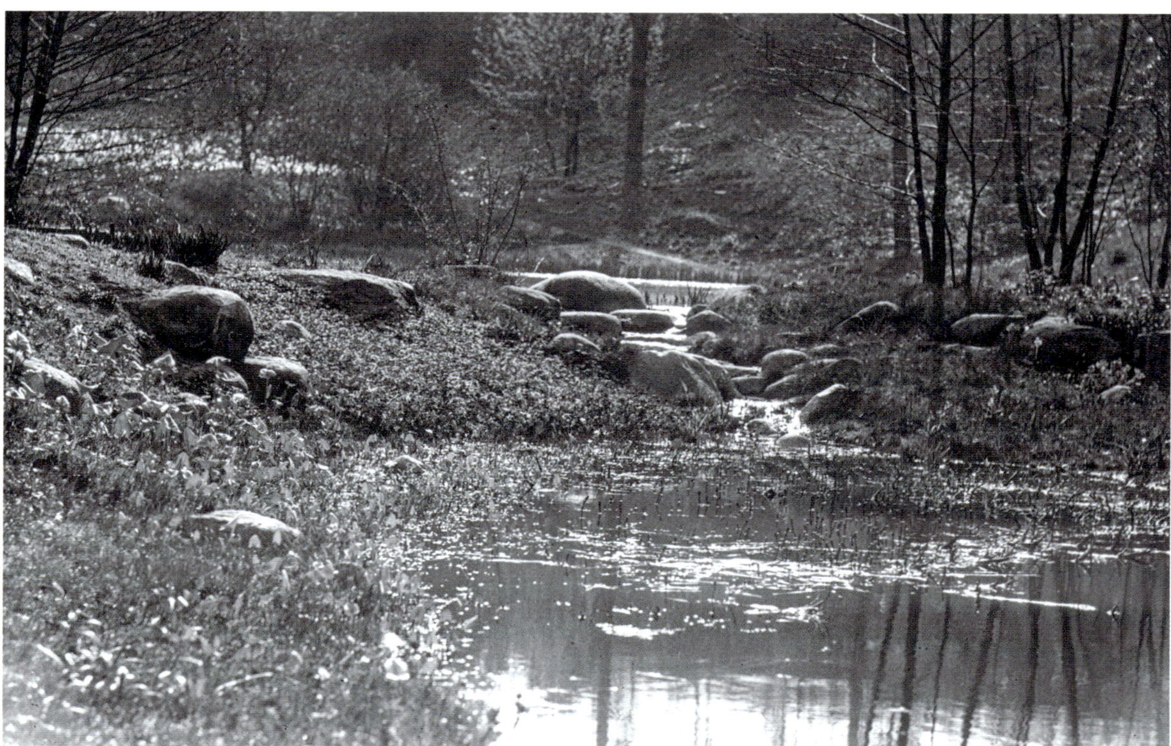

Bachlauf in Form von „Gletscher-Moränen" oberhalb des Teiches am Sachsenplatz (heute Brixplatz), um 1928.

Im Gegensatz zu den älteren Ortsteilen sollten die neuen Straßen nach dem Vorbild des sogenannten malerischen Städtebaus angelegt werden, nicht rechtwinklig-orthogonal, sondern in organisch geschwungenen Linien. Ebenfalls in diesem Sinne wurde von Beginn an geplant, eine im Gebiet vorhandene natürliche Senke als zukünftigen „Platz F" zu nutzen.

Der 2,1 ha große Geländeeinschnitt stellte mit seinem Bestand an Waldkiefern einen pittoresken Landschaftsausschnitt dar, der mit seinem Höhenunterschied von 14 Metern nur schwerlich als Baugrund zu nutzen war. Es war denn auch die Terraingesellschaft selbst, die 1909 bei der zuständigen Parkverwaltung anfragte, ob sie den „Platz F" vollständig mit Boden ausfüllen solle oder „ob es nicht zweckmäßiger" sei, „den inneren Teil des Platzes in seiner vorhandenen [...] Anlage unter Erhaltung der dort vorhandenen Kiefern [...] zu belassen."[3] Der Garteninspektor Ludwig Neßler zeigte sich durchaus angetan von diesem Vorschlag, der einerseits für die Baugesellschaft eine kostengünstige Lösung darstellte, andererseits aber die Chance bot, ein Stück heimatliche Natur in der Stadt zu erhalten, so wie es die Heimatschutzbewegung einforderte, deren Ideen seit der Jahrhundertwende zunehmend populär geworden waren.

Noch im gleichen Jahr wurde ein erster Entwurf angefertigt. Der vorhandene „Rest der ursprünglichen Pflanzengesellschaft", so beschrieb es Neßler, solle „mit gärtnerischen Mitteln reich ausgestattet werden", sodass eine „Vervollkommnung der jetzt vorhandenen Form" erreicht würde. Als Leitmotiv der Platzmitte sah er ein „kleines Wasserbecken [...] an einem Kalksandsteinbruch" vor, ergänzt durch Findlinge und einen Pflanzenbestand, der „dem Charakter der feuchten Wiese und Uferränder" angepasst sei.[4] Die Herstellung der Anlage verzögerte sich jedoch, da der Bau der umgebenden Straßen noch nicht angegangen wurde.

Erst Anfang 1913 wurde das Thema wieder aktuell. Unterdessen war Erwin Barth als Gartendirektor nach Charlottenburg berufen worden; er war nun für sämtliche Neuanlagen der Parkverwaltung zuständig. Auch im Fall des Sachsenplatzes ließ es sich Barth nicht nehmen, einen neuen Entwurf unter seinem Namen anzufertigen. Die grundsätzlichen Inhalte und Ideen zur Platzgestaltung übernahm er dabei aus den Planungen seines Vorgängers und

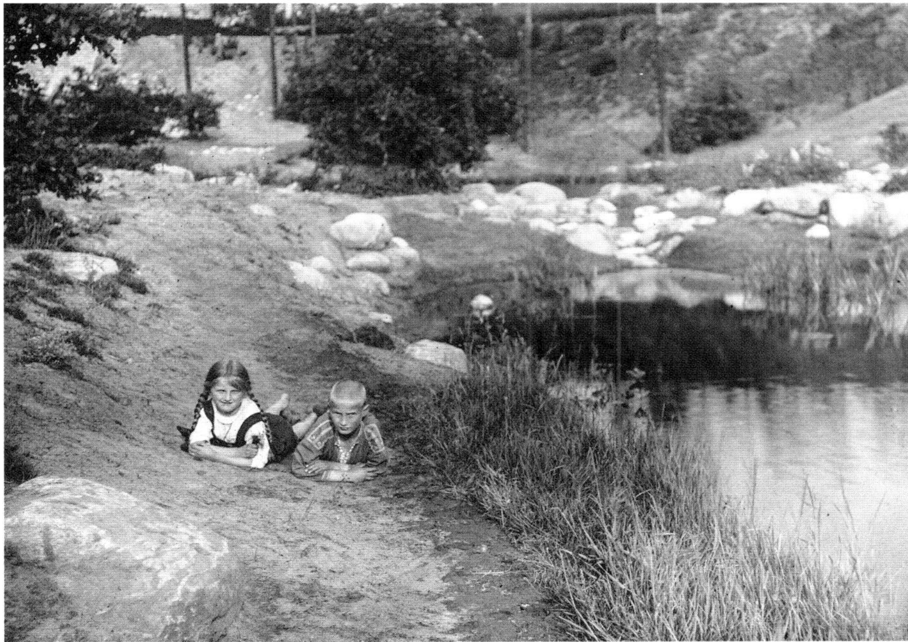

Eva und Jürgen Barth an gleicher Stelle beim Teich, im nicht öffentlich zugänglichen Bereich, um 1921.

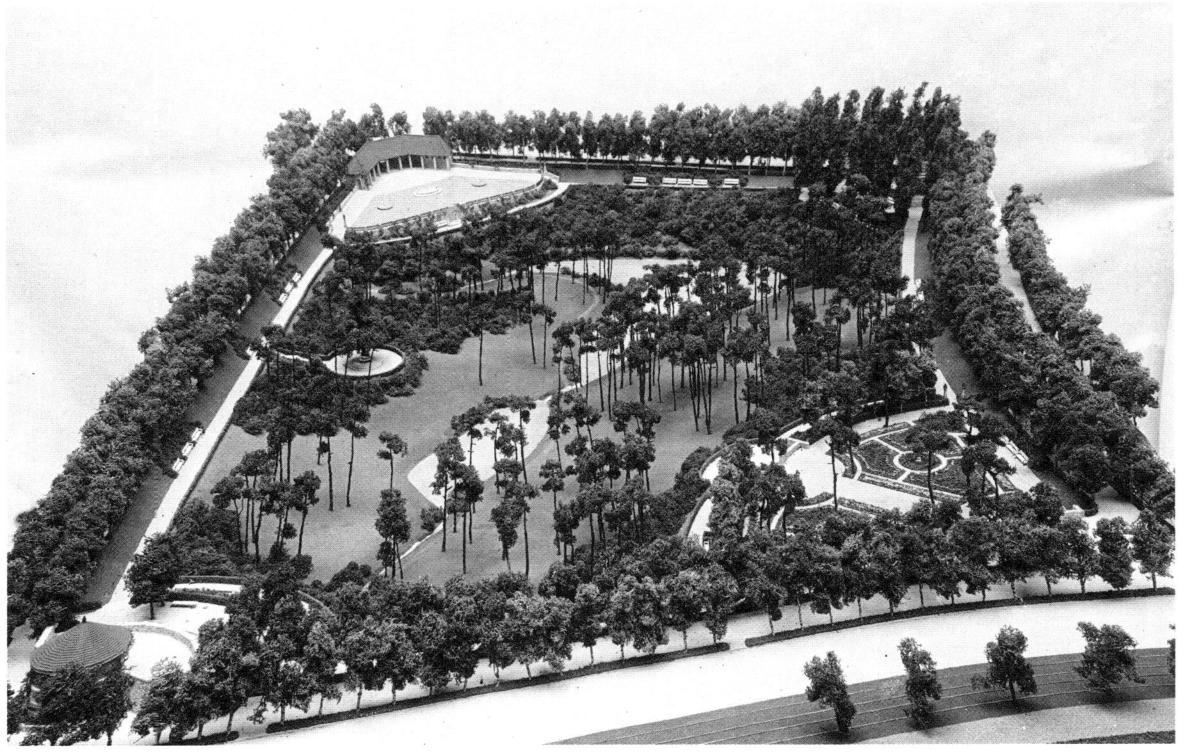

Modell des Sachsenplatzes, 1913.

Märkische Landschaft auf dem Sachsenplatz, mit Aussichtspunkt als Regenunterstand in Form eines Monopteros, um 1928.

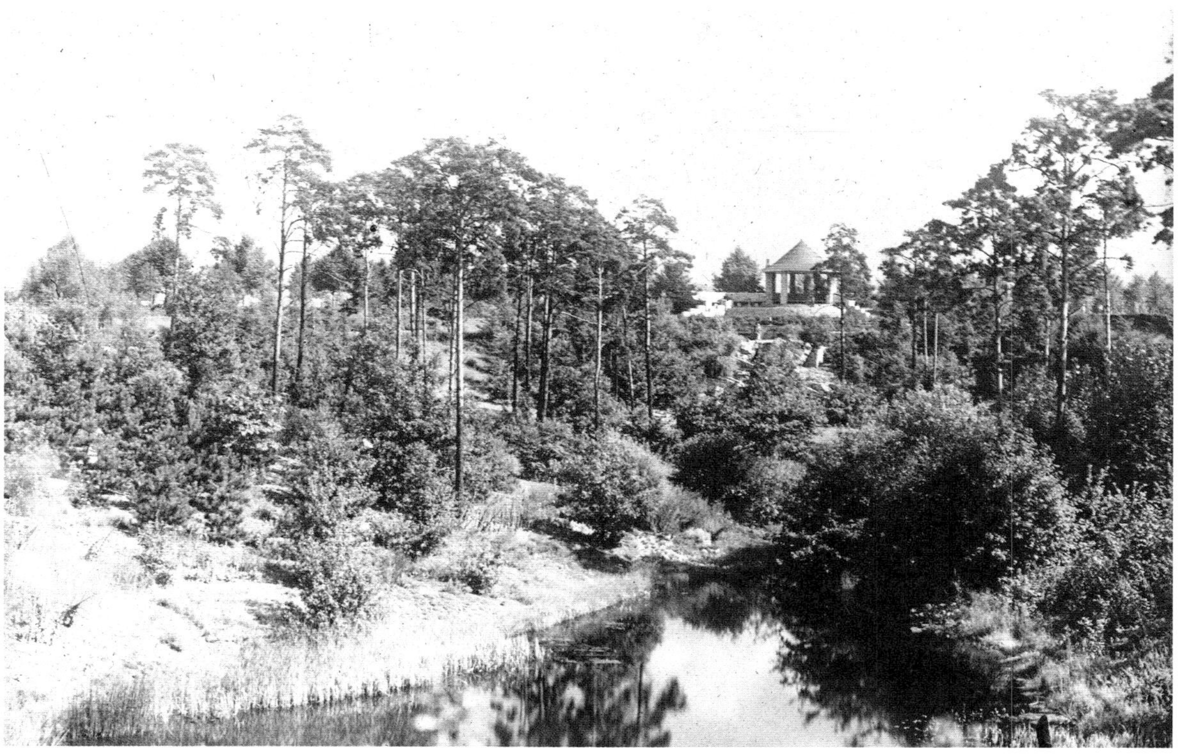

jetzigen Mitarbeiters. – In seinen späteren Veröffentlichungen benannte Erwin Barth die Vorleistungen und Vorentscheidungen Ludwig Neßlers in Bezug auf den Sachsenplatz allerdings nicht, ebenso wenig wie in seinen Hochschulvorlesungen, wo er stattdessen ausdrücklich auf die Vorbildfunktion Fritz Enckes mit seinem Kölner Klettenbergpark verwies.[5] – Mit seinem Entwurfsplan und dem dazugehörenden Modell konnte Barth die zuständige Parkdeputation überzeugen. Allerdings blieb die Finanzierungsfrage noch ungeklärt, sodass der Baubeginn ein weiteres Mal verschoben wurde. Damit aber blieb das Sachsenplatz-Projekt für etliche Jahre unverwirklicht: Mit dem Beginn des Krieges im Sommer 1914 wurden alle schwebenden Neuplanungen auf eine spätere Friedenszeit verschoben. Erst nach Kriegsende konnten die Realisierungsarbeiten schließlich begonnen werden, gefördert als Arbeitsbeschaffungsmaßnahme im Rahmen der produktiven Erwerbslosenfürsorge.

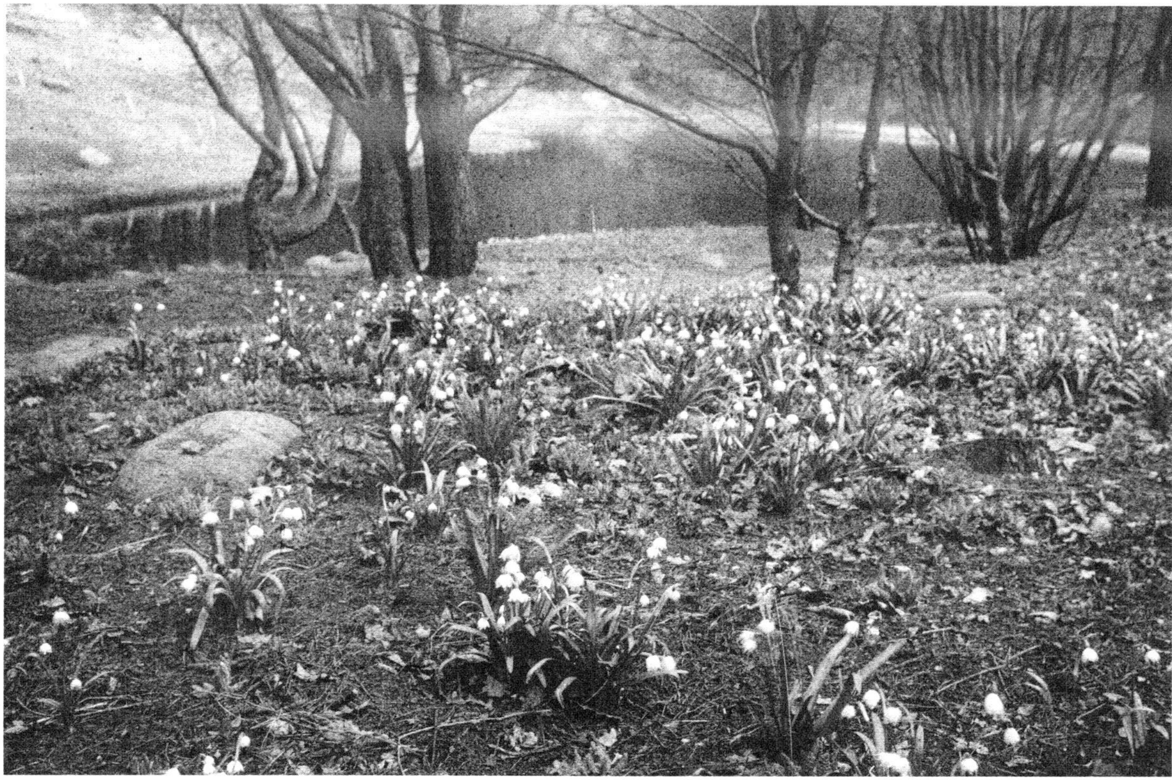

Frühjahrsaspekt mit Schneeglöckchen am unteren Teich, um 1930.

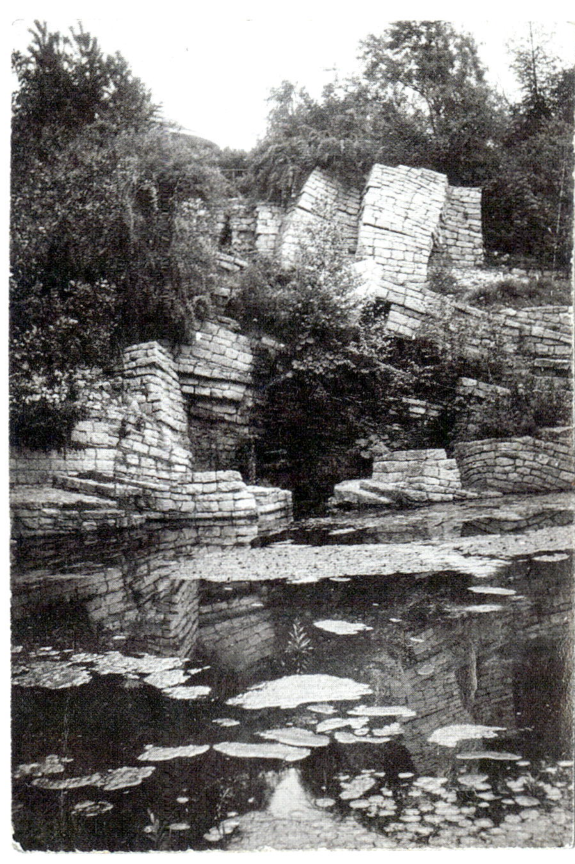

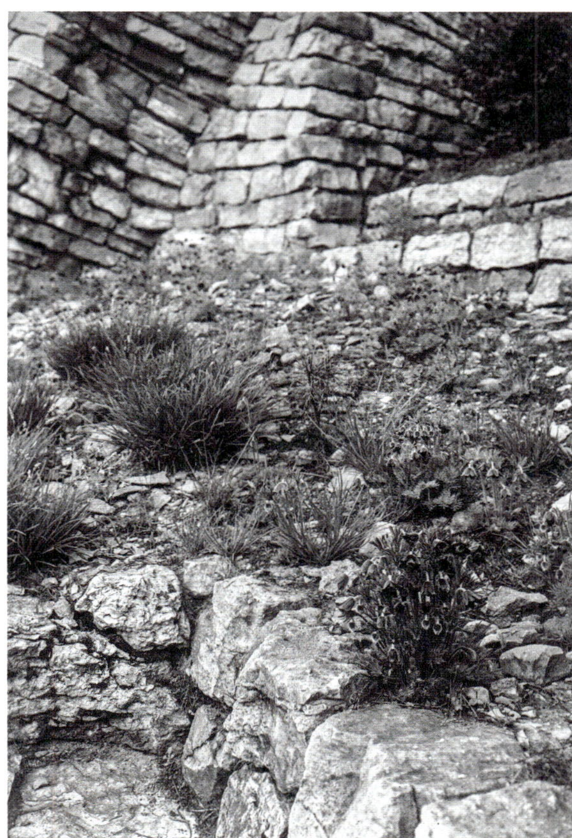

Künstlicher Kalksteinbruch am oberen Teich, um 1928.

Kalksteinformation mit Gräsern und Küchenschellen, um 1923.

Sämtliche für einen Stadtplatz einzufordernden Nutzungen, wie Sitzplätze, Blumenschmuck, Kinderspiel und Unterstandshäuschen, konzentrierte Barth in den vier Eckbereichen, die er mittels Erdaufschüttung in etwa auf das Niveau der umliegenden Straßen anheben ließ. Die eigentliche Mitte des Sachsenplatzes aber wurde von ihm als „ein Reservat des Grunewaldes", „eine Art Naturschulgarten zur Belehrung von Schülern und Erwachsenen", beschrieben.[6] Im landschaftlich geprägten Inneren der Anlage sollten verschiedene Landschaftstypen der märkischen Heimat auf kleinem Raum zusammengeführt werden. Das Thema des Kalksteinbruchs mit Wasserbecken wurde ergänzt durch die Motive „Quelle, Bach und Teich" und umfasste unterschiedliche Höhenstufen. Insbesondere detaillierte und erweiterte Barth die verschiedenen Vegetationsbilder. Neben der „blumige[n] Wiese" beschrieb er den Uferrand der Gewässer, eine Heidepartie und einen sumpfigen Abschnitt; für die „bewaldeten Anhöhen" mit Kiefern, Eichen, Buchen und Ebereschen sah er eine Unterpflanzung mit heimischen Sträuchern vor. Anstelle „des sonst üblichen Rasens" werde der Boden „mit Waldkräutern aller Art bedeckt sein, z. B. mit Waldmeister, Anemonen, Leberblumen, Maiblumen [...] Farnkräutern und Moosen."[7] Es war das Ziel, naturgetreue, „echte" Landschaftsausschnitte zu realisieren.

Damit ging Barth noch einen Schritt weiter, als es Neßler seinerzeit vorgeschlagen hatte. Er sah den wissenschaftlich-pädagogischen und den naturschützerischen Aspekt seines Sachsenplatzes nicht nur als thematische Beigabe zu einer öffentlichen Grünfläche, sondern er begriff diesen Aspekt als den eigentlichen Wert der inneren Platzanlage. So war es nur folgerichtig, dass die gesamte Senke vor dem Betreten geschützt werden sollte: Im Kernbereich waren lediglich „schmale Graspfade" vorgesehen, die ausschließlich vom gärtnerischen Personal oder aber für „Lehrzwecke" zu nutzen wären, während sie „sonst der Öffentlichkeit verschlossen" blieben.[8] Der Besucher habe „Gelegenheit, von zahl-

Wiese mit Poeticus-Narzissen am oberen Teich vor dem Kalksteinbruch, 1923.

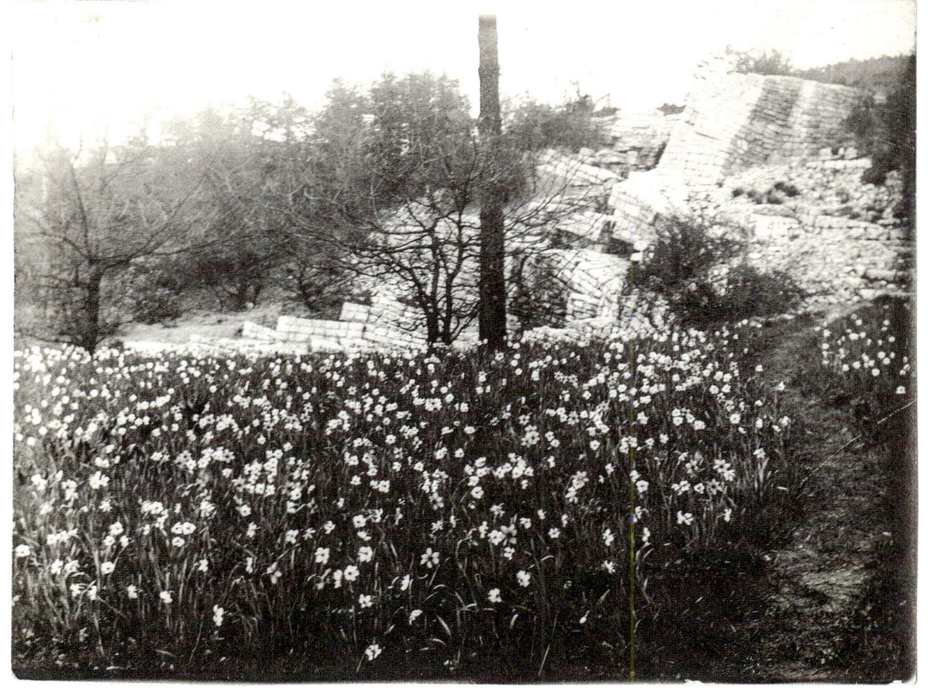

Heidelandschaft im Inneren des Platzes, 1926.

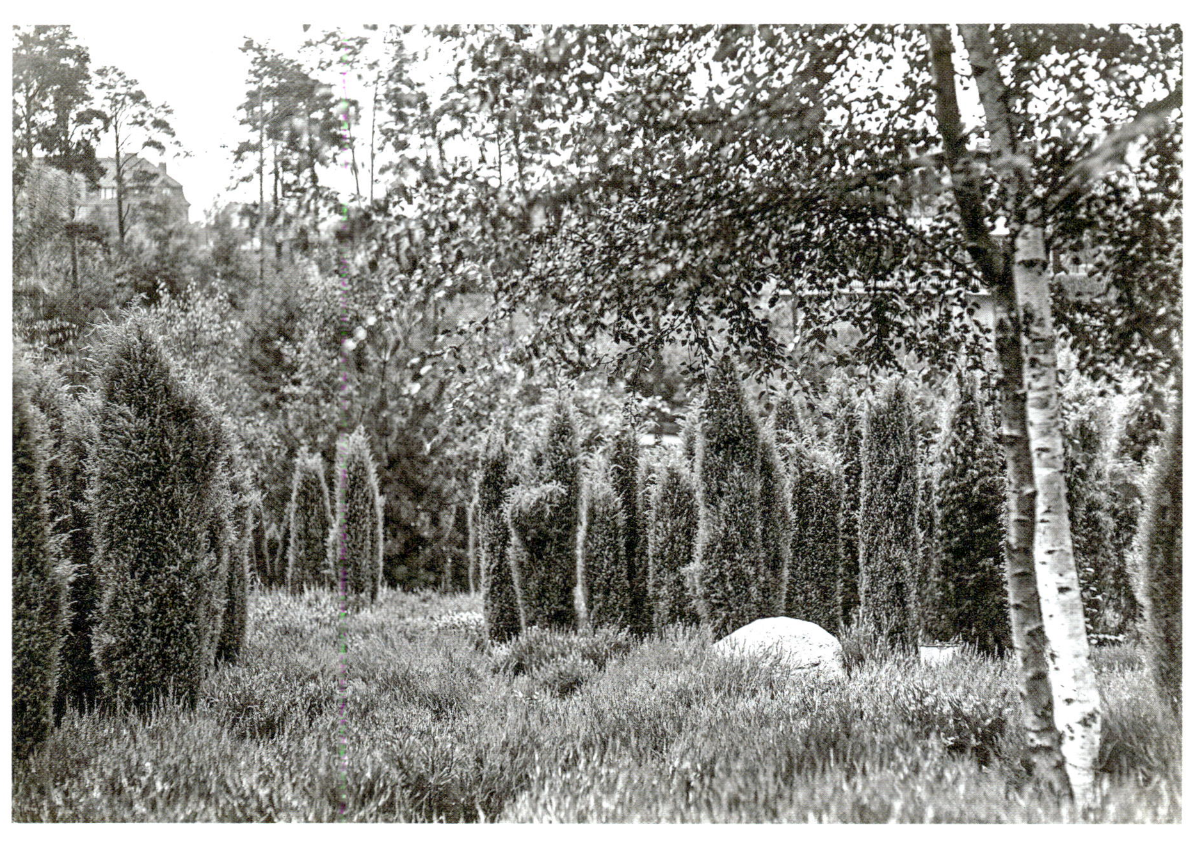

reichen Sitzplätzen aus die einzelnen Pflanzen und Vegetationsbilder genauer zu betrachten."[9] Später wurde, ganz in diesem Sinne, auf der nördlichen Platzterrasse zudem ein „Biologischer Garten" realisiert, wo in einer systematisch aufgebauten botanischen Anlage in schmalen Beeten Nutz- und Gartenpflanzen als Anschauungsmaterial für den Unterricht in den Charlottenburger Schulen kultiviert wurden.[10]

Keinesfalls sollte das natürlich wirkende Erscheinungsbild nach dem Zufallsprinzip entstehen: Barth achtete vielmehr darauf, dass sich, wie in einem klassischen Landschaftsgarten, besondere Blickbeziehungen innerhalb des Zusammenspiels von Pflanze, Erdmodellierung und Gartenarchitekturen ergaben. So diente ihm der erhöht auf dem östlichen Eckplatz errichtete Regenunterstand in Form eines antiken Monopteros als Ausblick und Blickfang zugleich.

Eine besonders akribische Vorbereitung erfuhr der Bau des künstlich angelegten Kalksteinbruchs. Unterhalb des von Säulen gestützten Rundbaus schlossen sich auf zwei Ebenen zunächst zwei Sitzterrassen an, ergänzt durch Wandbrunnen und Becken. Ein Überlauf am Fuße diente schließlich als Quelle, deren Wasser über die naturgetreue Felsnachbildung in die Tiefe hinab in den oberen Teich sprudelte. Barth beauftragte den mit ihm befreundeten Gartenarchitekten Otto Kruepper, damit dieser mit Hilfe eines anzufertigenden Gipsmodells ein mög-

Mit Stützmäuerchen geformte Alpenstauden-Rabatte an der Außenseite des Biologischen Gartens, um 1930.

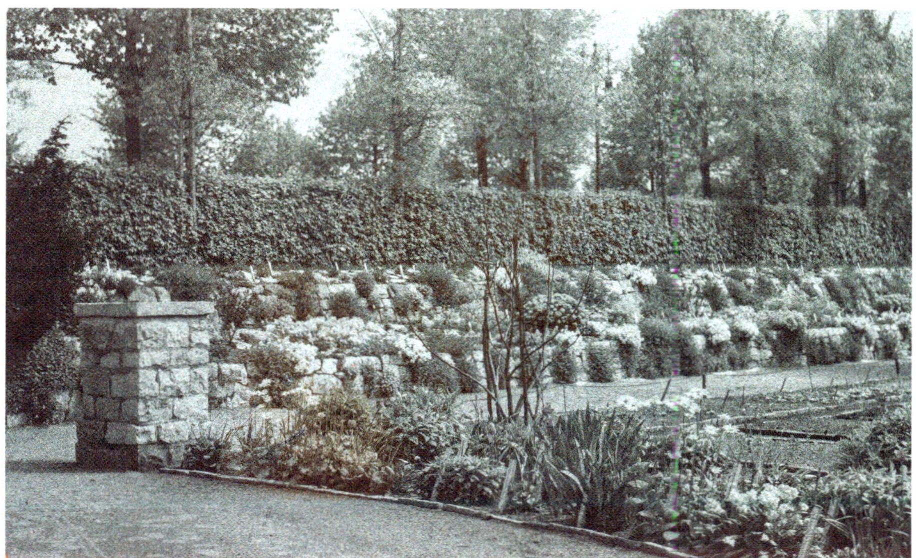

Frühling in der Alpenstauden-Rabatte, um 1930.

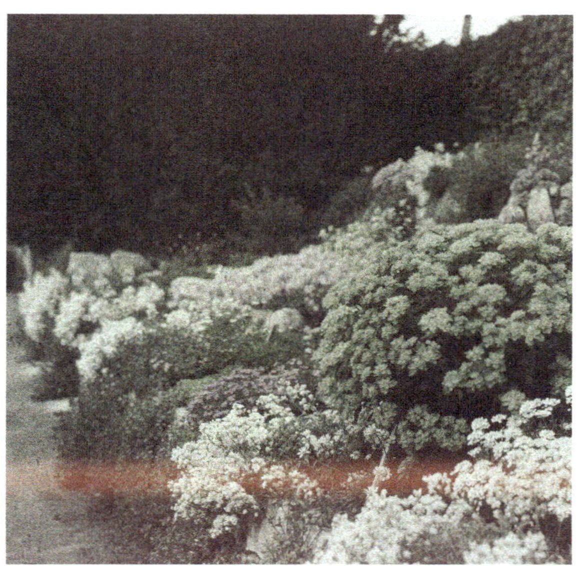

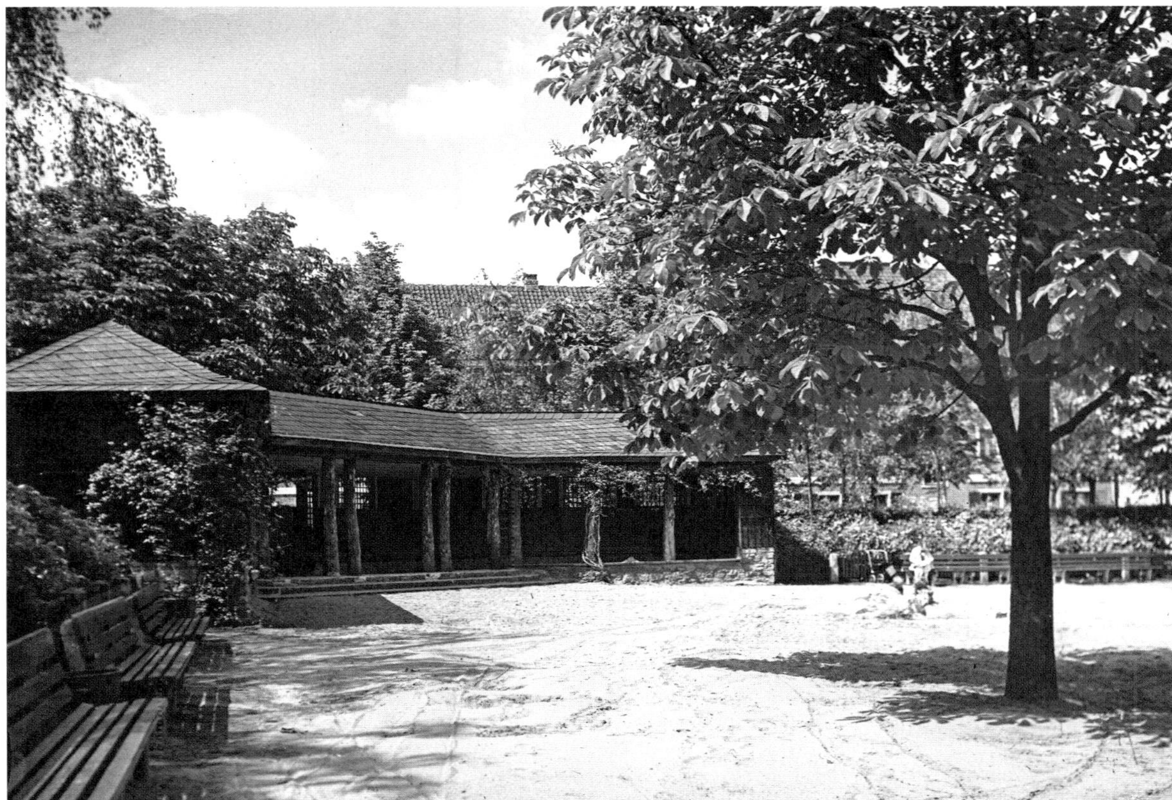

Spielplatz in der Südostecke des Brixplatzes, vermutlich 1950er Jahre.

lichst realistisches Abbild entwickeln würde.[11] Mit dem Ergebnis war Barth offensichtlich zufrieden: Immer wieder fotografierte er die in Schichten gelagerten Steinformationen, sowohl im Detail als auch aus unterschiedlichen Perspektiven in der Gesamtansicht.

Bei der Pflanzenausstattung und -anordnung ließ Barth sich ebenfalls unterstützen. Er hatte in der Parkverwaltung einen zusätzlichen Mitarbeiter einstellen können: Kurt Pöthig war maßgeblich an den Detaillierungen und Ausführungsplänen für den Sachsenplatz beteiligt. Um bei der Nachbildung der verschiedenen Landschaftsausschnitte keine Fehler zu machen, bereiste Pöthig auf Anregung Barths den Harz und den Thüringer Wald, so dass er hier vorab „genaue Naturstudien" durchführen konnte.[12] Nicht zuletzt mit der am besonnten Nordhang eingerichteten „Heideformation" bewiesen Barth und Pöthig ihr naturgestalterisches Können.[13]

Der Sachsenplatz wurde von einer Hecke aus Feldahorn umschlossen, weiß und grün lackierte Holztore dienten als verschließbare Eingänge. Sie wurden zum Schutz der Anlage nicht nur in der Dunkelheit, sondern auch in der Winterzeit zwischen dem 16. November und dem 1. März geschlossen. Der Kinderspielplatz konnte dagegen von der Straße aus separat betreten werden. Trotz der Vorsichtsmaßnahmen und des Einsatzes eines Parkwächters kam es zu Störungen und Beschädigungen der empfindlichen Platzmitte. Barth beklagte sich beispielsweise im April 1923 über einen frei umherlaufenden Hund „ohne Leine und Maulkorb", der „in den Pflanzungen herumjagte und Vögel aufscheuchte". Auch wurden die inneren Flächen ohne Erlaubnis betreten, sodass „in der Nähe der Teiche eine Anzahl von Pflanzen zertreten" waren.[14] Als Gegenmaßnahme griff er zu einer drakonischen Vorgehensweise: „Um das Publikum zur Selbsterziehung zu zwingen", so verkündete er, „ist der Platz heute [...] geschlossen worden. Es werden Schilder angebracht, auf welchen darauf hingewiesen wird, daß der Platz infolge des Abreißens der Blumen und Zertretens von Pflanzungen bis auf weiteres gesperrt ist."[15] Neue Eingangstafeln, unter anderem mit der Aufforderung „Bürger! Schützt Eure Anlagen selbst", wurden aufgestellt.[16] Der Parkwächter wurde ermahnt, dass er in Zukunft „zuwiderhandelnde Personen" „mit ganzer Energie" vom Sachsenplatz zu weisen habe.[17] In der Folge entspannte sich die Situation offenbar: In den kommenden Jahren wurden keine weiteren Schließungen veranlasst.

Für Erwin Barth blieb der Sachsenplatz ein wichtiges Beispiel seines Schaffens. Als im November 1929 anlässlich seiner Antrittsvorlesung als Professor der Landwirtschaftlichen Hochschule der Berliner Magistrat eine Ausstellung von Arbeiten des scheidenden Stadtgartendirektors veranstaltete, wählte Barth hierfür nicht nur die jüngeren Projekte aus der Zeit in der Zentralparkverwaltung; auch den Sachsenplatz präsentierte er mit zahlreichen auf Karton gezogenen Fotografien.[18] 1931 veröffentlichte er in den populären Monatsheften des Verlags Velhagen & Klasing einen Bericht über die artenreiche Pflanzen- und Vogelwelt des eigentümlichen Stadtplatzes. In Vorbereitung der Publikation wur-

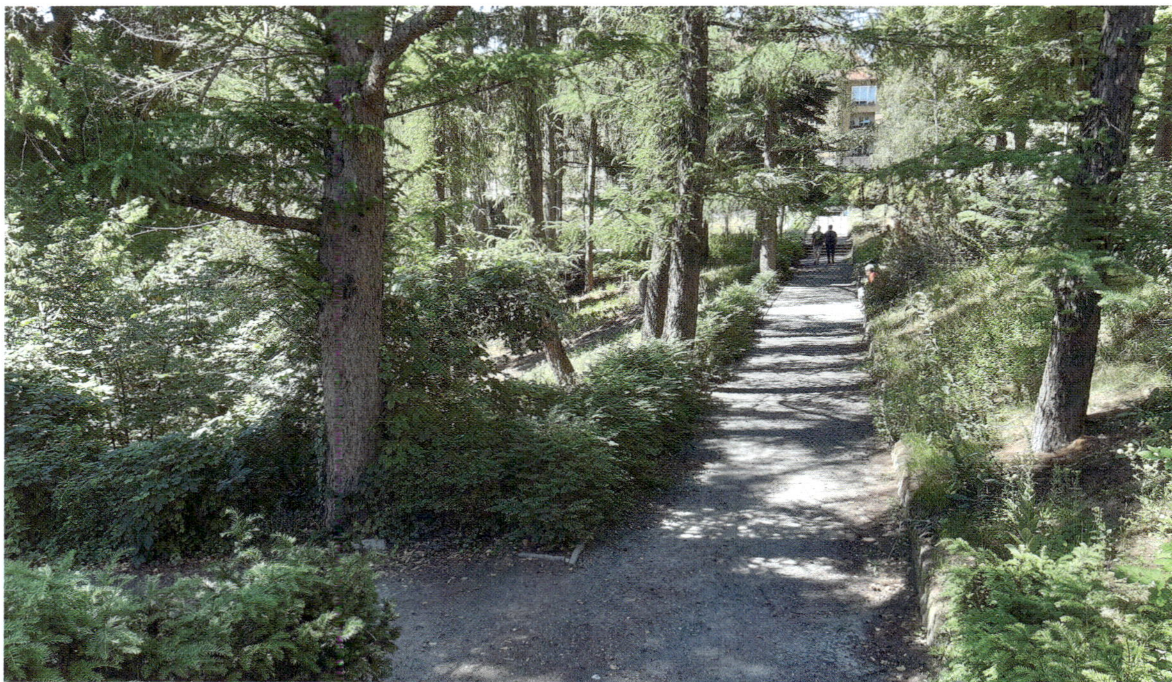

Umlaufender Weg an der Nordseite des Platzes, 2020.

den nochmals neue Fotos angefertigt, sodass auch Farbaufnahmen gezeigt werden konnten.[19]
1947 erhielt der Sachsenplatz einen neuen Namen: Zu Ehren des 1943 gestorbenen Professors für Städtebau an der Technischen Hochschule Charlottenburg, Joseph Brix, wurde die Grünanlage nun Brixplatz genannt. Drei Jahre später wurden zumindest Teile der im Krieg beschädigten und vernachlässigten Platzflächen erneuert und instand gesetzt, eine grundlegendere Überarbeitung erfolgte erst 1960–61. Unter der Federführung des Gartenamtsleiters Joachim Kaiser wurden hierbei auch verschiedene Umgestaltungsmaßnahmen durchgeführt. Unter anderem wurden die Pflegepfade im tiefergelegenen Inneren des Platzes als reguläre Parkwege ausgebaut und stehen seitdem für jeden Besucher offen. Der von Barth geforderte Charakter „als eine Art Naturschullehrgarten zur Belehrung von Schülern und Erwachsenen"[20] ist in der ihm seinerzeit zugedachten Konsequenz heute nicht mehr zu erleben.
[Dietmar Land]

1 Barth, Erwin: Die brandenburgische Heimat im Volkspark. In: Velhagen & Klasings Monatshefte 45 (1931), H. 6, S. 443 u. 448.
2 Vgl. mündl. Aussage Jürgen Barth vom 29. 4. 1987. In: Land, Dietmar: Erwin Barth (1880–1933). Leben und Werk eines Gartenarchitekten im zeitgenössischen Kontext. Dissertation an der Technischen Universität Berlin 2004, S. 321.
3 Schreiben der Neu-Westend AG vom 23. 4. 1909 (Bezirksamt Charlottenburg-Wilmersdorf, Fachbereich Grünflächen, Rep. 207, Acc. 2470, Nr. 3567).
4 Erläuterungsbericht zu „Platz F", undatiert (vermutl. Ende 1909) (Bezirksamt Charlottenburg-Wilmersdorf, Fachbereich Grünflächen, Rep. 207, Acc. 2470, Nr. 3567).
5 Vgl. Land 2004 (Anm. 2), S. 256.
6 Barth, Erwin: Charlottenburger neue Stadtplätze, in der Ausführung begriffen im Jahre 1913, nebst kurzen allgemeinen Betrachtungen über städtische Gartenverwaltungen (Teil II). In: Die Gartenkunst 15 (1913), H. 14, S. 209.
7 Ebd., S. 209 f.
8 Ebd., S. 210.
9 Ebd., S. 209.
10 Entwurfs- und Revisionsplan „Sachsen-Platz", Erwin Barth, Januar 1921 (Bezirksamt Charlottenburg-Wilmersdorf, Fachbereich Grünflächen, Sammlung historische Pläne, XII/7).
11 Vgl. Land 2004 (Anm. 2), S. 319.
12 Schriftl. Aussage Jürgen Barth, o. Datum. In: Land 2004 (Anm. 2), S. 318.
13 Entwurfs- und Revisionsplan „Sachsen-Platz", Erwin Barth, Januar 1921 (Anm. 10).
14 Schreiben Erwin Barth vom 10. April 1923 (Bezirksamt Charlottenburg-Wilmersdorf, Fachbereich Grünflächen, Rep. 207, Acc. 2470, Nr. 3567).
15 Ebd.
16 Textvorlage für Eingangsschild, Erwin Barth, vom 11.04.1923 (Bezirksamt Charlottenburg-Wilmersdorf, Fachbereich Grünflächen, Rep. 207, Acc. 2470, Nr. 3567).
17 Schreiben Erwin Barth vom 10. April 1923 (Bezirksamt Charlottenburg-Wilmersdorf, Fachbereich Grünflächen, Rep. 207, Acc. 2470, Nr. 3567).
18 Vgl. Sachsenplatz-Fotografien, z. T. retuschiert, auf Karton (Architekturmuseum der Technischen Universität Berlin, Inv. Nr. 40607 bis 40621).
19 Vgl. Barth 1931 (Anm. 1), S. 443–448.
20 Barth 1913 (Anm. 6), S. 209.

Wilmersdorfer Waldfriedhof Stahnsdorf

Landkreis Potsdam-Mittelmark, Brandenburg

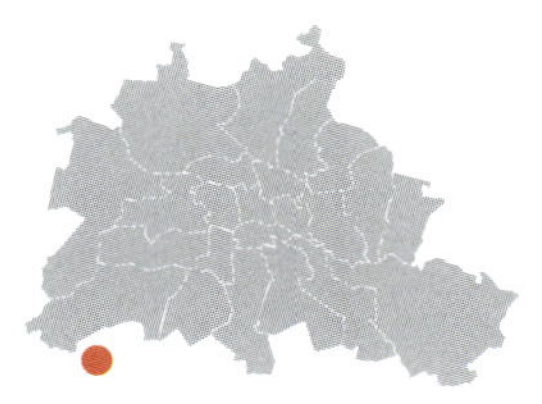

Im Dezember 1931 schrieb der Wilmersdorfer Bezirksgartendirektor Richard Thieme seinem Berufskollegen Erwin Barth in ein Fotoalbum zum Wilmersdorfer Waldfriedhof: „Herrn Prof. Barth, zur Erinnerung an den Stahnsdorfer Wettbewerb gewidmet“.[1] Es ist eine sehr freundliche und respektvolle Geste, die keinesfalls als Selbstverständlichkeit zu sehen ist, denn Thieme hatte den Friedhof nach Barths Entwurf realisiert, obwohl Thieme sicherlich gerne nach eigenen Plänen gebaut hätte.

Fotoalbum für Erwin Barth mit Widmung von Richard Thieme, Dezember 1931.

Der Wilmersdorfer Waldfriedhof
in Stahnsdorf.

Herrn Prof. Barth, zur Erinnerung an den Stahnsdorfer Wettbewerb gewidmet.
Richard Thieme.
Dez. 1931.

1920 hatte die schnell wachsende Stadt Wilmersdorf außerhalb ihres Stadtgebiets ein 70 Hektar großes Forstareal aufgekauft, um hier eine zusätzliche Begräbnisstätte einrichten zu können.[2] Der Städtische Friedhof südlich der Berliner Straße, an dessen Erweiterungen Gartendirektor Thieme mitgewirkt hatte, würde in absehbarer Zeit an seine Grenzen stoßen. Die neu erworbenen Flächen befanden sich im Kreis Teltow im südwestlichen Umland, direkt nördlich an den etwa doppelt so großen Südwestkirchhof Stahnsdorf angrenzend, welcher hier schon seit 1909 von der evangelischen Berliner Stadtsynode betrieben wurde. Durch die sogenannte Friedhofsbahn, die seit 1913 eine Verbindung zur Berliner Stadtbahn herstellte, war eine gute Erreichbarkeit gegeben. Kurz vor Gründung von Groß-Berlin schrieb das noch eigenständige Wilmersdorf einen Wettbewerb zur Gestaltung des Friedhofs aus, zu dem die Gemeinde fünf Gartenarchitekten und einen Architekten einlud, darunter den Charlottenburger Gartendirektor Erwin Barth und den Wilmersdorfer Gartendirektor Richard Thieme. Thieme hatte bereits 1908 beim Wettbewerb für den Berliner Südwestfriedhof zusammen mit Stadtbauinspektor Philipp Nitze den ersten Preis erhalten, letztendlich war allerdings der Garteningenieur Louis Meyer von der Berliner Synode mit der Ausarbeitung neuer Pläne beauftragt worden, wenn auch unter Berücksichtigung der Wettbewerbsergebnisse.[3]

Das zukünftige Wilmersdorfer Friedhofsgelände war zum Teil mit Kiefernwald bestanden, der möglichst geschont werden sollte. Erste provisorische Bauten waren bereits errichtet worden, darunter eine Kapelle, zwei Eingangshäuschen für den Pförtner und den Blumenverkauf, ein Beamtenwohnhaus und eine kleine Gärtnerei. Die Wettbewerbsausschreibung wünschte für die Friedhofsgestaltung unter anderem eine zweckmäßige Wegeführung, „um ein recht schnelles Zurechtfinden [...] zu ermöglichen“, eine sachgerechte Einteilung der verschiedenen Grabstellenarten und fügte hinzu: „Der Entwurf muß die gesamte Anlage darstellen, jedoch darauf Rücksicht nehmen, daß ihre Ausführung, dem Beerdigungsbedürfnis folgend, erst in Jahrzehnten stückweise geschieht. Die Anlage muß einfach und würdig sein, der Eindruck einer öffentlichen Parkanlage ist zu vermeiden.“[4]

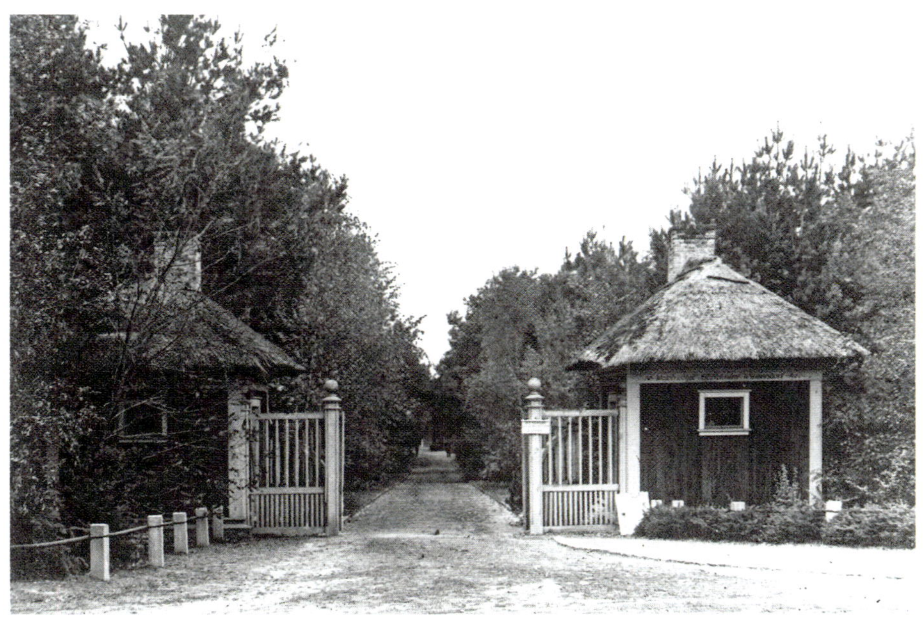

Die Eingangshäuschen standen bereits, als Erwin Barth 1920 seinen Friedhofsentwurf erarbeitete, um 1931.

Zum Jahresanfang 1921 tagte das Preisgericht.[5] Barth überzeugte mit seinem logisch benannten Entwurf „Kein Park“ und erhielt den ersten Preis, Thieme belegte mit seinem Beitrag „Via crucis, via lucis“ den vierten Platz.[6] Passend zu seinem Motto schlug Barth für den zukünftigen Waldfriedhof eine sehr strukturierte und leicht verständliche Erschließung mit Haupt- und Nebenwegen vor. In seinem Erläuterungsbericht kommentierte er dazu: „In dem vorliegenden Entwurfe ist eine markante

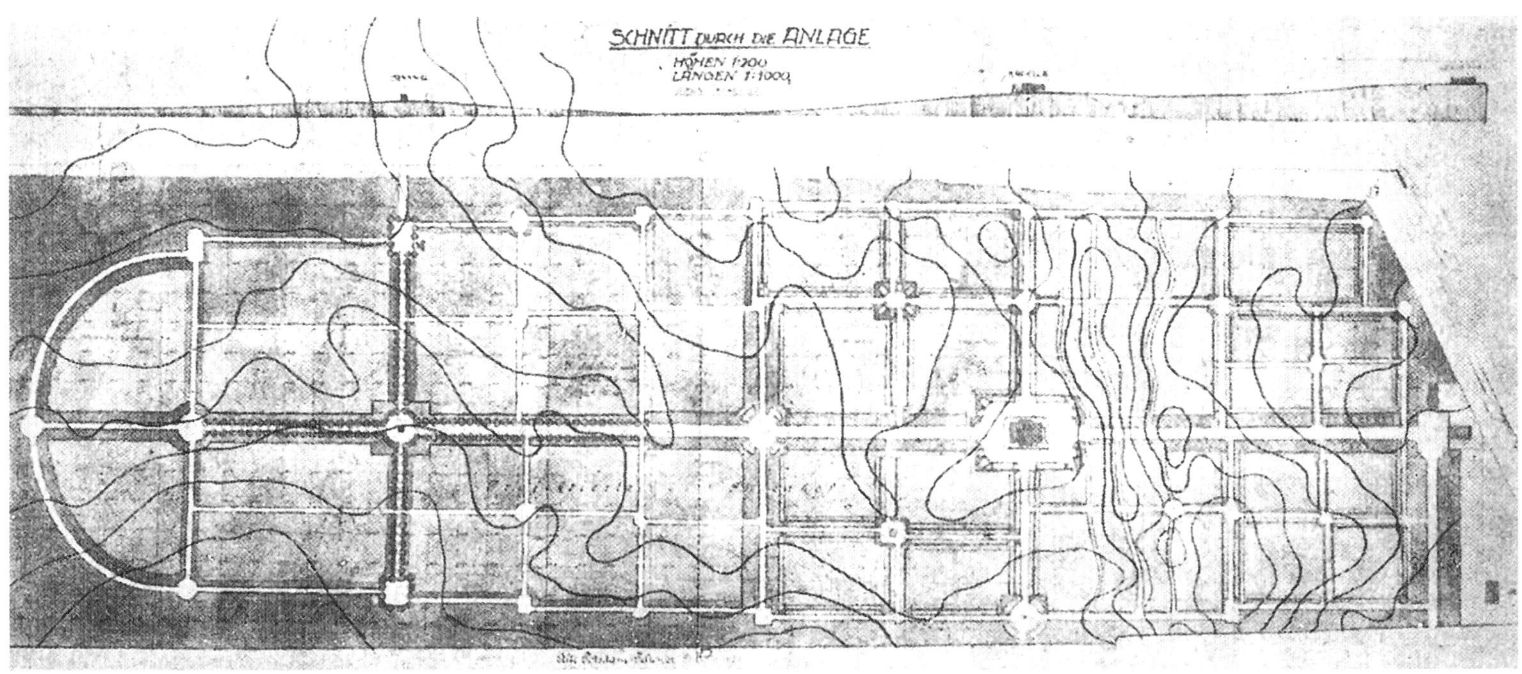

Entwurf für den Wilmersdorfer Waldfriedhof von Erwin Barth, 1921 veröffentlicht in Die Gartenwelt.

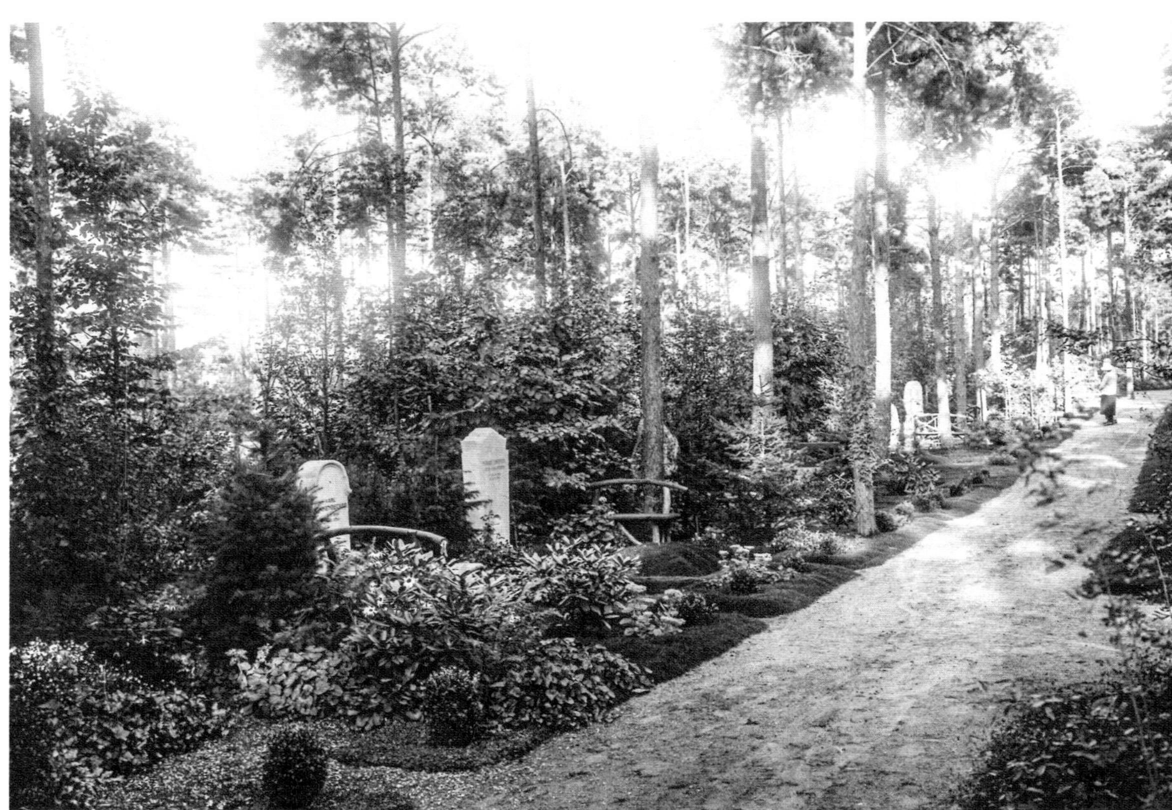

Ruhige Abfolge der Grabstätten, eingebettet im Wald, um 1931.

gerade Achse in der Mitte des Friedhofs, von Osten nach Westen laufend, vorgesehen. Alle anderen Wege laufen senkrecht oder parallel zu dieser Achse. Das ist eine Maßnahme, welche von vornherein ein schnelles Zurechtfinden und eine übersichtliche Buchführung ermöglicht. Diese klare einfache und zweckmäßige Wegeführung macht zwar auf dem Grundplan einen nüchternen Eindruck; es dürfte aber wohl kein Zweifel darüber bestehen, daß gerade in einem Waldfriedhofe diese geraden Wege, falls sie nicht zu lang sind, in ganz reizvoller Weise abwechslungsvoll gestaltet werden können. [...] Soweit die Wege nicht in annähernd gleichmäßigem Gefälle bergauf oder bergab führen, führen sie durch ein Tal. Auf den hoch gelegenen Punkten ist stets eine Unterbrechung, entweder durch Versetzung der Wege oder durch einen Bau (Kapelle oder Denkmal), vorgesehen."[7]

Bezüglich der Ausstattung empfahl Barth möglichst schlichte, aber nachhaltig wirksame Lösungen: „Die ganze Anlage", so resümierte er, müsse „so eingerichtet sein, daß sie späterhin auch dann noch einen würdigen Eindruck macht, wenn sie nur in denkbar einfachster Form unterhalten wird oder zum

Die hölzernen Brunnen fügten sich in Materialität und Form gut in den Waldcharakter des Friedhofs ein, um 1931.

Teil sich selbst überlassen ist. [...] Ständig zu scherende Hecken“ seien daher „nach Möglichkeit zu vermeiden.“[8] Barth regte eine Unterpflanzung der alten Bestandsbäume mit Eibe, Wacholder und anderen anspruchslosen immergrünen Gehölzen an, für die Grabstellen bevorzugte er Efeu, Immergrün und Farne. Für die einzelnen Grabzeichen wünschte er sich eine zurückhaltende Gestaltungsvielfalt, er forderte hier „einen gewissen Gleichklang in Höhe, Form und Material“.[9] Zu erwartende Einwände, der Friedhof würde womöglich einen rein pragmatischen und prosaischen Eindruck hinterlassen, beschwichtigte Barth von vornherein: „Die einzeln stehenden großen Bäume sowie einzelnen Sträucher [...] bringen schon genügend malerische Wirkung und Abwechslung hinein.“[10] Zudem zeigte er in einem beigefügten Schaubild, wie er beispielsweise eine vorhandene Talsenke mittels einer

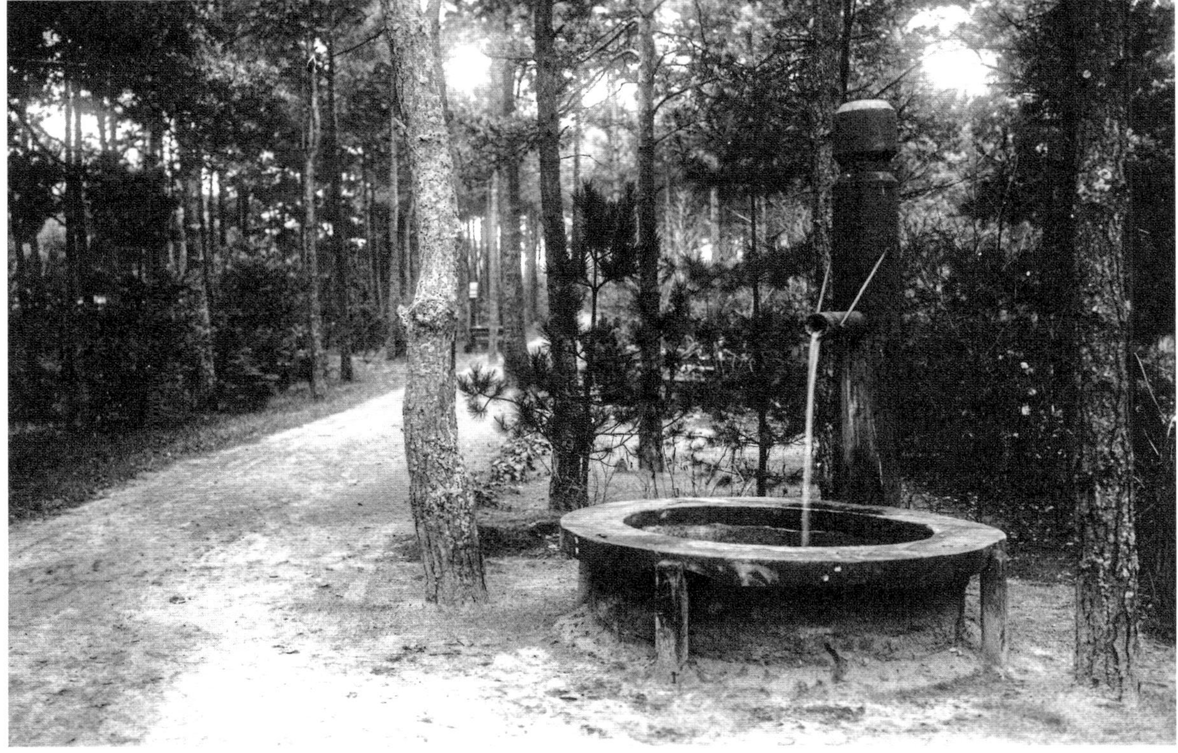

Die Brunnen fanden sich vor allem an Wegekreuzungen, um 1931.

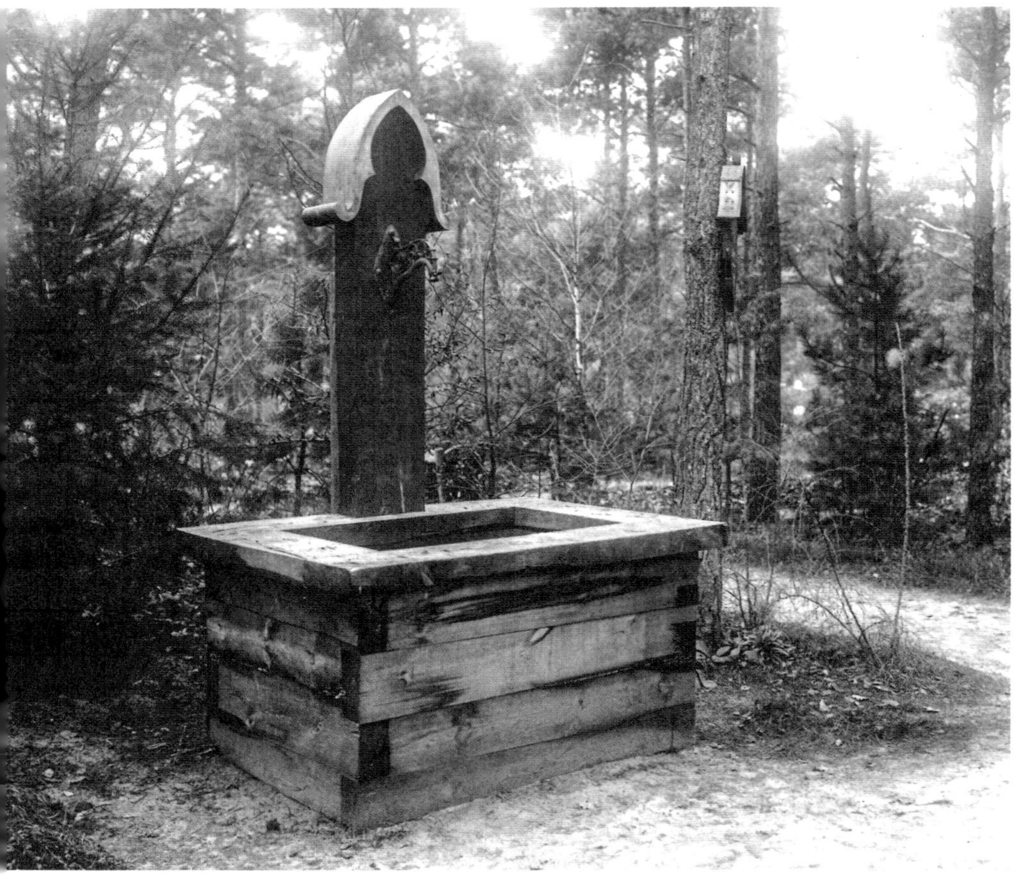

Thieme entwarf die Brunnen vermutlich selbst, um 1931.

Thieme schickte 1914 einen Gruß an den im Lazarett liegenden Barth. Die Postkarte zeigt Thieme als Landsturmmann.

Brücke überspannen wollte, wodurch das reizvolle Landschaftsbild noch aufgewertet würde.[11]
Die Jury lobte Barths Lösung, „die nach jeder Richtung den Bedingungen und Wünschen des Programms gerecht wird und bei großer Sachlichkeit und Einfachheit doch ein würdiges sowie auch in künstlerischer Beziehung gutes Bild gewährleistet. Die Aufteilung des ganzen Geländes ist klar und übersichtlich […] und trägt in allen Teilen den gegebenen Gelände-Verhältnissen Rechnung. […] Gut ausgenutzt ist im besonderen das von Süd nach Nord streichende Tal mit seiner zur neuen Kapelle

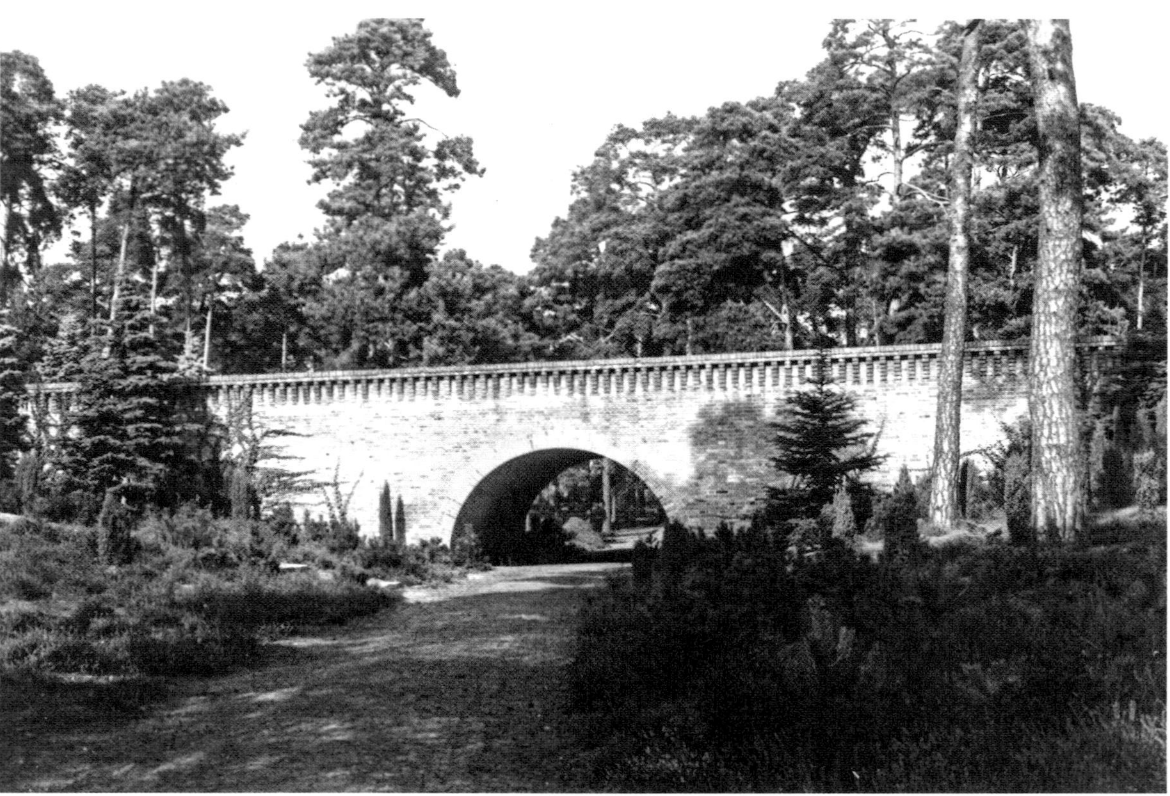

Die Brücke über das langgestreckte Tal wurde nach Barths Idee realisiert, um 1931.

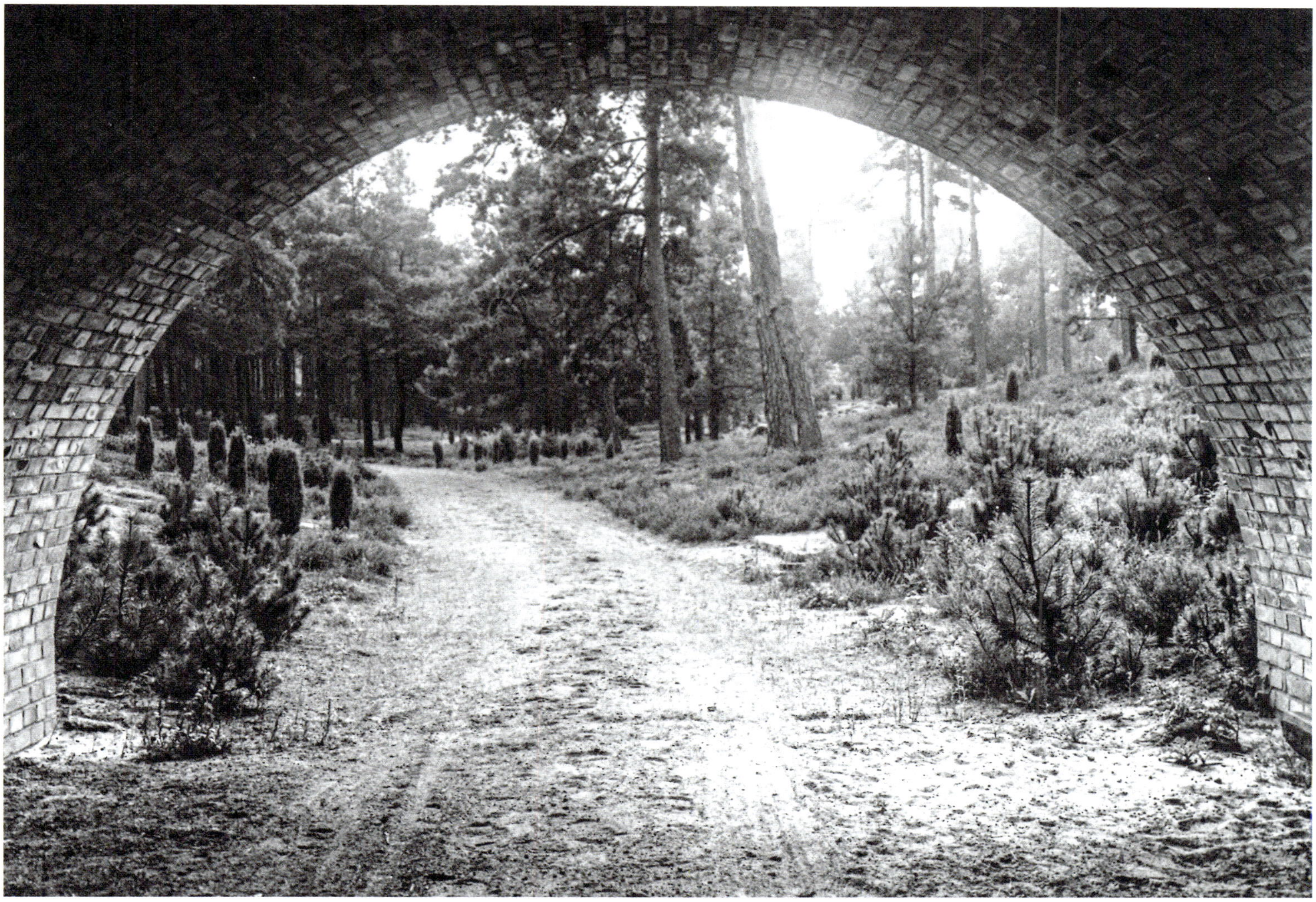

Effektvoller Blick durch die Brücke in das Tal, um 1931.

führenden Ueberbrückung. Dabei ist der alte Waldbestand stets geschont und zu stimmungsvollen Gräberhainen ausgenutzt worden.“[12]
Mit der Realisierung von Barths Entwurf wurde noch im selben Jahr begonnen und bereits im September 1921 konnte die erste Bestattung erfolgen. Die Bauleitung oblag dem Wilmersdorfer Gartendirektor Thieme, der erneut in Stahnsdorf nicht zum Zuge gekommen war. Richard Thieme (1876–1948) und Erwin Barth kannten sich wohl spätestens seit 1912, als Barth Gartendirektor von Charlottenburg wurde, während Thieme schon seit 1903 das entsprechende Amt im benachbarten Wilmersdorf ausübte. Er entwarf bis zu seinem Ruhestand im Jahr 1945 zahlreiche öffentliche Anlagen wie beispielsweise den Preußenpark, den Hohenzollernplatz, den Volkspark Wilmersdorf oder den Nikolsburger Platz. Während des Ersten Weltkriegs schrieb Thieme im Oktober 1914 dem verwundeten Barth ins Münchner Lazarett eine Postkarte, die ihn als Landsturmmann beim Brückenwachdienst zeigt: „Hiermit möchte auch ich Ihnen meine besten Wünsche zu Ihrer baldigen Genesung aussprechen. Was hat sich Alles seit dem 2ten Aug. wo wir uns zuletzt in Berlin sahen Grosses an Trauer + Leid zugetragen […].“[13] Thieme scheint Barth also durchaus freundschaftlich-kollegial zugewandt gewesen zu sein und das von ihm zusammengestellte Fotoalbum zum Wilmersdorfer Waldfriedhof zeugt von guter Zusammenarbeit.
Thieme hielt sich bei der Realisierung an Barths Grundkonzeption und unter seiner Bauleitung konnte zunächst der östliche Friedhofsteil bis etwa

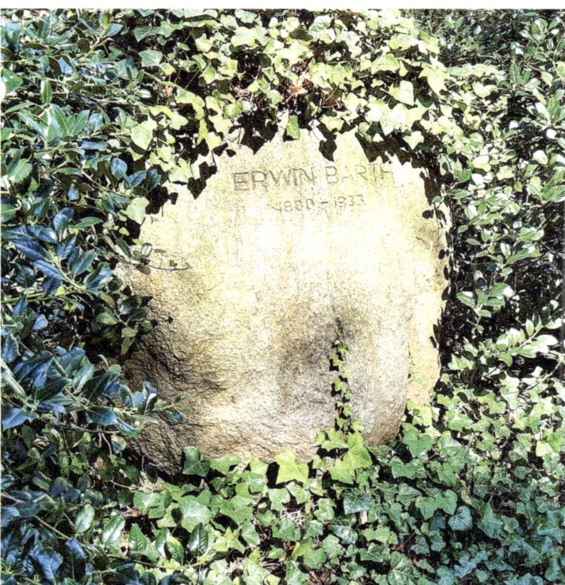

Grabstätte Erwin Barths am nördlichen Ende des Tals, 2020.

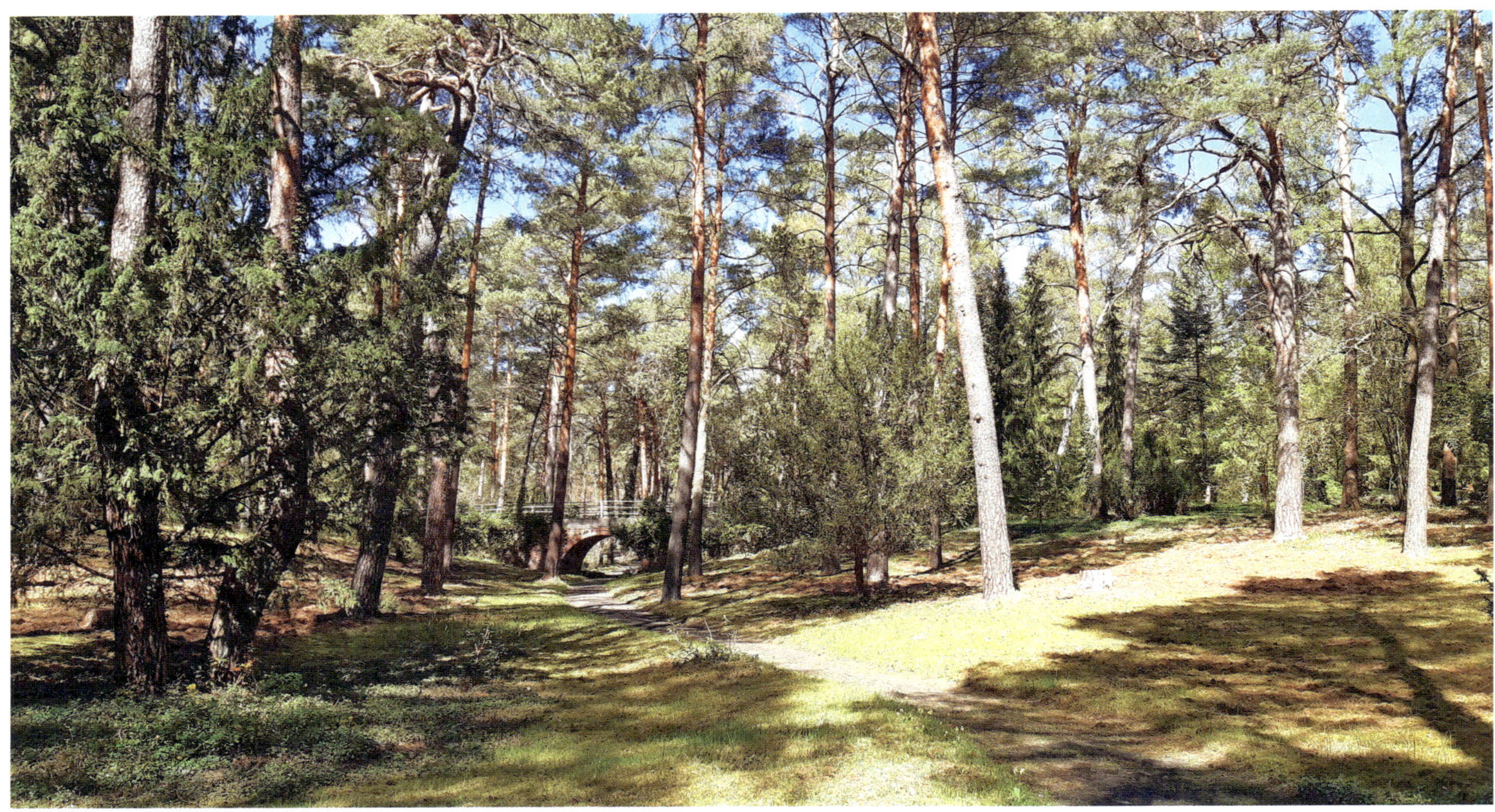

Die Brücke über das Tal bildet einen sorgsam komponierten Blickpunkt, 2020.

Ende 1925 fertiggestellt werden; die anderen Abschnitte folgten in den Jahren danach.[14] Die Fotos aus dem Album zeigen, wie stimmig die zurückhaltende Gestaltung Erwin Barths durch Thieme im anstehenden Kiefernwald verwirklicht wurde. Es entstand ein gelungenes Zusammenspiel von Landschaft und Gartenkunst. Die Bepflanzung war harmonisch auf den Waldcharakter des Friedhofs abgestimmt, sodass sich ein natürlich wirkender Übergang zwischen den zusätzlich eingefügten Gehölzen, den Grabbepflanzungen und dem Kiefernbestand entfaltete. Die Grabzeichen zeigen die von Barth gewünschte Einheitlichkeit und unterstreichen auf diese Weise den ruhigen und besinnlichen Charakter der Anlage. An den Wegekreuzungen finden sich hölzerne Schöpfbrunnen, zwar alle leicht unterschiedlich in ihrer Ausführung, doch gestalterisch aus einem Guss. Vermutlich hat diese Detailplanung Thieme selbst übernommen, denn ganz ähnlich realisierte er einen Brunnen auf dem 1928–29 von ihm angelegten Friedhof Grunewald-Forst. Ein besonderer Höhepunkt der Anlage ist der Talbereich mit Brücke, den Barth bereits als Schaubild für den Wettbewerb erarbeitet hatte und Thieme einige Jahre später nach Fertigstellung fotografieren konnte. Die Brücke ist abwechslungsreiche Wegeführung, Ausblick und Orientierung zugleich und setzt die landschaftliche Gestaltung des Friedhofs in Szene.

Auf dem Wilmersdorfer Waldfriedhof erfolgten Bestattungen in erster Linie in den 1920er bis 1940er Jahren; auch Erwin Barth wurde hier 1933 beigesetzt. Seine Grabstätte befindet sich am nördlichen Ende des Friedhoftals; sie schmückt ein Granitstein mit schlichter Inschrift. Bis heute hat der Friedhof seinen landschaftlichen und zugleich würdigen Charakter bewahrt.

[Leonie Glabau]

1 Fotoalbum Wilmersdorfer Waldfriedhof (Landesdenkmalamt Berlin, Archiv der Gartendenkmalpflege, N/IV-EB-022_001-30).

2 Vgl. Land, Dietmar; Wenzel, Jürgen: Heimat, Natur und Weltstadt. Leben und Werk des Gartenarchitekten Erwin Barth. Leipzig 2005, S. 266.

3 Vgl. Hahn, Peter: Berliner Friedhöfe in Stahnsdorf. Geschichte, Geschichten, Personen. Badenweiler 2010, S. 21; Wimmer, Clemens Alexander: Der Wilmersdorfer Gartendirektor Richard Thieme. In: Berliner Geschichte (2017) H. 10, S. 34.

4 Ulrich, F.: Wettbewerb zur Erlangung von Entwürfen für einen in Stahnsdorf belegenen Friedhof der Gemeinde Berlin-Wilmersdorf. In: Die Gartenwelt 25 (1921), H. 14, S. 136.

5 Das genaue Datum der Preisgerichtssitzung ist nicht bekannt; die Wettbewerbsergebnisse wurden in der zweiten Märzwoche 1921 im Berliner Stadthaus ausgestellt. Vgl. Hahn 2010 (Anm. 3), S. 278.

6 Via crucis, via lucis = der Weg des Kreuzes, der Weg des Lichts.

7 Barth, Erwin.: Entwurf für einen in Stahnsdorf belegenen Friedhof der Gemeinde Berlin-Wilmersdorf (Kennwort: „Kein Park"). In: Die Gartenwelt 25 (1921), H. 14, S. 138.

8 Ebd.

9 Ebd.

10 Ebd.

11 Ulrich 1921 (Anm. 3), S. 137.

12 Ebd.

13 Portrait und Postkarte Richard Thieme, Landesdenkmalamt Berlin, Archiv der Gartendenkmalpflege, N-IV-EB-023_001. Thiemes Postkarte zeigt auch, dass er wie viele andere in den Kriegsjubel einstimmte und hoffte „noch zur Etappenbesatzung in Feindesland zu kommen."

14 Vgl. Land/Wenzel 2005 (Anm. 2) S. 267.

Familienbad Westend

Charlottenburg-Wilmersdorf

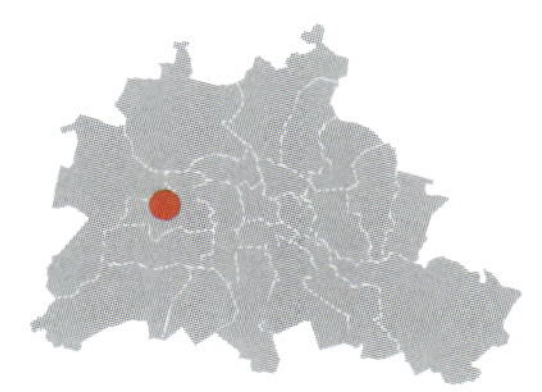

Dem reformorientierten und weitsichtigen Gartendirektor Erwin Barth missfiel es, dass die reichste Stadt Preußens seit Jahren kein öffentliches Freibad mehr besaß. Die letzte Bademöglichkeit war eine private Einrichtung am Kochsee gewesen, ein Altarm der Spree nordwestlich des Schlossgartens Charlottenburg. Hier hatte seit 1886 ein Badebassin zur Verfügung gestanden, welches auch von Vereinen und für Wettkämpfe genutzt werden konnte. 1909 kaufte der Eisenbahnfiskus das Areal, der die Fläche für den Güterbahnhof Westend vorhielt. Die darauffolgenden Sommer konnte noch weitergebadet werden, am 1. September 1911 aber wurde das Gewässer rigoros zugeschüttet.[1] Den Charlottenburgern blieb nun nur noch das 1898 eröffnete städtische Hallenbad in der Krumme Straße, das allerdings wegen häufiger Überfüllung keine wirkliche Alternative bot. Im Freien war das Baden dagegen aufgrund von Gefahren und vor allem aus Gründen der Sittlichkeit sehr stark reglementiert.[2]

Mit der Einrichtung eines kommunalen und für alle zugänglichen Freibads hatte sich die Stadt Charlottenburg schon lange schwergetan und letztendlich nie ernsthafte Planungen verfolgt, den Wünschen und Bedürfnissen der Bevölkerung entgegenzukommen. Erwin Barth sah hingegen klar die sozialen und hygienischen Vorteile einer Badeanstalt im Freien: Bewegung und Spiel sowie Licht, Luft und Sonne sollten sowohl der Erholung dienen als auch der Gesundheitsvorsorge, insbesondere um die noch immer weit verbreitete Tuberkulose einzudämmen. 1919 präsentierte er den Stadtverordneten zwei mögliche Standorte für ein Charlottenburger Freibad, die er letztlich gerne beide realisiert gesehen hätte. In erster Linie favorisierte Barth die Idee, den nördlichen Teil des Schlossgartens Charlottenburg und die angrenzenden sogenannten Pferdewiesen, die zwischen Garten und Bahndamm lagen, für die Einrichtung einer Freibadeanstalt zu nutzen. Die Verantwortlichen in der Stadt folgten zunächst diesem Gedankengang, 1920 aber verschwand das Projekt wieder aus der Liste der zu beantragenden Notstandsarbeiten.[3] Die zweite von Barth benannte Möglichkeit wurde dagegen verwirklicht: Im Volkspark Jungfernheide, der ab Oktober 1920 im Norden Charlottenburgs errichtet wurde, konnte

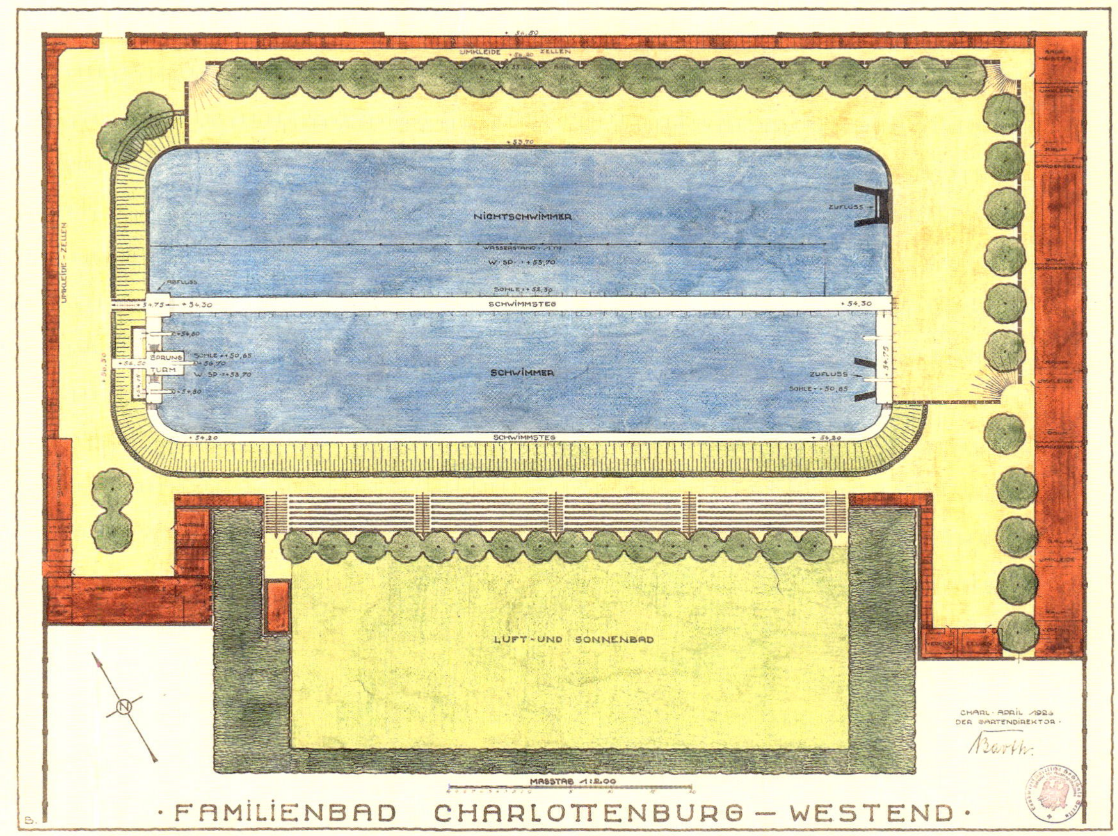

Entwurf für das Familienbad Charlottenburg-Westend von Erwin Barth, April 1926.

Abb S. 106: Bauarbeiten für das Familienbad Westend, im Hintergrund die Umfassungsmauer und frisch gepflanzte Bäume, 1926.

Das tiefergelegene Becken des Pumpwerks wurde links für die Schwimmer genutzt, rechts entstand ein kleiner Strand für den Nichtschwimmerbereich, 1926.

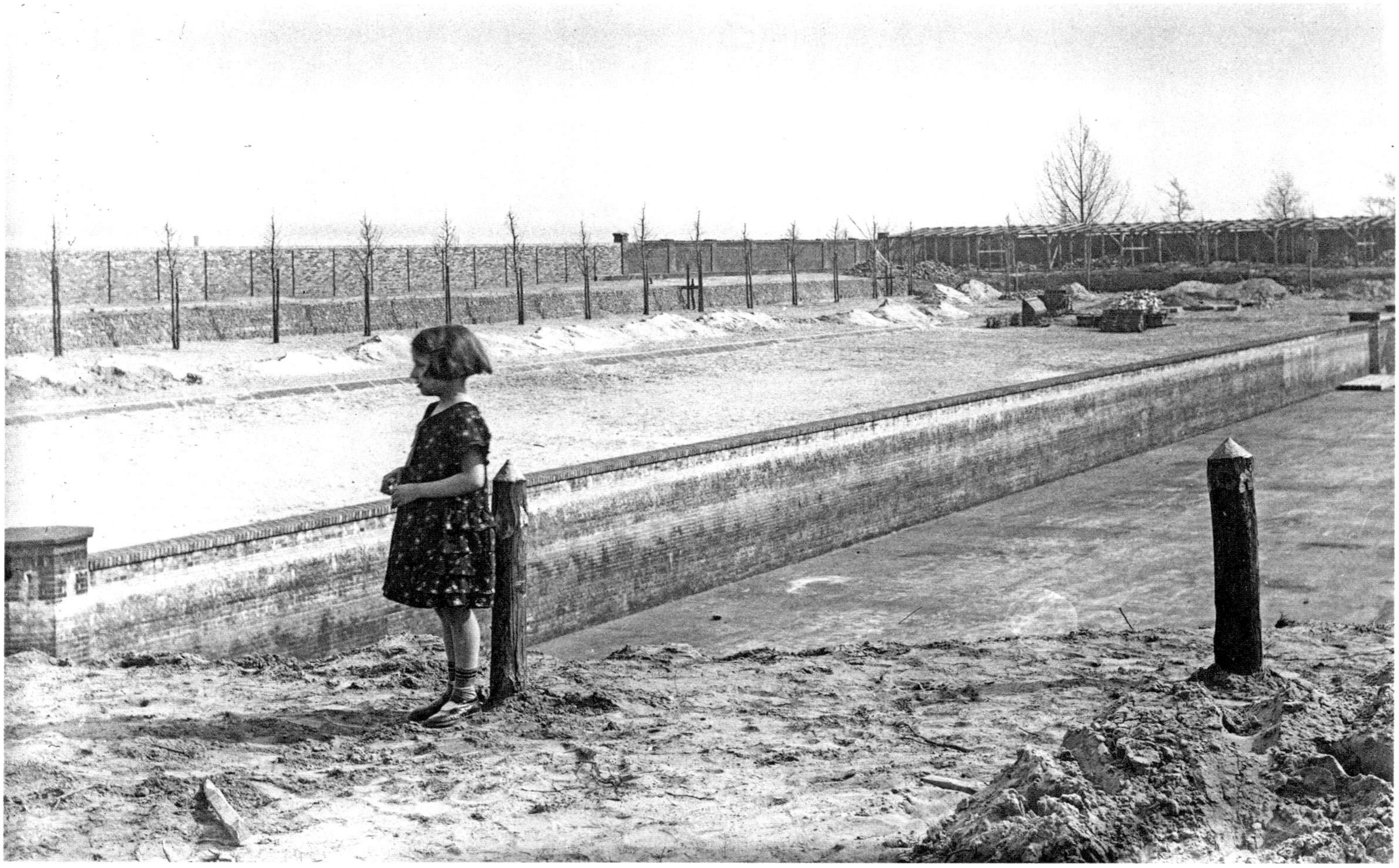

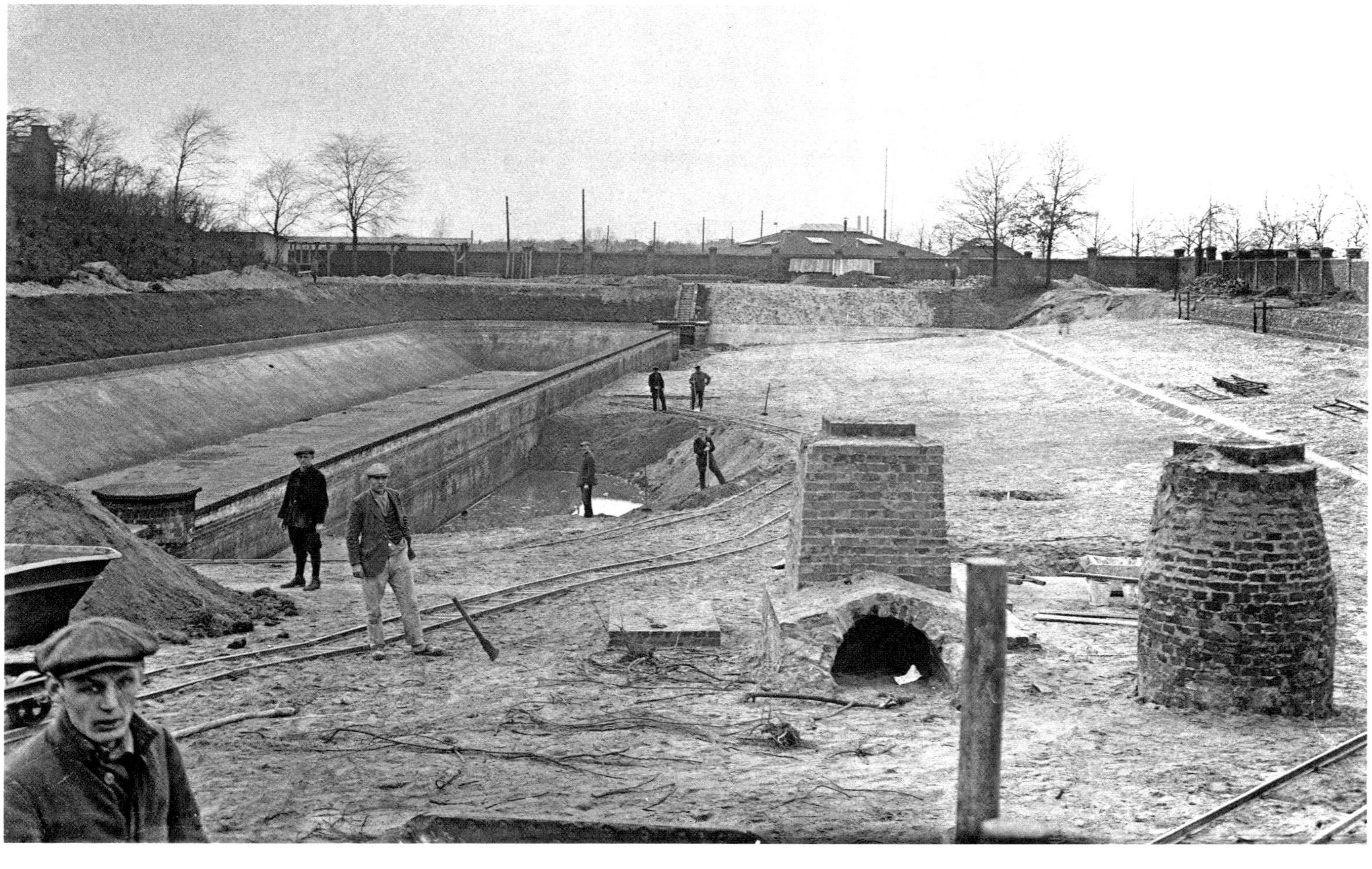

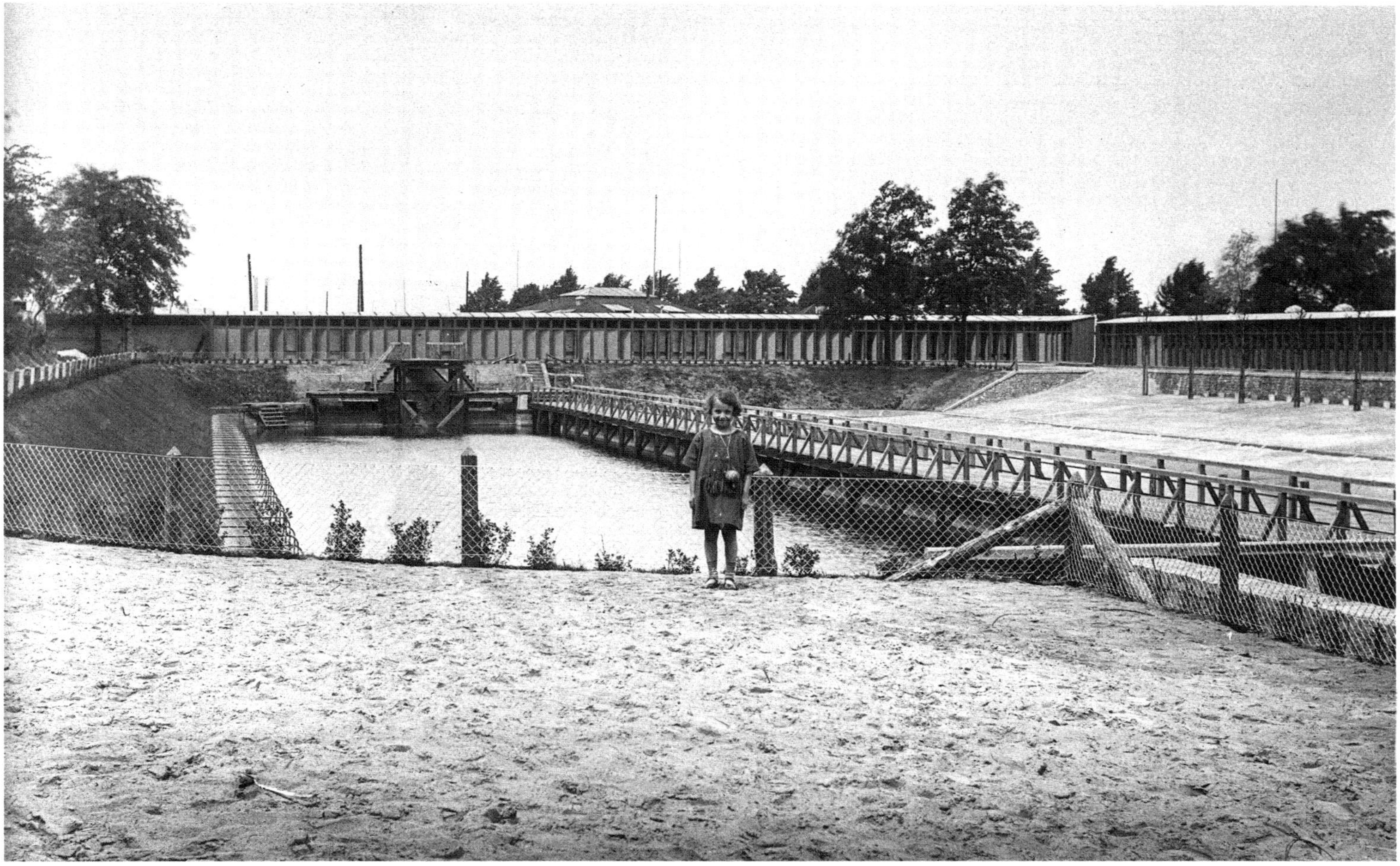

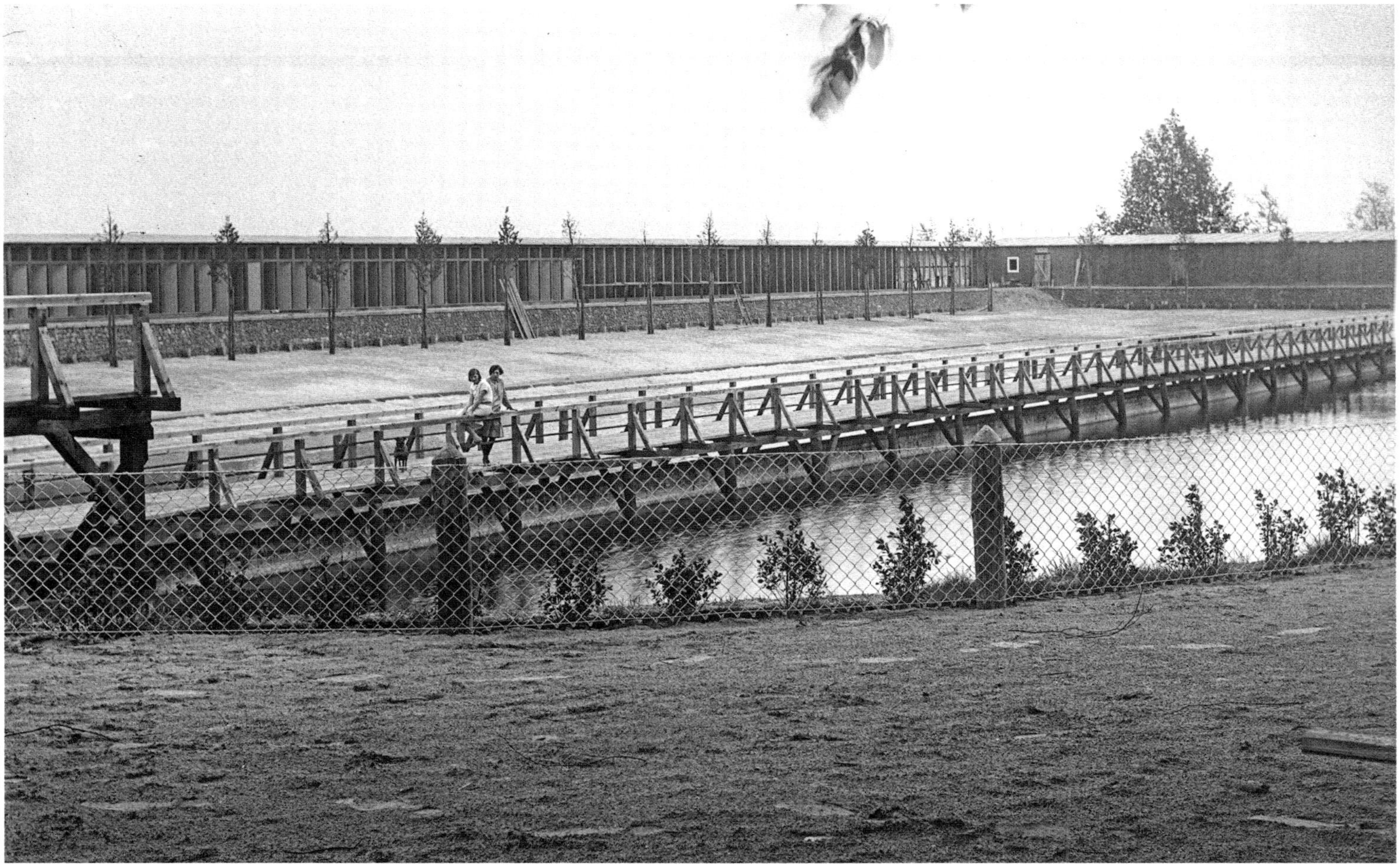

Abb. S. 107: Vorangeschrittene Bauarbeiten mit geflutetem Becken, 1926.

Ein Steg trennte den Schwimmerbereich von den Nichtschwimmern, 1926.

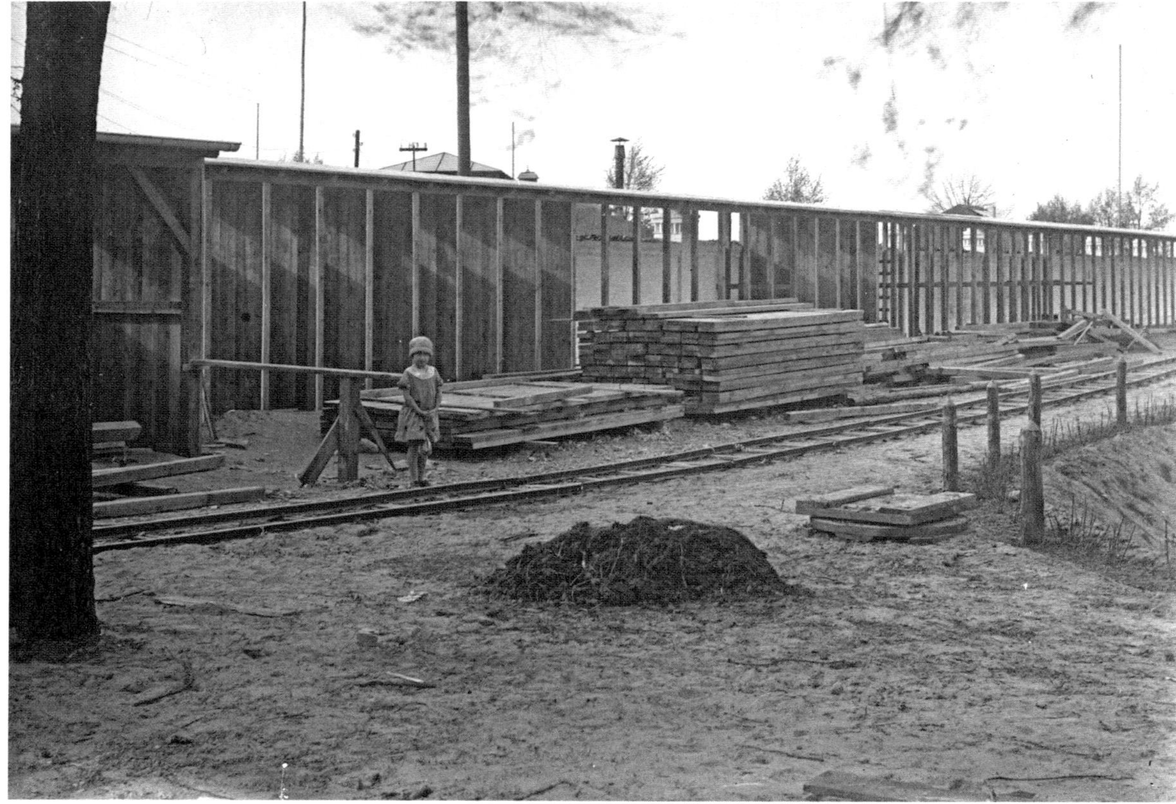

Entlang der Umfassungsmauer entstanden Umkleidekabinen, 1926.

1923 am künstlich angelegten See eine Badeanstalt in Betrieb genommen werden.[4]

Die Idee eines eigenständigen städtischen Freibads für Charlottenburg ließ Barth jedoch nicht los, auch nicht nachdem die Stadt am 1. Oktober 1920 ihre Unabhängigkeit hatte aufgeben müssen und zu einem Bezirk von Groß-Berlin geworden war. 1924 war endlich ein geeigneter Standort gefunden worden: eine ungenutzte Fläche der Berliner Wasserwerke, nördlich an das Zwischenpumpwerk Charlottenburg am Spandauer Damm angrenzend, westlich vom Krankenhaus Westend gelegen. Die Realisierung, vermutlich im Rahmen von Notstandarbeiten, erfolgte 1926 in Barths letztem Jahr als Charlottenburger Gartendirektor.[5] Noch im April 1926 zeichnete er für den kolorierten Entwurf des Familienbads Westend verantwortlich,[6] obwohl er bereits seit 1. März Stadtgartendirektor Berlins war. „Vermutlich war ihm dies möglich, da sich die Wiederbesetzung seiner Charlottenburger Stelle bis zum Juni des Jahres verzögerte."[7]

Das Familienbad kurz nach Fertigstellung, um 1927.

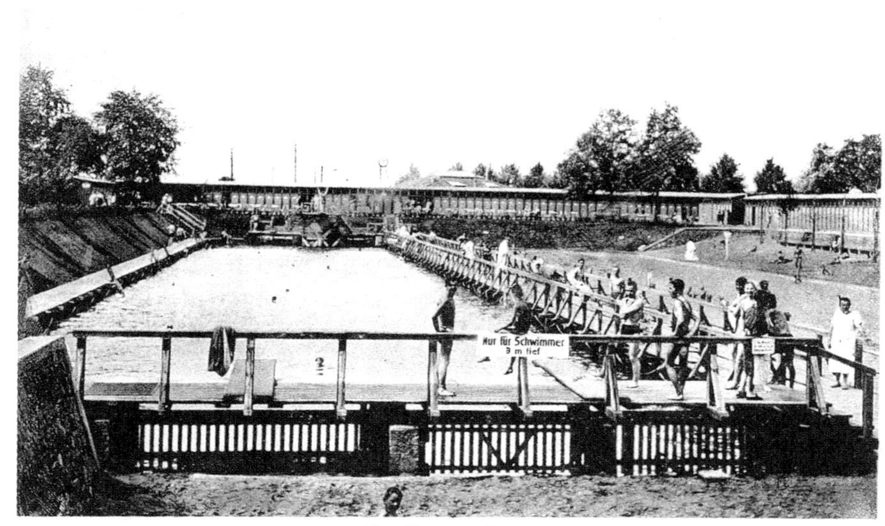

Familienbad Westend

Barth entwarf eine sehr funktionale Anlage mit einer reduzierten, aber harmonischen Formensprache. Das etwa 90 x 35 Meter große, zweigeteilte Schwimmbecken lag mittig im nördlichen Abschnitt des Areals. Der Bereich für Schwimmer bot einen kleinen hölzernen Sprungturm und einen umlaufenden Holzsteg. Der Nichtschwimmerbereich war über einen kleinen Sandstrand zugänglich und konnte auch von Kleinkindern zum Planschen genutzt werden. In den Süden setzte Barth ein erhöht liegendes „Luft- und Sonnenbad", das über mehrere Treppenaufgänge mit dem Schwimmbereich verbunden war. Eine große, als einfaches Rechteck angelegte Liegewiese war an drei Seiten mittels Hecken abgeschirmt, während der Blick in Richtung des tiefer gelegenen Schwimmbeckens durch eine Baumreihe hindurch ermöglicht wurde. Die für den Betrieb benötigten Einrichtungen ordnete Barth linear an den Außengrenzen an: Entlang der Einfriedungsmauer fanden sich 250 kleine, in Reihe gesetzte Umkleidezellen, dazu größere Umkleiden, Räume für Vereine, Kassen, Toiletten sowie eine Halle für Fahrräder, eine Küche und eine Unterkunftshalle. Baumreihen im Norden und Osten sorgten zwischen Schwimmbecken und Umkleiden für Schatten und Raumstrukturierung. Einige grö-

Nach einigen Jahren wurde der mittige Holzsteg im Badebecken entfernt und durch ein einfaches Absperrgitter ersetzt, 1939.

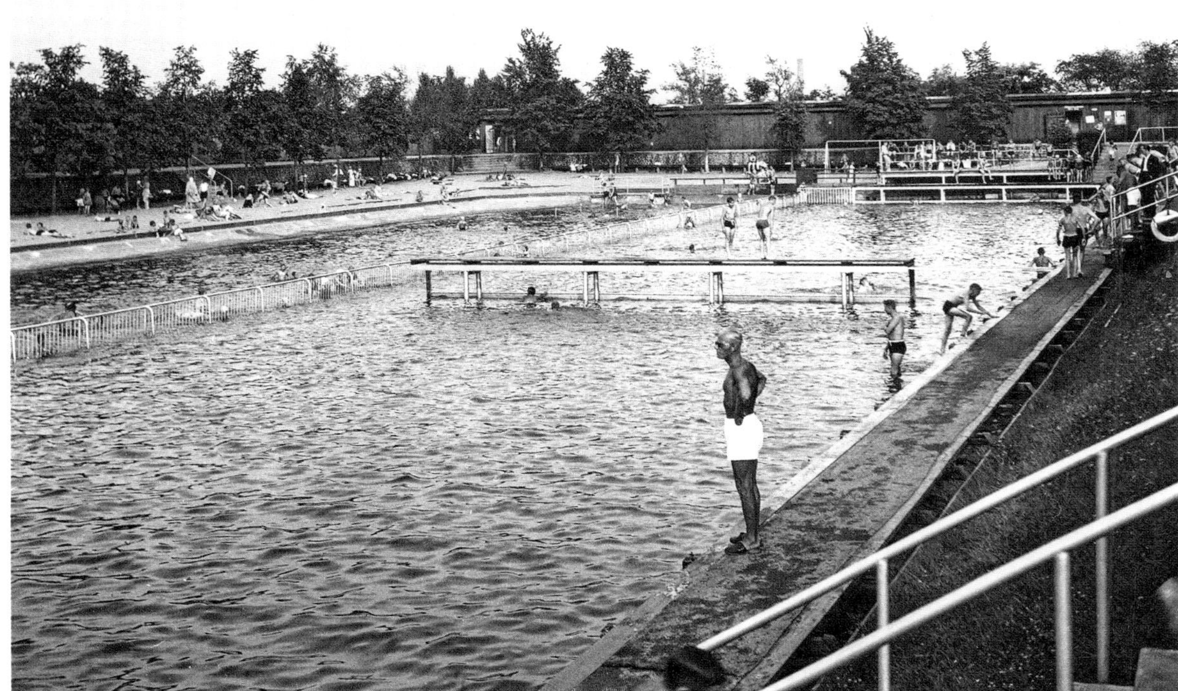

ßere Bestandsbäume trugen zur gartenarchitektonischen Ausstattung bei.

Das Beispiel des Familienbads Westend verdeutlicht Barths Talent, Bestand und Topographie stets kostensparend und klug für die Gestaltung zu gebrauchen. Fotos der Baustelle zeigen, dass Barth für das Schwimmbad ein tiefergelegenes Becken des Pumpwerks nutzen konnte, auf dessen Teilungsmauer er einen breiten Holzsteg mit Geländer setze. Den gegebenen Höhenunterschied nutzte er im Nichtschwimmerbereich zur Anlage eines sanft ansteigenden Sandstrands, während die Tieflage des Schwimmerbeckens durch Böschungen, Treppen und Stützmauern gestalterisch noch betont wurde. Tische und Stühle, die sicherlich zum badeigenen Küchenbetrieb gehörten, waren auf den oberhalb des Beckens gelegenen Wegeflächen an der Westseite aufgestellt, sodass man von hier den unterhaltsamen Blick auf den Sprungturm und die Badegäste genießen konnte. Das Wasser für das Schwimmbecken kam mit frischen 15 Grad aus dem benachbarten Wasserwerk, was aber der Charlottenburger Damen-Schwimmverein Nixe, der das Bad als Trainingsstätte nutzte, sportlich sah: „Die Aktiven versäumten unabhängig von Wassertemperatur und Wetter keine Trainingsstunde und hatten daraus bald einen Vorteil: Denn wer im Westend-Bad im Training eine gute Zeit erreichte, war auf jeder anderen Schwimmbahn vor unangenehmen Überraschungen sicher.“[8]

In den 1950er Jahren wurde das Freibad renoviert und erweitert, 1972 aber schließlich geschlossen.[9] Die Anlage gibt es heute nicht mehr; das Schwimmbecken ist verfüllt und die Fläche des Familienbads mit Rasen überwachsen.

[Leonie Glabau]

---

1 Vgl. Wimmer, Clemens Alexander: Vom Waschen des Körpers mittelst des Badens. In: Schöbel, Sören (Hg.): Aufhebungen – Urbane Landschaftsarchitektur als Aufgabe. Berlin 2004, S. 143 f.

2 Vgl. Bräuner, Uta Maria; Lehne, Jost: Bäderbau in Berlin. Architektonische Wasserwelten von 1800 bis heute. Berlin 2013, S. 89.

3 Vgl. Land, Dietmar; Wenzel, Jürgen: Heimat, Natur und Weltstadt. Leben und Werk des Gartenarchitekten Erwin Barth. Leipzig 2005, S. 255–261.

4 Vgl. ebd., S. 282.

5 Vgl. ebd., S. 313.

6 Entwurfsplan „Familienbad Charlottenburg-Westend“, Erwin Barth, April 1926 (Architekturmuseum der Technischen Universität Berlin, Inv. Nr. 40950).

7 Land/Wenzel 2005 (Anm. 3), S. 314.

8 Charlottenburger Damen-Schwimmverein NIXE e. V.: Festschrift 125 Jahre Nixe. 2018, S. 17.

9 Vgl. Bräuner/Lehne 2013 (Anm. 2), S. 95, S. 124.

Ullrichplatz

Marzahn-Hellersdorf

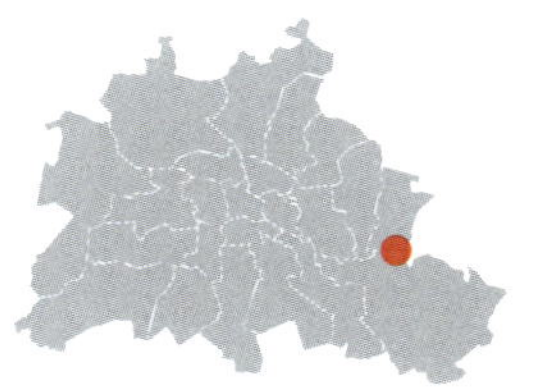

Am Ostrand Berlins im Bezirk Marzahn-Hellersdorf, nur wenige Querstraßen vom Brandenburger Umland entfernt, liegt im Ortsteil Mahlsdorf in einem Einfamilienhausgebiet der seit 1907 bestehende Ullrichplatz, der allerdings erst rund zwanzig Jahre später durch Erwin Barth gestaltet wurde.[1] Der langgestreckte, ein schmales Rechteck bildende Grünplatz, der zunächst wegen der anliegenden Bülowstraße häufig auch Bülow-Platz genannt wurde, präsentiert sich bis heute mit einem eher großstädtischen Charakter.

Im September 1925 erarbeitete der Charlottenburger Bezirksgartendirektor Barth für die noch ungestaltete Anlage in Mahlsdorf einen ersten Entwurf. In dieser Zeit befand sich Barth in einer Art beruflicher Übergangsphase: Im selben Monat war er vom Magistrat zum Berliner Stadtgartendirektor berufen worden; ein Amt, das er 1920 noch zurückgewiesen hatte und auch fünf Jahre später lediglich zögernd annahm. Nur ungern gab er insbesondere sein Charlottenburger Vorrecht auf, private Aufträge annehmen zu dürfen. Aus welchen Gründen Barth für den damals noch zu Lichtenberg gehörenden Ullrichplatz einen Entwurf anfertigte und nicht der Bezirksgartendirektor Johannes Hartmann, ist bislang unklar. Interessanterweise unterschrieb Barth seinen Plan als Gartendirektor, ohne Charlottenburg zu nennen und fügte Berlin als Ortsangabe hinzu.[2]

Die zum Plan gehörige Vogelschau entstand offenbar erst zwei Jahre später: Sie wurde von Paul Mittelstädt gezeichnet, der seit Oktober 1927 beim mittlerweile als Stadtgartendirektor amtierenden Barth in der Berliner Gartenverwaltung angestellt war.[3] „Wahrscheinlich hat sich das zentrale Gartenamt 1927 mit dem Entwurf für den Lichtenberger Stadtplatz zu beschäftigen, eventuell hatte man sich im Bezirk selbst dafür ausgesprochen, eventuell versucht Erwin Barth einen zur Genehmigung vorgelegten Plan des Bezirks abzuwehren."[4] Auf jeden Fall war es Barth wichtig, dass sein zwei Jahre alter Entwurf nun durch ein ansprechendes Schaubild ergänzt wurde. Die Zeichnung Mittelstädts präsentiert den Platz als Erholungs- und Schmuckanlage mit einer angedeuteten Blockrandbebauung anstelle der damals zum Teil schon fertiggestellten Einzelhäuser. Vielleicht sollte damit die seinerzeit erwartete städtebauliche Entwicklung Mahlsdorfs angedeutet oder der Ullrichplatz als eine großstädtisch geprägte Grünanlage porträtiert werden. Die erneuten Bemühungen des Stadtgartendirektors um den Ullrichplatz wurden belohnt: Sein Entwurf fand Zuspruch und die Realisierung der Platzgestaltung konnte etwa 1927–28 durchgeführt werden.

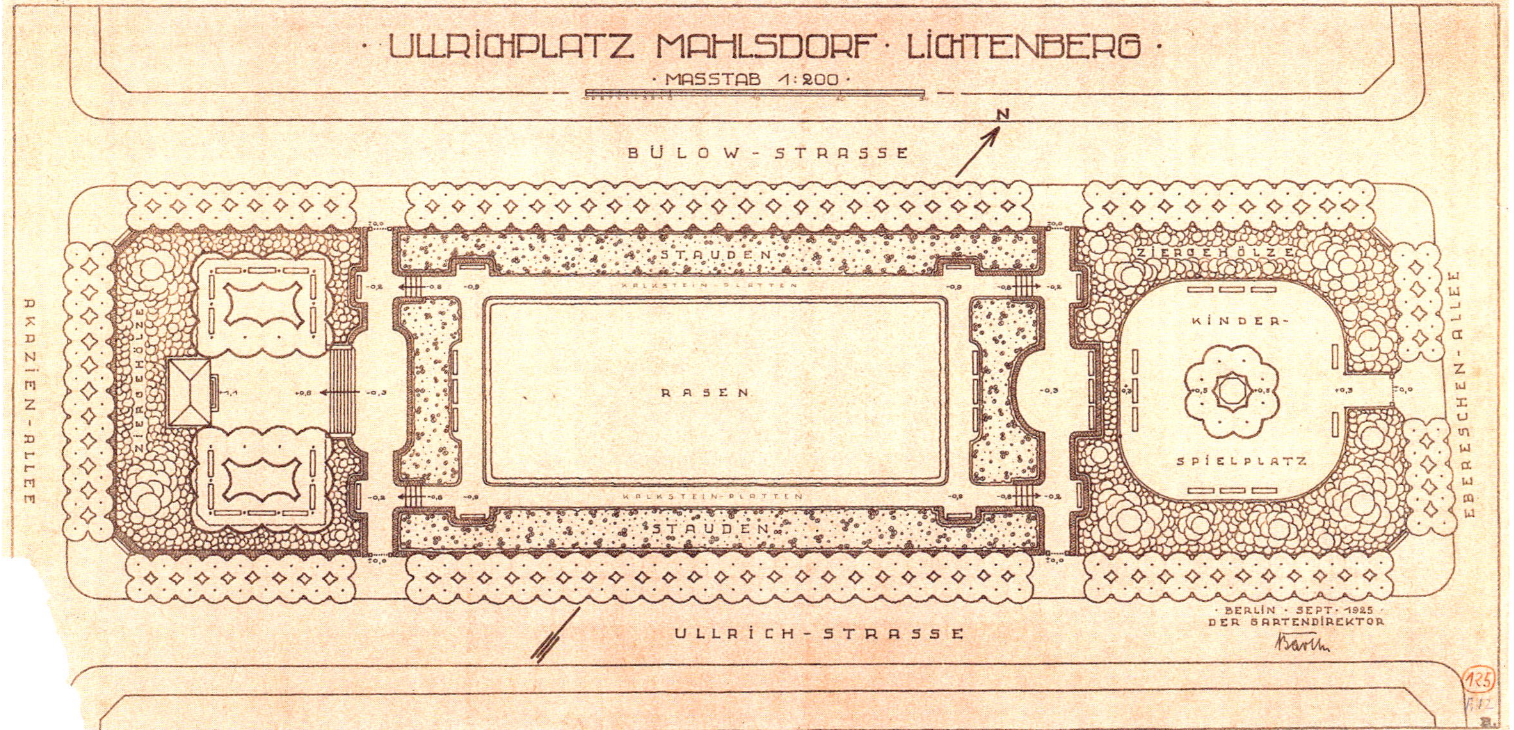

Entwurf für den Ullrichplatz von Erwin Barth, September 1925.

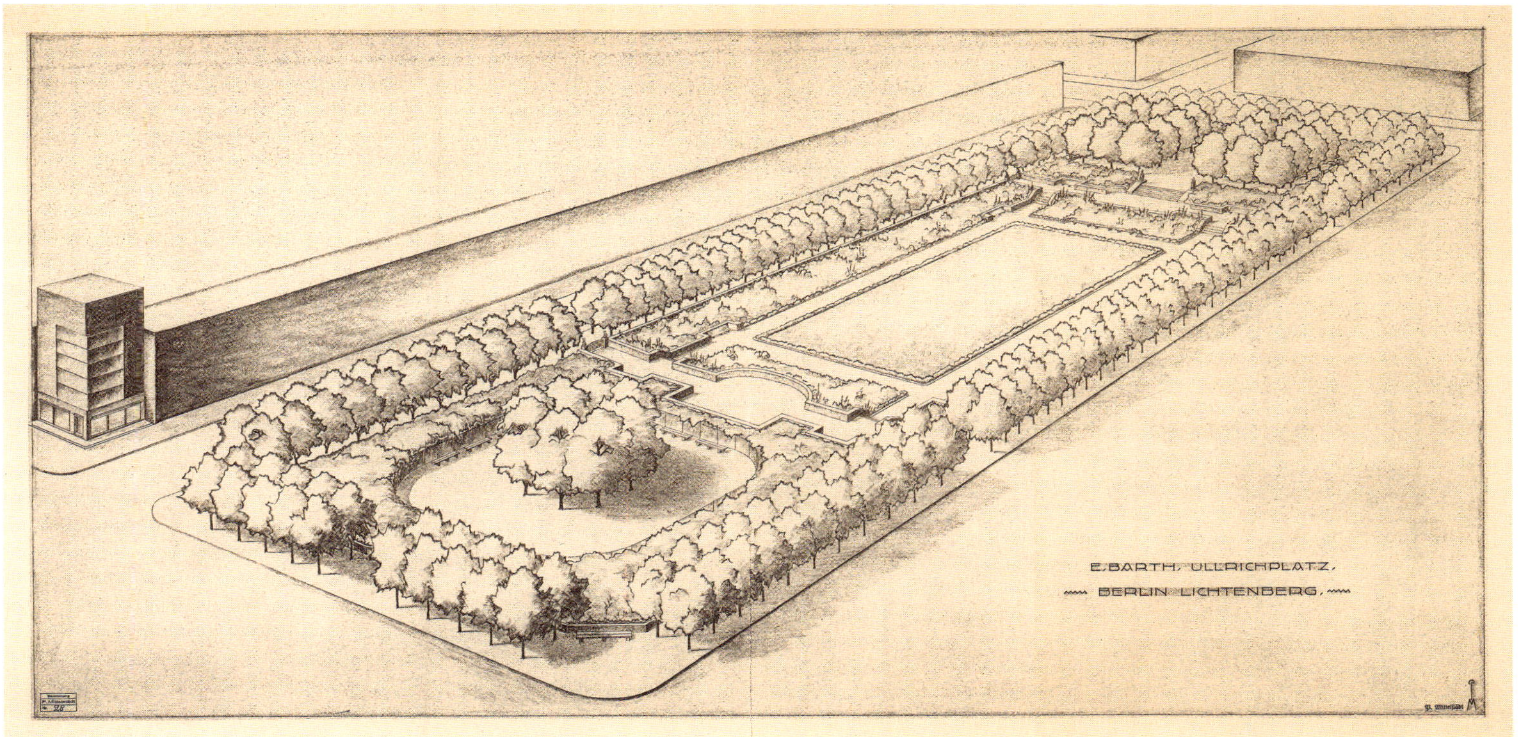

Paul Mittelstädt zeichnete für Erwin Barth die Vogelschau des Ullrichplatzes, um 1927.

Barth schuf eine schlüssige Kombination von unterschiedenen Räumen und Funktionen in Verbindung mit einer harmonischen Höhenentwicklung und Achsenabfolge und teilte den Platz in drei Bereiche. An das nördliche Ende setzte er einen durch Ziergehölze abgeschirmten Kinderspielplatz mit einem mittigen Baumrondell aus Platanen. Am Südende schuf er als Pendant einen ebenfalls von Ziergehölzen umfassten Aufenthaltsraum, der terrassenartig um einige Stufen erhöht war und dessen Sitzbänke von zwei Platanenkarrees beschattet wurden; ein eigentlich dort vorgesehenes Unterstandshaus wurde nicht realisiert. Die langgestreckte Platzmitte war als Rasenparterre gestaltet, leicht abgesenkt und von einem einfachen Wegeverlauf mit einzelnen Banknischen umrahmt. Die Böschungen des Parterres waren sämtlich mit blühenden Stauden besetzt, mit Pflanzungen, die einem Stadtplatz in Charlottenburg in nichts nachstanden. In klar voneinander abgegrenzten Gruppen unterschiedlicher Wuchshöhen waren Blumen wie etwa Goldrute, Funkie, Phlox und Sommer-Margerite arrangiert.

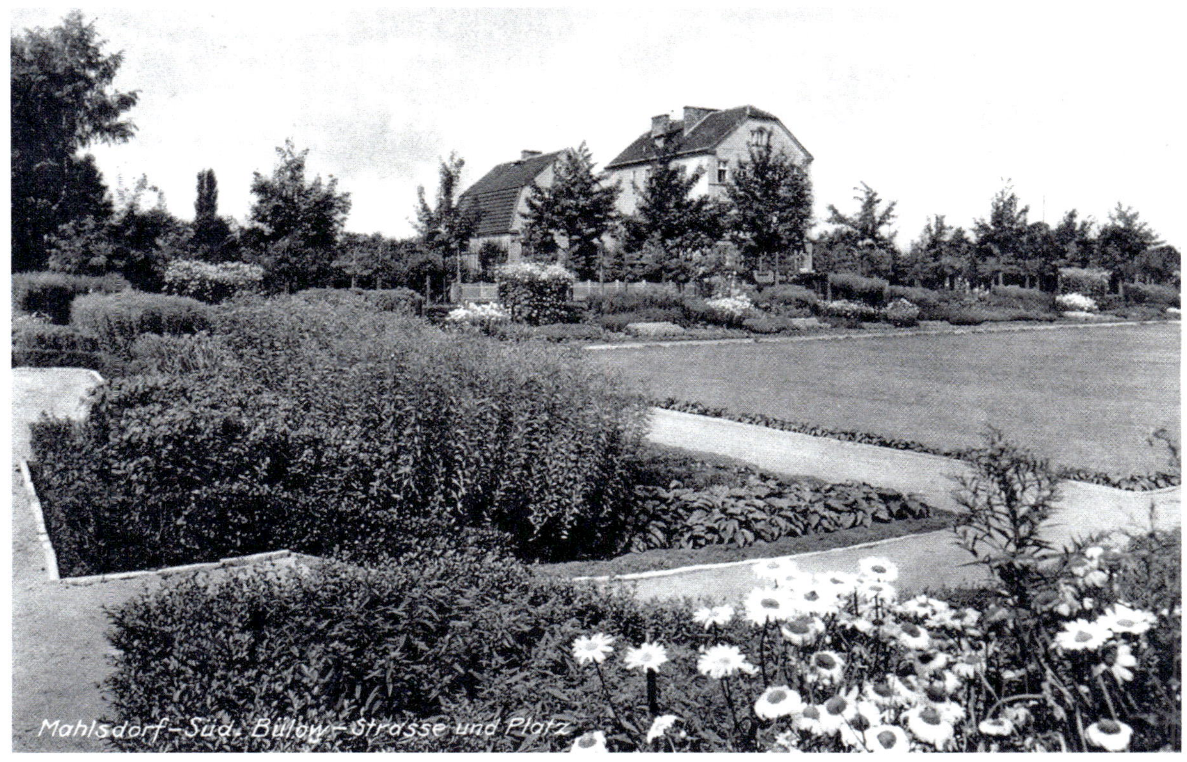

Das Rasenparterre mit üppigen Staudengruppen an den Böschungen, Postkarte um 1928.

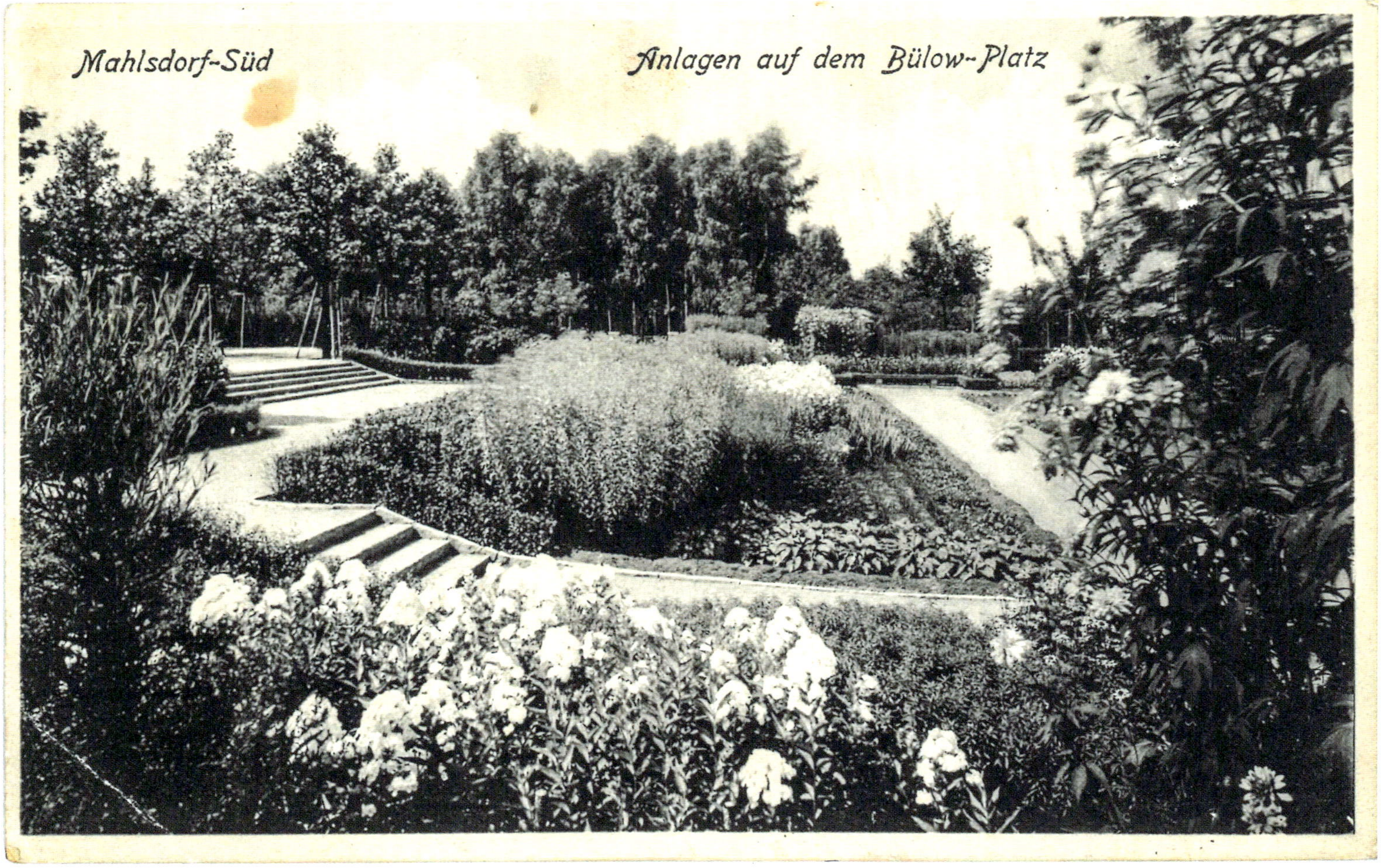

Mahlsdorf-Süd Anlagen auf dem Bülow-Platz

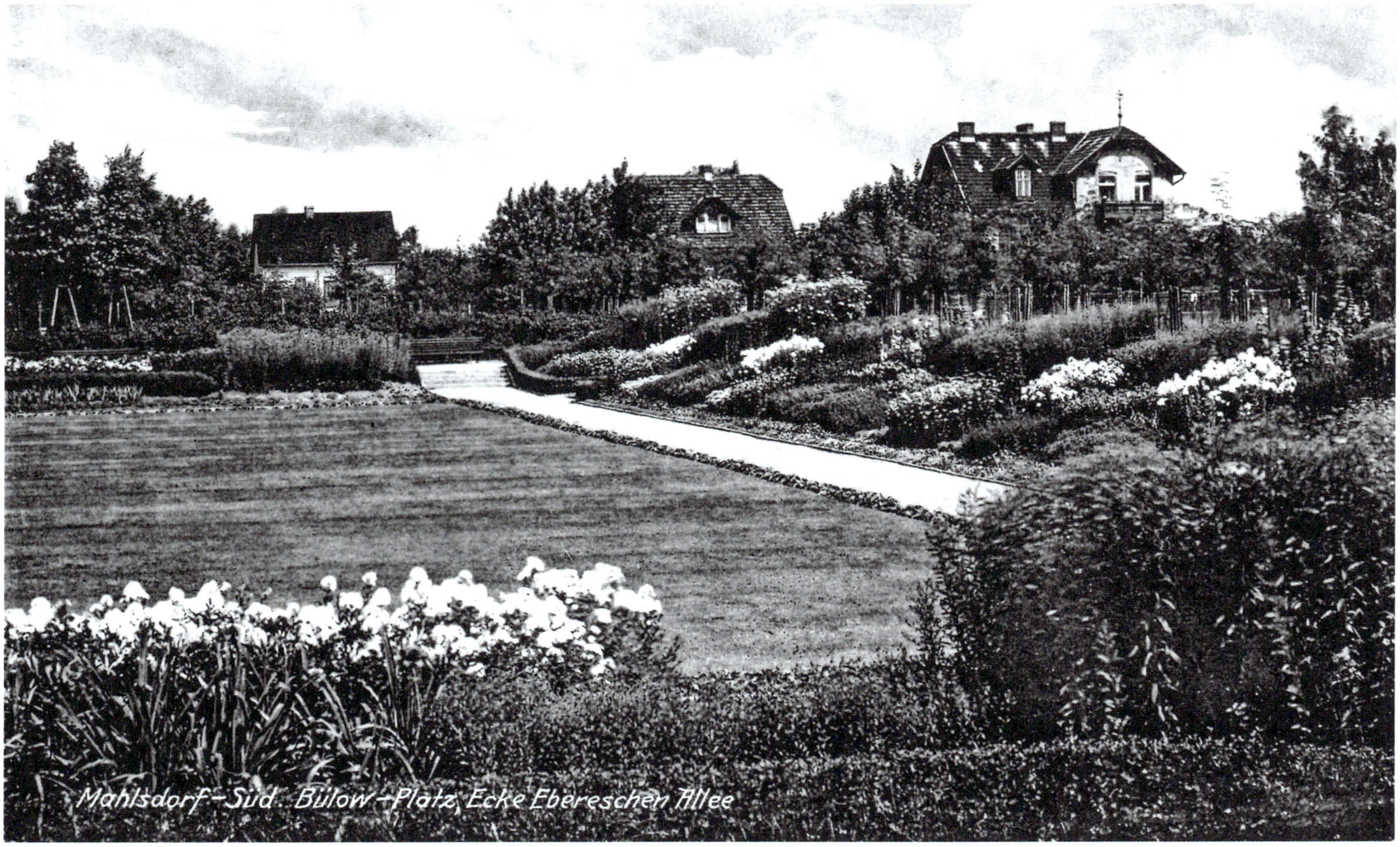

Mahlsdorf-Süd. Bülow-Platz, Ecke Ebereschen Allee

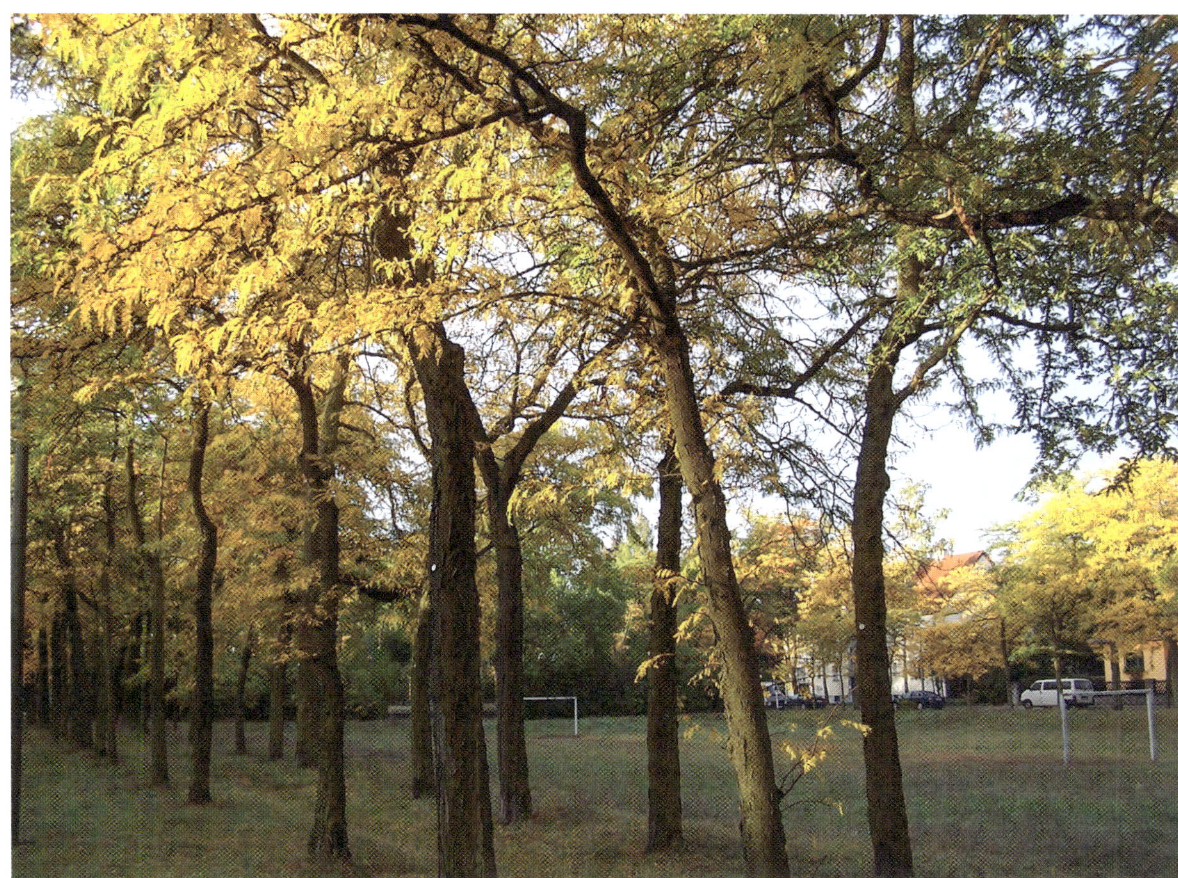

Gleditschien-Allee rund um den Ullrichplatz, 2017.

Die leichten Geländesprünge ließen den Platz erst beim Durchschreiten in seiner Gänze erleben, unterstützten die Raumbildung und ermöglichten gleichzeitig einen fast spektakulären Blick auf den eindrucksvollen und vielfältigen Blumenschmuck. Zudem rahmte Erwin Barth die gesamte Anlage mit einer Allee aus Gleditschien, wodurch der Ullrichplatz unabhängig von der angrenzenden kleinteiligen Bebauung städtebaulich sinnvoll und autark bestehen konnte.

Die räumlichen Qualitäten des Ullrichplatzes sind erhalten geblieben, es gab nur geringe Kriegsschäden. Im Laufe der Jahre ging allerdings die ehemals reiche Staudenauswahl verloren und während der Teilung Berlins wurden einzelne Umgestaltungen vorgenommen.[5] Seit 2017 erfolgt auf Grundlage eines gartendenkmalpflegerischen Entwicklungskonzepts schrittweise die Instandsetzung des Platzes unter besonderer Berücksichtigung der Kinderspielmöglichkeiten.

[Leonie Glabau]

1 Vgl. Pahl, Andreas: Der Ullrichplatz in Mahlsdorf-Süd. Eine großstädtische Planung Erwin Barths für den Stadtrand. In: Bezirksamt Marzahn-Hellersdorf (Hg.): Die Denkmale in Berlin. Bezirk Marzahn-Hellersdorf. Berlin 2002, S. 231.

2 Vgl. Entwurfsplan „Ullrichplatz Mahlsdorf-Lichtenberg", Erwin Barth, September 1925 (Architekturmuseum der Technischen Universität Berlin, Inv. Nr. 40819).

3 Vgl. Vogelperspektive „Ullrichplatz. Berlin Lichtenberg", Erwin Barth, gez. P. Mittelstädt, undatiert (Architekturmuseum der Technischen Universität Berlin, Inv. Nr. 40821); vgl. Mittelstädt, Paul: Vor über 50 Jahren. Die letzten beiden Jahre bei Professor Erwin Barth in seiner Eigenschaft als Stadtgartendirektor von Berlin. 1927–1929. In: Universitätsbibliothek Berlin (Hg.): Gärten, Parks, Friedhöfe. Ausstellungskatalog, Berlin 1980, S. 19; vgl. Land, Dietmar: Erwin Barth (1880–1933). Leben und Werk eines Gartenarchitekten im zeitgenössischen Kontext. Dissertation an der Technischen Universität Berlin 2004, S. 429.

4 Land 2004 (Anm. 3), S. 430 f.

5 Vgl. Land, Dietmar: Ullrichplatz, Berlin-Mahlsdorf. Gartendenkmalpflegerisches Konzept zur Wiederherstellung und Weiterentwicklung im Auftrag des Bezirksamts Marzahn-Hellersdorf von Berlin 2016, S. 58 f.

◁
Harmonische und abwechslungsreiche Höhenentwicklung, Postkarte gelaufen 1928.

Um den reichbepflanzten, großstädtischen Platz reihte sich eine kleinteilige Bebauung, Postkarte gelaufen 1937.

Arkonaplatz

Mitte

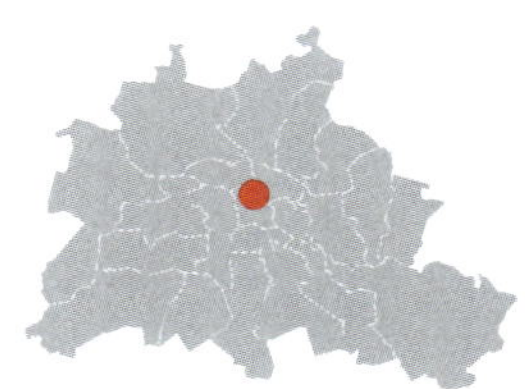

Als Stadtgartendirektor in der zentralen Parkverwaltung war Erwin Barth normalerweise nicht mehr für die Ausarbeitung eines Freiraumentwurfes zuständig; er war vielmehr derjenige, dem die Bezirksgartendirektoren oder -inspektoren die von ihnen erstellten Pläne zur Prüfung und Genehmigung vorzulegen hatten. Da es sich Barth keineswegs nehmen ließ, hierbei zum Teil deutliche Kritik zu äußern und dezidierte Änderungswünsche einzufordern, verlief die Zusammenarbeit zwischen „Zentrale“ und „Bezirken“ nicht immer konfliktlos. In den Gartenämtern folgte man oftmals nur widerstrebend den Anregungen und Weisungen Barths.[1]

Dies betraf jedoch nicht alle Bezirke. Es gab durchaus Beispiele, bei denen die Zusammenarbeit von beiden Seiten gewünscht und gefördert wurde. So im Fall des Arkonaplatzes in der Rosenthaler Vorstadt im Bezirk Mitte, als sich im Sommer 1926 der Bezirksbürgermeister Fritz Schneider ausdrücklich an den neuen Stadtgartendirektor wandte. Während eines Zusammentreffens anlässlich von „Beratungen über Arbeiten aus Notstandsmitteln“ nahm Schneider die „sich bietende Gelegenheit“ wahr, „den Stadtgartendirektor Barth für die Anlage am Arkonaplatz zu interessieren.“ Die Grünanlage, so Schneider, sei „inmitten mit engen Wohnquartieren besetzten Stadtgegenden gelegen“, sie befinde sich jedoch „seit Jahren in einem Zustande der Verwahrlosung“; zwar stünden Bäume auf der Fläche, aber ansonsten sei der Arkonaplatz „für Erholungszwecke der Bevölkerung ganz untauglich“ und biete „einen für das Auge wenig ansprechenden Anblick“.[2]

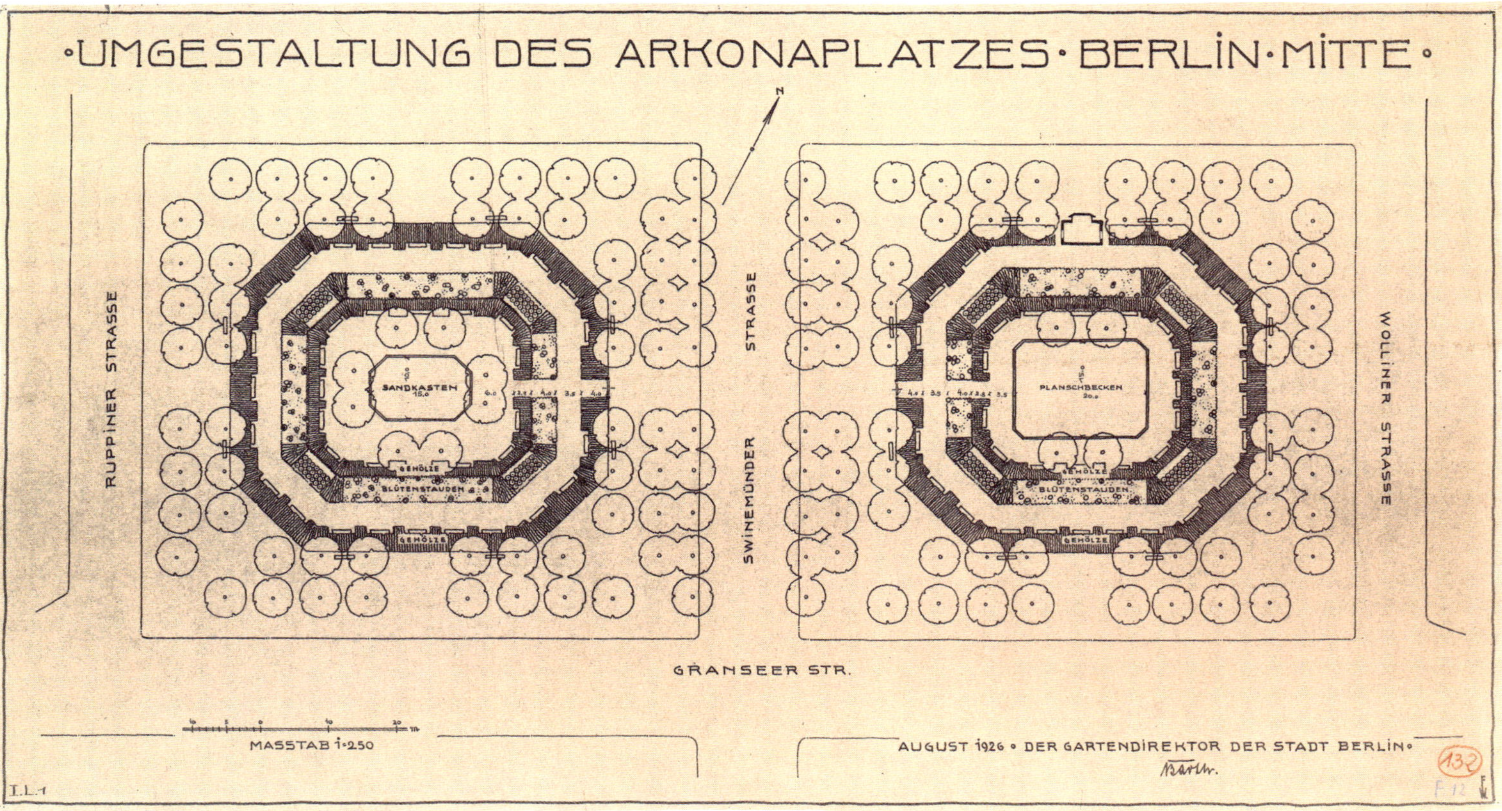

Entwurf für die Umgestaltung des Arkonaplatzes von Erwin Barth, August 1926.

Der Platz war in der Mitte des 19. Jahrhunderts im Zuge der Hobrecht'schen Bebauungs- und Stadterweiterungsplanungen ausgewiesen worden, bestehend aus zwei identischen Rechteckflächen und einer mittigen Teilung durch die Swinemünder Straße. Eine erste Begrünung war offenbar 1877 durch den Berliner Stadtgartendirektor Gustav Meyer erfolgt; kurz nach der Jahrhundertwende hatte dessen Nachfolger Hermann Mächtig den Platz nochmals umgestalten lassen.[3] Seitdem rahmten regelmäßig und in mehreren Reihen gesetzte Bäume die Platzteile, eine für die Zeit typische Diagonaldurchwegung ermöglichte jeweils die Überquerung auf kürzester Strecke. Mittlerweile aber waren die Pflanzungen zum Großteil verwildert und ungepflegt,

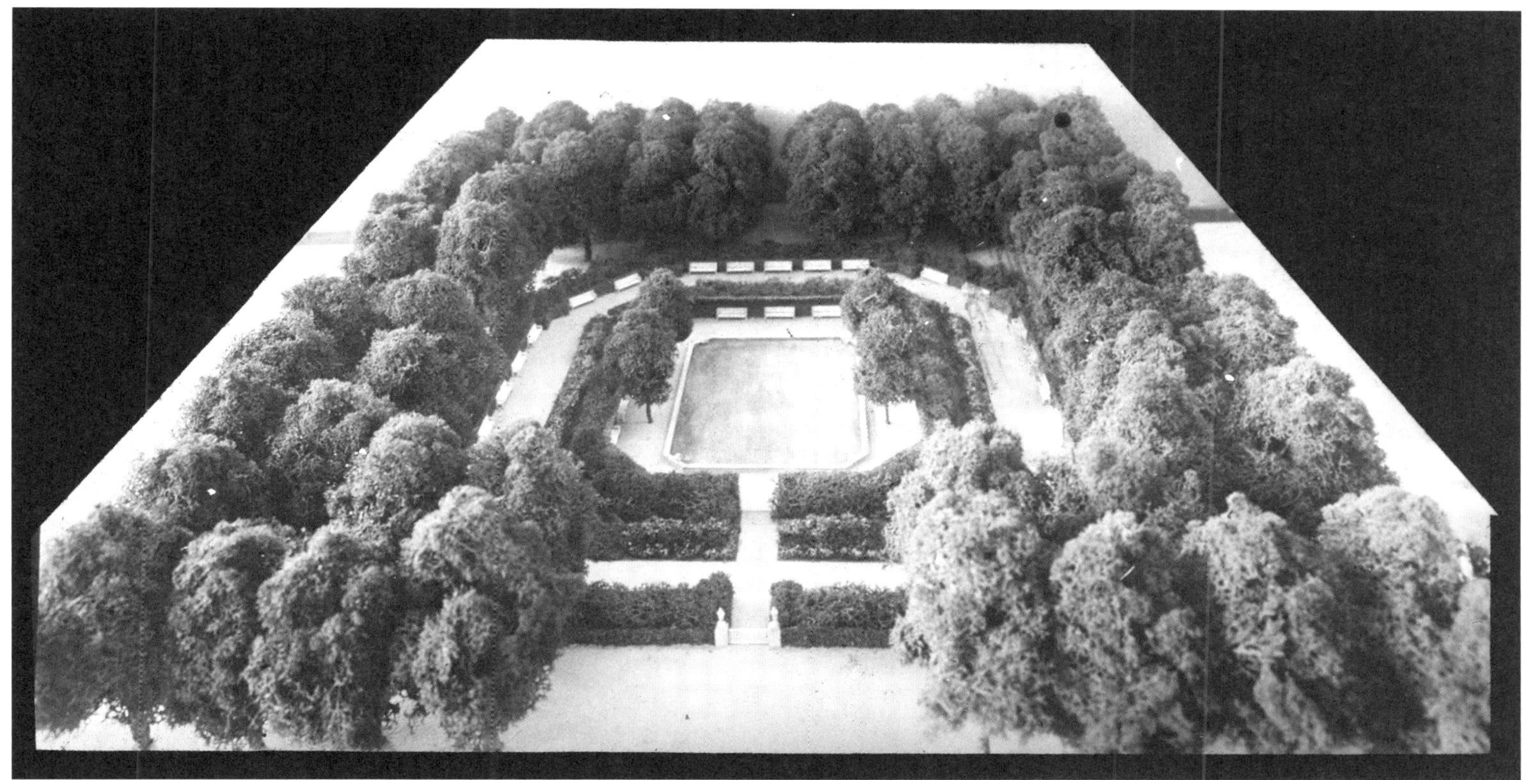

auch galt im Sinne der sozialen Frage die als einfache Schmuckanlage gedachte Platzgestaltung nicht mehr als adäquat für einen Standort inmitten eines Arbeiterquartiers. Bisherige Versuche, den Umbau zur Erholungs- und Spielanlage zu bewerkstelligen, waren nach Aussage des Bürgermeisters „unzulänglich" gewesen.[4] Aus diesem Grund bat man nunmehr den Stadtgartendirektor um Amtshilfe, und Erwin Barth erklärte sich bereit, einen Umgestaltungsentwurf für den Bezirk auszuarbeiten.

Drei Nutzungskomponenten gehörten für Barth unabdingbar zur Ausstattung eines städtischen Grünplatzes: der Platz als Spielort für Kinder, als Aufenthalts- und Ruheort für Erwachsene und schließlich als schmückendes Grün, welches das Stadtbild bereichert. Anders aber als beispielsweise auf dem Gustav-Adolf-Platz (heute Mierendorffplatz) in Charlottenburg, wo Barth Kinderspiel und Schmuckgarten nebeneinander angeordnet hatte, wählte er hier eine konzentrisch aufgebaute Raumgliederung, wobei der Arkonaplatz auch weiterhin aus zwei nahezu identisch gestalteten Hälften bestehen sollte. Sinnfällig und programmatisch zugleich bildete das Kinderspiel den Mittelpunkt: ein als Achteck angelegter und mit Spalierwerk umgrenzter Bereich, der auf der einen Platzhälfte mit einem großen gemauerten Sandkasten und auf der anderen mit einem großen Planschbecken versehen wurde. Daran anschließend folgte ein umlaufender Promenadenweg mit zahlreichen Sitzbänken, nach außen hin geschützt durch einen Rahmen aus Ziersträuchern und ergänzt durch eine breite Rabatte mit Blütenstauden und Blumen. Der äußere Randbereich unterhalb des Blätterdaches der schon vorhandenen Bäume sollte als großzügige Gehwegzone dienen, ausgestattet mit weiteren Sitzmöglichkeiten.

„Das Hauptaugenmerk", so erläuterte Barth, sei „darauf gerichtet, sowohl für Erwachsene als auch für Kinder Stätten der ruhigen Abgeschlossenheit zu schaffen."[5] Möglich werde dies durch die „Umleitung des Fußgängerdurchgangverkehrs", und tatsächlich sah er auf beiden Platzhälften lediglich jeweils einen Eingang in den inneren Gartenbereich vor, auf der Ostseite ergänzt durch eine schmale Durchgangsmöglichkeit am Standort des neu zu errichtenden Toilettenhauses. So würden die Platzhälften „nun

Das Modell des Arkonaplatzes zeigt die Osthälfte mit dem Kinderplanschbecken, um 1926.

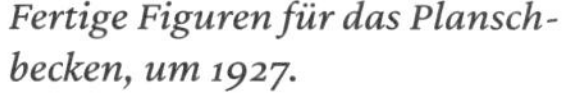

Fertige Figuren für das Planschbecken, um 1927.

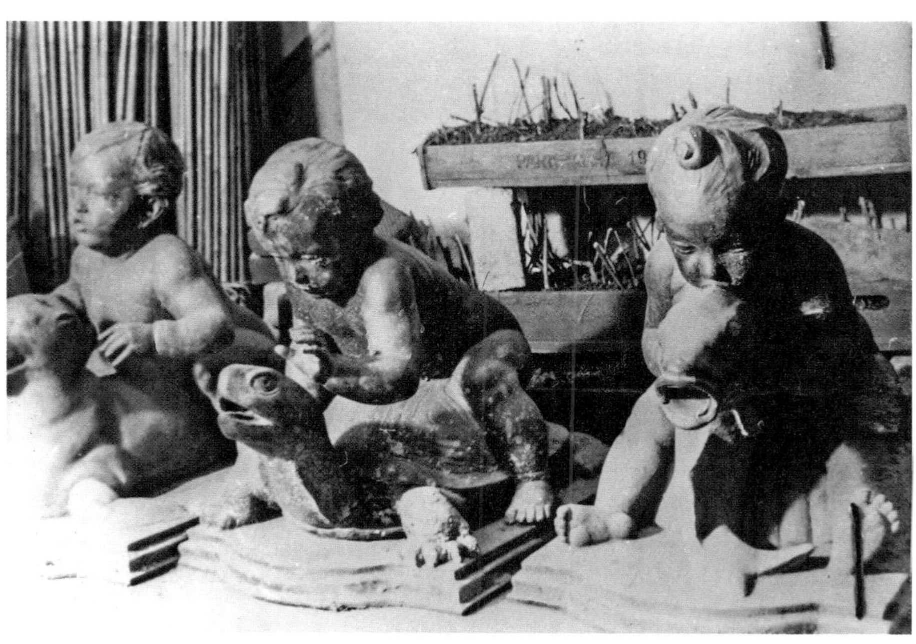

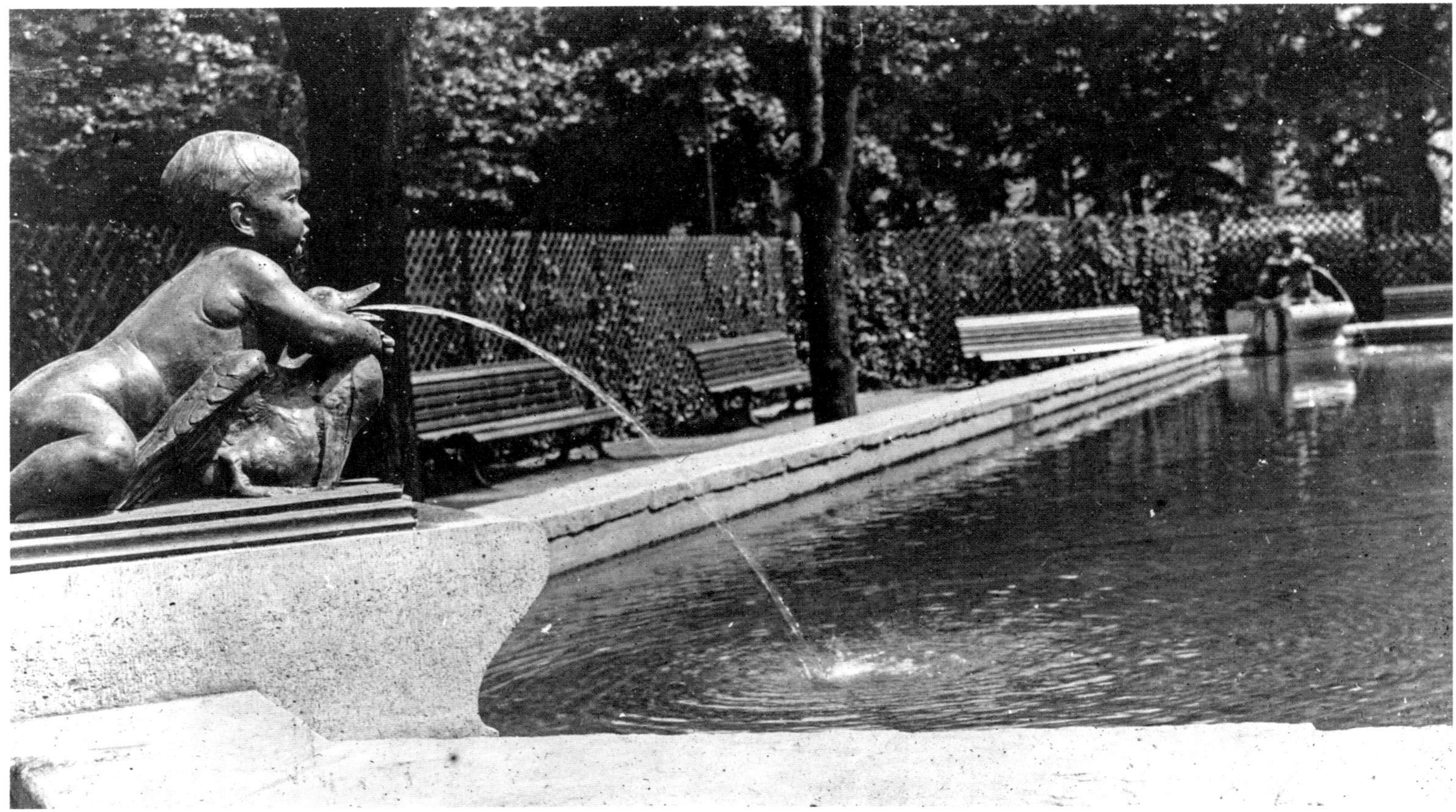

Planschbecken mit Figurenschmuck auf der Ostseite des Arkonaplatzes, um 1927.

eine in sich abgeschlossene Anlage" bilden und „der Bevölkerung einen Ersatz für den Hausgarten der Einfamilienhäuser" bieten.[6] Der Bezirksbürgermeister zeigte sich von den Ideen des Stadtgartendirektors angetan und bemühte sich in der Folge um eine rasche Umsetzung. Die Ausführungsarbeiten selbst lagen wieder in den Händen des Bezirks. Der Leiter des dortigen Gartenamts, der Obergartenmeister Hans Martin, wurde aufgefordert, die Ausführungspläne zu erstellen. Im Zuge der Bauarbeiten wurden einzelne Details nochmals verändert und vereinfacht, es blieb jedoch bei einer engen Zusammenarbeit mit der Zentralparkverwaltung: Barth lieferte beispielsweise die Detailplanung für die Zugangstore, ebenso ein „Muster" für die „Gitter mit Efeuberankung".[7] Hans Martin akzeptierte es augenscheinlich, dass er den Entwurf des Stadtgartendirektors auszuführen hatte.

Kurz vor der endgültigen Fertigstellung bewilligte die zentrale Kunst-Deputation der Stadt Berlin eine zusätzliche Ausschmückung des neu gestalteten Stadtplatzes: Beiderseits der Eingangsportale wurden vier Plastiken aus Muschelkalkstein aufgestellt, am Planschbecken dienten vier Bronzefiguren als Wasserspeier.[8] Das künstlerische Figurenprogramm bezog sich eindeutig auf den zentralen Wert des Arkonaplatzes als ein Ort für das Kinderspiel: Bei den Steinfiguren handelte es sich um freundlich erscheinende Wassertiere, Pelikan, Seehund, Seeteufel und Pinguin, am Beckenrand dagegen um eine Zusammenstellung von Kinder- und Tierfiguren. Nachdem die neue Gartenanlage im Mai 1927 der Öffentlichkeit im Rahmen einer kleinen Feierstunde übergeben worden war, vermeldete die Tagespresse positive Reaktionen: Man begrüßte die neuen Spielmöglichkeiten und die 112 Ruhebänke, man lobte die verschönernde Wirkung des neu hergerichteten Platzes; „in seiner schmucken neuen Gestalt", so hieß es, „macht er die Gegend freundlicher, nimmt er den schwarzgrauen Häusern etwas von ihrer traurigen Eintönigkeit."[9] Ganz in diesem Sinne präsentierte Barth mit den kurz nach der Einweihung entstandenen Fotografien zum einen die Anlage als gartenarchitektonisches Werk, zum anderen aber fotografierte er die Menschen und Kinder vor Ort und zeigte damit das neue fröhliche Antlitz des Arkonaplatzes.

Den Zweiten Weltkrieg überstand der Platz nur mit deutlichen Schäden. In der Folgezeit wurden Bäume nachgepflanzt, neue Grün- und Spielanlagen angelegt sowie vielgestaltige Teilflächen, bei denen man auf die ursprüngliche Regelmäßigkeit und Symmetrie verzichtete. Ende der 1960er Jahre beschloss die DDR, in der Hauptstadt beispielhaft die „sozialistische Rekonstruktion" von Altbaugebieten voranzutreiben; das Areal um den Arkonaplatz wurde als eines der Projektgebiete ausgewählt.[10] Auch die Freiflächen des Platzes sollten nochmals aufwändig umgestaltet und modernisiert werden, als Aufenthaltsstätte für Erwachsene und als Spielmöglichkeit für Kleinkinder und Jugendliche. Im Zuge der Umsetzungsmaßnahmen in den 1970er Jahren wurde jedoch ein Großteil des Platzes als Standort für die zentrale Baustelleneinrichtung des Stadtteils ausge-

▷ *Neugierige Kinder besuchen das Planschbecken, um 1927.*

Sandkasten auf der Westseite des Arkonaplatzes, um 1927.

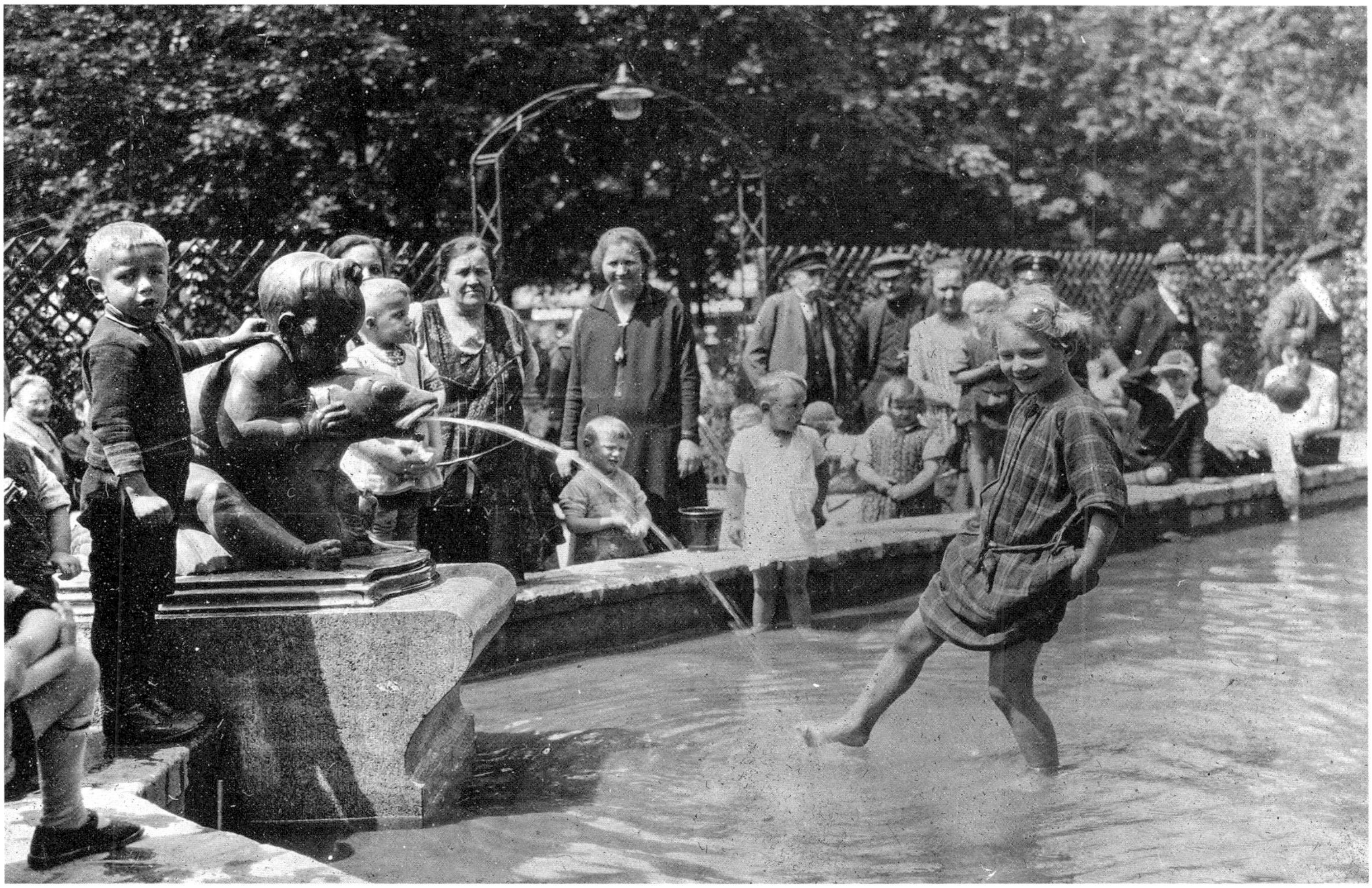

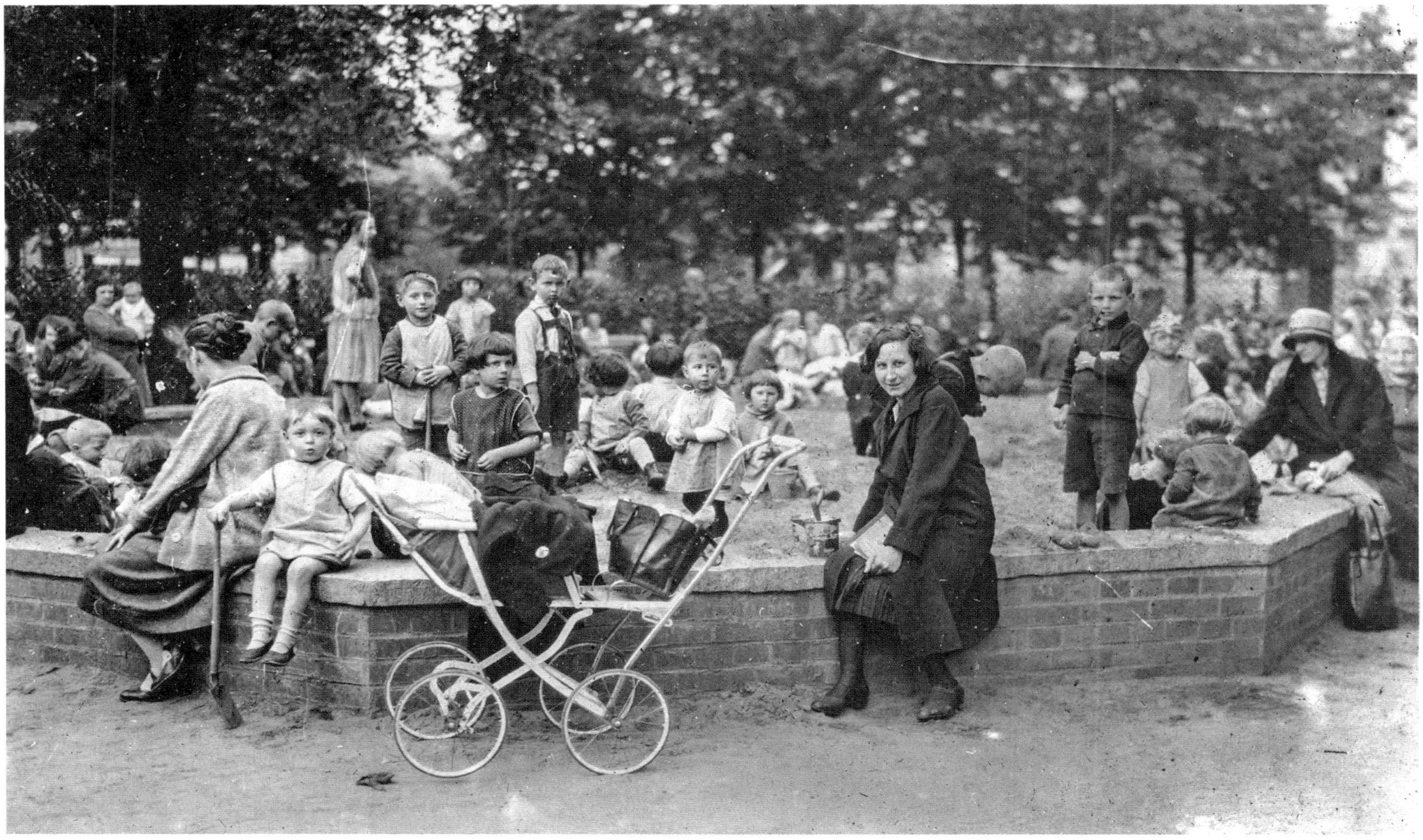

Die Osthälfte des Arkonaplatzes ist heute ein Gartenraum ohne Planschbecken, 2020.

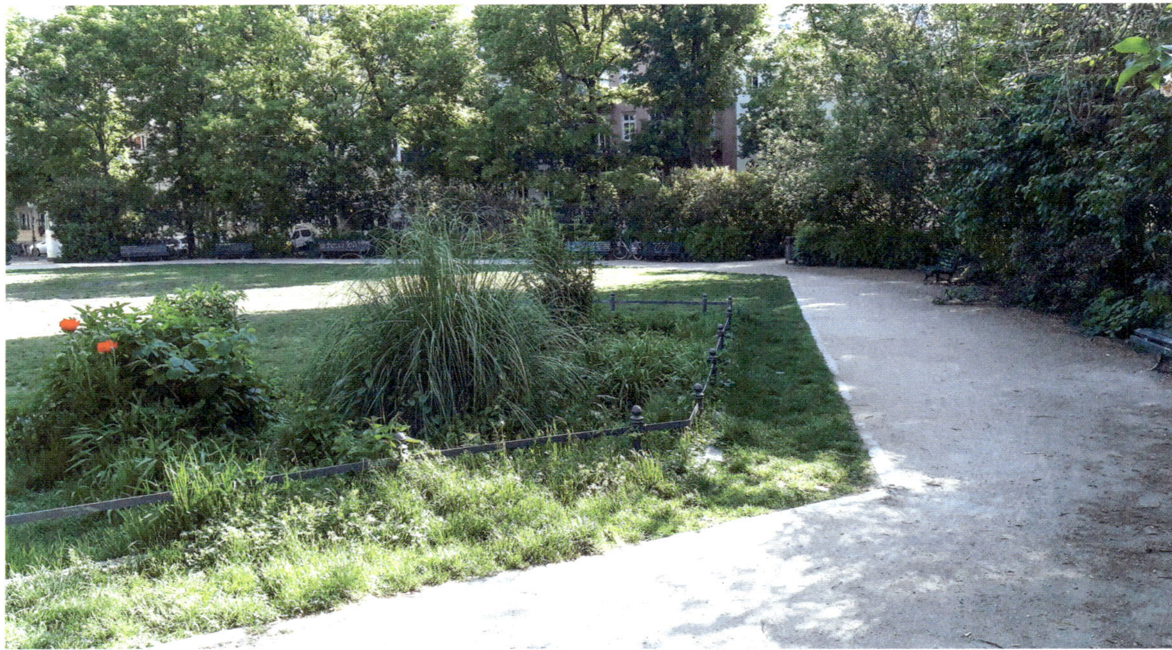

wählt, sodass lediglich die Westhälfte einen Umbau im Sinne der Planungen erfuhr. Die querende Swinemünder Straße wurde stillgelegt und als reine Fußgängerpassage in den Platz integriert. Auf der Osthälfte dagegen blieben die provisorischen Bauten der Baustellenleitung über die Jahre hinweg dauerhaft bestehen.[11] Erst nach der Wende konnte auch dieser Bereich wieder in den Gesamtplatz integriert werden: Bei einer neuerlichen Umgestaltung näherte man sich an die von Barth geschaffenen Strukturen an, es wurden auf beiden Platzhälften die ursprünglichen Achteckflächen wieder sichtbar gemacht, jedoch ohne die räumliche Ausdifferenzierung mit Hecken und Spaliergittern. Auf der Westseite verblieb eine große Kinderspielanlage, während die Ostseite als Grünanlage eingerichtet wurde. Auf eine Wiederherstellung des ursprünglichen Mittelpunktes, das Planschbecken mit seinen Figuren und dem zurückhaltenden Wasserspiel, verzichtete man jedoch.
[Dietmar Land]

1 Vgl. Land, Dietmar: Erwin Barth. In: Hänsel, Jessica; Haspel, Jörg; Salge, Christiane; Wittmann-Englert, Kerstin (Hg.): Baumeister – Ingenieure – Gartenarchitekten. Berlinische Lebensbilder, Band 11. Berlin 2016, S. 563.

2 Schreiben von Fritz Schneider, 20. Oktober 1926 (Landesarchiv Berlin, A Rep. 031-08, 53).

3 Vgl. Stürmer, Rainer; Wöhlmann, Falk: Erarbeitung von Archivalienhandbüchern und Dokumentationen zur Entwicklung des „Grünen Berlins". In: Landesdenkmalamt Berlin (Hg.): Gartenkunst Berlin. 20 Jahre Gartendenkmalpflege in der Metropole. Berlin 1999, S. 32.

4 Schreiben von Fritz Schneider, 20. Oktober 1926 (Landesarchiv Berlin, A Rep. 031-08, 53).

5 Erläuterungsbericht von Erwin Barth über „die Arbeiten zur Verschönerung des Arkonaplatzes" vom 20. August 1926 (Landesarchiv Berlin, A Rep. 031-08, 53).

6 Ebd.

7 Vgl. Entwurfsplan „Arkonaplatz – Eingangstor", Erwin Barth, Januar 1927 und Entwurfsplan „Gitter für Efeuberankung im Naturtheater – Muster für Arkonaplatz", Erwin Barth, 8. März 1927 (Landesarchiv Berlin, A Rep. 031-08, 53).

8 Die Steinfiguren stammten von den Bildhauern Martin Müller und Willi Schade, die Bronzefiguren von Georg Hengstenberg; vgl. Land, Dietmar: Erwin Barth (1880–1933). Leben und Werk eines Gartenarchitekten im zeitgenössischen Kontext. Dissertation an der Technischen Universität Berlin 2004, S. 491.

9 Vossische Zeitung, Morgenausgabe vom 14. Mai 1927 (Landesarchiv Berlin, A Rep. 031-08, 53).

10 Vgl. Atmadi, Sigit: Die komplexe sozialistische Rekonstruktion von Altbaugebieten in dem ehemaligen Ost-Berlin. Dissertation an der Technischen Universität Berlin 2012, S. 183.

11 Vgl. ebd., S. 187–189.

Volkspark Rehberge

Mitte

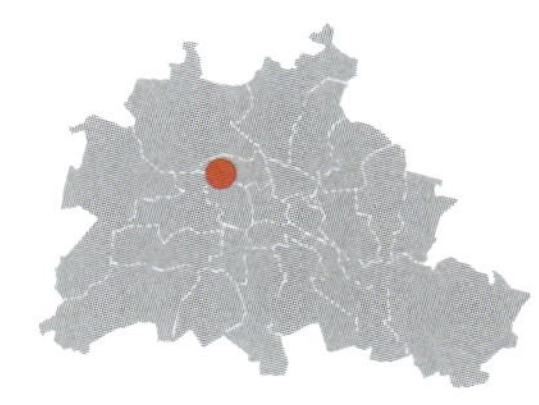

Zum Schaffenswerk Erwin Barths gehört ebenfalls der Volkspark Rehberge im damaligen Bezirk Wedding, das erste Projekt, welches er in seiner neuen Rolle als Stadtgartendirektor von Gesamt-Berlin zu bearbeiten hatte. Bis dahin dokumentierte Barth „seine“ Plätze und Parks gerne und häufig mittels der Fotografie, er selbst hatte zahlreiche Aufnahmen von den Baustellen und den fertigen Anlagen gemacht. Die Rehberge jedoch fotografierte er nicht. Die hier gezeigten und im Familiennachlass überlieferten Abzüge und Reprografien wurden erst nachträglich durch den Sohn zusammengetragen.

Am Sonnabend, den 22. Juni 1929 feierte die Stadt Berlin die Eröffnung des neuen Volksparks Rehberge. Am Vormittag fand ein Staffellauf der Schulen „quer durch den Wedding“ statt, nachmittags sollten 20.000 Schüler und Schülerinnen auf der zentralen Sportwiese aufmarschieren. Sportspiele

Entwurf für den Volkspark Rehberge von Erwin Barth, Mai 1927.

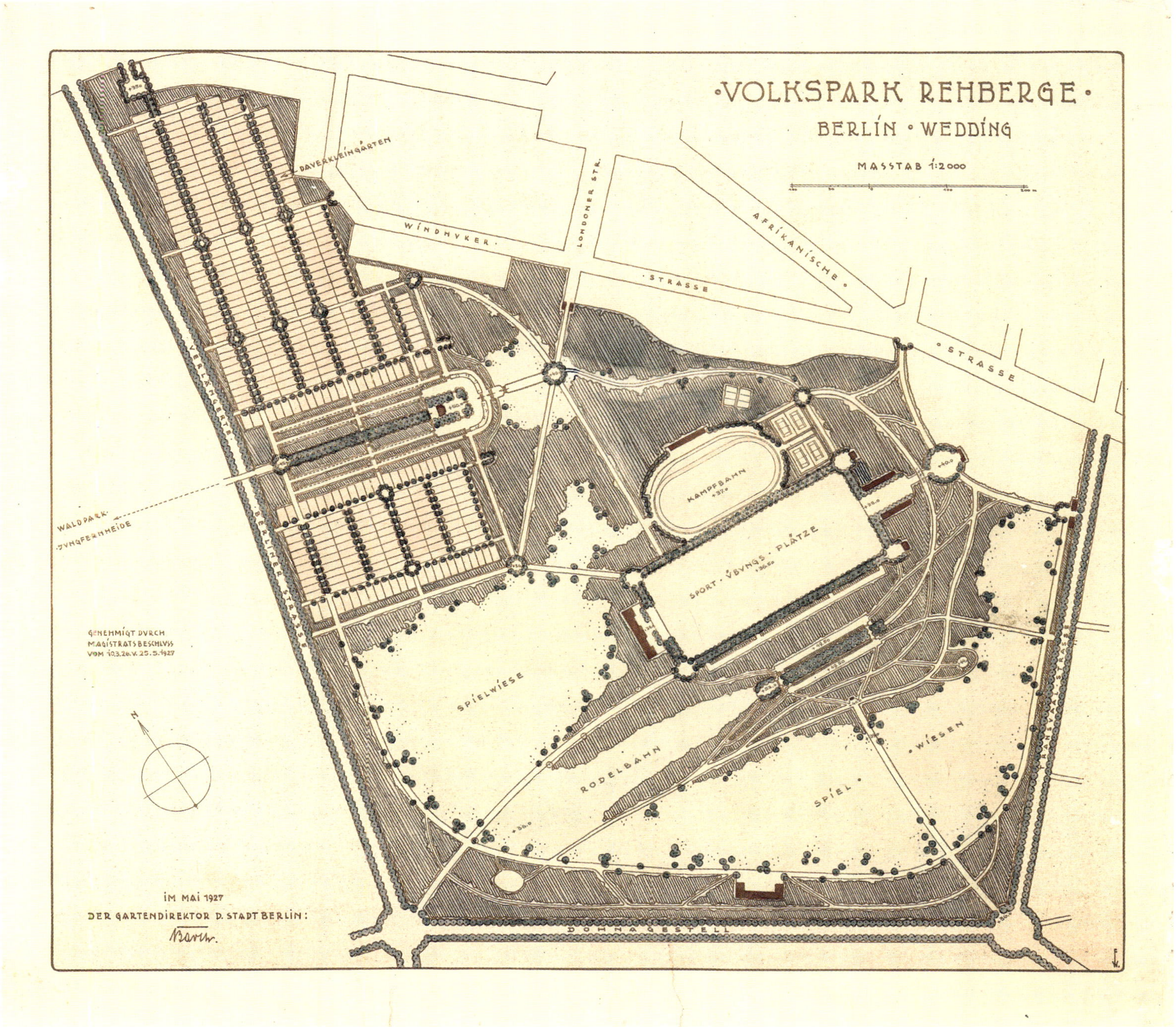

Schaubild zum Rehberge-Entwurf Erwin Barths: „Blick vom Rodelberge" auf die Sport-Übungs-Plätze, um 1926.

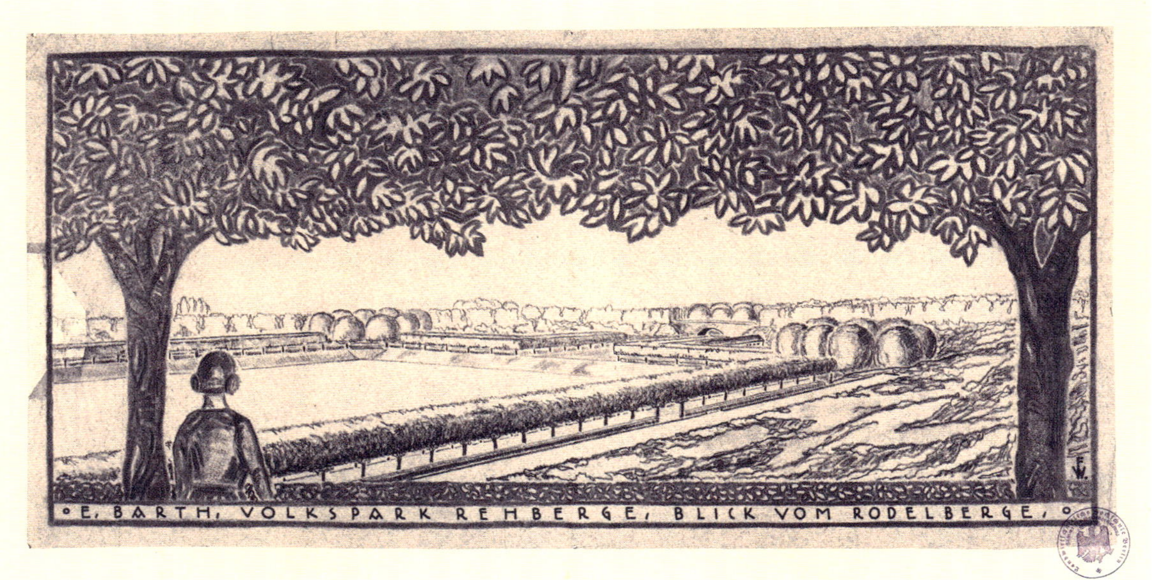

Blick über den Goethepark zum Volkspark Rehberge, um 1927.

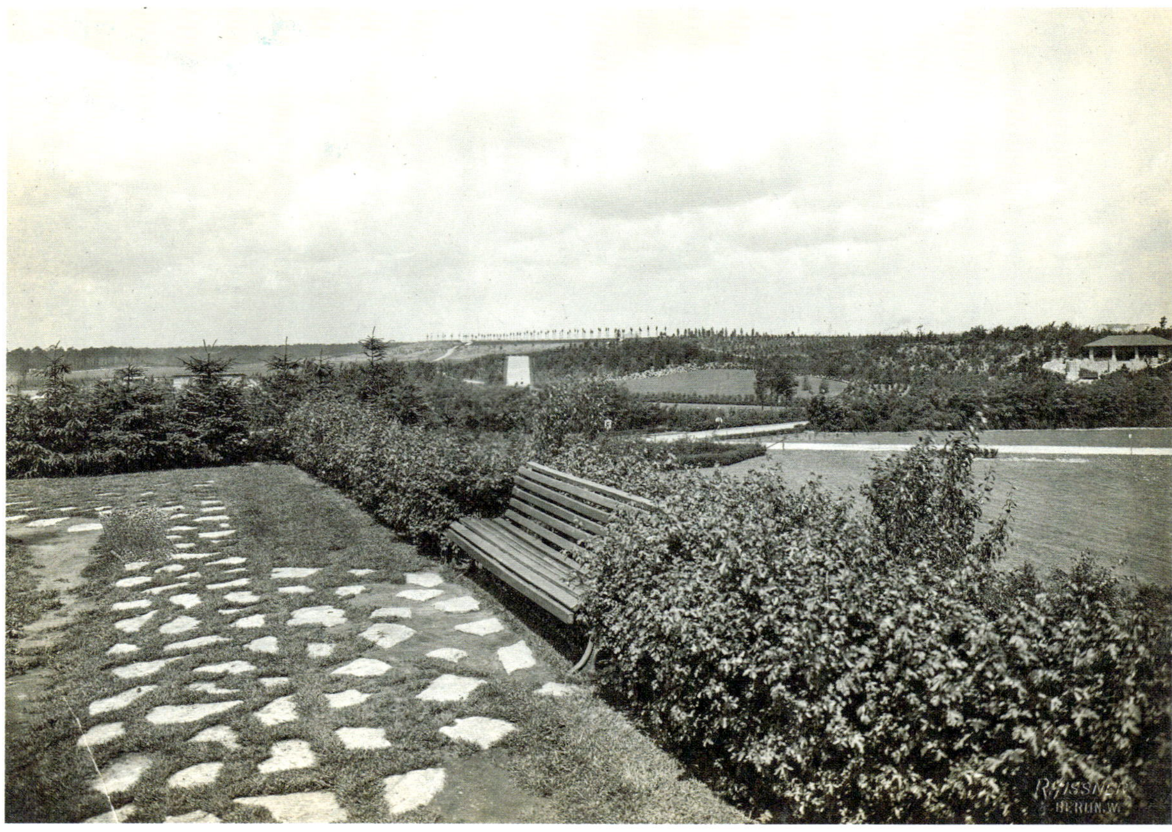

und Kinderbelustigungen waren vorgesehen, im Tanzring wurden Volkstänze und gymnastische Übungen gezeigt. Die offizielle Übergabe des Parks erfolgte um 18 Uhr durch den Berliner Oberbürgermeister Gustav Böß; die Festreden wurden im Berliner Rundfunk übertragen. Mehrere Chöre warteten mit musikalischen Darbietungen auf; ein Feuerwerk samt Fackelzug beendete die Festfolge.[1] Die Tagespresse wie auch die Fachzeitschriften zeigten sich begeistert: Eine „Kulturarbeit ersten Ranges" sei entstanden, ein „wahrer Volkspark in schlichter Schönheit". Man müsse beglückwünschen „zu diesem gewaltigen und wohlgelungenen Werke", bei dem „in eindrucksvoller Weise die natürliche Schönheit des Geländes" hervorgehoben sei, unter gleichzeitiger Beachtung der „Zweckmäßigkeit".[2]

Erwin Barth, der seit 1926 als Leiter der zentralen Parkverwaltung für das gesamtstädtische Gartenwesen Berlins zuständig und an den Rehberge-Planungen durchaus maßgeblich beteiligt gewesen war, stand dem Ergebnis jedoch zwiespältig gegenüber. Von Beginn an hatte es grundlegende Kompetenzschwierigkeiten zwischen ihm und dem Bezirksgartendirektor Rudolf Germer gegeben. Man stritt sich über die Frage, wer die Urheberschaft

▷ *Blick von den Terrassen am Nordufer des Plötzensees auf den gegenüberliegenden Wassersportplatz, um 1927.*

Erste Erdarbeiten in den Dünen für den Volkspark Rehberge, um 1926.

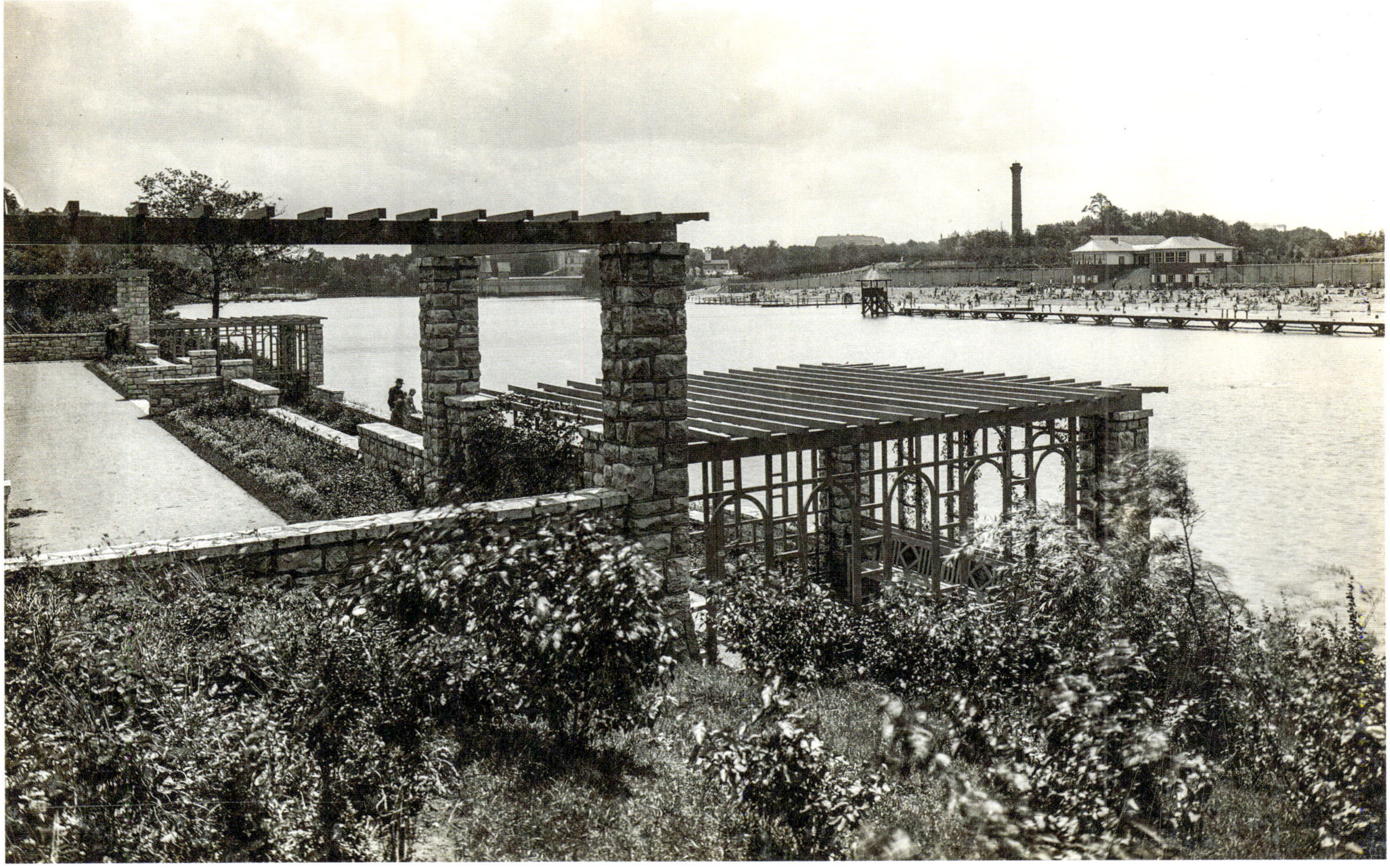

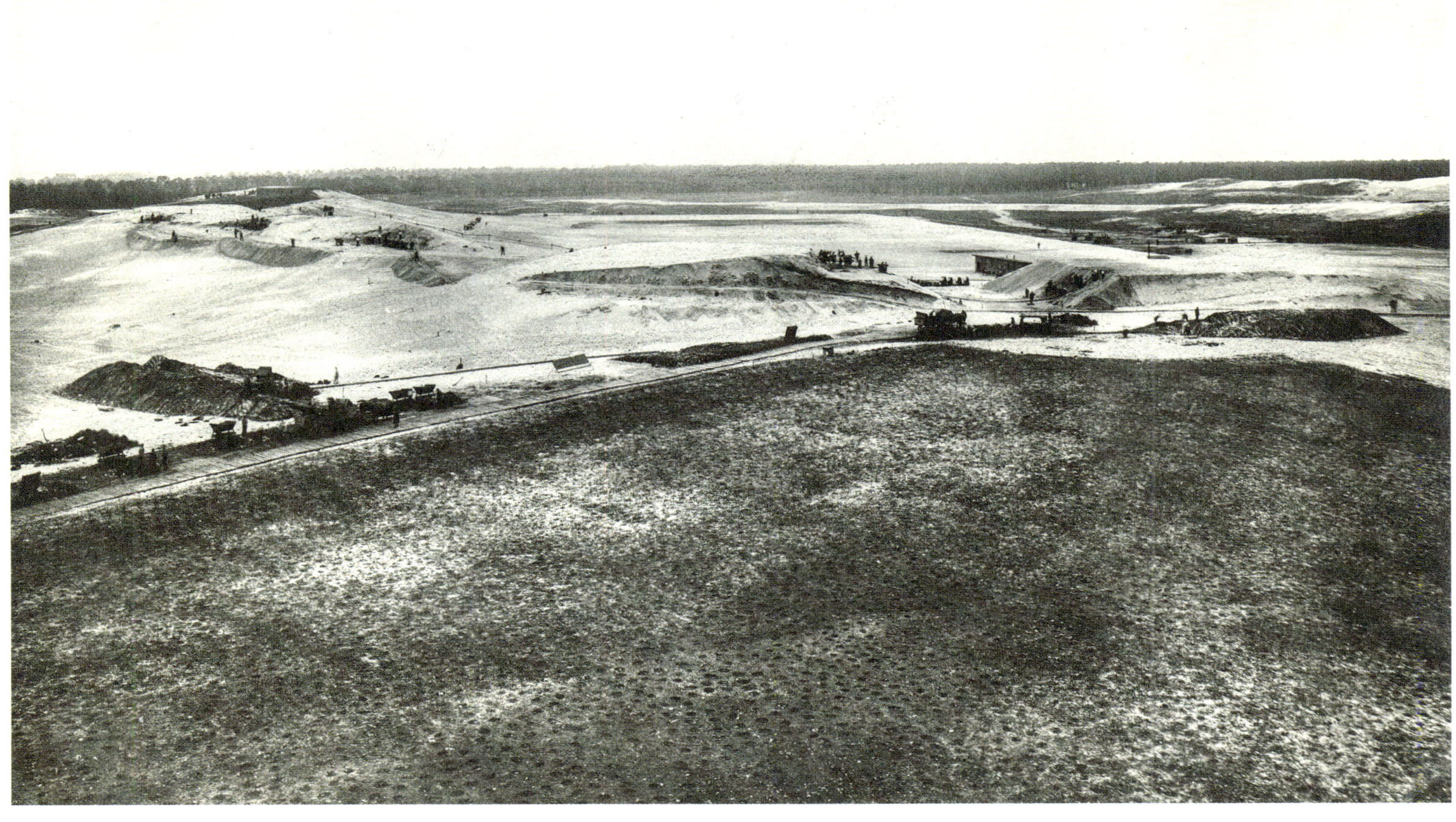

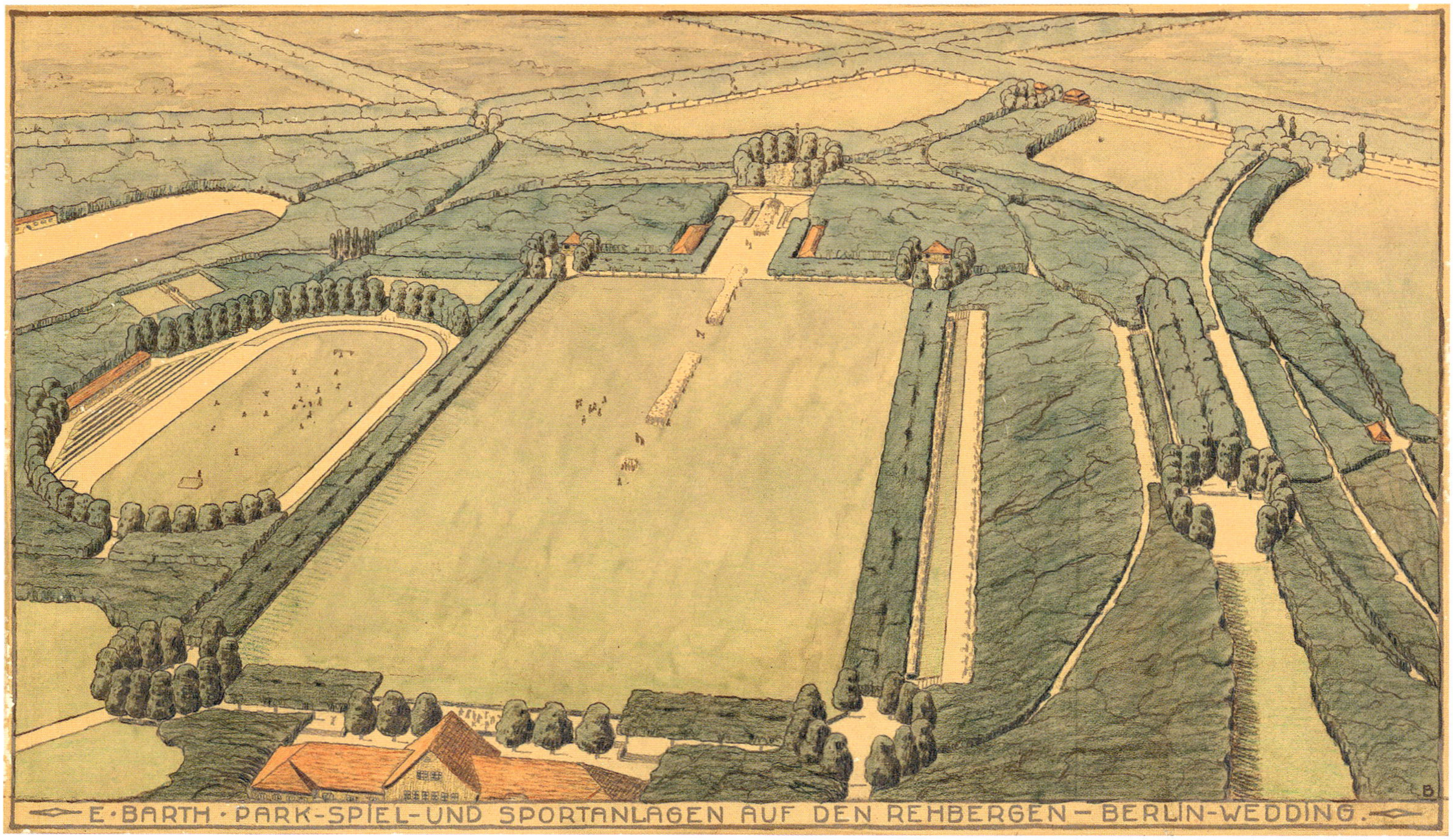

E·BARTH·PARK-SPIEL-UND SPORTANLAGEN AUF DEN REHBERGEN – BERLIN-WEDDING.

Vogelschau zum Entwurf Erwin Barths: „Spiel- und Sportanlagen auf den Rehbergen", um 1926. Am westlichen Ende sah der Stadtgartendirektor ein Sporthaus für die Sport-Übungs-Plätze vor.

der entwurflichen Ausarbeitung letzten Endes für sich beanspruchen konnte, in Veröffentlichungen und auf Ausstellungen ignorierte man jeweils den Namen des anderen.[3] Auch hatte sich der Bezirk bei der Ausführung in Detailfragen immer wieder den Vorgaben Barths widersetzt beziehungsweise eigenmächtige Entscheidungen getroffen. Entsprechend betonte der Stadtgartendirektor, dass er „die Verantwortung für verschiedene Einzelheiten, welche ohne meine Zustimmung ausgeführt worden sind, ablehnen" müsse.[4] Aus heutiger Sicht muss die Autorenschaft korrekt wie folgt benannt werden: Der Volkspark Rehberge wurde von Rudolf Germer und Erwin Barth in konkurrierender Weise,

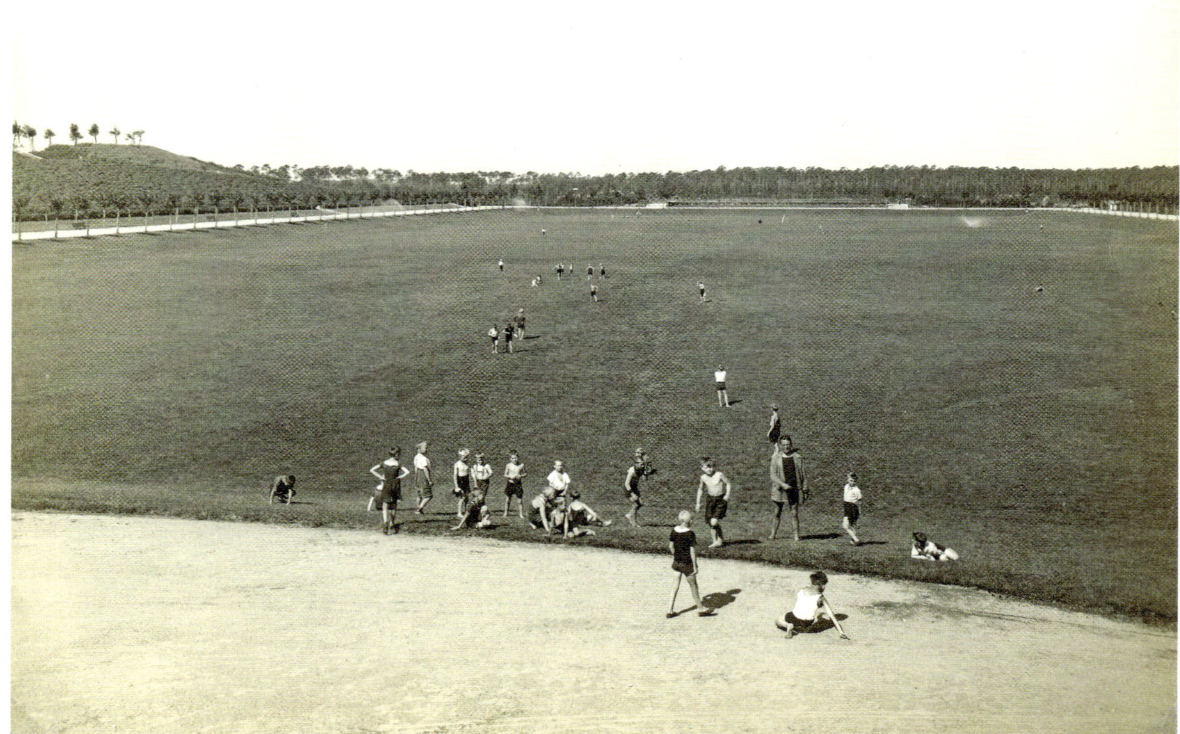

Blick von Osten auf die große Rasenfläche der „Sport-Übungs-Plätze" mit rückwärtiger Geländeterrasse ohne Sporthaus, um 1928.

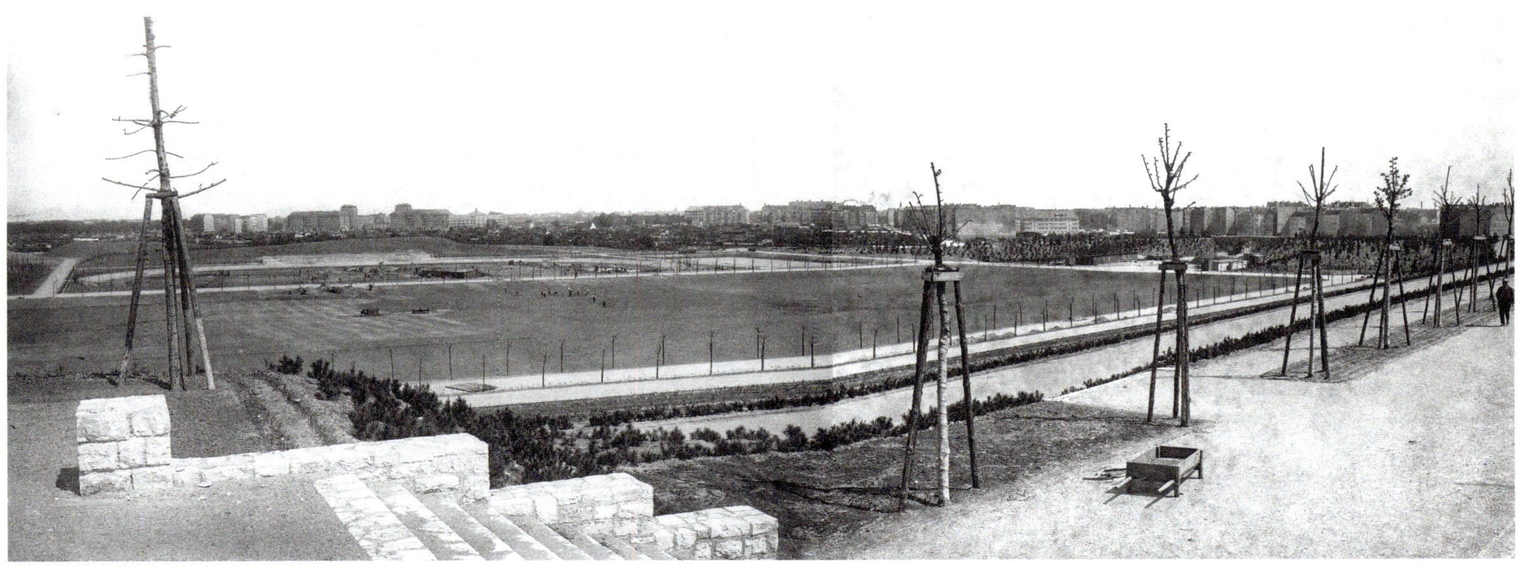

Blick vom Rodelberg nach Nordosten auf die in Bau befindlichen Sportanlagen, um 1927.

jedoch letztendlich gemeinsam entworfen und geplant.
Die Streitigkeiten zwischen Bezirk und Zentrale, zwischen Germer und Barth, wurden nicht beigelegt: Im Bezirk wurden Grundrisspläne neu gezeichnet, um sie nicht mit dem Namen Barths versehen zu müssen, zudem legte man eine Sammlung von fotografischen Aufnahmen an. Der Stadtgartendirektor dagegen präsentierte auch in den folgenden Jahren den Volkspark Rehberge ausschließlich mittels seiner eigenen Zeichnungen und Pläne. Jahre später bemühte sich Jürgen Barth, diese Lücke im Nachlass seines Vaters zu schließen. Anfang der 1970er Jahre war er an der Vorbereitung für den XI. Band des Standardwerks „Berlin und seine Bauten" beteiligt, in dem das „Gartenwesen" vorgestellt wurde. Auch zum Volkspark Rehberge wurde Bildmaterial recherchiert; unter anderem aus dem Weddinger Gartenamt und der Landesbildstelle besorgte man sich historische Fotografien. Jürgen Barth nutzte die Gelegenheit, um seine eigene, private Sammlung mit Dokumenten zu den Werken seines Vaters nun auch mit Fotografien aus den Rehbergen zu vervollständigen. Vermutlich beeinflusst durch Jürgen Barth, wurde bezüglich der Urheberschaft in der Veröffentlichung von 1972 die Meinung Erwin Barths weitergetragen: Nur dieser wurde als Entwurfsverfasser genannt, Germer dagegen hätte lediglich die Ausführungen geleitet.[5] Hier hatte sich offenbar eine Art familieninterne Sichtweise gebildet, die nicht mehr hinterfragt worden war.
Die von Jürgen Barth zusammengetragenen Fotografien zu den Rehbergen zeigen nicht nur das eigentliche Volksparkgelände, sondern darüber hinaus auch angrenzende Freiraumprojekte. Schon gegen Ende des 19. Jahrhunderts hatte man in Berlin über einen großen „Nordpark" nachgedacht, spätere Konzeptionen sahen eine Erweiterung in westliche Richtung vor, die das Parkgelände mehr als verdoppelt hätten.[6] Das Areal der sogenannten Rehberge, welches sich zu Beginn der 1920er Jahre zum Großteil noch im Besitz des preußischen Staates befand, bestand überwiegend aus sandigen Dünen, die nach illegalem Holzeinschlag nur noch spärlich oder gar nicht bewachsen waren. „Es war ein Eldorado für die Jugend und auch für Filmgesellschaften, welche zwischen den weißen Sandbergen ihre Wüstenfilme drehten."[7] Dementsprechend galt es zuallererst, eine zusätzliche Bodenschicht und Pferdedung aufzubringen, um eine spätere Begrünung vorzubereiten. Eigens hierzu wurden Gleise verlegt, sodass das Material auf Loren herbeigeschafft werden konnte. Etwa zeitgleich wurden im nördlich angrenzenden „Afrikanischen Viertel" erste Siedlungsbauten realisiert; sie ersetzten eine wild gewachsene Struktur aus Hütten, Lauben und Grabeland, die sich in den Jahrzehnten zuvor in den feuchteren Arealen des Fenngeländes entwickelt hatte.
Schon vor dem eigentlichen Volkspark Rehberge war in den Jahren 1922–25 die von der Bevölkerung als „Goethepark" titulierte Erholungsanlage

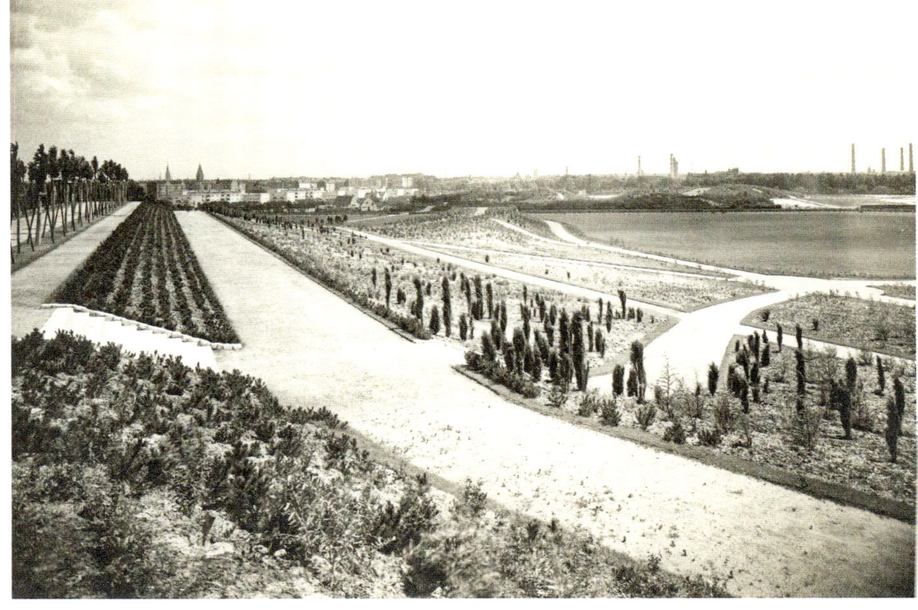

Blick vom Rodelberg nach Südosten auf die Bepflanzung der Hangflächen und die großen Spielwiesen, um 1927.

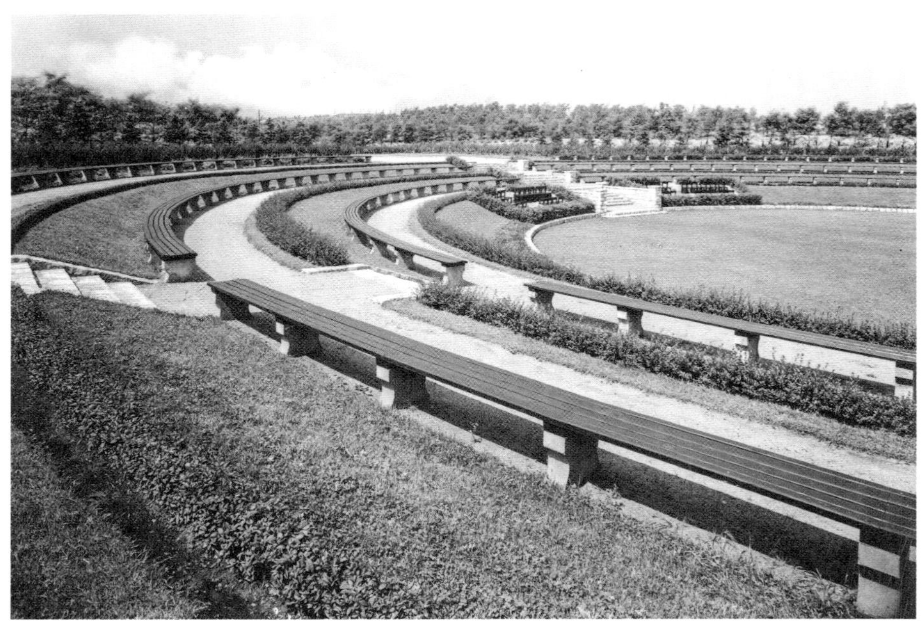

Tanzring mit Blick nach Nordwesten, um 1929.

östlich der Transvaalstraße nach den Entwürfen des Bezirksgartendirektors Germer hergerichtet worden. Da dieser Abschnitt schon Teil des Berliner Stadtgebietes war, konnten hier die Begrünungsarbeiten deutlich früher beginnen. Zudem hatten sich die Anwohner der direkt angrenzenden Doppelhaussiedlung, die ab 1921 insbesondere für Kriegsversehrte errichtet worden war, darüber beklagt, dass der Flugsand aus der südlich angrenzenden Dünenlandschaft die Erntemöglichkeiten in ihren Gärten „illusorisch" machen würde.[8] In dem bewegten Gelände wurden Sitzplätze und Unterstandspavillons geschaffen, eine Rodelbahn, Buddelplätze und eine Plansche für jüngere Kinder. Von Beginn an war der Goethepark als Teil eines größer gedachten Freiraumkomplexes vorgesehen.

Während die Planungen zur Kernfläche des zukünftigen Volksparkgeländes aufgrund der schwierigen Grunderwerbsverhandlungen zwischen Preußen und der Stadt Berlin nicht vorankamen, forcierte der Weddinger Bezirksgartendirektor den Ausbau des nahegelegenen Plötzenseeufers. Finanziell unterstützt durch die vom Berliner Oberbürgermeister gegründete Stiftung „Park, Spiel und Sport" entstand ab 1923 am Südufer ein geräumiger „Wassersportplatz" mit neuem Badestrand, Badeanstalt, Liegewiesen, Sportfeldern und Buddelplätzen. Kurz darauf wurde auch das Nordufer mit einem Spazierweg, Sitzplätzen und einer Terrassenanlage mit Pergola für die Bevölkerung erschlossen.[9]

Im Januar 1926 endlich wurde der Kaufvertrag für das Rehberge-Gelände abgeschlossen. Umgehend begann man im Gartenamt Wedding mit den konkreten Entwurfsarbeiten. Nur kurze Zeit später fertigte auch Erwin Barth seine Planungsvariante an, die auf den Vorschlägen Germers aufbaute, jedoch durchaus Änderungen und Weiterentwicklungen beinhaltete. Auf einer Magistratssitzung kam es zur konkurrierenden Präsentation beider Arbeiten; man entschied sich letztlich dafür, dass der Plan Barths als Grundlage für die Ausführung dienen sollte.[10]

Der Baubeginn fand noch im Frühjahr 1926 statt. Das Vorhaben wurde als „Maßnahme im Interesse der Volksgesundheit" anerkannt und gefördert; im Rahmen der produktiven Erwerbslosenfürsorge erfolgte bei den anstehenden Erdarbeiten der Ein-

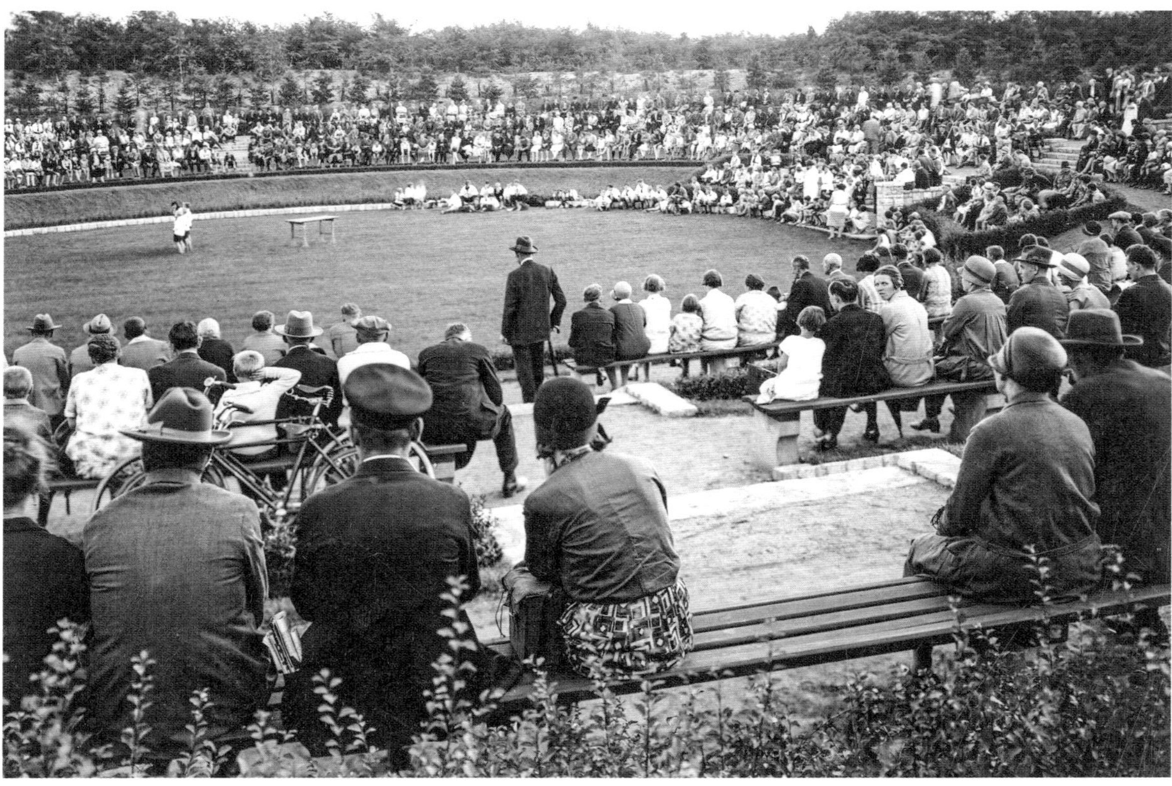

Darbietung im Tanzring, um 1929.

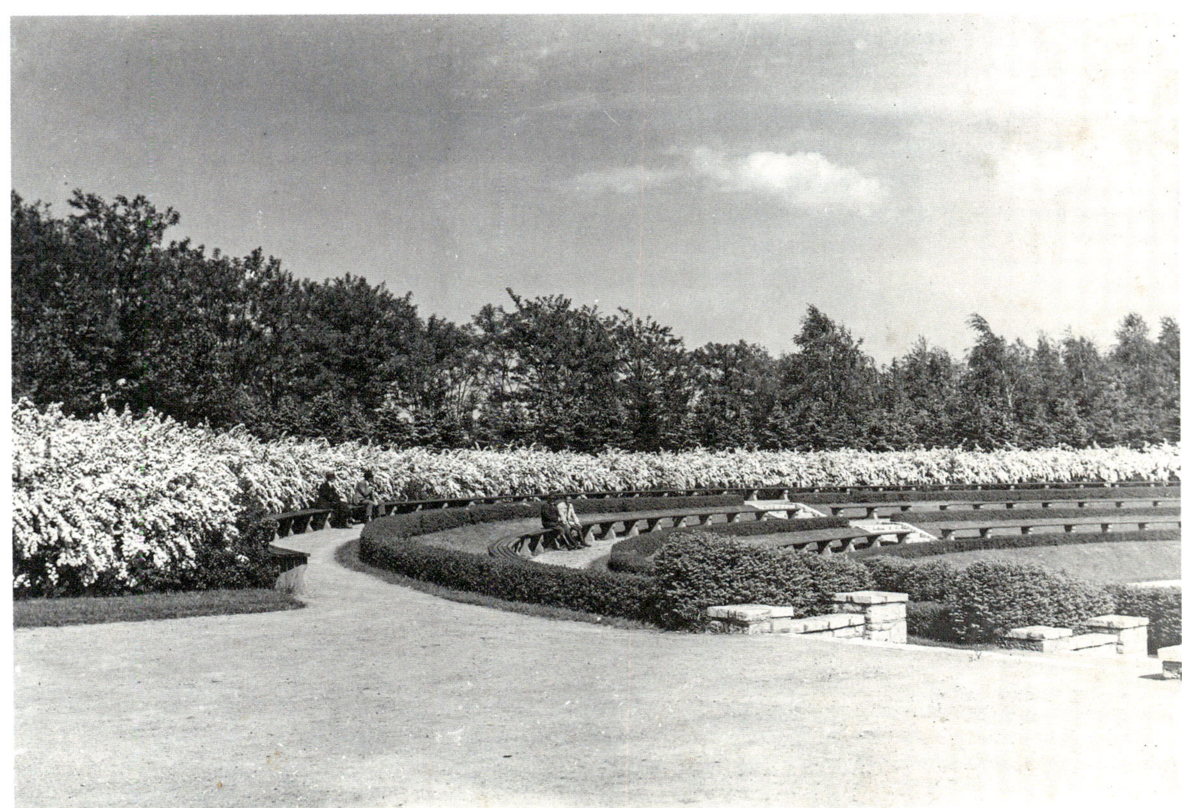

Blühende Spiräen als Rahmung für den Tanzring, um 1929.

satz von 500 Arbeitslosen. Auf dem großflächigen Areal wurden Wege angelegt und zukünftige Spielwiesen eingeebnet. Die Dünen wurden mit zahlreichen Forstgehölzen begrünt, nur an ausgesuchten Punkten wurden schon etwas größere Baumexemplare aus der Baumschule eingesetzt. Ein besonders hoch anstehender Geländerücken wurde zum Aussichtspunkt und Rodelhang ausgebaut. Den Mittelpunkt des zukünftigen Parks bildete eine großzügige Sportanlage mit Wettkampfplatz und einer Rasenübungsfläche in imposanter Ausdehnung.

Bei den Sportstätten musste Erwin Barth eine erste Abkehr von seinen Gestaltungsvorgaben hinnehmen: Nach seinen Vorstellungen sollte ein großes Sporthaus den Abschluss der symmetrisch auf-

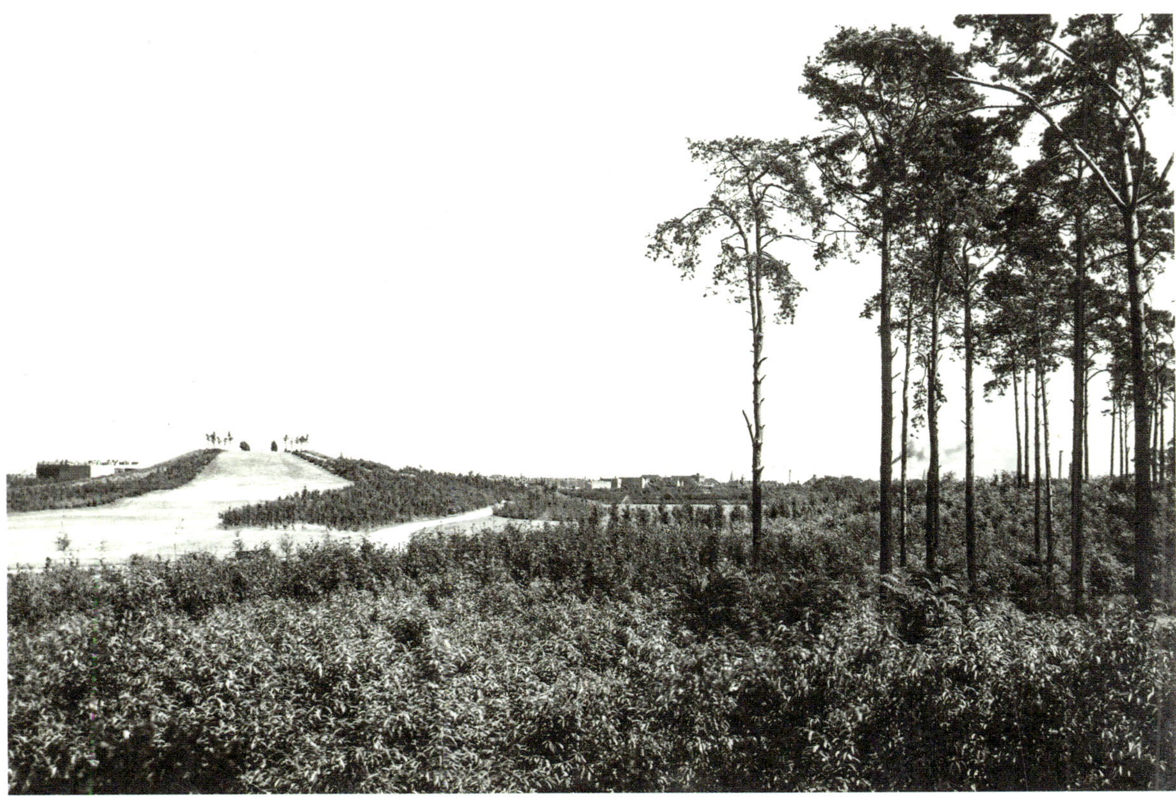

Blick von Westen auf die Rodelbahn, um 1928.

Nach Fertigstellung imponierten die großzügigen Freiflächen. Blick von Südosten über die „Sport-Übungs-Plätze" auf die „Kampfbahn" mit seitlich gelegenem Sporthaus, um 1931.

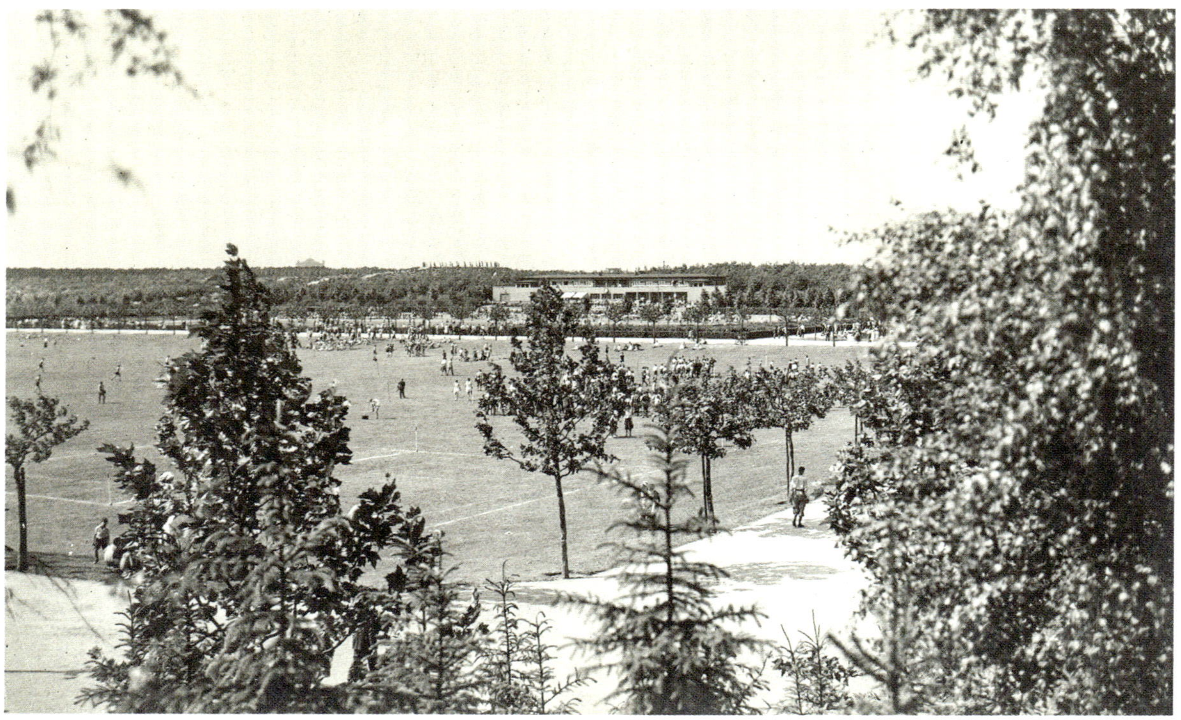

gebauten Raumfolge innerhalb des Sportgeländes bilden; letzten Endes jedoch wurde dieses am seitlichen Rand des Wettkampfplatzes realisiert. Die Großform der Ost-West-Achse erhielt keinen räumlich wirksamen Endpunkt.[11] Ganz im Sinne des Volksparkgedankens mit seinen pädagogisch-belehrenden Ambitionen hatte Barth im März 1926 in seinem Entwurf für die Rehberge zudem die Einrichtung eines Freilichttheaters nördlich der Sportstätten vorgesehen. Unter Ausnutzung der Topografie sollten Zuschauerränge und Bühne in die vorhandene Dünenlandschaft eingepasst werden. Ein Jahr später jedoch war diese Idee, vermutlich aus Kostengründen, aus dem Planungsprogramm wieder gestrichen worden.[12] Während der Stadtgartendirektor das Vorhaben offenbar auf einen späteren Zeitpunkt verschieben wollte, entschied man sich im Bezirk dafür, kurzfristig einen Ersatz zu schaffen: Ohne Beteiligung Barths wurde am vorgesehen Standort des Freilichttheaters ein „Tanzring" errichtet, eine kreisrunde Anlage mit zentralem Aufführungsrund, umgeben von drei Zuschauerrängen mit Sitzbänken.[13] Bei den Einweihungsfeierlichkeiten im Sommer 1929

Dauerkleingärten mit Blick nach Süden auf die Düne Leutnantsberg, 1929.

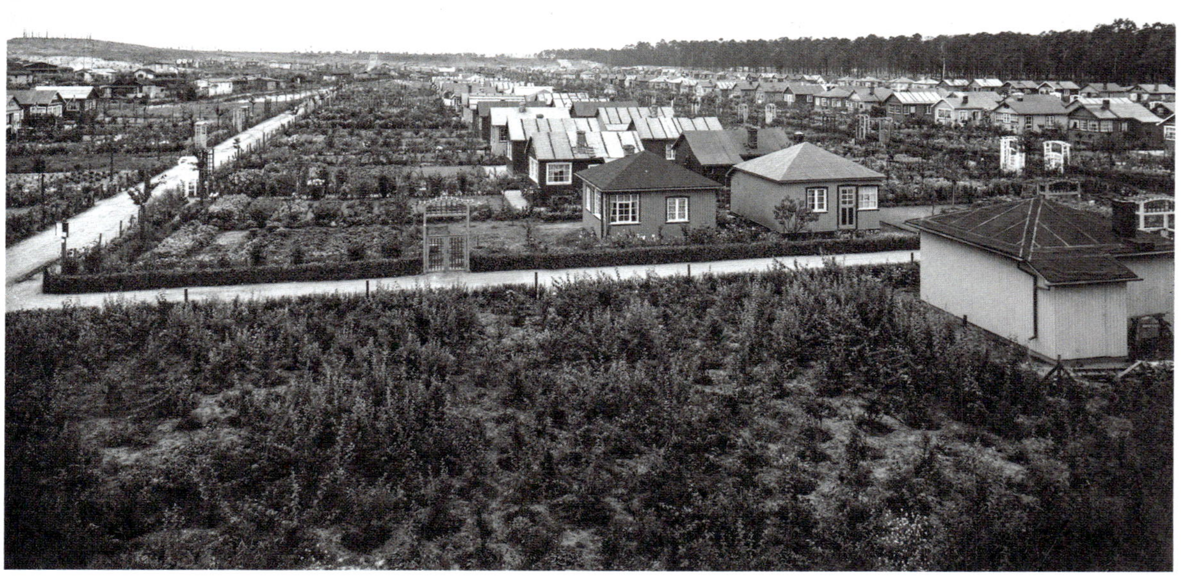

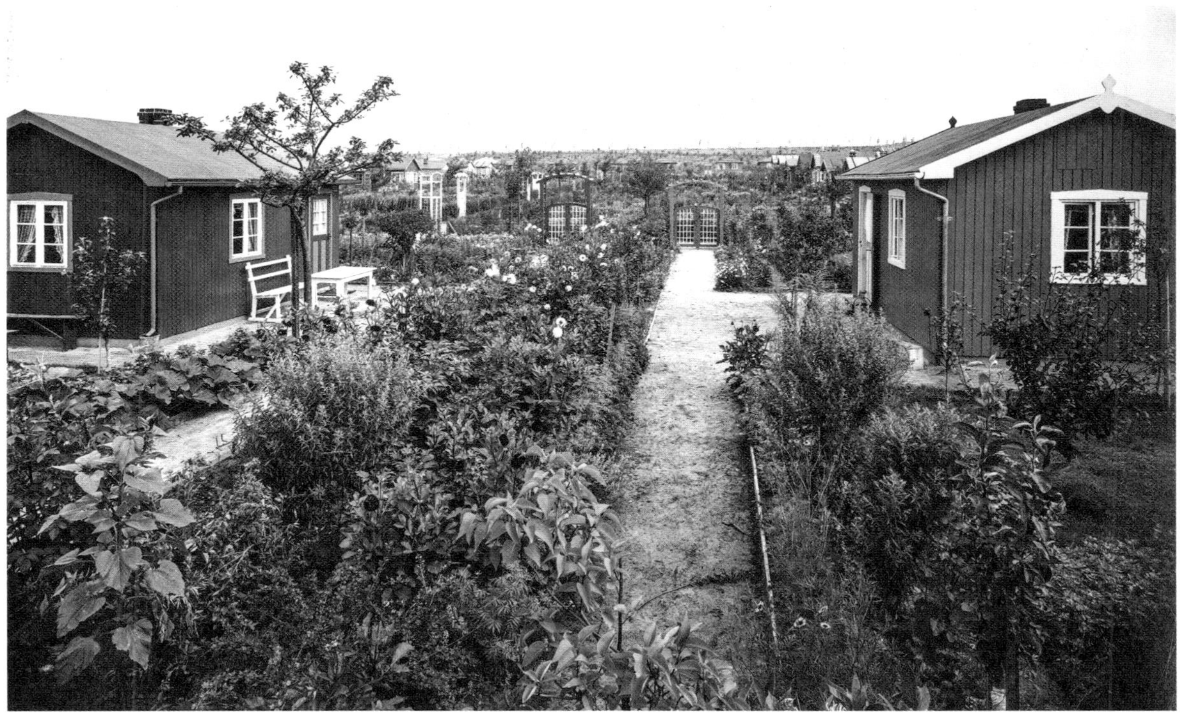

Die Lauben in den Dauerkleingärten wurden von den Pächtern nach einheitlichen Vorgaben errichtet, 1929.

wurde die Bühne für diverse Schülerdarbietungen genutzt.
Der Bau des Volksparks war bereits vorangeschritten, als im Dezember 1926 die Entscheidung für einen zusätzlichen zweiten Bauabschnitt fiel. Im nordwestlichen Bereich, so der Beschluss, sollte das Grünareal noch ausgedehnt und zudem die erste „Dauerkleingartenanlage" Berlins geschaffen werden: Eine Laubenkolonie, die über das Planungsrecht dauerhaft in ihrem Bestand gesichert wäre.[14]
Zwar wurde mittlerweile die Versorgung der Bevölkerung mit Nahrungsmitteln aus eigenem Anbau nicht mehr als vordringlich notwendig angesehen, jedoch, so begründete man die Entscheidung, gehe „das Streben vieler Großstadtbewohner noch immer dahin, selbst ihr Gemüse und ihre Blumen zu ziehen und sich nach der Tagesarbeit in der Fabrik oder im Büro auf eigener Scholle zu betätigen. Diesem Streben ist die Berechtigung nicht abzusprechen, denn die Arbeit macht viel Freude und trägt zur sittlichen Hebung der Bevölkerung bei."[15]
Die Aufgabe wurde vom Stadtgartendirektor selbst bearbeitet. Als beispielhaft auch für zukünftige Einrichtungen sollten die Kleingärten „eine Ergän-

Erdarbeiten am Rand des neu angelegten Möwensees, im Hintergrund die Bebauung an der Otawistraße, um 1929.

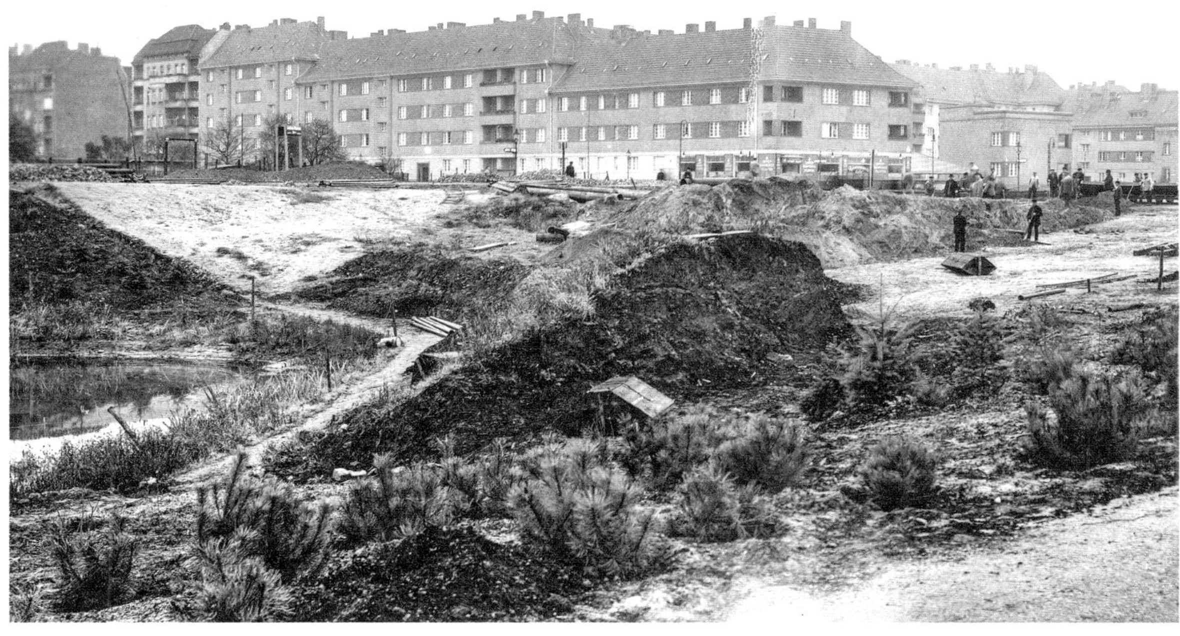

Abb. Seite 128:
Bau des Sperlingssees am Nordrand des Volksparks, um 1929.

Uferweg am Möwensee, um 1931.

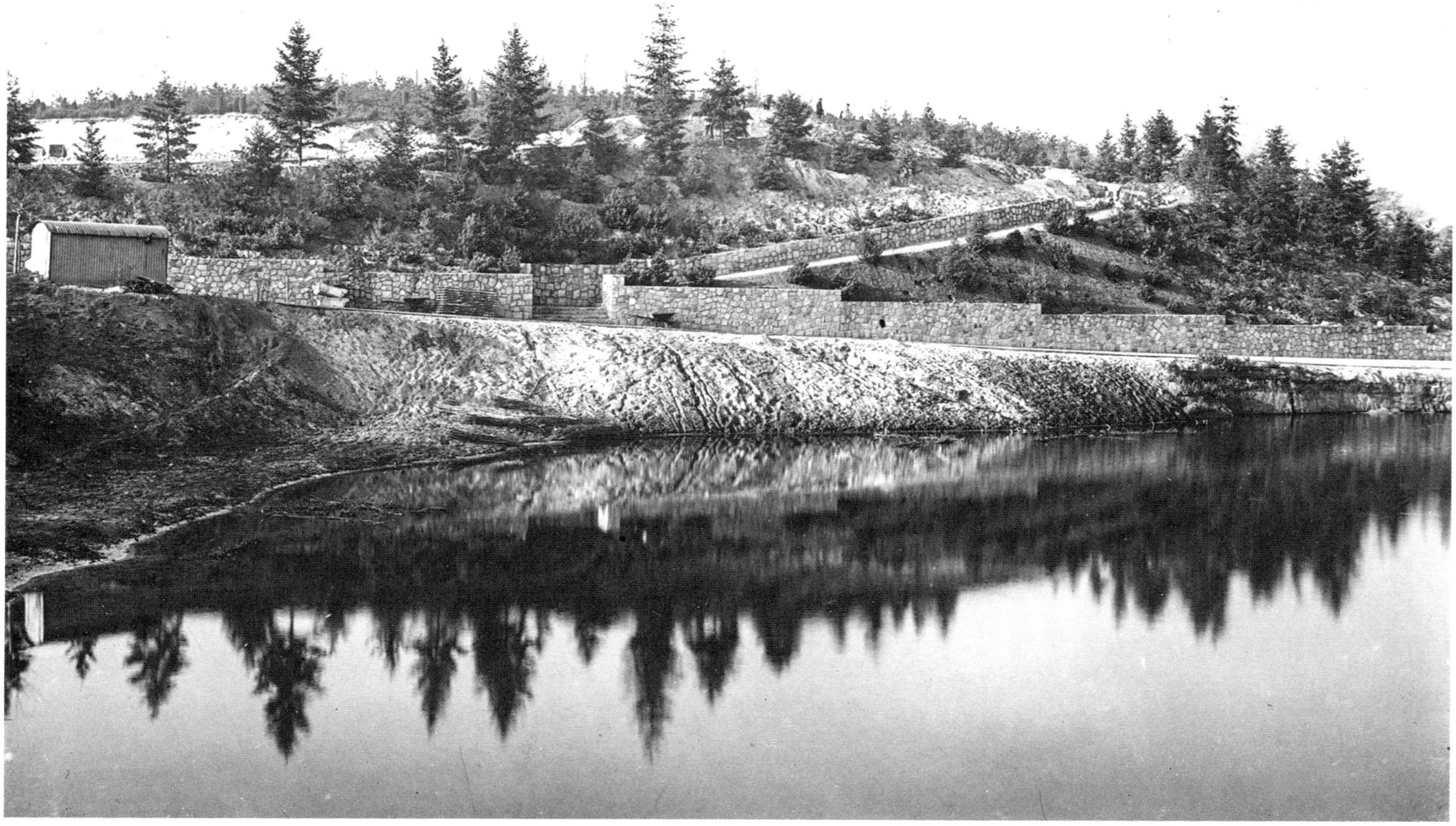

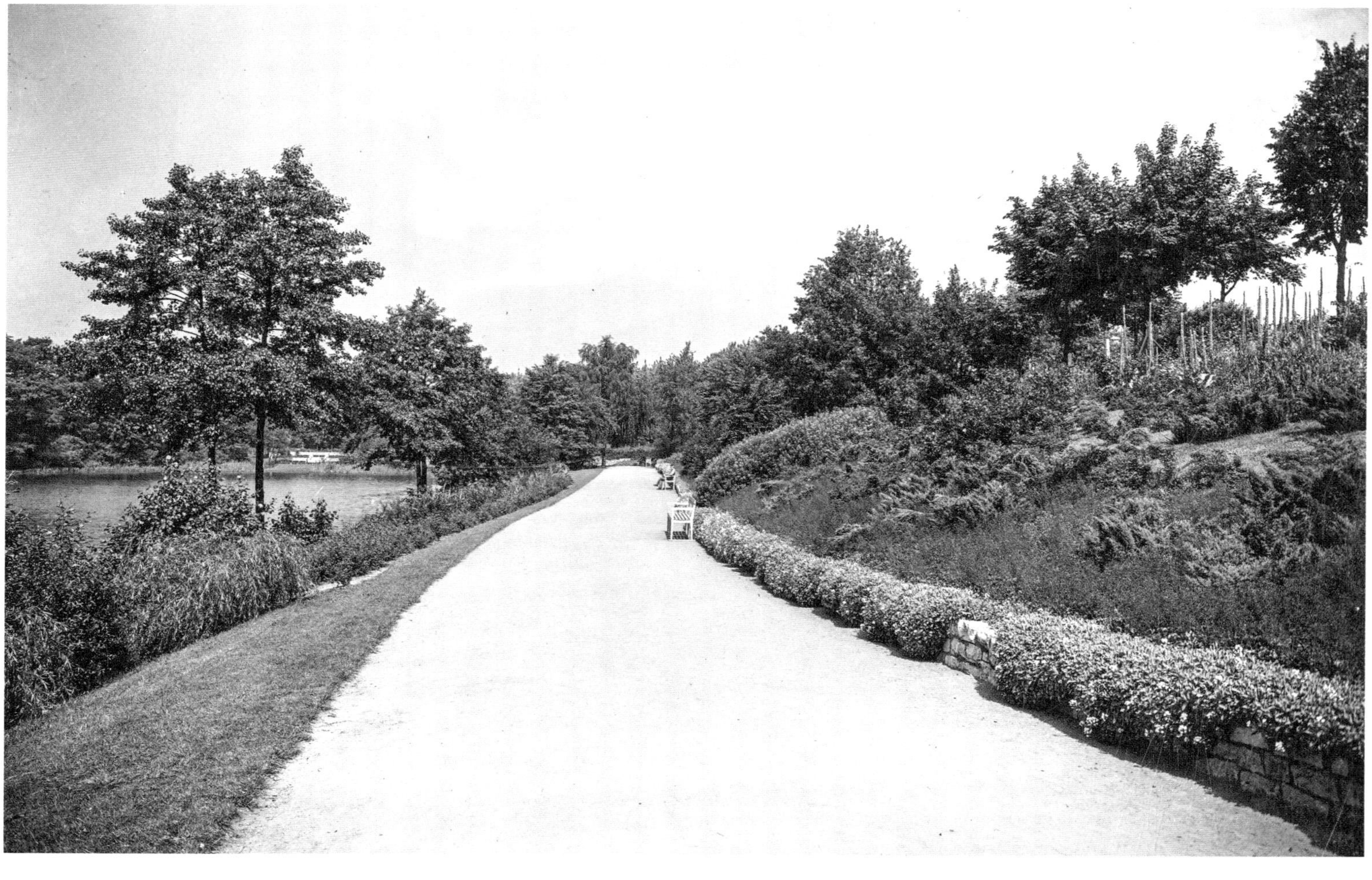

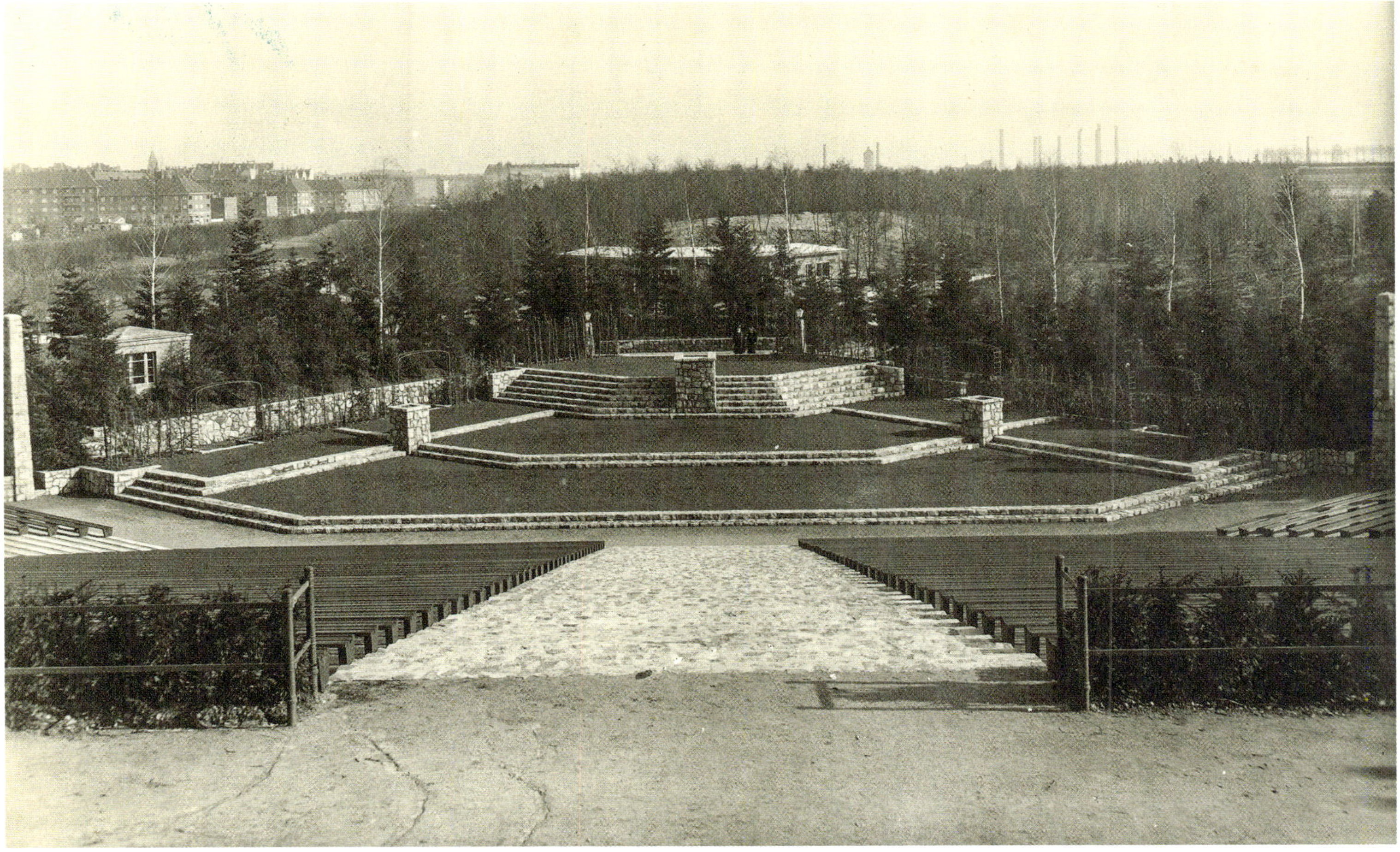

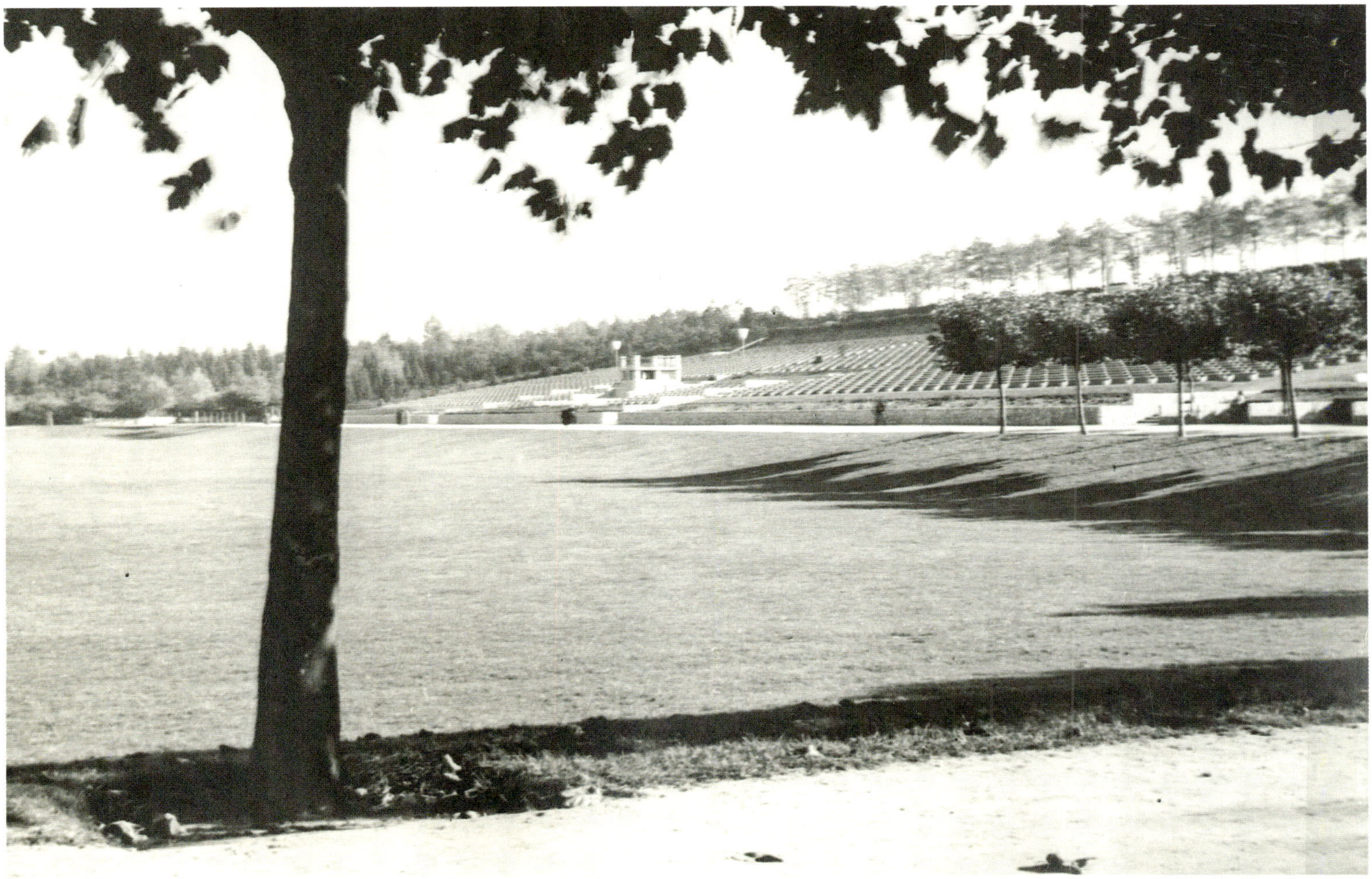

Abb. Seite 129: „Thingstätte" im Volkspark Rehberge, um 1936.

Südseite der Sport-Übungs-Plätze nach dem Umbau zur Aufmarschfläche mit erweiterter Zuschauertribüne und Rednerpodest, um 1935.

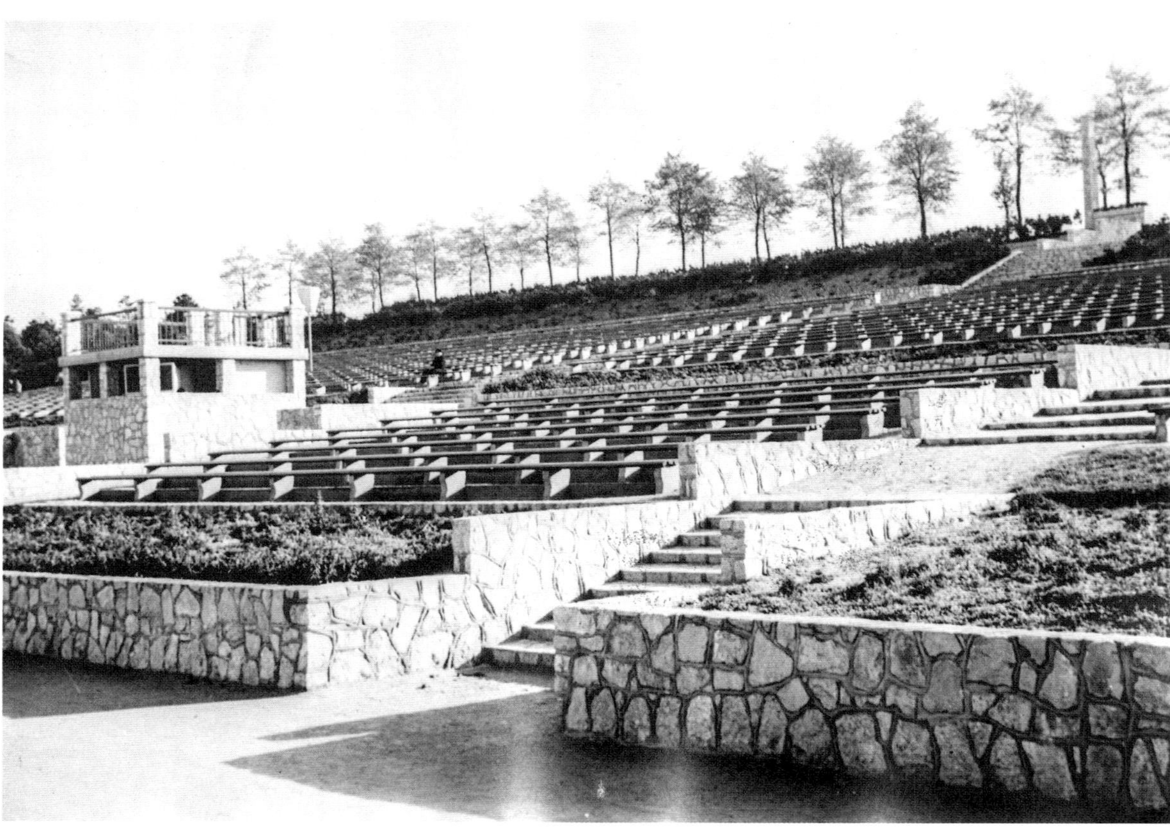

Zuschauertribüne mit Rednerpodest an den Sport-Übungs-Plätzen, um 1935

zung der Freiflächen bilden, also auch für das allgemeine Publikum bequem zugänglich sein" und während die „zurzeit bestehenden Kolonien [...] häufig ästhetisch nicht einwandfrei" seien, würden die rund 450 Laubengärten in den Rehbergen auch in gestalterischer Hinsicht als vorbildlich entwickelt werden.[16] Die Wege in der Kolonie wurden von der Stadt selbst angelegt und mit Hecken bepflanzt. In die angrenzenden Gärten setzte man in einheitlicher Reihung jeweils einen Obstbaum, sodass eine Art Alleepflanzung entstand. Alle Parzellen erhielten zudem eine hölzerne Pforte mit Rankbogen als Zugangstor. Als Gartenlauben waren drei unterschiedliche Typen entwickelt worden. Diese wurden zwar von den Pächtern selbst errichtet, jedoch waren genaue Vorgaben zu Standort, Form und Farbgebung einzuhalten. Ebenfalls wurden „Anhaltspunkte für die Gestaltung des Gartens" zur Verfügung gestellt.[17]

Erst spät fiel die Entscheidung, dass auch das Fenngelände, eine morastige Senke am Nordrand der Rehberge, in den Volkspark integriert werden sollte. Daher wurde hier erst 1929 der Bodenaushub für zwei schmale Teichanlagen vorgenommen, während im Park selbst im gleichen Sommer schon die Einweihungsfeierlichkeiten stattfanden. Auch diese Planungen erfolgten ohne Absprache und ohne Beteiligung des Stadtgartendirektors.[18]

1935, zwei Jahre nach dem Tod Erwin Barths, erhielt der Volkspark Rehberge doch noch eine Freilichtbühne. Die Nationalsozialisten hatten es sich zur Aufgabe gemacht, aus einer vermeintlich germanischen Tradition heraus sogenannte Thingstätten als „weihe- und würdevolle" Aufführungs- und Veranstaltungsorte für die Partei und die Bevölkerung zu schaffen. Am seinerzeit von Barth vorgeschlagenen Standort realisierte man eine Feierstätte mit 4.000 Sitzplätzen.[19] Das auf mehreren Ebenen terrassenartig angelegte, streng symmetrisch gestaltete Podium aus Naturstein und Rasenteppich wurde von freistehenden Pfeilern flankiert, die als Halterung für Fackelfeuer dienen konnten, die Mitte bildete eine überhöht aufragende Rednerkanzel. Parallel zum Neubau der „Thingstätte" wurden weitere Umgestaltungen im Volkspark mit dem Ziel vorgenommen, die nationalsozialistische Ideologie auch im öffentlichen Freiraum sichtbar zu manifestieren. So wurden die als großzügiges Rasenkarree angelegten „Sport-Übungs-Plätze" zum monumentalen Auf-

Ehemalige Zuschauertribüne an den Sport-Übungs-Plätzen, 1949.

Reste der Zuschauertribüne im Nebel, um 1949.

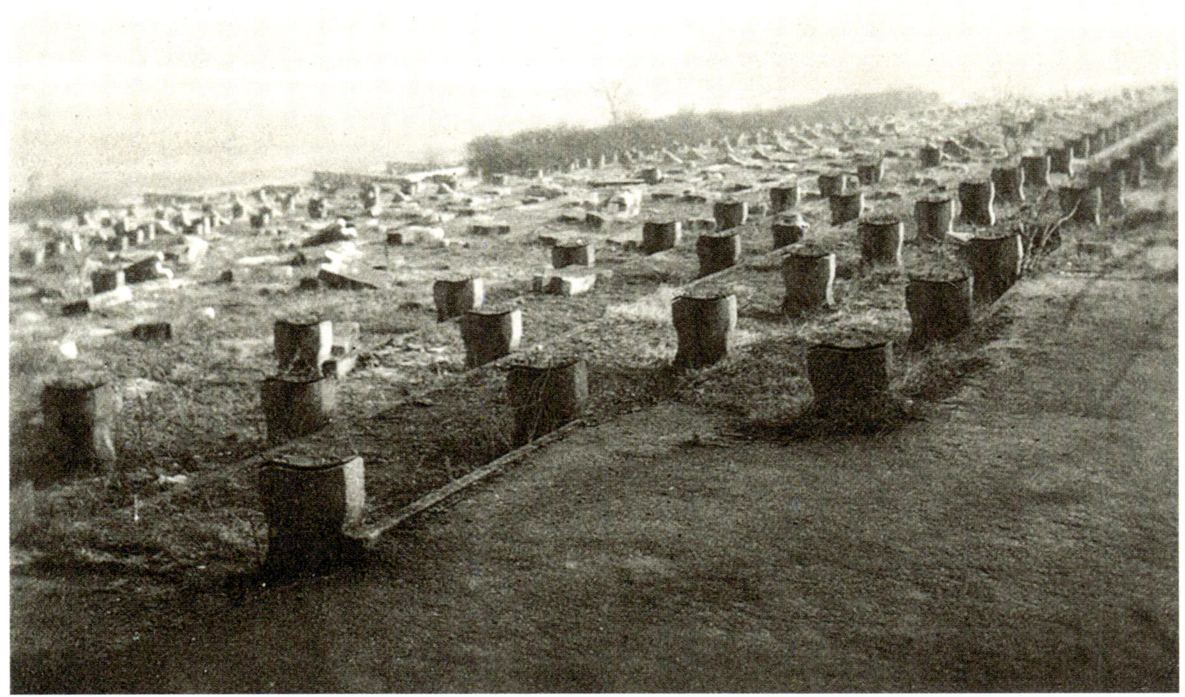

marschgelände umgeformt. Die den Platz begrenzenden Baumreihen wurden abschnittsweise gerodet, um größere Durchsichten zu schaffen, südlich der Rasenfläche wurde der Geländehang Richtung Rodelberg neu angelegt. Hier erweiterte man die bestehenden, relativ unscheinbaren Zuschauerränge, sodass anstelle von 6.000 nun 12.000 Menschen stehend Platz fanden. Mittig wurde eine Rednertribüne eingebaut, eine zusätzliche Treppenanlage führte nun in geradliniger Form nach oben und betonte die Nord-Süd-Ausrichtung der Anlage.[20] Der Schlusspunkt der ideologisch motivierten Transformation erfolgte 1938: An der Stelle, an der Erwin Barth ursprünglich das Sporthaus vorgesehen hatte, wurde

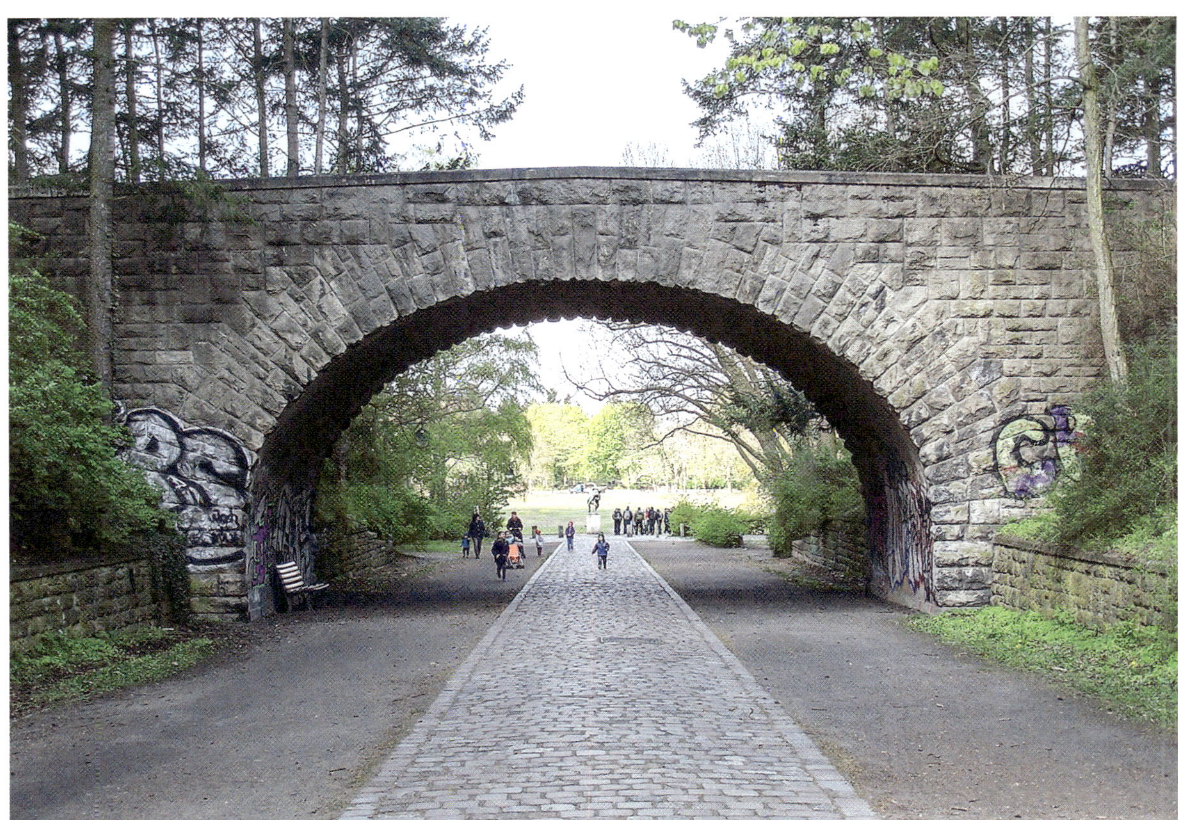

Blick durch die Brücke nach Westen über die große Freiraumachse der Sport-Übungs-Plätze, 2017.

ein monumentales nationalsozialistisches Ehrenmal eingeweiht: Mit drei überlebensgroßen Figuren in martialischer Anmutung wollte man „den Gefallenen des Weltkrieges, den Ermordeten der Bewegung und den Opfern der Arbeit" gedenken.[21]
Einen vorläufigen Abschluss der eigenen fotografischen Rehberge-Dokumentation Jürgen Barths bilden Aufnahmen aus dem Jahr 1949, auch sie zeigen die Zuschauertribünen am Rande des von den Nationalsozialisten geschaffenen Aufmarschgeländes. Nun aber scheinen sie bildhaft für die Zerstörungen des Krieges zu stehen, womöglich aber auch für die Überwindung der NS-Ideologie: Sämtliche Holzauflagen sind abmontiert worden, um sie als Heizmaterial zu nutzen, etliche der Bankfüße sind umgeworfen. Die Szenerie erinnert eher an ein Gräberfeld, als dass sie ihre ursprüngliche Funktion zu erkennen gibt. Mittlerweile zeigen sich die ehemaligen Tribünenränge als ein dicht bewaldeter Hang.
Der Volkspark Rehberge als Ganzes beeindruckt bis heute durch die Symbiose von schlichter Zweckmäßigkeit und natürlicher Schönheit des Geländes. Die Einschätzung von 1929, bei dem neu Geschaffenen handele es sich um „eine Kulturarbeit ersten Ranges", gilt noch immer.[22]
[Dietmar Land]

1 Vgl. „Festfolge vom 22. Juni 1929" (Archivalien des ehemaligen Gartenamts Wedding, o. lfd. Nummer „022/0226 Chronik 3. Eröffnung des Volksparks Rehberge". Zit. in: Land, Dietmar: Erwin Barth (1880–1933). Leben und Werk eines Gartenarchitekten im zeitgenössischen Kontext. Dissertation an der Technischen Universität Berlin 2004, S. 479 f.).
2 Gunder, Georg: Der neue Volkspark Rehberge. In: Die Gartenwelt 33 (1929), H. 12, S. 162 f.
3 Vgl. Land 2004 (Anm. 1), S. 480 f.
4 Barth, Erwin: Nochmals: Streit um die Rehberge. In: Die Gartenwelt 34 (1930), H. 11, S. 154.
5 Vgl. Weber, Klaus Konrad: Berlins Parke seit 1900. In: Architekten- und Ingenieur-Verein zu Berlin (Hg.): Berlin und seine Bauten. Teil XI. Gartenwesen. Berlin/München/Düsseldorf 1972, S. 85.
6 Vgl. Land 2004 (Anm. 1), S. 466 u. 471.
7 Germer, Rudolf: Der Volkspark Rehberge und die Freiflächen um den Plötzensee in Berlin-Wedding. In: Der Behörden-Gartenbau 7 (1930), H. 8, S. 103.
8 Schreiben der Gemeinnützigen Siedlung Jungfernheide GmbH vom 20. April 1923 (Archivalien des ehemaligen Gartenamts Wedding, Nr. 163. Zit. in: Land 2004 (Anm. 1), S. 471).
9 Vgl. Land, Dietmar: Spielplatz an der Übungswiese im Volkspark Rehberge. Gartendenkmalpflegerisches Entwicklungskonzept, Gutachten im Auftrag des Bezirksamtes Mitte von Berlin, Fachbereich Grünflächen, 2017, S. 28.
10 Vgl. Berliner Magistratsbeschluss vom 10. März 1926. Zit. in: Barth, Erwin: Nochmals: Streit um die Rehberge. In: Die Gartenwelt 34 (1930), H. 11, S. 154.
11 Als Ersatz für das Sporthaus wurde lediglich eine etwas erhöht angelegte Geländeterrasse mit zwei kleineren „Erfrischungshallen" errichtet; in der Zeit des Nationalsozialismus wurde hier ein monumentales Mahnmal zu Ehren von gefallenen Soldaten und Parteianhängern aufgebaut; vgl. Land 2017 (Anm. 9), S. 33–36 u. 39–41.
12 Vgl. Entwurfsplan „Park-, Spiel- und Sportanlagen auf den Rehbergen Berlin-Wedding, genehmigt durch Magistratsbeschluss vom 10. 3. 26", Erwin Barth, März 1926 (Universitätsarchiv Technische Universität Berlin, Fotosammlung des Instituts für Landschaftsarchitektur und Umweltplanung, Glasnegativ Nr. 4/36); vgl. Entwurfsplan „Volkspark Rehberge Berlin-Wedding, genehmigt durch Magistratsbeschluss vom 10. 3. 26 u. 25. 5. 1927", Erwin Barth, Mai 1927 (Architekturmuseum Technische Universität Berlin, Inv. Nr. 40978).
13 Kleinlosen, Martin: Kommunales Grün – Volkspark Rehberge 20er Jahre. In: Bezirksamt Wedding von Berlin, Gartenbauamt (Hg.): „... wo eine freye und gesunde Luft athmet ...". Zur Entstehung und Bedeutung der Volksparke im Wedding. Berlin 1988, S. 58.
14 Ebd., S. 58.
15 Anonym (vermutlich Germer, Rudolf): Grünpolitik im Bezirk Wedding, unveröffentlichter Bericht des Bezirksamts Wedding, 1926. Zit. in: Mahler, Erhard: Kleingärten. In: Architekten- und Ingenieur-Verein zu Berlin 1972 (Anm. 5), S. 230.
16 Koeppen, Walter: Die Freiflächen der Stadtgemeinde Berlin. Denkschrift Nr. 2 des Amtes für Stadtplanung der Stadt Berlin, Berlin 1929, S. 19. Zit. in: Stürmer, Rainer: Freiflächenpolitik in Berlin in der Weimarer Republik. Ein Beitrag zur Sozial- und Umweltschutzpolitik einer modernen Industriestadt, Berlin 1991, S. 291 f.
17 Mahler 1972 (Anm. 15), S. 232.
18 Vgl. Land 2004 (Anm. 1), S. 478.
19 Vgl. Kittelmann, Gerd: Volksparke 1933-45. In: Bezirksamt Wedding von Berlin, Gartenbauamt (Hg.): „... wo eine freye und gesunde Luft athmet ...". Zur Entstehung und Bedeutung der Volksparke im Wedding. Berlin 1988, S. 63.
20 Vgl. Land 2017 (Anm. 9), S. 38 f.
21 Ausriss aus Völkischer Beobachter vom 1. Januar 1937 (Berlin Sammlungen der Zentral- und Landesbibliothek Berlin, Zeitungsausschnittsammlung, B75 Rehberge).
22 Gunder 1929 (Anm. 2), S. 162.

Luisenstädtischer Kanal

Friedrichshain-Kreuzberg / Mitte

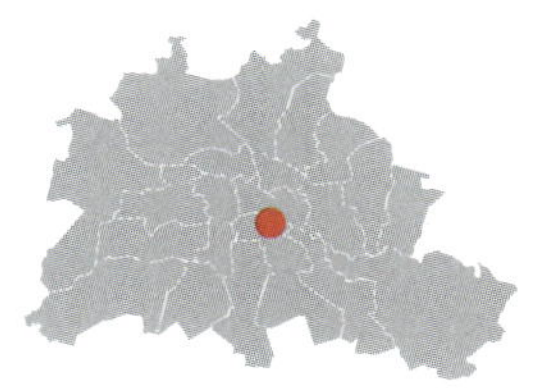

Der Luisenstädtische Kanal war in der Mitte des 19. Jahrhunderts nach einem städtebaulichen Entwurf Peter Joseph Lennés in Berlin angelegt worden. Ab etwa 1920 hatte man jedoch die Wasserstraße für den Schiffsverkehr als nicht mehr funktionstüchtig und notwendig eingestuft. Über mehrere Jahre hinweg hatten Befürworter und Gegner einer Verfüllung und Einebnung die entsprechenden Vor- und Nachteile diskutiert. Letztendlich hatte sich die Idee durchgesetzt, an Stelle des Kanals eine Grünanlage zu realisieren. Im Sommer 1926 war mit dem Einbringen von Sand und Bodenmaterial begonnen worden.[1]

Der neu ins Amt gekommene Stadtgartendirektor Erwin Barth hatte zeitgleich für den Kanal den Entwurf für einen „Erholungs- und Lehrgarten" ausgearbeitet, ein „zwei Kilometer langer Botanischer Garten zwischen Häuserwänden", in welchem „die verschiedensten Pflanzenarten gezeigt werden"; und vom „Februar bis in den November hinein" werde „man ständig irgendetwas blühen sehen: von den Schneeglöckchen bis zu den Christrosen."[2] Mehrere Spielmöglichkeiten für Kinder ergänzten das Konzept. Dabei, so hatte es Barth vorgesehen, würde sich die Struktur des ehemaligen Kanals auch zukünftig im Stadtbild abzeichnen: Die Grünflächen

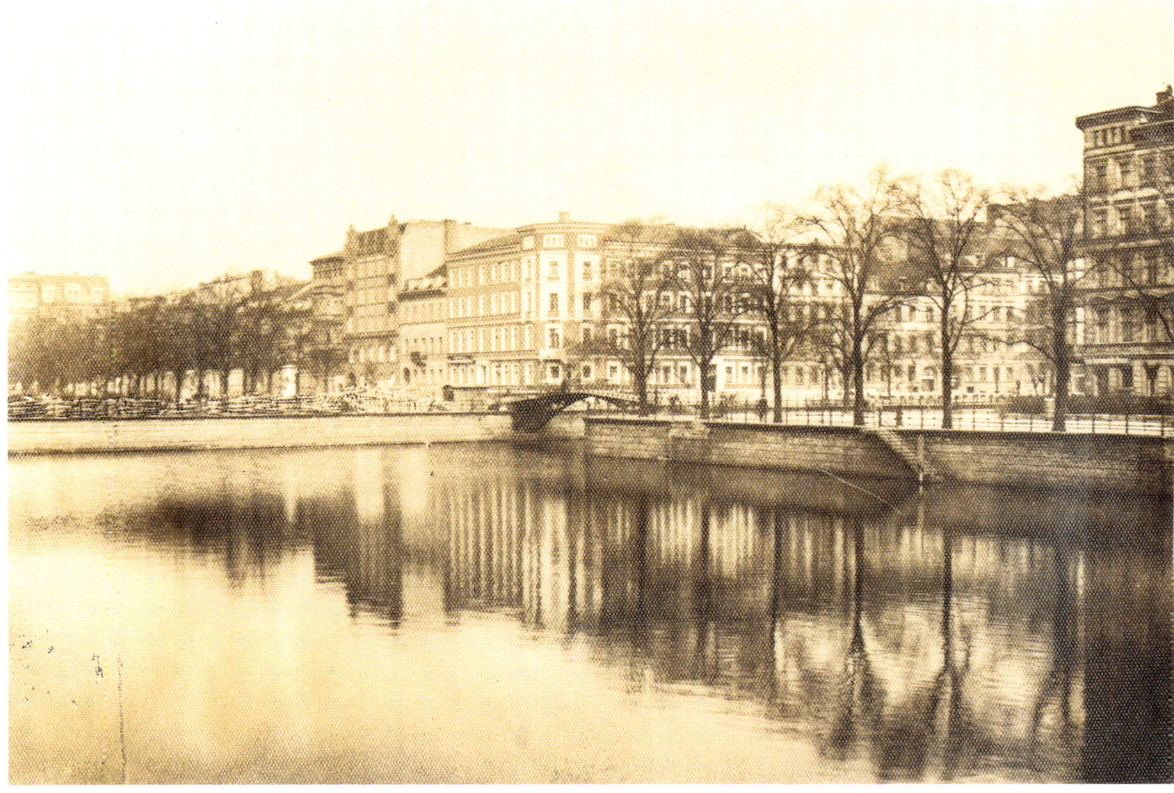

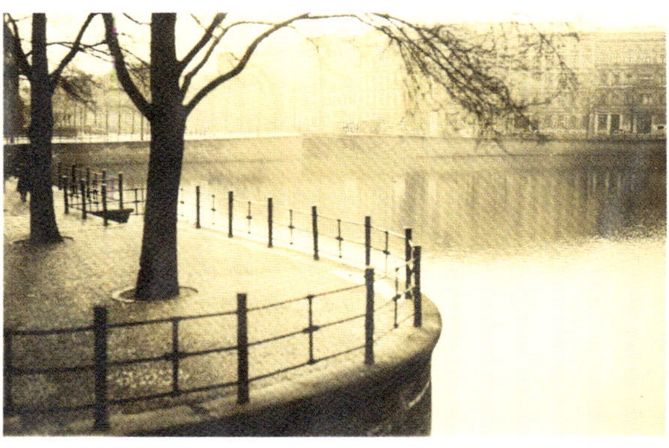

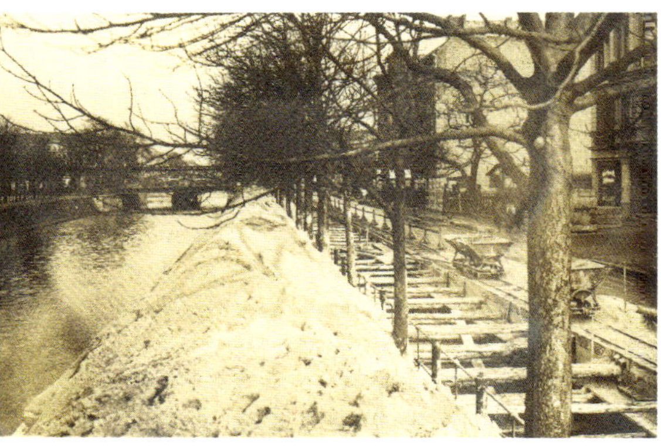

Das Engelbecken des Luisenstädtischen Kanals, Blick nach Nordosten, um 1923.

Das Engelbecken, Blick nach Südwesten, um 1923.

Beginnende Zuschüttung des Luisenstädtischen Kanals, um 1926.

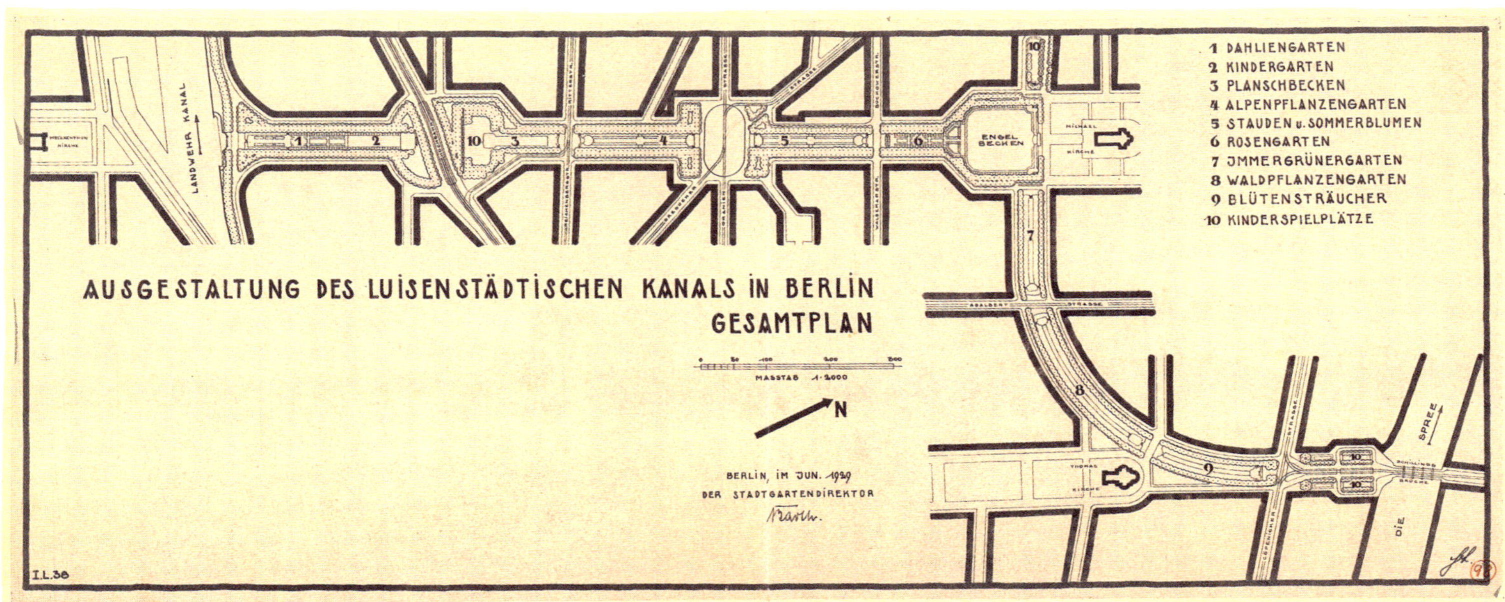

Gesamtplan für die „Ausgestaltung des Luisenstädtischen Kanals in Berlin" von Erwin Barth, Juni 1929.

sollten als schmale Senkgärten innerhalb der alten Kanalmauern eingerichtet werden. Im sogenannten Engelbecken unterhalb der St.-Michael-Kirche war zudem als gestalterisch-thematischer Schwerpunkt des Ganzen der Einbau einer großen Wasserfläche geplant.[3]

Die Realisierung nahm mehrere Jahre in Anspruch. Erst an Pfingsten 1932 wurde die Gesamtanlage des ehemaligen Luisenstädtischen Kanals als begrüntes Gartenband der Öffentlichkeit übergeben. Sogar in westdeutschen Tageszeitungen berichtete man darüber: „Es war eine der glücklichsten Ideen des [...] Berliner Gartendirektors Prof. Barth", so hieß es etwa im Kölner Stadtanzeiger, „den wertlos gewordenen Kanal [...] in einen blühenden Garten zu verwandeln."[4] Erwin Barth jedoch, der mittlerweile seine Tätigkeit in der zentralen Parkverwaltung aufgegeben hatte, um eine Professur für Gartenkunst an der Landwirtschaftlichen Hochschule anzutreten, war von dem Ergebnis keineswegs in Gänze überzeugt. Zumindest in Teilbereichen sah er die neuen Anlagen nicht mehr als seine eigene Schöpfung an.[5] Wie war es dazu gekommen?

Schon von Beginn an verlief das Projekt nicht unproblematisch. Die Entwurfsideen Barths fielen nicht bei allen Beteiligten auf sofortige Zustimmung. So wurde beispielsweise sein Vorschlag, das Engelbecken vor der St.-Michael-Kirche als Familienschwimmbad zu nutzen, von der katholischen Gemeinde mit Vehemenz abgelehnt und bekämpft. Erst die dritte Planungsversion für den Kanal vom April 1928 wurde schließlich vom Berliner Magistrat als Grundlage der Ausführungsarbeiten bewilligt.[6] Noch im gleichen Jahr begannen die ersten vorbereitenden Arbeiten, allerdings kam es immer wieder zu Unterbrechungen und Verzögerungen. Mehrfach beschwerten sich deswegen Anwohner bei den zuständigen Stellen: „Kehricht und Unrat", so hieß es, würden sich im trockengelegten Kanalbett ansammeln, die unbedeckten Sandflächen stellten „Staubquellen schlimmster Art" dar.[7] Die Kaufverhandlungen über den Erwerb der Wasserstraße hatten jedoch gedauert, nun mussten der Abbruch der Kanalbrücken und die zukünftige Straßenverkehrsführung im Detail geklärt werden. Da die Flächen zum Teil in Mitte, zum Teil in Kreuzberg gelegen

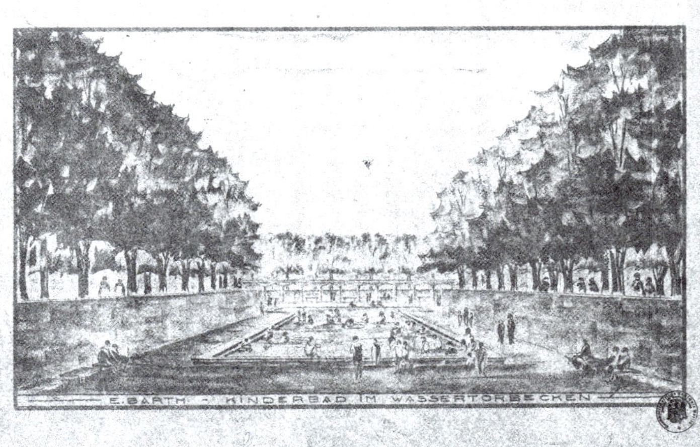

Schaubild zum Entwurf Erwin Barths: „Kinderbad im Wassertorbecken", um 1928.

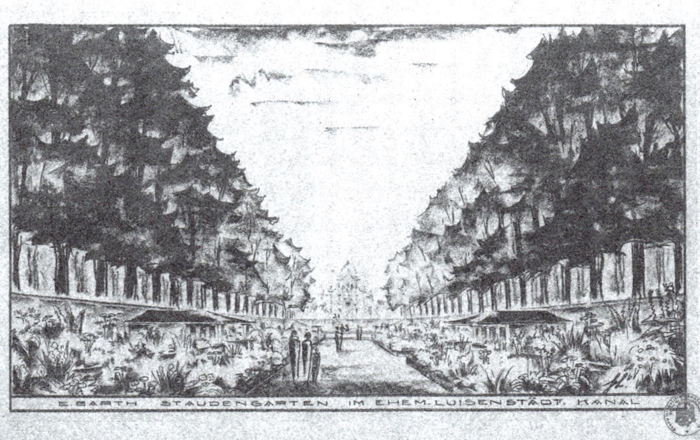

Schaubild zum Entwurf Erwin Barths: „Staudengarten im ehem. Luisenstädt. Kanal", um 1928.

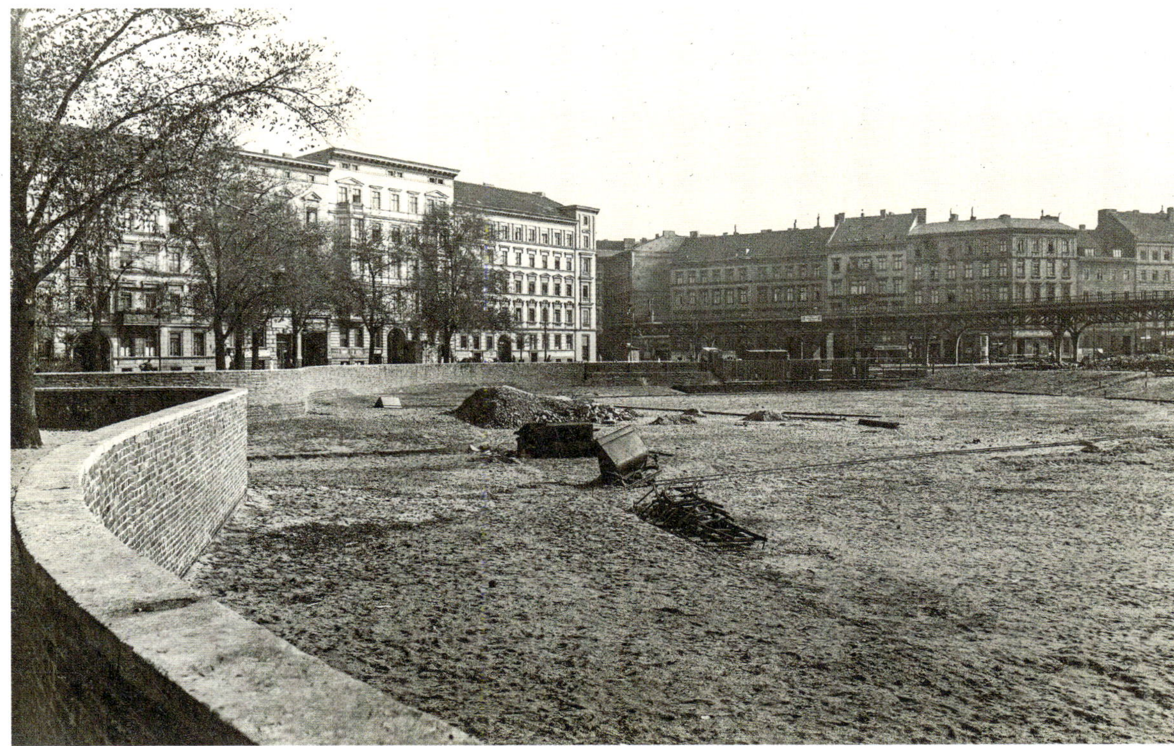

Baumaßnahmen am Wassertorplatz, nördlicher Teil mit Blick Richtung Südosten, 1930.

waren, mussten zwei Bezirksverwaltungen an den Ausführungs- und den Finanzierungsplanungen beteiligt werden. Nur Schritt für Schritt ging es voran. Im Sommer 1929 wurde schließlich bekannt gegeben, dass man noch im gleichen Jahr erste Teilabschnitte, zunächst in einem provisorischen Zustand, zur Benutzung freigeben werde. – Zu diesem Zeitpunkt deutete alles darauf hin, dass in absehbarer Zeit die Gesamtanlage fertiggestellt sein würde. – Allerdings nur kurze Zeit später im September, wenige Tage, bevor Barth seine Tätigkeit als Berliner Stadtgartendirektor beendete, erreichte ihn eine gegenteilige Nachricht: Der Berliner Magistrat hatte eine drastische Kürzung und zeitliche Streckung der bereitgestellten Gelder vorgenommen. Es zeigten sich die ersten Anzeichen der beginnenden Wirtschaftskrise, die sich in den folgenden Monaten noch deutlich verstärken und ausweiten sollte.

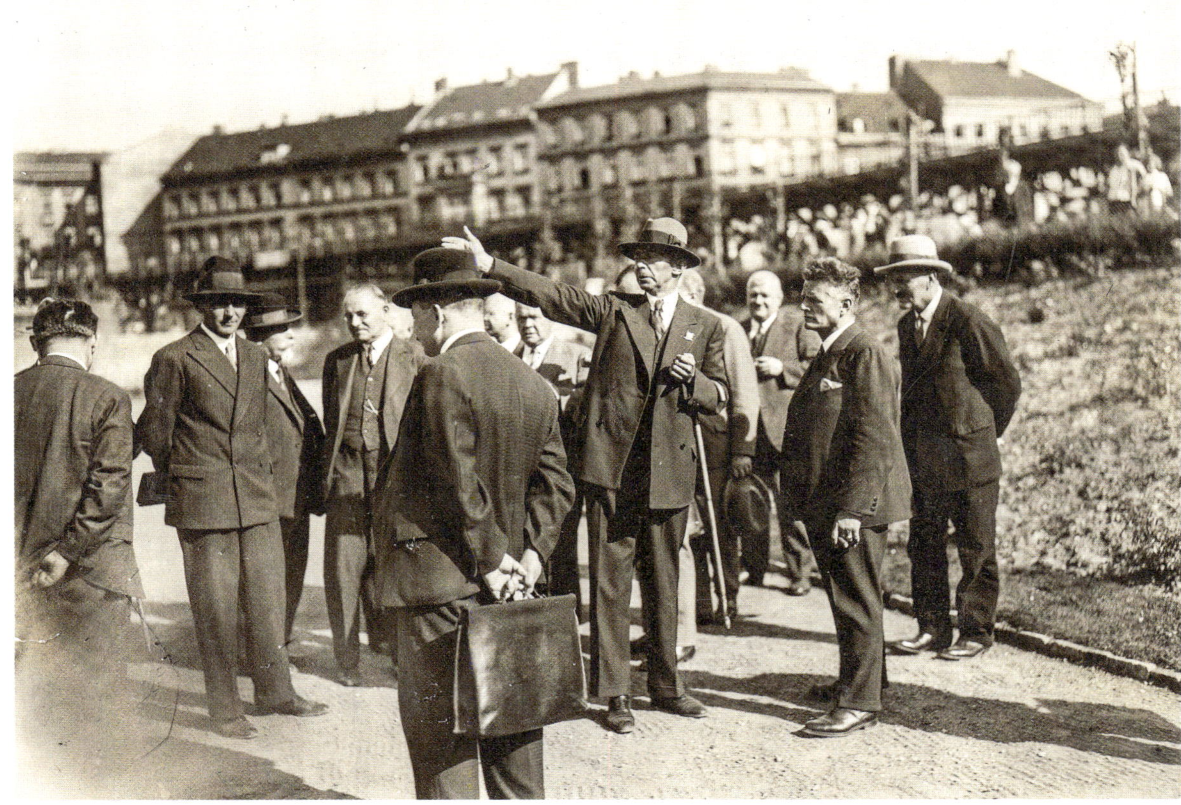

Eröffnung des begrünten Luisenstädtischen Kanals, 24. Juni 1931.

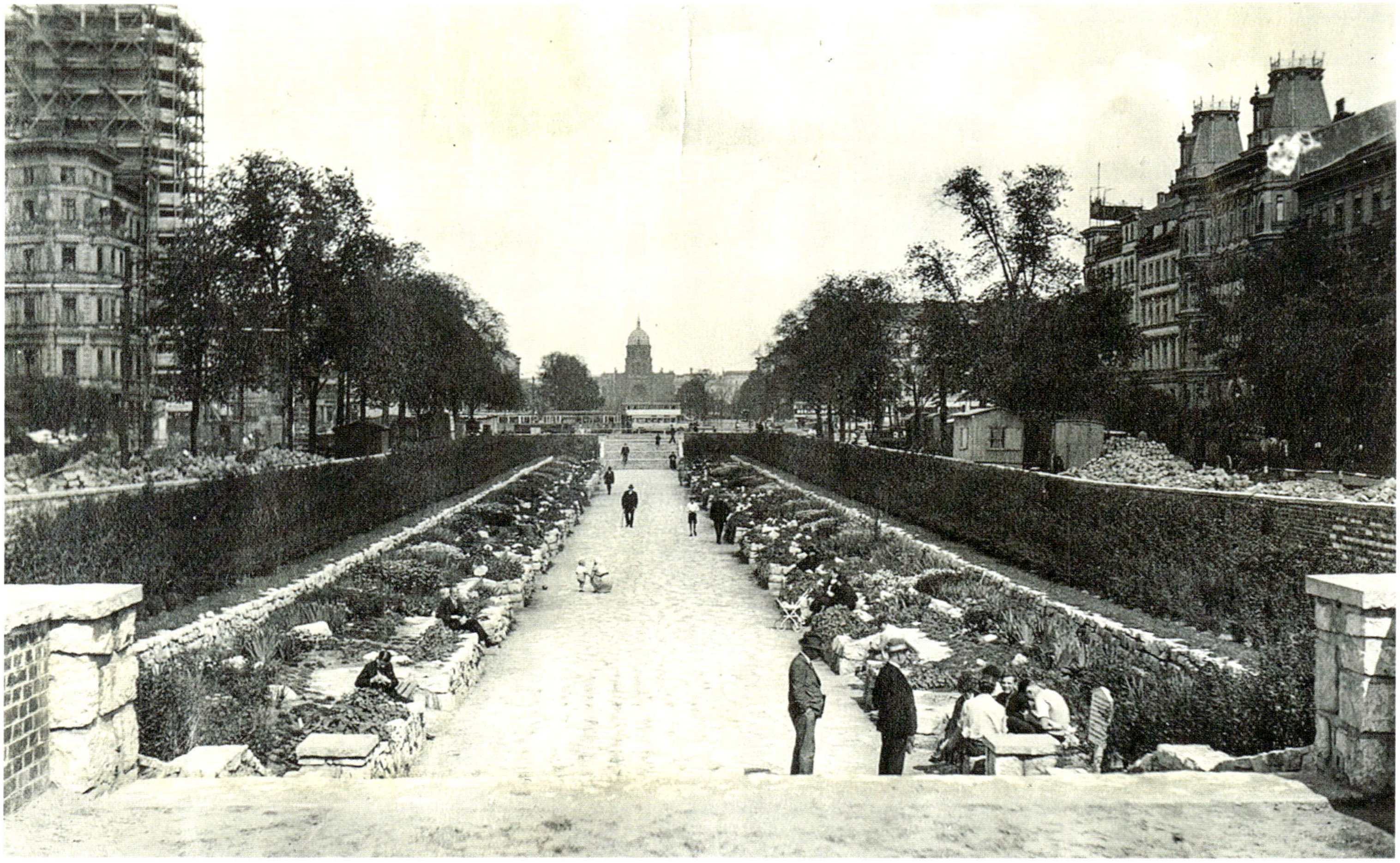

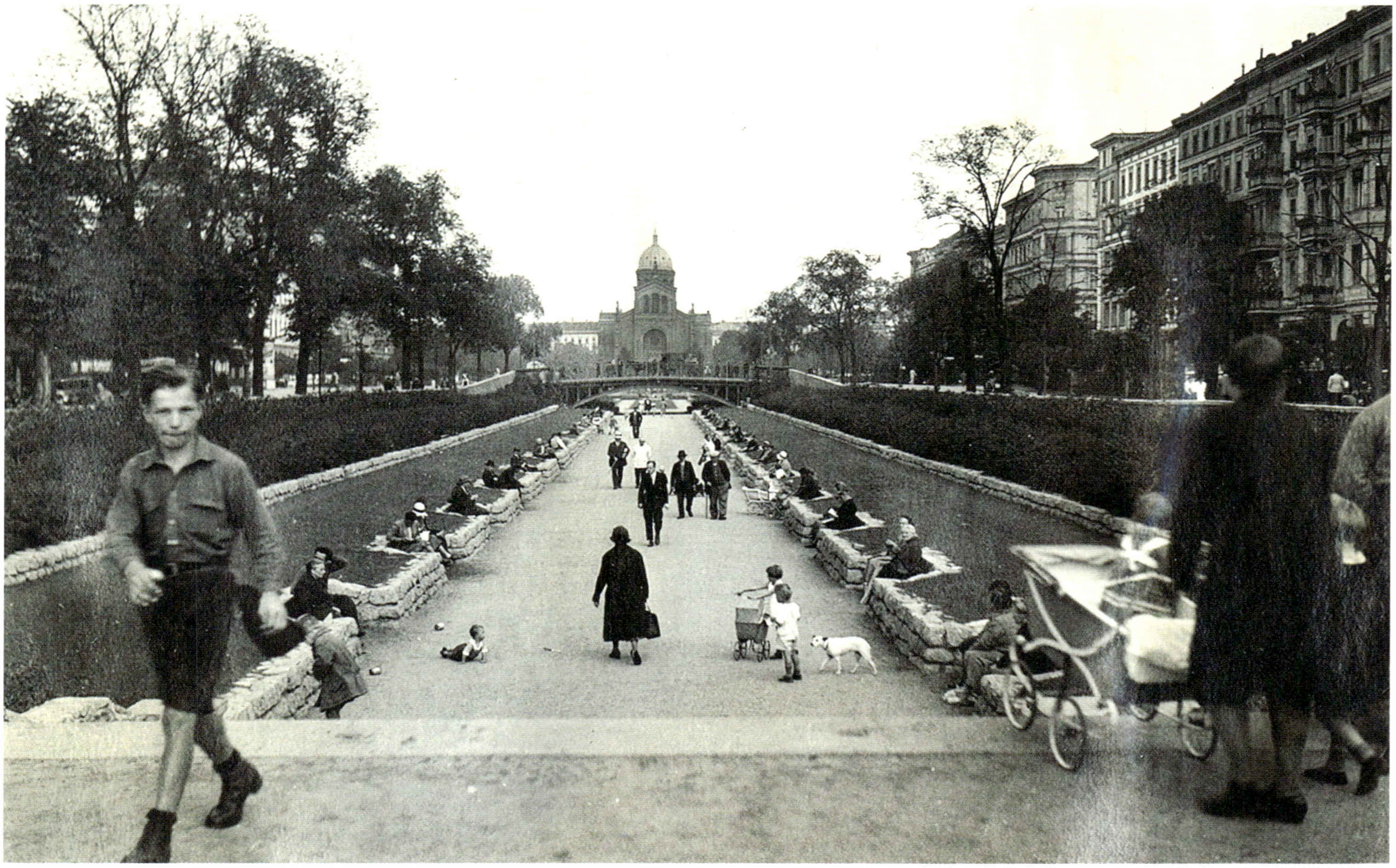

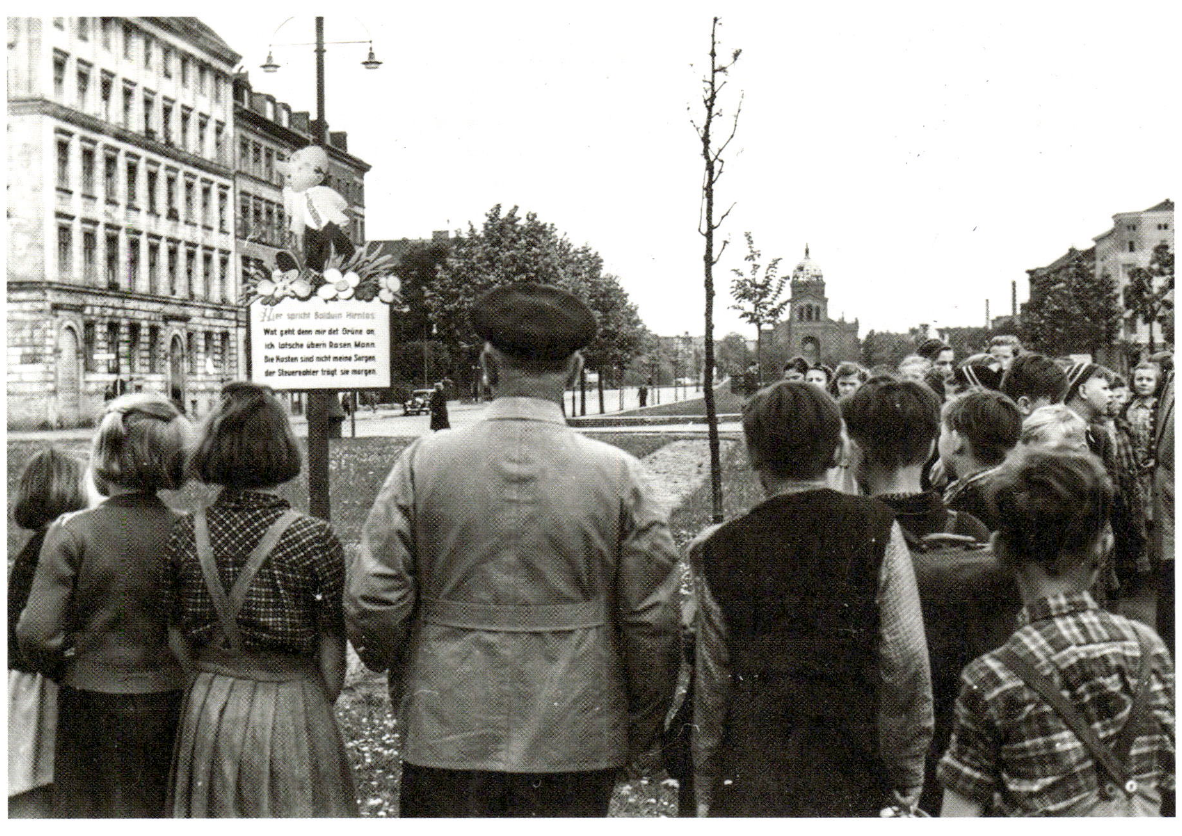

Hinweisschild am Oranienplatz, Blick nach Norden auf den mit Trümmerschutt verfüllten Abschnitt des ehemaligen Senkgartens vor der Waldemarbrücke, 1953.

Damit hatten sich die Bedingungen für die weiteren Fertigstellungsschritte im Luisenstädtischen Kanal denkbar verschlechtert. Der Bezirk Mitte und der dortige Garteninspektor Hans Martin bemühten sich weiterhin, den Entwurfsplan Barths einzuhalten. Bis zur Eröffnung 1932 schaffte man es, die Sondergärten, wie etwa den Waldpflanzengarten, mitsamt einer artenreichen Bepflanzung anzulegen. Auch das Engelbecken konnte nach Überwindung von technischen Schwierigkeiten mitsamt der 16 Springfontänen verwirklicht werden; die in der Nacht illuminierte Wasseranlage galt als „eine der schönsten Berlins".[8] Anderes, wie etwa die Rosenbeete südlich des Beckens, so versicherte man im Bezirksgartenamt Mitte, würde man in den kommenden Jahren noch verwirklichen.[9]

Ganz anders aber stellte sich die Situation in den Teilabschnitten im Bezirk Kreuzberg dar. Hier hatte es von Beginn an Widerstände gegen die als zu aufwändig empfundenen Entwürfe Barths gegeben.

Luisenstädtischer Kanal, Blick über Engelbecken, 2020.

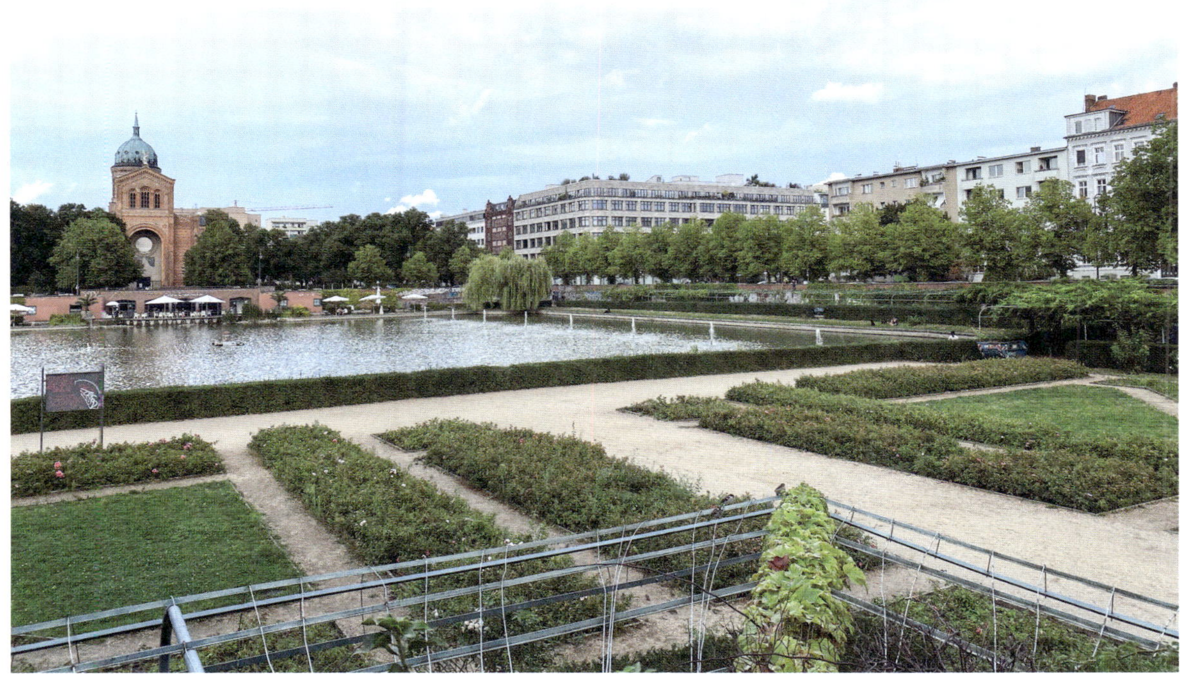

◁ *Der „Alpenpflanzengarten" zwischen Ritterstraße und Oranienplatz, Blick nach Norden, 1932.*

Der ursprünglich als „Staudengarten" geplante Abschnitt zwischen Oranienplatz und Waldemarbrücke mit einfachen Rasenflächen, Blick nach Norden, 1932.

Immer wieder war der Beginn der Bauarbeiten verschoben worden. Nachdem die Finanzierung 1929 nochmals in Frage gestellt worden war, entschloss sich der Bezirksgartendirektor Leo Kloss zu grundlegenden Vereinfachungen in der Gestaltung. Der südliche Abschnitt zwischen Landwehrkanal und Wassertorplatz wurde nicht mehr als Senkgarten, sondern als ebenerdige Grünanlage eingerichtet, Pergolen und Unterstandshäuschen wurden komplett gestrichen. An Stelle des großen Kinderplanschbeckens auf der Nordhälfte des Wassertorplatzes errichtete man eine schlichte Sandspielfläche und obwohl Barth hier den Übergang zur Hochbahn mit Bäumen und Laubengang gestalten wollte, entstand lediglich eine mit Bodendeckern bepflanzte Geländeböschung. In den sich anschließenden Senkgärten wurden nahezu durchgängig einfache Rasenflächen als Ersatz für die Stauden- und Blumenrabatten hergestellt. Lediglich der „Alpenpflanzengarten" erhielt eine abwechslungsreiche Bepflanzung mit niedrig wachsenden Blütenstauden.

Erwin Barth war enttäuscht. Sein Sohn Jürgen zitierte ihn Jahre später mit der Aussage: „Soweit mir bekannt, sind infolge Einschränkung der Mittel die Anlagen nur zu einer Karikatur meiner Entwürfe geworden."[10] Es war denn auch Jürgen Barth, der sich in den Jahren nach 1945 darum bemühte, ältere Fotografien der Anlagen im ehemaligen Luisenstädtischen Kanal zusammenzustellen. Insbesondere war es ihm offenbar wichtig aufzuzeigen, wie man seinerzeit, zumindest in einzelnen Abschnitten, die Entwurfsvorstellungen seines Vaters ignoriert hatte. Mittlerweile waren die einstigen Gartenanlagen kaum noch zu erkennen. Nach dem Krieg hatte man mehrere der tief liegenden Flächen mit Trümmerschutt verfüllt und als niveaugleiches Rasengrün angelegt. Eine Aufnahme aus dem Jahr 1953 zeigt den Oranienplatz mit neuer Grasansaat und einigen frisch gepflanzten Bäumen. Mit einem belehrenden Hinweisschild versuchte man, die Bürger zu einem sorgsamen Umgang mit der neuen Grünfläche zu erziehen: „Hier spricht Balduin Hirnlos. Wat geht denn mir det Grüne an, ick latsche über` n Rasen, Mann. Die Kosten sind nicht meine Sorgen, der Steuerzahler trägt sie morgen."[11]

Die Teilung Berlins im Jahr 1961 bewirkte, dass der Luisenstädtische Kanal zumindest im Bereich des Bezirks Mitte vollends aus dem Stadtbild verschwand: Die einstigen Senkgärten und das Engelbecken wurden als Teil der Grenzanlagen zugeschüttet und überformt. Die im Kreuzberger Bereich befindlichen Abschnitte erfuhren in den 1980er Jahren eine grundlegende Umgestaltung mit landschaftlich-unregelmäßigen Formen.[12] Nach dem Mauerfall und der Wiedervereinigung sind in den ehemals Ost-Berliner Abschnitten die ursprünglichen Senkgärten sowie das Engelbecken durch Grabungsarbeiten wieder zurückgewonnen worden; mehrjährige Instandsetzungs- und Wiederherstellungsmaßnahmen der Berliner Gartendenkmalpflege haben hier die ursprünglichen Ideen Erwin Barths wieder erlebbar und nutzbar gemacht.[13]

[Dietmar Land]

---

1 Vgl. Land, Dietmar: Erwin Barth (1880–1933). Leben und Werk eines Gartenarchitekten im zeitgenössischen Kontext. Dissertation an der Technischen Universität Berlin 2004, S. 484 f.

2 Anonym: Der blühende Kanal. In: Deutsche Allgemeine Zeitung vom 6. November 1928 (Landesarchiv Berlin, A Rep. 031-08, 56).

3 Vgl. Entwurfsplan „Ausgestaltung des Luisenstädtischen Kanals. Gesamtplan", Erwin Barth, undatiert (März 1927) (Universitätsarchiv Technische Universität Berlin, Fotosammlung des Instituts für Landschaftsarchitektur und Umweltplanung, Glasnegativ Nr. 4/31b).

4 Anonym: Der Kanal als Blumengarten. In: Stadtanzeiger für Köln und Umgebung vom 23. April 1932 (Landesarchiv Berlin, A Rep. 031-08, 57).

5 Vgl. Land 2004 (Anm. 1), S. 570.

6 Vgl. Anonym: Berlin. In: Die Gartenwelt 32 (1928), H. 25, S. 346. Barth legte im März 1927 eine zweite Entwurfsfassung vor, in welcher u. a. verkehrliche Rahmenbedingungen überarbeitet worden waren; anstelle des Freibads im Engelbecken sah Barth ein Wasserbecken mit Promenadenumgang vor. In der Fassung vom April 1928 schließlich waren an mehreren Punkten beispielsweise die Fahrbahnbreiten nochmals verändert worden, ebenso gestalterische Details für Pflanzungen, Spielflächen u. a. m. Das Engelbecken sollte weiterhin als eine große Wasserfläche angelegt werden, nun aber ausdrücklich als „Warmwasserteich" mit einer mediterran anmutenden Pflanzenausstattung. Vgl. Land 2004 (Anm. 1), S. 495–497.

7 Schreiben Bezirksamt Mitte von Berlin vom 30. 6. 1930 (Landesarchiv Berlin, A Rep. 031-08, 59).

8 Martin, Hans: Das ‚Wasserschloß' im Engelbecken. In: Berliner Lokal-Anzeiger vom 13. November 1931 (Landesarchiv Berlin, A Rep. 031-08, 57).

9 1933 wurden neben den Rosenpflanzungen zudem ein Wasserbecken und ein „Indischer Brunnen" eingefügt. Vgl. Land 2004 (Anm. 1), S. 570; vgl. Lingenauber, Klaus: Luisenstädtischer Kanal. In: Landesdenkmalamt Berlin (Hg.): Gartendenkmale in Berlin. Parkanlagen und Stadtplätze (Beiträge zur Denkmalpflege in Berlin, Bd. 39). Petersberg 2013, S. 132.

10 Barth, Jürgen: Person und Wesen Erwin Barth`s. Unveröffentlichtes Redemanuskript vom 28. März 1981 anlässlich der Eröffnung einer Gedenkausstellung in seiner Vaterstadt Lübeck. Privatbesitz Familie Barth. S. 5. Zit. in: Land 2004 (Anm. 1), S. 570.

11 Beschriftung Hinweisschild, Fotografie, 1953 (Landesdenkmalamt Berlin, Archiv Gartendenkmalpflege, N-IV-EB-F-01755).

12 Der nördliche Abschnitt zwischen Wassertorplatz und Waldemarbrücke wurde 1982-87 nach dem Entwurf von Christoph Luz und Reinhard Hanke umgestaltet, der südliche Abschnitt zwischen Wassertorplatz und Landwehrkanal 1987-88 nach dem Entwurf von Hinrich Baller.

13 Vgl. Lingenauber 2013 (Anm. 9), S. 130–135.

Anhang

Autorin und Autor
Bibliografie
Abbildungsnachweis
Impressum

AUTORIN UND AUTOR

Leonie Glabau
Dr.-Ing., Studium der Landschaftsplanung an der Technischen Universität Berlin, Tätigkeit in verschiedenen Landschaftsarchitekturbüros, 2001–06 Wissenschaftliche Mitarbeiterin an der Fachhochschule Erfurt, 2008 Promotion „Plätze in einem geteilten Land: Stadtplatzgestaltungen in der Bundesrepublik Deutschland und der Deutschen Demokratischen Republik von 1945 bis 1990" an der Leibnitz Universität Hannover, 2007–12 freie Landschaftsplanerin, seit 2013 Referentin für Gartendenkmalinventarisation im Landesdenkmalamt Berlin.

Dietmar Land
Dr.-Ing., M. A., Studium der Landschaftsplanung an der Technischen Universität Berlin, Masterstudium „Berlin-Brandenburgische Kulturlandschaft" an der Humboldt-Universität zu Berlin, Tätigkeit in verschiedenen Büros für Gartenarchitektur und Stadtplanung, Wissenschaftlicher Mitarbeiter an der TU Berlin und 2004 Promotion zum Lebenswerk des Gartenarchitekten Erwin Barth, Forschungsprojekte an der Universität der Künste Berlin zum Lebenswerk des Gartenarchitekten Gustav Allinger, seit 2005 freiberufliche Tätigkeit im Bereich Landschaftsarchitektur, Gartenkunst und Gartengeschichte.

BIBLIOGRAFIE

Anonym: Berlin. In: Die Gartenwelt 32 (1928), H. 25, S. 346.

Anonym: Professor Barth hält seine Antrittsvorlesung. In: Die Gartenwelt 33 (1929), H. 49, S. 685.

Atmadi, Sigit: Die komplexe sozialistische Rekonstruktion von Altbaugebieten in dem ehemaligen Ost-Berlin. Dissertation an der Technischen Universität Berlin 2012.

Barth, Erwin: Charlottenburger neue Stadtplätze, in der Ausführung begriffen im Jahre 1913, nebst kurzen allgemeinen Betrachtungen über städtische Gartenverwaltungen. In: Die Gartenkunst 15 (1913), H. 13, S. 185–195.

Barth, Erwin: Charlottenburger neue Stadtplätze, in der Ausführung begriffen im Jahre 1913, nebst kurzen allgemeinen Betrachtungen über städtische Gartenverwaltungen (Fortsetzung). In: Die Gartenkunst 15 (1913), H. 14, S. 209–216.

Barth, Erwin: Die richtige Verwendung von Blumen im Garten. Vortrag, gehalten auf der Haupt-Versammlung der „Deutschen Gesellschaft für Gartenkunst" in Breslau. In: Die Gartenkunst 15 (1913), H. 16, S. 238–239.

Barth, Erwin: Der Schustehrus-Park Charlottenburg. In: Die Gartenkunst 32 (1919), H. 7, S. 83–89. (Abbildungen auch S. 85–89).

Barth, Erwin: Der Lietzenseepark-Charlottenburg. In: Die Gartenkunst 34 (1921), H. 2, S. 15–26.

Barth, Erwin: Entwurf für einen in Stahnsdorf belegenen Friedhof der Gemeinde Berlin-Wilmersdorf (Kennwort: „Kein Park"). In: Die Gartenwelt 25 (1921), H. 14, S. 138.

Barth, Erwin: Fritz Encke zum 60. Geburtstage. In: Die Gartenwelt 25 (1921), H. 14, S. 140.

Barth, Erwin: Nochmals: Streit um die Rehberge. In: Die Gartenwelt 34 (1930), H. 11, S. 154.

Barth, Erwin: Die brandenburgische Heimat im Volkspark. In: Velhagen & Klasings Monatshefte 45 (1931), H. 6, S. 443–448.

Barth, Jürgen: Erwin Barth. Ein Lebensbild. In: Universitätsbibliothek der Technischen Universität Berlin (Hg.): Erwin Barth. Gärten. Parks. Friedhöfe. Katalog zur Ausstellung. Berlin 1980, S. 7–17.

Beck, G.; Kiemstedt, H.; Peschken, G.; Trillitzsch, F.; Weckwerth, H.; Wenzel, J.: Professor Jürgen Barth – 65 Jahre. In: Natur und Landschaft 51 (1976) H. 6, S. 176.

Berliner Adreßbuch 1915, Teil V. Vororte von Berlin. August Scherl Deutsche Adreßbuch-Gesellschaft. Berlin 1915.

Berliner Adreßbuch 1916, Teil V. Vororte von Berlin. August Scherl Deutsche Adreßbuch-Gesellschaft. Berlin 1916.

Bericht über die Verwaltung und den Stand der Gemeinde-Angelegenheiten der Stadt Charlottenburg für das Verwaltungsjahr 1914, bearbeitet im Statistischen Amt. Charlottenburg April 1916.

Bezirksamt Charlottenburg-Wilmersdorf, Umweltamt (Hg.): Gartenkunst der frühen Moderne in Charlottenburg. Pläne und Fotos von Erwin Barth 1912–1926. Berlin 2005.

Bräuner, Uta Maria; Lehne, Jost: Bäderbau in Berlin. Architektonische Wasserwelten von 1800 bis heute. Berlin 2013.

Buch, Felix: Gruppe Brandenburg (Bericht über eine Besichtigung und einen Vortrag zum Kriegsgemüseanbau für die DGfG-Gruppe Brandenburg durch Erwin Barth). In: Die Gartenkunst 30 (1917), H. 2, Beilage S. 6.

Charlottenburger Damen-Schwimmverein NIXE e.V.: Festschrift 125 Jahre Nixe. 2018.

Encke, Fritz: Geschichte der Gartenkunst und Stillehre. In: Echtermeyer, Theodor: Die Königliche Gärtner-Lehranstalt am Wildpark bei Potsdam 1824-1899. Festschrift zur Erinnerung an das fünfundsiebzigjährige Bestehen. Berlin 1899, S. 95–96.

Encke, Fritz: Zeichnen und Projektionslehre. In: Echtermeyer, Theodor: Die Königliche Gärtner-Lehranstalt am Wildpark bei Potsdam 1824–1899. Festschrift zur Erinnerung an das fünfundsiebzigjährige Bestehen. Berlin 1899, S. 100.

Encke, Fritz: Landschaftszeichnen. In: Echtermeyer, Theodor: Die Königliche Gärtner-Lehranstalt am Wildpark bei Potsdam 1824–1899. Festschrift zur Erinnerung an das fünfundsiebzigjährige Bestehen. Berlin 1899, S. 100.

Encke, Fritz: Feldmessen und Nivellieren. In: Echtermeyer, Theodor: Die Königliche Gärtner-Lehranstalt am Wildpark bei Potsdam 1824–1899. Festschrift zur Erinnerung an das fünfundsiebzigjährige Bestehen. Berlin 1899, S. 112.

Germer, Rudolf: Der Volkspark Rehberge und die Freiflächen um den Plötzensee in Berlin-Wedding. In: Der Behörden-Gartenbau 7 (1930), H. 8, S. 103–105.

Göres, Burkhardt: Schloss Charlottenburg. Geschichte des Wiederaufbaus und der Restaurierung in chronologischer Abfolge. In: Jahrbuch Stiftung Preußische Schlösser und Gärten Berlin-Brandenburg, Bd. 7, 2005. Berlin 2007, S. 31–45.

Gunder, Georg: Der neue Volkspark Rehberge. In: Die Gartenwelt 33 (1929), H. 12, S. 162–164.

Gundlach, Wilhelm: Geschichte der Stadt Charlottenburg. Im Auftrage des Magistrats bearbeitet. Berlin 1905.

Hahn, Peter: Berliner Friedhöfe in Stahnsdorf. Geschichte, Geschichten, Personen. Badenweiler 2010.

Heinrich, Vroni: Im Schatten. Erinnerungen an Jürgen Barth. In: Schöbel, Sören (Hg.): Aufhebungen – Urbane Landschaftsarchitektur als Aufgabe. Berlin 2004, S. 95–99.

Kittelmann, Gerd: Volksparke 1933–45. In: Bezirksamt Wedding von Berlin, Gartenbauamt (Hg.): „... wo eine freye und gesunde Luft athmet ...". Zur Entstehung und Bedeutung der Volksparke im Wedding. Berlin 1988, S. 62–65.

Klawun, Paul: Die Parkanlagen am Lietzensee in Charlottenburg. In: Haus-Hof-Garten, Wochenschrift des Berliner Tageblatts vom 02. 06. 1923, ohne Seitenangabe.

Kleinlosen, Martin: Kommunales Grün – Volkspark Rehberge 20er Jahre. In: Bezirksamt Wedding von Berlin, Gartenbauamt (Hg.): „... wo eine freye und gesunde Luft athmet ...". Zur Entstehung und Bedeutung der Volksparke im Wedding. Berlin 1988, S. 48–61.

Kreuter, Marie-Luise: Der rote Kiez, „Kleiner Wedding" und Zillestraße. In: Engel, Helmut; Jersch-Wenzel, Stefi; Treue, Wilhelm (Hg.): Geschichtslandschaft Berlin. Orte und Ereignisse, Bd. 1, Charlottenburg. Teil 1: Die historische Stadt. Publikation der Historischen Kommission Berlin. Berlin 1986, S. 158–177.

Krosigk, Klaus-Henning von: Schustehruspark. In: Landesdenkmalamt Berlin (Hg.): Gartendenkmale in Berlin. Parkanlagen und Stadtplätze (Beiträge zur Denkmalpflege in Berlin, Bd. 39). Petersberg 2013, S. 56–57.

Krosigk, Klaus-Henning von: Karolinger Platz. In: Landesdenkmalamt Berlin (Hg.): Gartendenkmale in Berlin. Parkanlagen und Stadtplätze (Beiträge zur Denkmalpflege in Berlin, Bd. 39). Petersberg 2013, S. 74–75.

Krosigk, Klaus-Henning von: Großer Tiergarten. In: Landesdenkmalamt Berlin (Hg.): Gartendenkmale in Berlin. Parkanlagen und Stadtplätze (Beiträge zur Denkmalpflege in Berlin, Bd. 39). Petersberg 2013, S. 185–193.

Land, Dietmar: Erwin Barth (1880–1933). Leben und Werk eines Gartenarchitekten im zeitgenössischen Kontext. Dissertation an der Technischen Universität Berlin 2004.

Land, Dietmar; Wenzel, Jürgen: Heimat, Natur und Weltstadt. Leben und Werk des Gartenarchitekten Erwin Barth. Leipzig 2005.

Land, Dietmar: Erwin Barth. Gartengestaltung als Hochschulstudium. Eine Ausstellung anlässlich des Jubiläums „75 Jahre Hochschulausbildung Landschaftsarchitektur". In: TU Berlin, Institut für Landschaftsarchitektur und Umweltplanung (Hg.): Perspektive Landschaft, Berlin 2006, S. 16–65.

Land, Dietmar: Parkpflegewerk Volkspark Jungfernheide. Zentrale Achse West. Gutachten im Auftrag des Bezirksamtes Charlottenburg-Wilmersdorf von Berlin, Fachbereich Umwelt-Gartendenkmalpflege. 2007.
Land, Dietmar: Volkspark Jungfernheide. In: Landesdenkmalamt Berlin (Hg.): Gartendenkmale in Berlin. Parkanlagen und Stadtplätze (Beiträge zur Denkmalpflege in Berlin, Bd. 39). Petersberg 2013, S. 58–65.
Land, Dietmar: Parkpflegewerk Lietzenseepark Berlin-Charlottenburg im Auftrag des Bezirksamtes Charlottenburg-Wilmersdorf von Berlin, Straßen- und Grünflächenamt, Fachbereich Grün, Umwelt- und Naturschutzamt sowie Landesdenkmalamt Berlin Fachbereich Gartendenkmalpflege, 2014–2016.
Land, Dietmar: Ullrichplatz, Berlin-Mahlsdorf. Gartendenkmalpflegerisches Konzept zur Wiederherstellung und Weiterentwicklung im Auftrag des Bezirksamts Marzahn-Hellersdorf von Berlin, 2016.
Land, Dietmar: Erwin Barth. In: Hänsel, Jessica, Jörg Haspel, Christiane Salge, Kerstin Wittmann-Englert (Hg.): Baumeister – Ingenieure – Gartenarchitekten. Berlinische Lebensbilder, Band 11. Berlin 2016, S. 551–570.
Land, Dietmar: Spielplatz an der Übungswiese im Volkspark Rehberge. Gartendenkmalpflegerisches Entwicklungskonzept, Gutachten im Auftrag des Bezirksamtes Mitte von Berlin, Fachbereich Grünflächen, 2017.
Lingenauber, Klaus: Luisenstädtischer Kanal. In: Landesdenkmalamt Berlin (Hg.): Gartendenkmale in Berlin. Parkanlagen und Stadtplätze (Beiträge zur Denkmalpflege in Berlin, Bd. 39). Petersberg 2013, S. 130–135.
Mahler, Erhard: Kleingärten. In: Architekten- und Ingenieur-Verein zu Berlin (Hg.): Berlin und seine Bauten. Teil XI. Gartenwesen. Berlin/München/Düsseldorf 1972, S. 218–255.
Migge, Leberecht: Die Gartenkultur des 20. Jahrhunderts. Jena 1913.
Mittelstädt, Paul: Vor über 50 Jahren. Die letzten beiden Jahre bei Professor Erwin Barth in seiner Eigenschaft als Stadtgartendirektor von Berlin. 1927–1929. In: Universitätsbibliothek Berlin (Hg.): Gärten, Parks, Friedhöfe. Ausstellungskatalog. Berlin 1980, S. 19–21.
Nagel, G.: Professor Jürgen Barth – 65 Jahre. In: Das Gartenamt 25 (1976), H. 5, S. 332–333.
Pahl, Andreas: Der Ullrichplatz in Mahlsdorf-Süd. Eine großstädtische Planung Erwin Barths für den Stadtrand. In: Bezirksamt Marzahn-Hellersdorf (Hg.): Die Denkmale in Berlin. Bezirk Marzahn-Hellersdorf. Berlin 2002, S. 230–233.
Ricke, Stefan: Entwicklung des rechtlichen Schutzes von Fotografien in Deutschland unter besonderer Berücksichtigung der preußischen Gesetzgebung. Münster 1998.
Schmidt, Hans Ulrich: Berlin – die Hauptstadt und ihr Grün. Eindrücke beim 75jährigen Jubiläum der Deutschen Gesellschaft für Gartenkunst und Landschaftspflege. In: Garten und Landschaft 72 (1962), H. 12, S. 341–348.
Schönbohm, Kurt: Dr. h. c. Fritz Encke. In: Garten und Landschaft 71 (1961), H. 10, S. 302.
Scholtze, Gisela: Die Villa Oppenheim in Charlottenburg. In: Mitteilungen des Vereins für die Geschichte Berlins 93 (1997), H. 1, S. 150–164.
Schultz, Reinhard: Autochrome – Blumen und Pflanzen. In: Bezirksamt Charlottenburg-Wilmersdorf, Umweltamt (Hg.): Gartenkunst der frühen Moderne in Charlottenburg. Pläne und Fotos von Erwin Barth 1912–1926. Berlin 2005, S. 6–11.
Situationsplan von Berlin mit dem Weichbilde und Charlottenburg. Erschienen im Verlag Dietrich Reimer, Berlin 1891.
Stürmer, Rainer: Freiflächenpolitik in Berlin in der Weimarer Republik. Ein Beitrag zur Sozial- und Umweltschutzpolitik einer modernen Industriestadt, Berlin 1991.
Stürmer, Rainer; Wöhlmann, Falk: Erarbeitung von Archivalienhandbüchern und Dokumentationen zur Entwicklung des „Grünen Berlins“. In: Landesdenkmalamt Berlin (Hg.): Gartenkunst Berlin. 20 Jahre Gartendenkmalpflege in der Metropole. Berlin 1999, S. 29–34.
Ulrich, F.: Wettbewerb zur Erlangung von Entwürfen für einen in Stahnsdorf belegenen Friedhof der Gemeinde Berlin-Wilmersdorf. In: Die Gartenwelt 25 (1921), H. 14, S. 135–138.
Wacker, Jörg: Georg Potente (1876–1945). Die Entwicklung vom Gartengestalter zum Gartendenkmalpfleger zwischen 1902 und 1938 in Potsdam-Sanssouci. Dissertation an der Universität Potsdam 2003.
Weber, Klaus Konrad: Berlins Parke seit 1900. In: Architekten- und Ingenieur-Verein zu Berlin (Hg.): Berlin und seine Bauten. Teil XI. Gartenwesen. Berlin/München/Düsseldorf 1972, S. 70–106.
Wendland, Folkwin: Der große Tiergarten in Berlin. Seine Geschichte und Entwicklung in fünf Jahrhunderten. Berlin 1993.
Wimmer, Clemens Alexander: Vom Waschen des Körpers mittelst des Badens. In: Schöbel, Sören (Hg.): Aufhebungen – Urbane Landschaftsarchitektur als Aufgabe. Berlin 2004, S. 139–147.
Wimmer, Clemens Alexander: Barths Werk in Charlottenburg im Spiegel seiner Fotos. In: Bezirksamt Charlottenburg-Wilmersdorf, Umweltamt (Hg.): Gartenkunst der frühen Moderne in Charlottenburg. Pläne und Fotos von Erwin Barth 1912–1926. Berlin 2005, S. 12–32.
Wimmer, Clemens Alexander: Der Wilmersdorfer Gartendirektor Richard Thieme. In: Berliner Geschichte (2017) H. 10, S. 32–40.

ABBILDUNGSVERZEICHNIS

Abkürzungen: o / oben, m / Mitte, u / unten, r / rechts, l / links

Architekturmuseum der Technischen Universität Berlin – 39 (Inv. Nr. 41296), 57 u (Inv. Nr. 40585), 73 o (Inv. Nr. 40628), 105 (Inv. Nr. 40950), 110 (Inv. Nr. 40819), 111 o (Inv. Nr. 40823 / Zeichnung: Paul Mittelstädt), 114 (Inv. Nr. 41019), 119 (Inv. Nr. 40978), 120 o (Inv. Nr. 40974), 122 o (Inv. Nr. 40963), 134 o (Inv. Nr. 41018) / ol (Inv. Nr. 41010) / ur (Inv. Nr. 41011)

Jürgen Barth / Lehrmittelsammlung des ehemaligen Instituts für Landschafts- und Gartengestaltung der Technischen Universität Berlin – 28 u, 29 or, 44 ol / ul / ur

Bezirksamt Charlottenburg-Wilmersdorf, Straßen- und Grünflächenamt – 36 o / u, 44 or, 61, 64, 68 o, 83 o, 84 ol

Wolfgang Bittner / Landesdenkmalamt Berlin – 60, 80, 91

Stephan Brandt, Privatarchiv – 108 u

Bundesarchiv – 81 ul (Bild 183-R24135 / Fotograf: ohne Angabe) / ur (Bild 183-N0703-343 / Fotograf: Otto Donath)

Leonie Glabau / Landesdenkmalamt Berlin – 63, 67 u, 71 o / u, 98, 103 u, 104, 118

Leila Küker, Privatarchiv – 9 ur, 17, 21 ol / or

Dietmar Land – 113, 111 u (Privatarchiv), 131 u

Landesarchiv Berlin – 46 o (F Rep. 290 (02) Nr. 0005429 / Foto: Kiel, Willy), 50 o (F Rep. 290 (02) Nr. 0069330 / Foto: Zocher, Christian)

Landesdenkmalamt Berlin / Fotoarchiv – 109, 115 u (Signatur FI-01-1626)

Landesdenkmalamt Berlin / Archiv Gartendenkmalpflege – Vorderseite (Signatur N-IV-EB-F-012_008, Foto: Jürgen Barth), 8 (Signatur N-IV-EB-F-08_001, Foto: Jürgen Barth), 9 ul (Signatur N-IV-EB-F-02473, Foto: Atelier R. Barges), 10 o (Signatur N-IV-EB-F-049_004, Foto: Photo-Union / Paul Lamm), 10 u (Signatur N-IV-EB-F-049_001, Foto: Photo-Union / Paul Lamm), 11 o (Signatur N-IV-EB-F-049_007, Foto: Atelier Carl Bonath), 11 u, 12 (Signatur N-IV-EB-P-002_040), 13 (Signatur N-IV-EB-P-002_015), 14 ol / m, 15 ol / or / ur, 16 (Signatur N-IV-EB-F-00001r, Foto: Carl Niemeyer), 18 (Signatur N-IV-EB-P-7_015), 19 (Signatur N-IV-EB-P-007_001), 20 (Signatur N-IV-EB-P-4_13), 22, 23 ul / ur, 24 o / u (Signatur N-IV-EB-P-002_007), 25 o / u (Signatur N-IV-EB-P-002_006), 26 ol / or, 27 o / u, 28 o, 29 l, 30 o (Foto: J. W. Haase) / u, 31 o (Signatur N-IV-EB-P-002_044) / ul (Foto: J. W. Haase) / ur (Foto: J. W. Haase), 32 (Signatur N-IV-EB-P-002_043), 33 o / u, 34 (Signatur N-IV-EB-P-002_041), 35 (Signatur N-IV-EB-P-002_039), 37 o (Signatur N-IV-EB-F-012_013) / ul / ur, 38, 40, 41, 42 (Signatur N-IV-EB-F-100_021, Foto: Jürgen Barth), 43 ul / ur, 45 o / u (Signatur N-IV-EB-F-008_038, Foto: Jürgen Barth), 46 ul (Signatur N-IV-EB-F-051_009, Foto: Jürgen Barth) / ur (Signatur N-IV-EB-F-051_006, Foto: Jürgen Barth), 47 o / m (Signatur N-IV-EB-F-117_002) / u (Signatur N-IV-EB-F-32_002), 48 o (Foto: Leon Müller) / ul (Signatur N-IV-EB-F-034_001) / ur, 49 o (Signatur N-IV-EB-F-041_010) / ul (Signatur N-IV-EB-F-020_004, Foto: Jürgen Barth) / ur (Signatur N-IV-EB-F-020_005, Foto: Jürgen Barth), 50 u, 51 o (Signatur N-IV-EB-F-108_001, Foto: Jürgen Barth) / u (Signatur N-IV-EB-F-110_001, Foto: Jürgen Barth), 52 o (Signatur N-IV-EB-F-111_002. Foto: Jürgen Barth) / u (Signatur N-IV-EB-F-107_003, Foto: Jürgen Barth), 53 (Foto: Jürgen Barth), 54 (Foto: Rischke), 55 (Signatur N-IV-EB-F-012_001), 56, 57 o, 58 o / u, 59 o / u, 62 o / u, 63 o, 65 o / u, 66 o / u, 67 o, 68 u, 69, 70 o / u, 72, 73 u, 74 o / u, 75 o (Signatur N-IV-EB-F-013_011) / u (Signatur N-IV-EB-F-018_001), 76 (Signatur N-IV-EB-F-013_010), 77 o (Signatur N-IV-EB-F-018_004) / u (Signatur N-IV-EB-F-013_011), 78 o (Signatur N-IV-EB-F-018_008) / u (Signatur N-IV-EB-F-018_016), 79 o (Signatur N-IV-EB-

F-018_013) / u (Signatur N-IV-EB-F-018_014), 81 o, 82 ol / or / u, 83 u, 84 or, 85 o / u, 86 ol / or / u (Signatur N-IV-EB-F-012_006), 87 o (Signatur N-IV-EB-F-012_010) / u (Signatur N-IV-EB-F-012_003), 88 o / u (Foto: Jürgen Barth), 89 (Signatur N-IV-EB-F-012_008, Foto: Jürgen Barth), 90 (Signatur N-IV-EB-F-012_009, Foto: Jürgen Barth), 92, 93 o / u, 94 o / u, 95 ol (Signatur N-IV-EB-F-002_013) / or / u (Signatur N-IV-EB-F-002_014), 96 o / ul / ur, 97, 98 o (Archivalie N-IV-EB-022_001-30) / u (Archivalie N-IV-EB-022_001-30), 100 u (Archivalie N-IV-EB-022_001-30), 101 0 (Archivalie N-IV-EB-022_001-30) / u (Archivalie N-IV-EB-022_001-30), 102 ol (Signatur N-IV-EB-023_001) / or (Archivalie N-IV-EB-022_001-30) / u (Archivalie N-IV-EB-022_001-30), 103 o (Archivalie N-IV-EB-022_001-30), 106 o / u, 107 o / u, 108 o, 112 o / u, 115 o, 116, 117 o / u, 120 u (Signatur N-IV-EB-F-052_011, Foto: R. Lissner), 121 o (Signatur N-IV-EB-F-052_008, Foto: R. Lissner) / u (Signatur N-IV-EB-F-052_053), 122 u (Signatur N-IV-EB-F-052_097, Foto E. H. Börner), 123 o (Signatur N-IV-EB-F-052_030) / u (Signatur N-IV-EB-F-052_002), 124 o (Signatur N-IV-EB-F-052_019, Foto: E. H. Börner) / u (Signatur N-IV-EB-F-052_018, Foto: E. H. Börner), 125 o (Signatur N-IV-EB-F-052_046) / u (Signatur N-IV-EB-F-052_032, Foto: E. H. Börner), 126 o (Signatur N-IV-EB-F-052_043) / u (Signatur N-IV-EB-F-052_058, Foto: E. H. Börner), 127 o (Signatur N-IV-EB-F-052_071, Foto: E. H. Börner) / u (Signatur N-IV-EB-F-052_038), 128 o (Signatur N-IV-EB-F-052_041) / u (Signatur N-IV-EB-F-052_006, Foto: R. Lissner), 129 o (Signatur N-IV-EB-F-052_028) / u (Signatur N-IV-EB-F-052_034), 130 o (Signatur N-IV-EB-F-052_035) / u (Signatur N-IV-EB-F-052_073), 131 o (Signatur N-IV-EB-F-052_075), 133 o (Foto: A. Vennemann) / ul (Foto: A. Vennemann) / ur (Foto: A. Vennemann), 135 o (Foto: Paul Schulz) / u (Foto: unlesbar), 136 o / u, 137 o, Rückseite (Signatur N-IV-EB-P-002_044)

Literatur – 100 o (Die Gartenwelt 25 (1921), H. 14, S. 136)

Johanna Schwalb / Landesdenkmalamt Berlin – 137 u

Impressum

Beiträge zur Denkmalpflege in Berlin, Band 53

Herausgeber
Landesdenkmalamt Berlin

Redaktion
Leonie Glabau und Dietmar Land

Reihen-Layout
Ben Buschfeld, buschfeld.com –
graphic and interface design, Berlin

Satz und Layout
Hendrik Bäßler, Berlin

Druck
Offsetdruckerei KOPA, Vilnius, Litauen
Printed in Lithuania

1. Auflage 2020

ISBN 978-3-945880-62-3

Landesdenkmalamt | be Berlin